高等职业教育轨道交通类铁道供电技术特色专业系列教材
全国行业紧缺人才、关键岗位从业人员培训推荐教材

接触网运行检修与施工

主　编　黄　绘　程　洋
副主编　韦昭果　李振居
参　编　方　林　黄盛山

西南交通大学出版社
·成　都·

内容摘要

本书共有22章，将接触网的理论知识与实践技能相融合，并采用接触网运营现场的技术规范和检修标准，配套了常见的接触网运行检修、施工任务的操作步骤、注意事项和考评标准等。

本书可作为电气化铁道供电接触网工职业培训和高等职业教育相关专业教材，也可作为接触网技术管理人员和相关专业管理人员的参考用书。

图书在版编目（CIP）数据

接触网运行检修与施工 / 黄绘，程洋主编. —成都：西南交通大学出版社，2022.11

高等职业教育轨道交通类铁道供电技术特色专业系列教材　全国行业紧缺人才、关键岗位从业人员培训推荐教材

ISBN 978-7-5643-9004-4

Ⅰ. ①接… Ⅱ. ①黄… ②程… Ⅲ. ①接触网－检修－高等职业教育－教材②接触网－工程施工－高等职业教育－教材 Ⅳ. ①U225

中国版本图书馆 CIP 数据核字（2022）第 214378 号

高等职业教育轨道交通类铁道供电技术特色专业系列教材
全国行业紧缺人才、关键岗位从业人员培训推荐教材

Jiechuwang Yunxing Jianxiu yu Shigong

接触网运行检修与施工

主编　黄　绘　程　洋

责任编辑　李　伟
封面设计　吴　兵

出版发行　西南交通大学出版社
（四川省成都市金牛区二环路北一段 111 号
西南交通大学创新大厦 21 楼）
邮政编码　610031
发行部电话　028-87600564　028-87600533
网址　http: //www.xnjdcbs.com
印刷　成都蜀雅印务有限公司

成品尺寸　185 mm × 260 mm
印张　18.25
字数　456 千
版次　2022 年 11 月第 1 版
印次　2022 年 11 月第 1 次
定价　49.00 元
书号　ISBN 978-7-5643-9004-4

课件咨询电话：028-81435775

前　言

本书结合铁道供电技术专业人才培养方案的课程标准要求，以及用人单位对接触网工的岗位要求，以培养接触网工基本理论知识和实践操作能力为目的，将接触网理论知识与实践技能相融合，并采用接触网运营现场的技术规范和检修标准，系统地阐述了接触网理论知识，而且配套了常见的接触网运行检修、施工任务的操作步骤、注意事项和考评标准等。

本书共有 22 章，主要介绍了电气化铁路概述、接触网组成、供电方式、接触悬挂的类型、支柱、腕臂、线索、定位装置、吊弦、补偿装置、绝缘子、隔离开关、电连接、锚段及锚段关节、中心锚结、绝缘器、线岔、软横跨、硬横跨、避雷器、接触网附加导线、桥隧接触网设备等常见的接触网设备结构、工作原理、检修方法和施工标准。

本书由柳州铁道职业技术学院黄绘、程洋担任主编，中国铁路南宁局集团公司南宁供电段韦昭果、李振居担任副主编，参加编写工作的还有柳州铁道职业技术学院方林和中国铁路南宁局集团公司南宁供电段黄盛山。具体编写分工如下：黄绘负责前言、第一章第一节、第四章至第八章、第十章、第十一章、第十二章第二节、第十三章第二节、第十五章、第二十章至第二十二章、全书复习思考题的编写以及全书的统稿，李振居负责第十四章、第十七章的编写，韦昭果负责第十六章、第十八章、第十九章的编写，黄盛山负责第九章的编写，程洋负责第一章第二节和第三节、第二章、第三章的编写，方林负责第十二章第一节、第十三章第一节的编写。

由于编者水平有限，不妥之处在所难免，恳请广大读者特别是从事接触网技术、检修和施工工作的人员批评指正。

编　者

2021 年 12 月

目　录

第一章　电气化铁路概述

第一节　电气化铁路的特点

采用由外部供电的电力机车作为牵引动力的铁路称为电气化铁路。通过对已运行的电气化铁路的总结，电气化铁路无论在运输能力、运输效率、机车使用、燃料消耗及劳动条件改善等方面，都充分证明了其优越性。

一、主要优点

（一）电力机车牵引功率大，能多拉快跑，大大提高了运输能力

电力机车以电能作为牵引动力，并且自身不带能源，其能量来自牵引网，容易达到大功率，从而使牵引定数及运行速度都大大增加，提高了运输能力。例如，宝成铁路电气化后，牵引定数由原来的 650 t 提高到 2 400 t，运行速度比原来提高了一倍，年运输能力是原来的三倍。电力牵引不仅在地形复杂、长大坡道区段优越性突出，并且在运输繁忙的干线上能多拉快跑。例如，石太线铁路电气化后，运输能力由 2 400 万吨/年提高到 5 000 万吨/年以上。所以，实现电气化铁路已成为提高运输能力的主要手段之一。

（二）电力牵引效率高、节约燃料、便于综合利用资源

电力机车和蒸汽机车、内燃机车相比，其热效率高，节约燃料，便于综合利用资源。电力机车所需电能来自发电厂，发电厂可以充分利用自然资源，如利用原子能、天然气、太阳能、地热、风力等发电，并且热效率高。若用水力发电站供电，电力机车的总效率可达 60%。这是其他牵引方式无法比拟的。蒸汽机车热效率只有 9%左右，并且需要燃烧优质煤。内燃机车热效率虽可达 25%以上，但它需要不可再生的柴油作燃料。从这个意义来讲，电气化铁路的发展前景是美好的。

（三）运输成本大幅度降低

由于电力牵引能节省燃料，又不自带燃料且运行速度高，所以适宜跑长交路，从而提高了机车的使用效率，减少了检修基地、机械设备和整备人员。以宝成线为例，电气化改造前全线有四个蒸汽机务段，电气化后只需两个电力机务段。电力机车不需上煤、上水、上油及

清炉等，从而减少了电力机车的整备作业，同时也减少了整备费用。另外，电力机车维修工作量少且维修费用低。这些都使电力牵引的运输成本大大降低，尤其在线路运输密集、线路断面差的情况下，其经济效益更加显著。例如，在运输繁忙、地形复杂的石太线、大秦线、丰大线及线路断面条件较差的兰武段（兰州至武威）都显示了较好的经济效益和运输效果。

（四）改善工作条件，不污染环境

电力机车操纵简单，室内清洁舒适，视野良好，无污染，大大减轻了乘务人员的劳动强度，改善了工作环境。这是蒸汽机车、内燃机车无法比拟的。蒸汽机车工作环境恶劣，劳动强度高，内燃机车噪声大、振动大，并且都排出大量烟雾和有害气体污染空气。特别是在大枢纽站及长大隧道中，这些烟雾和有害气体的危害更为突出，有时出现乘务员晕倒的事故。实现电力牵引后，彻底根除了这种现象，同时使线路经常保持清洁，延长了线路设备的使用寿命，改善了线路养护人员的工作条件，对保护环境、提高人们的健康水平具有深远意义。

（五）有利于铁路沿线实现电气化，促进工农业生产

牵引供电系统除主要向电力机车供电外，还可以解决在没有地方电源地区的铁路和附近城镇乡村的用电，有利于实现养路机械化，有利于城镇乡村实现电气化，促进工农业发展。

二、存在的问题

电力牵引虽然有上述许多优点，但也存在一些问题，主要有下列三个方面。

（一）一次性投资大

电力牵引需设置一套专为电力机车供电的装置，需要较大容量的发电厂及高压输电线，这些都使电力牵引的投资增大，特别是在一些电力事业不太发达的地区更加明显。

（二）对供电系统有不平衡负荷的影响

由于电力牵引采用单相供电系统，对给它供电的三相对称系统产生负荷不平衡的影响，这些可能造成供电系统的供电质量降低，甚至可能造成发电机组的容量下降。虽然我们采用了换相接地，但这种影响仍然存在。

（三）对沿铁路线的通信线路有干扰影响

单相负荷形成磁场，对铁路附近的通信线路有杂音干扰，还可能使通信线路上产生较大值的电压，危及其正常工作。

对于以上问题，牵引供电装置都采取了相应的措施，使之有很大程度的减小。随着科学技术和电气化铁道事业的发展，这些问题会逐步得到解决。

第二节　电气化铁路的电流制

电气化铁路供电采用何种电流制，关系到许多重大技术问题和铁路运输的经济效益，是每个修建电气化铁路的国家必须首先考虑的问题。电流制是指牵引供电系统中牵引网的供电电流种类，主要有以下 3 种。

一、直流制

牵引网供给的电流为直流电流，称为直流制。电力系统将三相交流电送到牵引变电所，经降压、整流变成直流电，再通过牵引网供给电力机车使用。

直流制发展最早，目前在中国仅城市地铁、城市轻轨、工厂矿山采用。直流制的供电电压有 600 V、750 V、1 200 V、1 500 V、3 000 V 等几种，地铁和轻轨一般采用 750 V 或 1 500 V，矿山运输一般采用 1 500 V。

直流制的缺点在于，直流牵引电动机额定电压受到换向条件的限制不能太高，使供电电压较低。为了保证电力机车有足够的功率，供电电流会较大，则需要大的导线截面，这会使金属消耗增加，线路损耗增加，从而使牵引变电所之间的距离缩短，一般只有 20 ~ 30 km，变电所的数量也相应增加，并且牵引变电所整流变得较复杂。因此，许多国家已停止发展直流制电气化铁路。

对于工矿企业、城市地铁和轻轨供电，由于距离较近，对供电的安全性要求较高，一般采用直流制供电更有优越性。

二、低频单相交流制

牵引网供给的电流为低频单相交流电流，称为低频单相交流制。电流频率为 50/3 Hz（或 25 Hz），供电电压为 11 ~ 15 kV，电力机车采用整流式牵引电动机。

低频单相交流制的主要优点是供电电压提高，使供电电流较小，导线截面减小，牵引变电所之间的距离可相应增加至 50 ~ 70 km。之所以出现低频单相交流制，是因为一些国家当时有低频的工业电力，并且低频的整流相对容易些，低频交流的电抗也较工频小。但当电力工业采用标准频率 50 Hz 后，低频单相交流制的发展就受到一定限制。

三、工频单相交流制

牵引网供给的电流为工频单相交流电流，称为工频单相交流制。1929 年，匈牙利成功试验了在电气化铁路上采用工频单相交流制，电压为 16 kV。1950 年，法国试建成功了 25 kV 的工频单相交流电气化铁路。

（一）工频单相交流制的优点

（1）牵引供电系统结构简单。牵引变电所从电力系统获得电能，经过降压后直接供给牵引网，不需要在变电所设置整流和变频设备，使变电所结构大为简化。

（2）供电电压提高。既可保证大功率电力机车的供电，提高电力机车的牵引定数和运行速度，又使牵引变电所之间的距离延长，导线截面减小，建设投资和运营费用明显降低。

（3）交流制的地中电流对地下金属的腐蚀作用小，一般可不设专门的防护装置。

（二）工频单相交流制的缺点

（1）单相牵引负荷在电力系统中形成负序电流。

（2）牵引负荷为感性负荷，功率因数低。

（3）牵引电流为非正弦波，含有丰富的谐波电流。

（4）牵引网的工频单相电流对沿线通信线路造成较大的电磁干扰。

第三节　电气化铁路的基本组成

电气化铁路由电力机车（电动车组）和牵引供电装置组成。牵引供电装置主要由牵引变电所和接触网组成。电力机车（电动车组）、牵引变电所和接触网称为电气化铁路的“三大元件”。牵引变电所相当于电源，接触网相当于供电导体，电力机车或电动车组就是负载，与普通电气设备不同的是，机车负载是高速移动的。

一、电力机车

电力机车是由机械系统、电气系统和空气管路系统组成的，如图 1-1 所示。机械系统主要包括车体、机车转向架、车底架、车钩缓冲装置和制动装置等。电气系统包括受电弓、主断路器、牵引变压器、整流柜机组、牵引电动机、辅助电机、司机控制器、接触器、继电器、转换开关、电空阀和制动电阻柜等。空气管路系统包括风源系统、控制气路、辅助气路和制动机四部分。

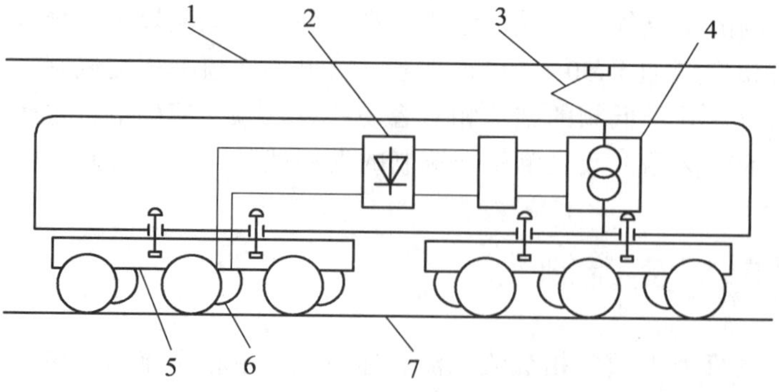

1—接触网；2—传动系统；3—受电弓；4—主变压器；5—转向架；6—牵引电机；7—钢轨。

图 1-1　电力机车工作原理

电力机车靠其顶部升起的受电弓直接接触导线获取电能。每台电力机车前后各有一受电弓，由司机控制其升降。受电弓升起工作时，以（70±10）N 的接触压力紧贴接触线摩擦滑行，将电能引入机车，经机车主断路器到机车主变压器，主变降压后，经整流器组整流供给直流牵引电动机，使牵引电动机产生转矩，将电能转变为机械能，牵引电动机通过齿轮传动驱动轮对使电力机车运行。

中国目前使用的电力机车主要是韶山（SS）系列电力机车和 HXD 系列电力机车，电动车组主要是 CRH 系列和谐号动车组和复兴号动车组，如图 1-2 和图 1-3 所示。

图 1-2　韶山 9 型电力机车

图 1-3　和谐 CRH 系列动车组

电力机车通过受电弓直接从接触网上滑行取流，其形式一般有单臂式和双臂式两种，如图 1-4 所示，目前一般采用单臂式受电弓。为了使接触线与受电弓良好接触并有最小磨耗，受电弓顶部的滑板紧贴接触线，滑板固定在托架上，托架一般采用 2 mm 厚的铝板冷压制成。滑板材质主要是纯金属（铜、钢）、粉末冶金、纯碳材料和浸金属碳等。根据接触线材质的不同，选用不同材质的滑板。受电弓滑板材料和接触线材质的匹配，可以改善和减小接触线的磨耗状态。碳滑板特别适用于铜及铜合金接触线，在电气化铁路中应用最广泛。

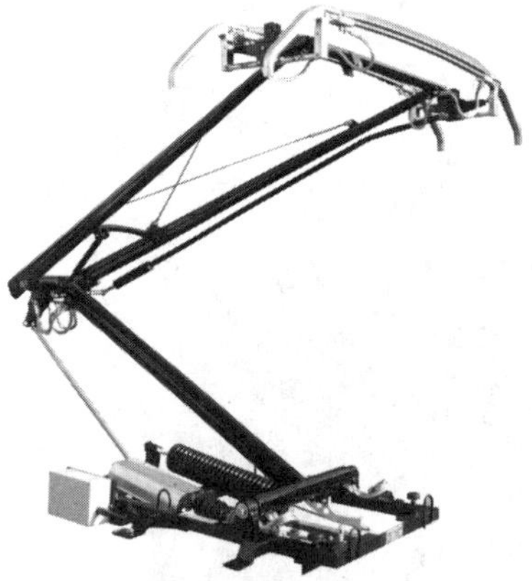

（a）单臂式

（b）双臂式

图 1-4　受电弓形式

干线铁路中使用的受电弓主要有 TSG1、TSG3、DSA、CED180 等型号，从弓头长度上分为 2 085 mm、1 950 mm 两种，其弓头滑板长度即最大允许工作范围，对应为 1 250 mm、950 mm，如图 1-5 所示。将接触线布置成“之”字形，以减少对受电弓滑板的磨损，并要求电力机车运行时，接触线始终与受电弓滑板接触滑行，不得出现瞬间离线或脱离受电弓的现象。

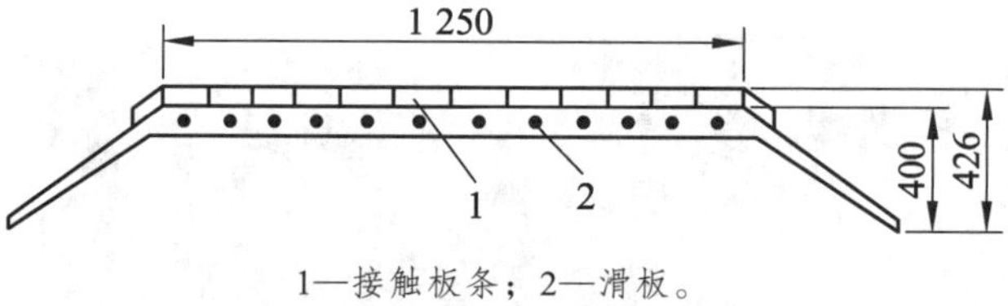

1—接触板条；2—滑板。

图 1-5　受电弓结构

二、牵引变电所

牵引变电所是连接电力系统和牵引供电系统的重要环节。牵引变电所的主要任务是将电力系统 110 kV（或 220 kV）降压，经馈电线送至接触网供电力机车使用。变压过程靠牵引变电所里的牵引变压器来实现。电气化铁路属于一级负荷，为了保证正常供电，要求牵引变电所有两路高压输电线供电。我国电气化铁路接触网的额定电压为 25 kV。牵引变压器原边额定电压为 110 kV 或 220 kV。牵引变压器次边由于是对用电负载提供电源，同时考虑牵引变压器绕组和线路的电压损失，因此额定电压比接触网额定电压高 10%，一般为 27.5 kV。

牵引变电所一般设有备用电源，采用双回路电源供电，以提高供电的可靠性。牵引变电所按高压输电线的引入方式分类，主要有“T”接线和“桥”接线，如图 1-6 所示。“T”接线的特点是，外部电力系统负荷电流不进入牵引变电所，即没有功率穿越现象。“桥”接线又分为“内桥”接线，[见图 1-6（b）]和“外桥”接线[见图 1-6（c）]。其共同特点是外部电力系统负荷电流可以穿越牵引变电所一次侧母线，即有功率穿越现象。“内桥”接线一般多用于故障较多的长输电线路以及主变压器不需要经常切换的场合，“外桥”接线用于故障较少的较短输电线路以及主变压器按固定备用方式需要经常切换的场合。

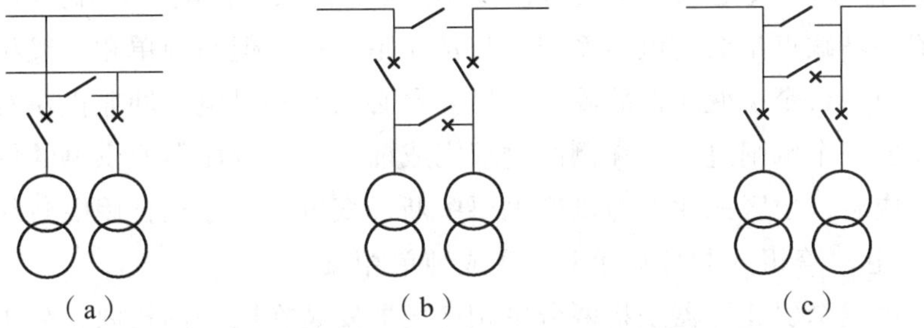

图 1-6　按高压输电线引入方式分类的牵引变电所接线方式

目前我国所用的牵引变压器有单相式、三相式及三相-两相式 3 种类型。

（一）单相牵引变压器

单相牵引变压器的接线形式，有纯单相接线、单相 V、v 接线和三相 V、v 接线 3 种，如图 1-7 所示。

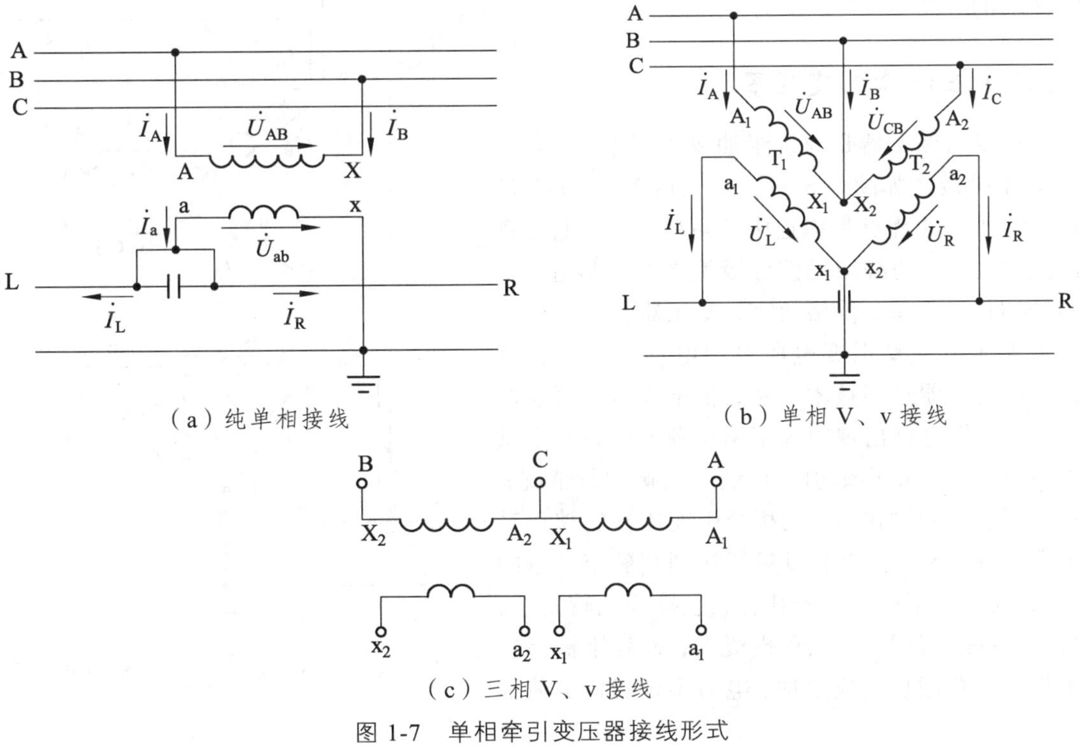

图 1-7　单相牵引变压器接线形式

纯单相接线牵引变压器的优点是变压器的容量可以充分利用，容量利用率达 100%，牵引变电所的结构和主接线简单，所内设备少，占地面积小，投资小。缺点是会使电力系统三相负荷极不对称，在电力系统中形成较大的负序电流；牵引变电所无三相电源，所内自用电需由附近地方电网引入，或由所内劈相机、单相-三相变压器等方式供给；牵引网不能实现双边供电。

单相 V、v 接线牵引变压器的优点是容量利用率为 100%；在正常运行时，牵引侧仍为三相，可以供给所内自用电及地区三相负荷；牵引网可实行双边供电；牵引变电所的设备较少，接线简单，投资小。缺点是会使电力系统三相负荷不对称，但与纯单相接线相比，对系统的负序影响减小；当一台牵引变压器故障时，另一台必须跨相供电，即兼供左右两个供电臂的牵引负荷，这需要一个倒闸过程，在倒闸过程完成前，故障变压器原供电的供电臂将中断供电，倒闸过程完成后，地区三相电力供应也要中断，变电所的三相自用电必须由劈相机或单相-三相变压器供电，跨相供电时实际上已变成纯单相接线。

三相 V、v 接线牵引变压器是将两台单相变压器安装在同一油箱内，高压侧引出三个端子，低压侧引出四个端子，根据牵引供电的需要可接成正 V 形接线，又可接成倒 V 形接线。三相 V、v 接线牵引变压器既保持了单相 V、v 接线的主要优点，又克服了单相 V、v 接线的缺点，解决了单相 V、v 接线牵引变电所无固定备用及备用变压器自动投入问题。同时油箱内的两台单相变压器磁路互相独立，其容量可以相等，也可以不相等；两台单相变压器的调压可分别进行。接线分析、容量计算、电压损失、电能损失、负序电流等都可参照单相 V、v 接线牵引变压器的方法。

（二）三相牵引变压器

三相牵引变压器是双绕组油浸式变压器，采用 YN，d11 接线，如图 1-8 所示。三相 YN，d11 接线牵引变压器的优点是原边中性点接地，与电力系统匹配方便，原边绕组可按分级绝缘设计制造，变压器结构相对简单，价格便宜；变压器次边保持三相，有利于供应牵引变电所自用电和地区三相电力；三相变压器运用技术成熟，供电安全，可靠性高；当一个供电臂出现很大牵引负荷时，另一个供电臂没有或只有很小牵引负荷的不均衡运行情况；牵引网可实现双边供电。三相牵引变压器的缺点是容量利用率不高，输出容量只能达到其额定容量的 75.6%；与单相牵引变压器相比，主接线比较复杂，设备多，占地面积大，工程投资大，而且维护检修的工作量和费用也相应增加；电力系统三相负荷不对称。

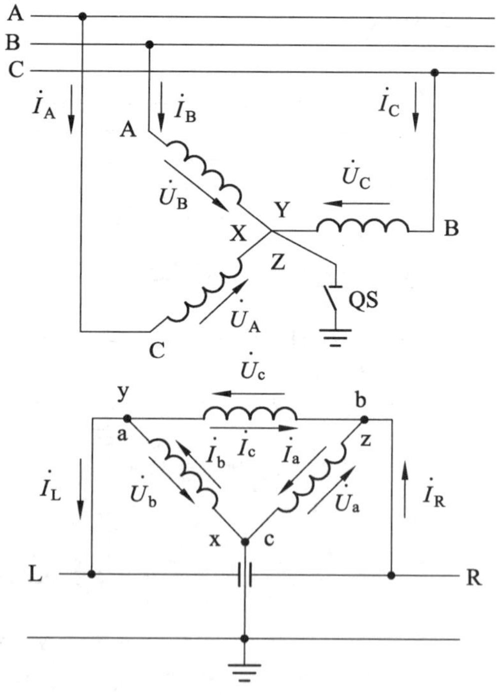

图 1-8　三相 YN，d11 接线牵引变压器

因三相 YN，d11 接线牵引变压器容量利用率不高，可通过合理分配三相绕组的容量，构成三相不等容量牵引变压器，以提高容量利用率。即将三相 YN，d11 接线牵引变压器的轻负荷绕组容量的一半平均分配给重负荷绕组，变压器的容量利用率提高，可达 94.5%，在变压器总容量不变的情况下，负载能力增强；在变压器负载能力不变的情况下，可降低变压器的安装容量，节约运营成本和基建投资。

（三）三相-两相牵引变压器

三相-两相牵引变压器又称平衡牵引变压器，它能将原边电力系统的对称三相系统变换成次边相互垂直的两相系统；反之，只要牵引变压器次边的两相电压、电流相互垂直、大小相等，则原边的三相系统就能保持三相对称。三相-两相牵引变压器主要有斯科特（Scott）接线、阻抗匹配平衡接线、伍德桥（Wood Bridge）接线和非阻抗匹配平衡接线等形式，前两种接线如图 1-9 所示。

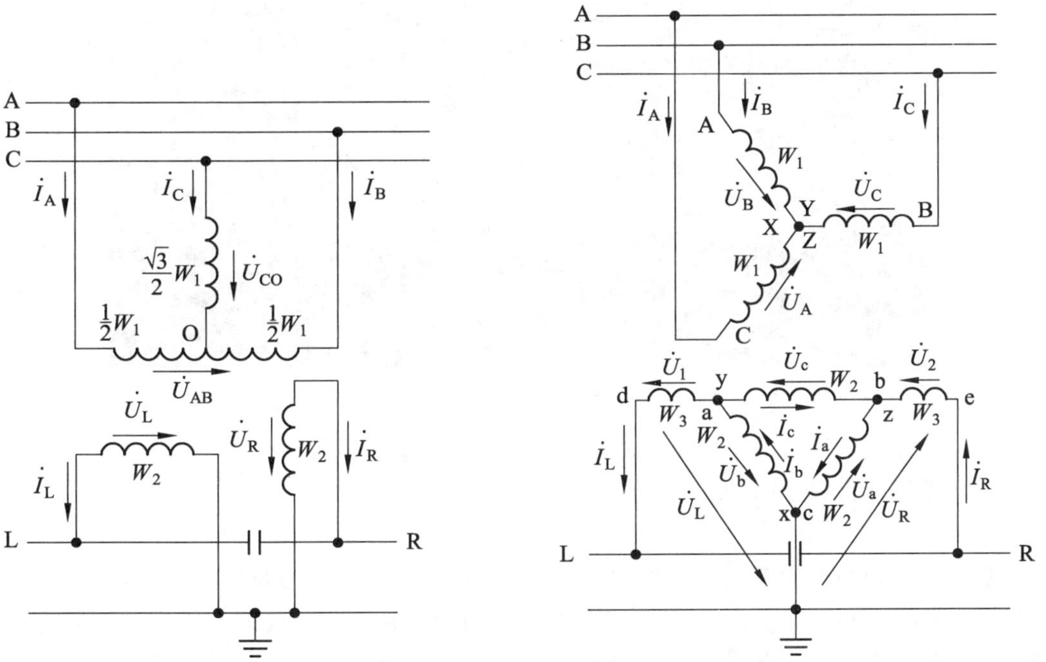

（a）斯科特接线　　　　（b）阻抗匹配平衡接线

图 1-9　三相-两相牵引变压器接线

三相-两相牵引变压器的优点是，当左右两个供电臂电流相等且功率因数相同时，原边三相电流对称，即使两供电臂电流不相等，仍可提高原边三相电流的对称度，使负序影响减轻；三相-两相牵引变压器容量利用率较高；可利用逆接线的三相-两相变压器产生三相对称电压，供牵引变电所的自用电和地区三相电力；对牵引网可实现双边供电。其缺点是三相-两相牵引变压器制造工艺繁杂、制造难度大、造价较高；变压器主接线复杂、设备较多、工程投资较大；日常的维护、检修工作量及费用都相应增加；两供电臂馈线间的电压升高，为 $\sqrt{2}$ 倍牵引网额定电压，需加强牵引变电所出口分相绝缘器的绝缘。

三、接触网

接触网在牵引供电回路中起着十分重要的作用，为了满足铁路运输需要，接触网必须全天候不间断供电，它直接影响着电气化铁路的运行可靠性。接触网（见图 1-10）作为一种露天设备，要经受风、雨、雪和温度的考验及环境污染对接触网性能的影响；接触网作为无备用的供电设备，必须保证很高的可靠性；电力机车的受电弓与其高速滑动接触，要求接触网和受电弓之间有严格的机电匹配关系和寿命；接触网电负载具有很大的波动性，接触网系统应该有充足的过负载能力和承载短路电流的能力。同时，由于接触网的高电压在附近空间产生高压电场，接触网中流通的交流电流将在周围空间产生很强的交变磁场，会对邻近的通信线路、其他弱电线路和设备产生严重影响，破坏这些线路的正常工作，甚至危及设备和人身安全，因此必须采取有效防护措施。

图 1-10　接触网

四、牵引供电回路

牵引供电回路由牵引变电所、馈电线、接触网、电力机车、钢轨、地或回流线、牵引变电所构成，如图 1-11 所示。其中接触网在供电回路中起着十分重要的作用，直接影响着电气化铁路的运行可靠性，因此必须使接触网始终处于良好的工作状态，安全可靠地向电力机车供电。这对保证铁路运输畅通无阻有着极为重大的意义。

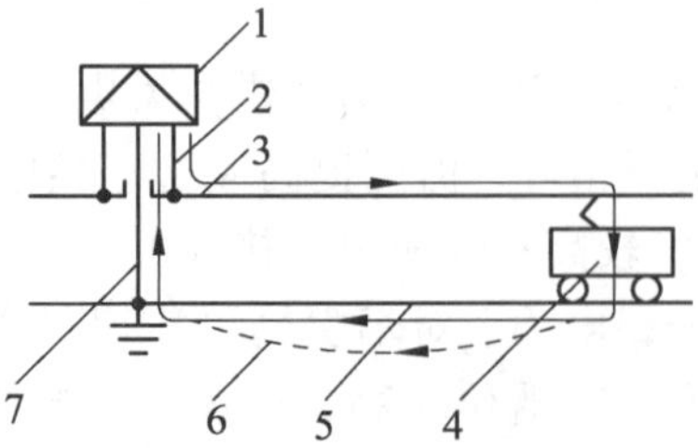

1—牵引变电所；2—馈电线；3—接触网；4—电力机车；5—钢轨；6—地中电流；7—回流线。

图 1-11　牵引供电回路

复习思考题

一、填空题

1. 我国接触网的额定电压等级为_______kV。
2. 电气化铁路中，牵引供电装置主要由接触网和_______组成。
3. 电气化铁路的“三大元件”分别是_______、_______和_______。

二、单选题

1. 20 世纪 60 年代，世界上第一条高速电气化铁路在（　　）建成。
   A. 德国　B. 日本　C. 法国　D. 加拿大
2. 基本牵引供电回路中牵引变电所相当于牵引电路的（　　）。
   A. 负载　B. 导线　C. 开关　D. 电源
3. 牵引变电所副边的额定电压是（　　）。
   A. 20 kV　B. 25 kV　C. 27.5 kV　D. 29 kV
4. 中国第一条电气化铁路是（　　），正式通车于 1961 年 8 月 15 日。
   A. 宝成线　B. 成昆线　C. 湘黔线　D. 渝怀线
5. 中国的电气化铁路采用了目前国际上普遍使用的先进的（　　）。
   A. 25 kV 单相工频交流制　B. 750 V 直流制
   C. 25 kV 单相低频交流制　D. 1 500 V 直流制

三、多选题

1. 关于电气化铁路以下说法正确的是（　　）。
   A. 造成电力网的负序电流和负序电压，产生高次谐波及功率因数低
   B. 一次投资大
   C. 对弱电线路有干扰
   D. 接触网检修需要开“天窗”
2. 电气化铁路的优点是（　　）。
   A. 电力机车牵引功率大，能多拉快跑，大大提高运输能力
   B. 电力牵引效率高，节约燃料，便于综合利用资源
   C. 运输成本大幅度降低
   D. 改善工作条件，不污染环境
   E. 有利于铁路沿线实现电气化，促进工农业生产
   F. 一次投资大

四、判断题

1. 电气化铁路有利于综合利用资源，减少环境污染。（　　）
2. 接触网和受电弓是滑动摩擦。（　　）
3. 牵引电流最终流回牵引变电所。（　　）

五、问答题

1. 电气化铁路由哪几部分组成？
2. 牵引供电系统的供电方式有哪几种？各有什么特点？

第二章 接触网组成

接触网是沿铁路上空架设向电力机车供电的一条特殊形式的输电线路，也称为架空式柔性接触网。它由接触悬挂、支持装置、定位装置、支柱与基础组成，如图 2-1 所示。

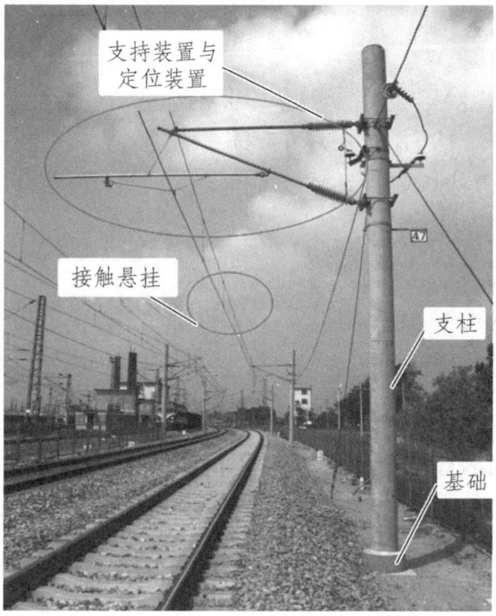

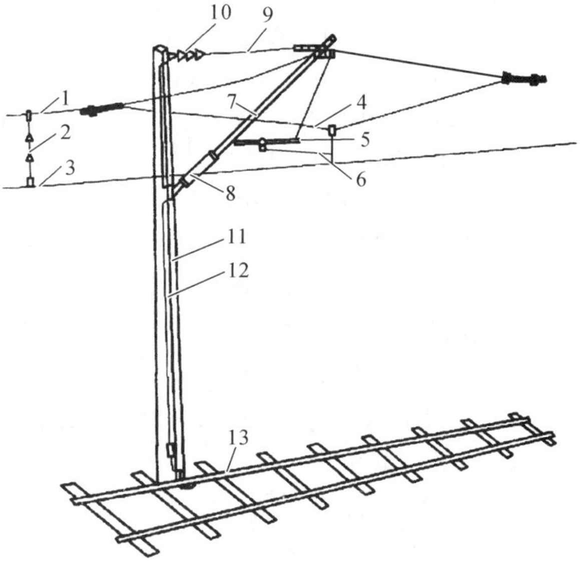

1—承力索；2—吊弦；3—接触线；4—弹性吊弦；5—定位管；6—定位器；7—腕臂；8—棒式绝缘子；9—水平拉杆；10—悬式绝缘子；11—支柱；12—地线；13—钢轨。

图 2-1 接触网组成

第一节 接触悬挂

接触悬挂包括接触线、吊弦、承力索、补偿器及连接零件。接触悬挂通过支持装置架设在支柱上，其作用是将从牵引变电所获得的电能输送给电力机车。电力机车运行时，受电弓顶部的滑板紧贴接触线摩擦滑行取流。

为了保证滑板的良好取流，接触悬挂应达到下列要求。

（1）接触悬挂的弹性应尽量均匀，且接触线应力求消灭硬点。

接触悬挂弹性是指接触悬挂在受电弓抬升力作用下，每单位垂直力使接触线升高的程度。接触悬挂的弹性是其质量优劣的主要标志。衡量接触悬挂弹性的标准为：一是弹性大小，取决于接触线的张力；二是弹性的均匀程度，取决于接触悬挂结构、悬挂类型和某些附在接触线上的集中负载的集中程度等。接触悬挂的弹性均匀，即指悬挂点间的接触线，在受电弓抬升力不变的情况下，接触线抬高一致。

接触网的硬点是指接触线自身不平直而出现小弯，或在接触线某一位置存在较大的集中负载，或悬挂零件不符合要求突出接触面。在硬点处会增加接触线和受电弓的机械磨损，且容易发生电弧烧伤而影响取流，严重时会造成弓网故障。

（2）接触线对轨面的高度应尽量相等。

受悬挂条件限制时，接触线高度变化产生的坡度应符合要求。

接触线坡度是指一个跨距两端的支柱悬挂处，接触线距轨面高度差与跨距值的千分比。中国的《接触网运行检修规程》规定，120 km/h 及以下区段接触线坡度不能大于 3‰；120 km/h 以上区段接触线坡度不能大于 2‰；200 km/h 区段接触线坡度不能大于 2‰，坡度变化率不大于 1‰；200 ~ 250 km/h 区段接触线坡度不能大于 1‰，坡度变化率不大于 1‰。

（3）接触悬挂在受电弓抬升力及风力作用下应保持良好的稳定性。即电力机车运行取流时，接触线不发生剧烈的上下振动。接触线要有足够的张力，在风力作用下不发生过大的横向摆动。

（4）接触悬挂的结构及零部件应轻巧简单，做到标准化，以便检修和互换，缩短施工及运行维护时间。

（5）接触悬挂具有一定的抗腐蚀能力和耐磨性，以延长使用年限。

（6）要结合国情尽量节省有色金属及钢材，降低接触悬挂的造价。

第二节　支持装置

支持装置包括腕臂、平腕臂（或水平拉杆、悬式绝缘子串）、棒式绝缘子及接触悬挂的悬吊零件，如图 2-2 所示。支持装置用以支持接触悬挂，并将其机械负荷传给支柱。

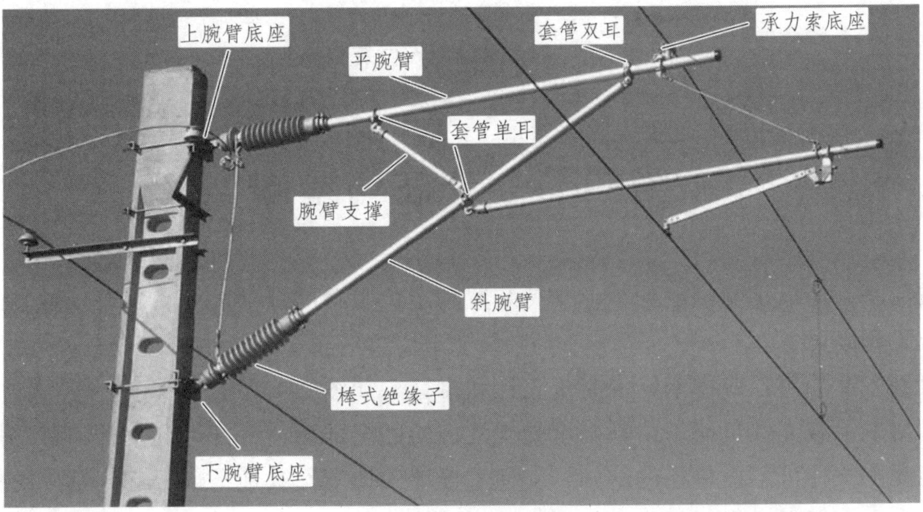

图 2-2　接触网支持装置

根据接触网的结构形式、悬挂形式不同，以及所在区间、站场和大型建筑物需要的不同，支持装置表现为不同的形式，如腕臂结构、软横跨、硬横跨及隧道、桥梁和其他大型建筑物上的特殊支持结构。支持装置结构应尽量轻巧耐用，有足够的机械强度，方便施工和检修。

第三节 定位装置

定位装置包括定位管、定位器、定位线夹及其连接零件等，如图 2-3 所示。其作用是固定接触线的位置，在受电弓滑板运行轨迹范围内，保证接触线与受电弓不脱离，使接触线磨耗均匀，同时将接触线的水平负荷传给支柱。

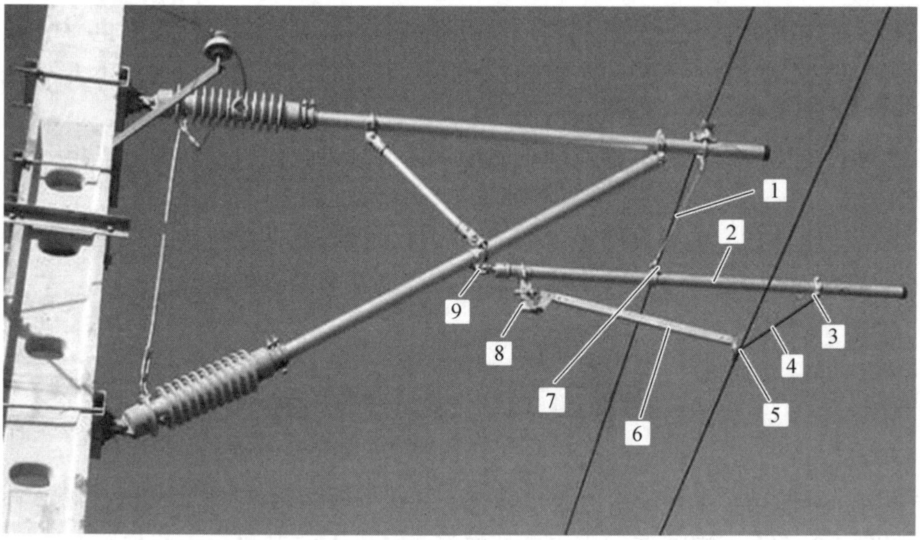

1—定位管吊线；2—定位管；3—防风拉线定位环；4—防风拉线；5—定位线夹；6—定位器；7—定位管卡子；8—定位支座；9—定位环。

图 2-3 接触网定位装置

第四节 支柱与基础

支柱与基础用以承受接触悬挂、支持装置和定位装置的全部负荷，并将接触悬挂固定在规定的位置和高度上。

接触网主要采用预应力钢筋混凝土支柱和钢柱，如图 2-4 所示。

基础用来承载支柱负荷，由基础承受支柱传给的全部负荷，并保证支柱的稳定性。预应力钢筋混凝土支柱可不设单独的基础，支柱直接埋入地下，其地下部分起到基础的作用；钢柱的基础大多为混凝土浇制而成，如图 2-5 所示。

（a）钢筋混凝土支柱

（b）钢柱

图 2-4　支柱类型

（a）直埋式基础

（b）独立基础

图 2-5　基础类型

复习思考题

一、单选题

1. 接触悬挂的作用是将从（　　）获得的电能输送给电力机车。
   A. 牵引变电所　　B. 发电厂
   C. 变电站　　D. 定位装置

2.（　　）用以支持接触悬挂，并将其机械负荷传给支柱。

A. 接触悬挂　　B. 支持装置

C. 定位装置　　D. 支柱与基础

3.（　　）的作用是固定接触线的位置，在受电弓滑板运行轨迹范围内，保证接触线与受电弓不脱离，使接触线磨耗均匀，同时将接触线的水平负荷传给支柱。

A. 接触悬挂　　B. 支持装置

C. 定位装置　　D. 支柱与基础

4.（　　）用以承受接触悬挂、支持装置和定位装置的全部负荷，并将接触悬挂固定在规定的位置和高度上。

A. 接触悬挂　　B. 支持装置

C. 定位装置　　D. 支柱与基础

5. 以下不是接触悬挂的组成部分的是（　　）。

A. 接触线　　B. 吊弦　　C. 腕臂　　D. 承力索

二、多选题

1. 为了保证受电弓顶部滑板的良好取流，接触悬挂应达到（　　）的要求。

A. 弹性尽量均匀　　B. 接触线坡度适当

C. 良好的稳定性　　D. 结构的标准化

2. 以下因素对接触网安全运营有影响的是（　　）。

A. 风　　B. 雨　　C. 雪　　D. 温度

3. 以下哪些是简单悬挂的缺点？（　　）

A. 导线的张力和弛度随气温的变化较大

B. 弹性不均匀

C. 不利于电力机车高速运行时取流

D. 结构复杂

三、判断题

1. 预应力钢筋混凝土支柱可不设单独的基础。（　　）

2. 接触网有备用设备。（　　）

3. 弹性大小是衡量弹性好坏的标准之一。（　　）

四、问答题

1. 接触网的四大组成部分有哪些？

2. 接触网预应力钢筋混凝土支柱和钢柱的基础有什么不同？

3. 什么是接触网弹性？衡量弹性的标准有哪些？

第三章　供电方式

第一节　接触网的供电方式

牵引变电所从电力系统获得电能，由变电所主变压器降压，经馈电线将电能送到接触网上，再由接触网向电力机车供电，然后电流经钢轨、大地和回流线流回牵引变电所，如图 3-1 所示。

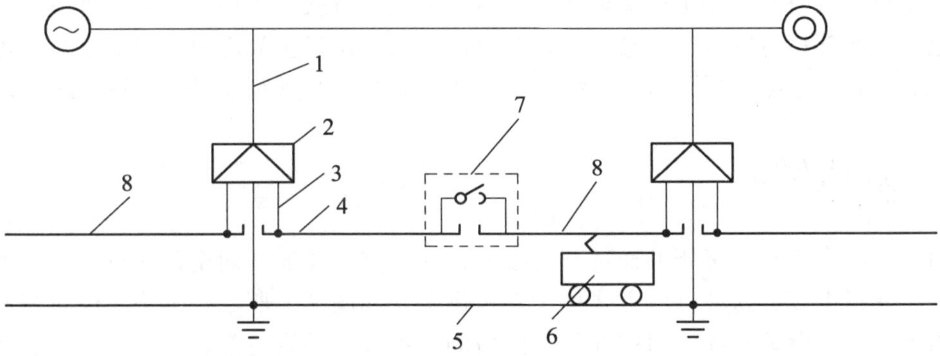

1—输电线；2—牵引变电所；3—馈电线；4—接触线；5—钢轨；
6—电力机车；7—分区亭（所）；8—供电臂。

图 3-1　直接供电系统图

我国接触网的额定电压为 25 kV，最高允许电压为 29 kV，因接触网自身阻抗会产生一定的电压损失，故牵引变电所牵引侧母线的额定电压定为 27.5 kV（AT 供电方式为 55 kV）。当供电距离较长时，输电线路和接触网中将产生电压损耗，使接触网末端电压降低。接触网末端电压不应低于电力机车的最低工作电压 20 kV，在供电系统非正常（检修或事故）情况下，电压不得低于 19 kV。因此两牵引变电所之间的距离一般为 40 ~ 60 km，若采用 AT 供电方式（自耦变压器供电方式），则为 90 ~ 100 km。

牵引变电所向接触网供电分两种状态：正常工作状态和非正常工作状态。正常工作状态有单边供电、双边供电和并联供电三种供电方式；非正常工作状态有越区供电。

一、单边供电

如图 3-2 所示，相邻两牵引变电所之间的接触网在中间位置断开，将接触网分成两个独立的供电分区，这些供电分区称为供电臂。在接触网断开处设置开关设备，可将两供电臂连通。正常情况下，两相邻供电分区之间的接触网在电气上是绝缘的。在两个供电分区之间设置分相绝缘装置（又称电分相），分属不同变电所的供电臂间设置分区亭（又称分区所）。

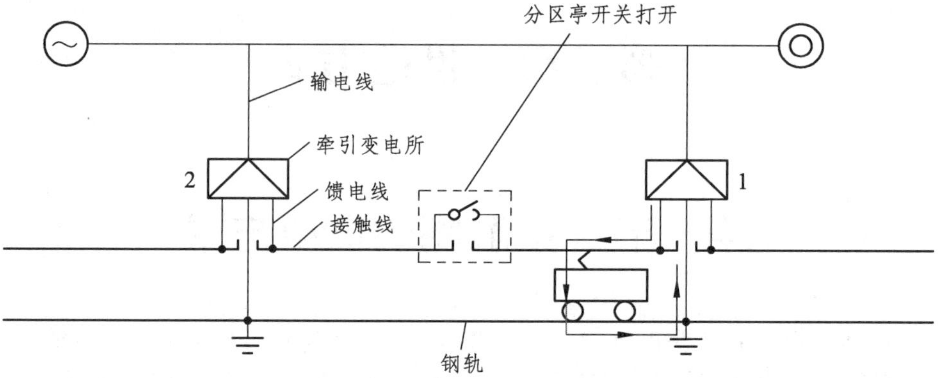

图 3-2　单边供电

每个供电分区只从一端牵引变电所获得电能的供电方式称为单边供电，如图 3-2 所示。单边供电时，相邻供电臂电气上独立，运行灵活；接触网发生故障时，只影响本供电分区，故障范围小；牵引变电所馈线保护装置较简单，是我国电气化铁路采用的主要接触网供电方式。

二、双边供电

若两个供电分区在分区所处通过开关设备，在电路上连通，两个供电分区可同时从两个牵引变电所获得电能，这种供电方式称为双边供电，如图 3-3 所示。双边供电可提高接触网的电压水平，减少电能损耗。但馈线及分区所的保护及开关设备都较复杂，目前在我国干线电气化铁路采用较少。双边供电是城市轨道交通直流牵引供电系统中采用的主要供电方式。

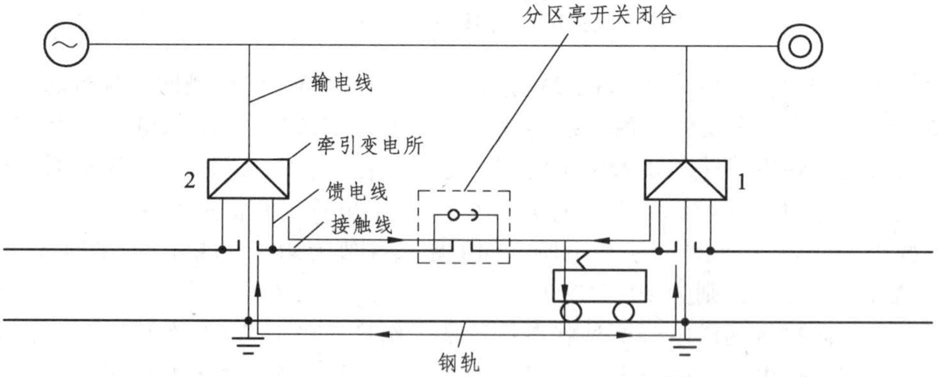

图 3-3　双边供电

三、越区供电

越区供电是当某一牵引变电所因故障不能正常供电时，故障变电所担负的供电臂，经分区亭开关设备与相邻供电臂接通，由相邻牵引变电所进行临时供电。这种供电方式称为越区供电，如图 3-4 所示。

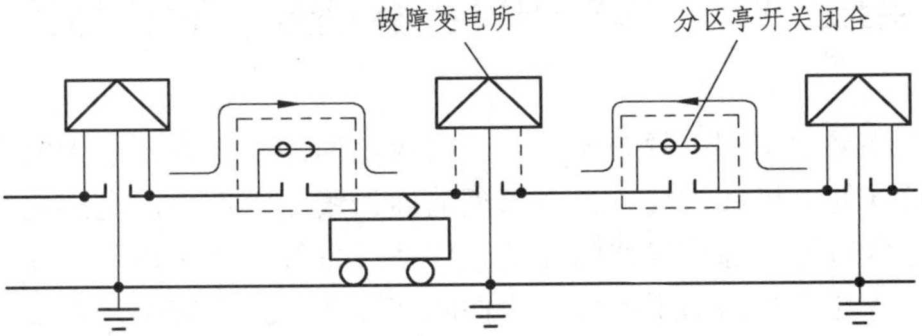

图 3-4　越区供电

因越区供电增大了该变电所主变压器的负荷，对电器设备安全和供电质量影响较大，因此，只能在较短时间内实行，这是避免中断运输的临时性措施，是一种非正常供电方式（也称事故供电方式）。

四、并联供电

复线区段供电方式与上述供电方式基本相同，但每一供电臂分别向上、下行接触网供电，因此从牵引变电所引出的馈电线有四条。

同一侧供电臂上、下行线可通过设在分区所的开关设备或者并联上下行的电连接线实行并联供电，如图 3-5 所示。在我国的电气化铁路中，并联供电多使用在分区所通过开关设备并联上。

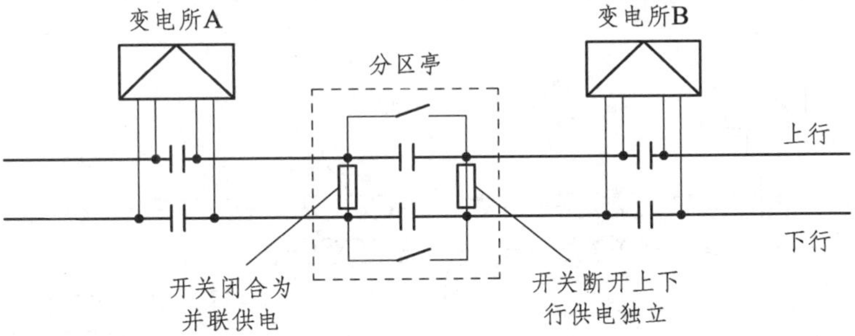

图 3-5　复线区段供电示意图

并联开关可以使用负荷开关和断路器两种方案。若使用负荷开关，当某一供电臂发生短路事故时，两供电臂的馈线断路器同时跳闸，事故影响范围大，负荷开关检测到一供电臂失压后跳闸，解除上下行并联供电，两供电臂恢复供电压，负荷开关闭合，上下行并联供电，但是负荷开关的设备投资相对较小。若使用断路器并联，设备投资较大，但是当某一供电臂发生短路时，该供电臂馈线断路器、分区所跳闸，短路因素消除后，两供电臂正常供电，重新闭合分区所开关，实现并联供电。

复线上下行同相并联供电可提高供电臂末端电压，减少接触网上的能量损失，但事故影响范围大，运行检修不够灵活。

第二节　牵引供电系统的供电方式

我国电气化铁路采用单相工频交流制。牵引供电回路是高电压、大电流回路，必然在线路周围空间产生较强的电场和磁场，会在邻近的通信线路上产生静电感应和电磁感应，这些感应电流和感应电压对邻近通信线路的通信、广播设备等产生杂声干扰和危险影响。为了减少电气化铁路对沿线通信线路的干扰影响，保障其设备、人身安全及正常工作，在牵引供电系统中采取了许多防干扰措施，形成了不同的牵引供电方式。

一、直接供电方式

直接供电方式是指接触网由承力索、接触导线（包括加强导线）组成，牵引网由接触网、钢轨、大地组成，牵引回流由钢轨、大地返回牵引变电所的供电方式。牵引变电所与接触网间不设置任何防干扰设备。这种供电方式的馈电回路结构简单，造价低，但对通信线路干扰较大。因此，根据中国目前通信设备状况，此种供电方式仅适用于通信线路较少的电气化铁路区段，或将通信线路改迁至远离电气化铁路的地区。其工作原理如图 3-2 所示。

二、吸流变压器供电方式（简称 BT 供电方式）

在牵引供电系统中加装吸流变压器、回流线装置的供电方式称为 BT 供电方式，其工作原理如图 3-6 所示。

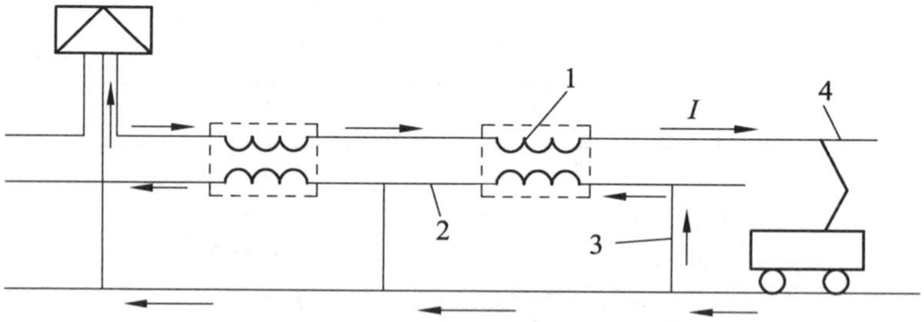

1—吸流变压器；2—回流线；3—吸上线；4—接触线。

图 3-6　吸流变压器和回流线工作原理图

吸流变压器采用变比为 1 : 1 的特殊变压器，其特点是满足励磁电流小，不超过额定电流值 2%的要求。

接触网每隔 2 ~ 4 km 的距离装设一台吸流变压器，采用变比为 1 : 1 的特殊变压器。回流线与接触网同杆架设，吸流变压器原边串入接触网，次边串入回流线，每两台吸流变压器之间有一根吸上线，一端与轨道相连，另一端与回流线连接。

接触网上的牵引电流流经吸流变压器原边绕组，经电力机车流入钢轨。通过吸流变压器，将钢轨回路中的牵引电流经吸上线吸引至回流线并返回牵引变电所。在理想情况下，接触网与回流线上的电流大小相等、方向相反，它们在周围产生的电磁场互相抵消，从而消除了对邻近通信线路的电磁干扰。但实际上，回流线的电流总是小于接触网上的电流，仍有少部分牵引电流经钢轨和大地返回牵引变电所。

另外，当电力机车位置在吸流变压器附近时，从机车到吸上线之间的半段距离中，牵引电流基本上流经钢轨，在这段距离内，接触网中的电流和回流线中的电流所产生的感应影响不能相互抵消，对通信线路仍有一定的干扰影响，这种情况称为“半段效应”，如图 3-7 所示。

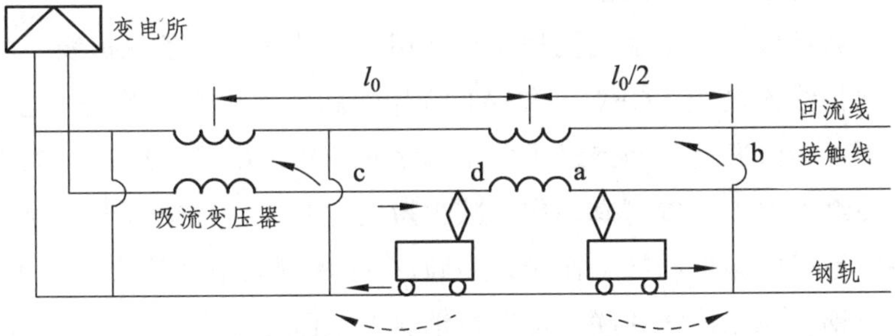

图 3-7　“半段效应”示意图

BT 供电方式虽然能有效减轻电磁场对附近通信设备的干扰影响，但并不能完全消除电磁干扰。并且由于吸流变压器原边、次边绕组串入接触网和回流线，使牵引网单位长度阻抗增大，电能损失和电压降均增加，降低了供电臂末端电压，造成牵引变电所间距减小、馈电回路结构复杂、造价较高、维护工作量大，受电弓通过吸流变压器分段时，易产生电弧，会烧损接触线和受电弓滑板等。目前我国电气化铁路中采用 BT 供电方式的线路，大部分 BT 变压器已经退出运行。

三、自耦变压器供电方式（简称 AT 供电方式）

自耦变压器供电方式具有良好的防干扰性能，这是由自耦变压器本身的性能决定的，自耦变压器利用其耦合原理进行防护。AT 供电方式工作原理如图 3-8 所示。

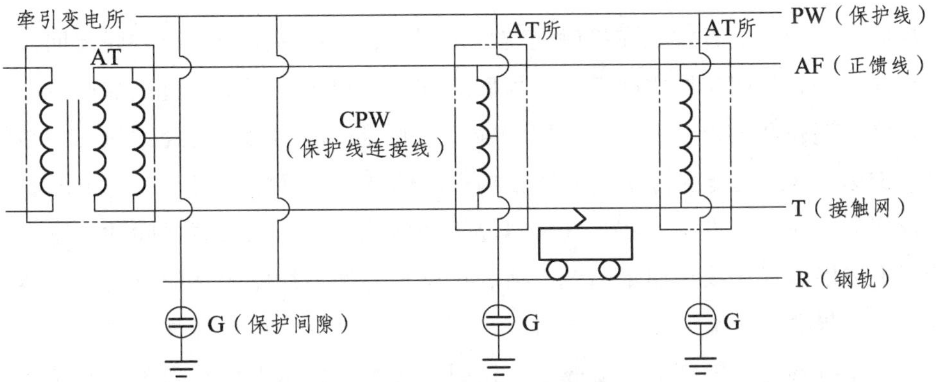

图 3-8　AT 供电方式示意图

牵引变压器将 110 kV（或 220 kV）三相电降至 55 kV，经自耦变压器两端分别接到接触网和正馈线上。正馈线与接触网同杆架设，在接触网与正馈线之间每隔 10 ~ 15 km 并联接入一台自耦变压器，自耦变压器中心抽头与钢轨相连。则钢轨与接触网间的电压正好是自耦变压器两端电压的一半，即 27.5 kV，与正常接触网工作电压相同。

机车在正常运行时，由于接触网与钢轨及正馈线与钢轨间的自耦变压器线圈上的电压相等，因此接触网和正馈线上各通过一半的牵引电流，且大小相等、方向相反，消除了对邻近通信线路的干扰，同时减少了电能损耗。

在 AT 供电方式区段，与接触网同杆架设在田野侧的还有一条保护线（PW）。它相当于架空地线，通过保护线连接线（CPW）和 AT 变压器的中点相连。保护线电位一般在 500 V 以下，正常情况下无电流通过。当绝缘子发生闪络时，短路电流可通过保护线作为回路，提供金属性短路，使继电保护装置可靠动作，减少短路对铁路信号轨道电路的干扰。同时，保护线还能起到架空地线的保护和屏蔽作用,起到减少接触网架空通信线的干扰和防雷的作用。通过横向连接线将钢轨与保护线并联，可以在钢轨对地泄漏电阻和机车取流较大时，降低钢轨电位。

采用 AT 供电方式使牵引网电压增高、电流减小、牵引变电所间距离增大，提高了网压水平。自耦变压器并联于接触网上，不需要增设电分段，能适应高速、大功率电力机车运行。其缺点为 AT 供电方式的接触网结构复杂，保护方式烦琐，电力损耗较大，需要增设 AT 所等。AT 供电方式主要用于高速和重载线路。在我国，速度目标值在 250 ~ 350 km/h 的高速客运专线，一般采用 AT 供电方式，有利于高电能的传输和接触悬挂的轻型化及系统匹配设计，有利于减少外部电源的投资和减少电分相；枢纽地区跨线列车联络线、动车组走行线和动车段（所、场）等可采用 25 kV 的直供加回流线供电方式。开行两万吨重载列车的大秦铁路，也采用了 AT 供电方式。目前，AT 供电方式是我国重要的供电方式。

四、直供加回流线供电方式

直供加回流线的供电方式是在接触网支柱田野侧，架设一条与钢轨并联起回流作用的导线，即回流线。钢轨和回流线之间每隔一段距离连接一根吸上线。在直供加回流线供电方式下，回流径路为钢轨和大地、吸上线、回流线。与直接供电相比，流经钢轨和大地的回流减少了 50% ~ 55%。这样既能保持供电回路结构简单的特点，又能起到一定的防护效果。

在设计回流线时，应设法使回流线尽量靠近接触线，以增加二者之间的互感作用，迫使更多的牵引电流沿着回流线流回牵引变电所，以降低对通信线路的感应影响。总体来说，这种方式的防护效果要比吸流变压器方式差些，但是经济性好、可靠性高、故障率低、维修工作量小，且防干扰性能不随负荷电流改变。同时，这种方式馈电回路简单，回路阻抗较小，一次投资及运营费用均较低，是可推广的方式之一。其工作原理如图 3-9 所示。

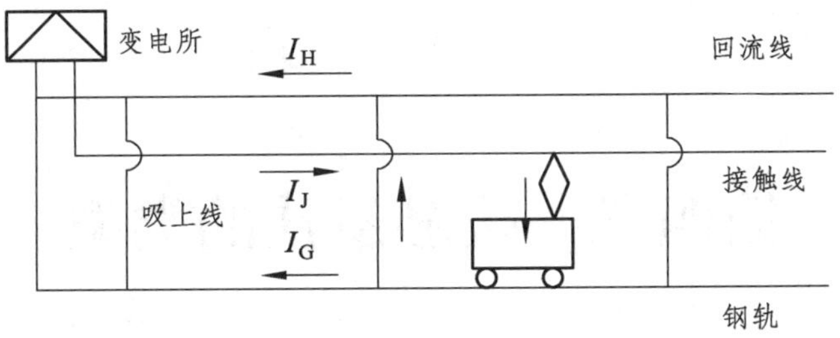

图 3-9　直供加回流线供电方式原理图

直流加回流线供电方式目前在我国应用最为广泛，除 AT 供电区段外，几乎全部采用这种供电方式。

复习思考题

一、单选题

1. 相比较而言，牵引供电系统的不同供电方式中（　　）的供电臂最长。

A. BT 供电方式　　B. AT 供电方式

C. 直接供电方式　　D. 以上都相同

2.（　　）存在“半段效应”。

A. BT 供电方式　　B. AT 供电方式

C. 直接供电方式　　D. 以上都是

3. 吸流变压器是（　　）。

A. 升压变压器　　B. 降压变压器　　C. 变比 1∶1 的变压器

二、多选题

1. 能够有效降低对通信线路干扰的牵引供电方式有（　　）。

A. 直接供电方式　　B. 直供加回流线供电方式

C. AT 供电方式　　D. BT 供电方式

2. 接触网的正常供电方式有（　　）。

A. 单边供电　　B. 双边供电　　C. 越区供电　　D. 并联供电

三、判断题

1. 自耦变压器供电方式简称“AT”供电方式。（　　）

2. 越区供电是接触网的正常供电方式。（　　）

3.“BT”供电方式是我国牵引供电系统目前常用的供电方式。（　　）

四、问答题

1. 接触网的供电方式有哪几种？各有什么特点？

2. 牵引供电系统的供电方式有哪几种？各有什么特点？

3. AT 供电方式的基本工作原理是什么？相比于 BT 供电方式有什么优点？

4. 目前我国为什么广泛采用直供加回流的供电方式？

第四章　接触悬挂的类型

接触网大多以接触悬挂的类型来区分。在一条接触网线路上，无论是在区间还是站场，为了满足供电和机械方面的要求，总是将接触网分成若干一定长度且相互独立的分段，这就是接触网的锚段。接触悬挂分类是针对接触网中的每个锚段而言。接触悬挂的种类较多，一般根据其结构的不同分成简单接触悬挂和链形接触悬挂两大类。

第一节　简单接触悬挂

简单接触悬挂（以下简称简单悬挂）是由一根接触线直接固定在支柱支持装置上的悬挂形式。

接触线（或承力索）终端同支柱的连接称为线索的下锚。下锚分两种方法：一种是将线索终端同支柱直接固定连接，称为硬锚或未补偿下锚；另一种是加装补偿装置，以调整线索的弛度和张力，称为张力补偿下锚。

简单悬挂具有结构简单，施工与维修方便，对隧道净空要求低，投资少，造价低等优点。其缺点是弛度大、弹性不均匀，导致高速运行的电力机车取流质量较差。因此，简单悬挂只用在电力机车运行速度较低、取流较小的线路上。

简单悬挂按其结构的不同，可分为以下 3 种形式。

一、未补偿简单悬挂

未补偿简单悬挂的接触线终端采用硬锚方式，如图 4-1 所示。当温度发生变化时，由于接触线热胀冷缩的物理特性，使接触线的张力和弛度的变化很大。电力机车受电弓在这种状态下接触滑行，各跨距内接触线各点弹性很不均匀，特别是高速滑行的受电弓在通过支柱悬挂定位点时，很容易脱离接触而产生电弧，从而烧伤接触线和受电弓。未补偿简单悬挂一般用于车速较低的线路。

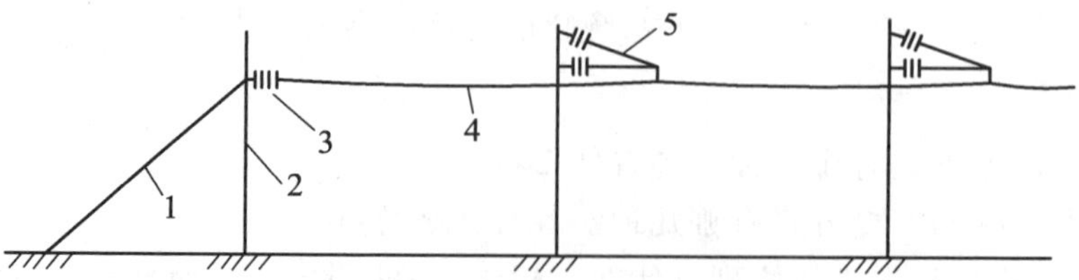

1—拉线；2—支柱；3—绝缘子串；4—接触线；5—腕臂。

图 4-1　未补偿简单悬挂

二、带补偿简单悬挂

带补偿简单悬挂的接触线两端都采用张力补偿下锚，使接触线能随温度的变化沿线路方向自由伸缩，如图 4-2 所示。但是由于支柱间的跨距不能太小，接触线的弛度还是较大，接触线在支柱定位点处仍是个硬点，跨距内接触线的弹性也不均匀，故不能用于高速运行的线路。

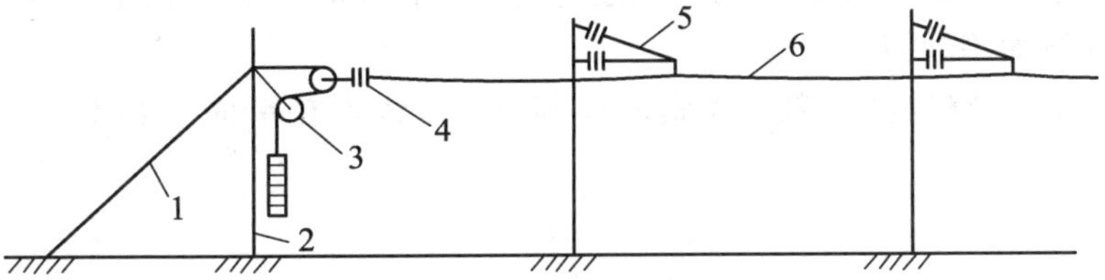

1—拉线；2—支柱；3—补偿器；4—绝缘子串；5—腕臂；6—接触线。

图 4-2　带补偿简单悬挂

三、带补偿弹性简单悬挂

带补偿弹性简单悬挂在接触线下锚处装设了张力补偿装置，以调节张力和弛度的变化，在悬挂处加装 8 ~ 16 m 长的弹性吊索，通过弹性吊索悬挂接触线，增加了悬挂点，减小了悬挂点处产生的硬点，改善了取流条件，如图 4-3 所示。另外，跨距适当缩小，增大接触线张力的同时改善了弛度对取流的影响。

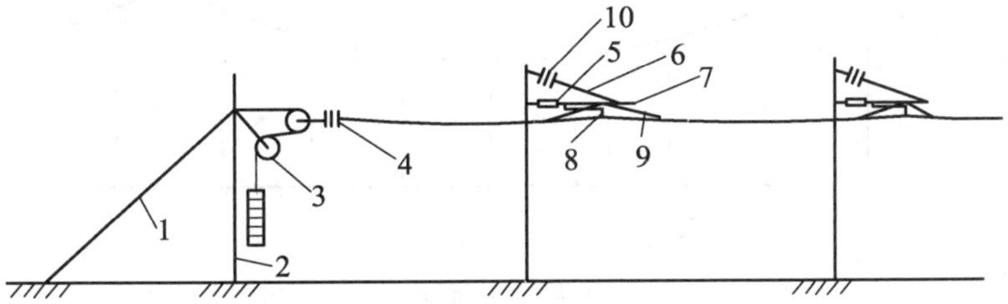

1—拉线；2—支柱；3—补偿器；4，10—绝缘子串；5—棒式绝缘子；
6—拉杆；7—腕臂；8—定位器；9—弹性吊索。

图 4-3　带补偿装置的弹性简单悬挂

根据试验，当带补偿弹性简单悬挂在行车速度为 90 km/h 时，弓线接触良好，取流正常，可在多隧道的山区和行车速度不高的线路上采用。例如，在干线铁路机务段机车库线、整备线和地铁车辆段内可以采用这种简单悬挂形式。

第二节　链形悬挂

链形悬挂是一种运行性能较好的悬挂形式，是接触线通过吊弦悬吊于承力索上的悬挂形式，承力索通过钩头鞍子、承力索座或悬吊滑轮等悬挂在支持装置的腕臂上。它的结构特点是接触线通过吊弦悬挂在承力索上，使接触线在不增加支柱的情况下增加了悬挂点，通过调节吊弦长度使接触线在整个跨距内对轨面的高度基本保持一致，减小了接触线在跨中的弛度，改善了接触线弹性，增加了接触悬挂的质量，提高了稳定性，可满足电力机车高速运行时取流的要求。

由于链形悬挂具有高度一致、弹性均匀、稳定性好等优点，所以电力机车有较好的取流条件，可用于运量大、速度高的干线上。但与简单悬挂比较，也存在结构复杂、投资大、施工和维修任务量增加等缺点。

链形悬挂可以按照悬挂链数、线索的锚固方式、线索在平面投影上的相对位置来进行分类。

一、链形悬挂按照悬挂链数分类

链形悬挂按悬挂链数的多少可分为单链形、双链形（又称复链形）和多链形（又称三链形）。目前我国主要采用单链形悬挂。

（一）单链形悬挂

单链形悬挂只有一根承力索。单链形悬挂根据悬挂点处吊弦的形式不同可分为简单链形悬挂和弹性链形悬挂两种，如图 4-4 所示。

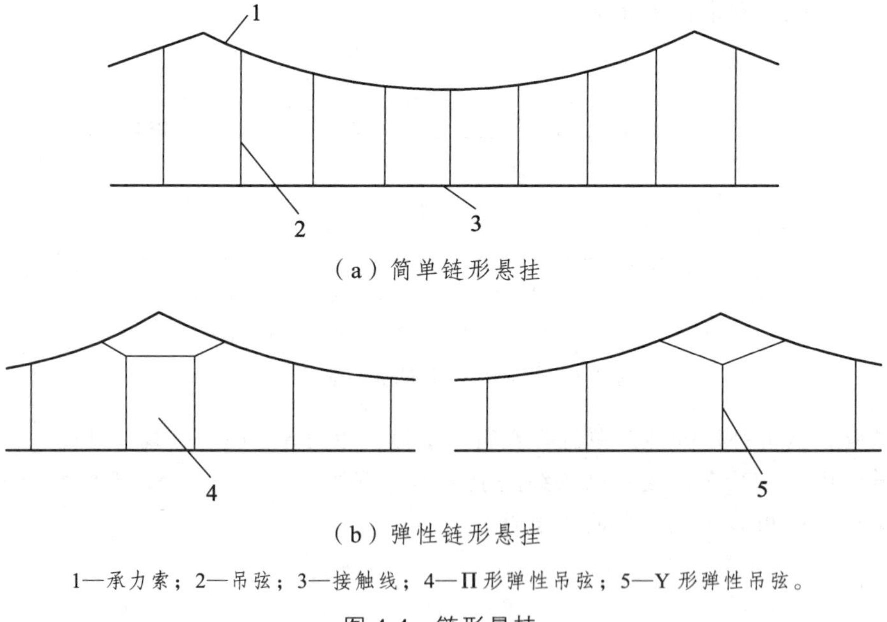

（a）简单链形悬挂

（b）弹性链形悬挂

1—承力索；2—吊弦；3—接触线；4—Π形弹性吊弦；5—Y形弹性吊弦。

图 4-4　链形悬挂

简单链形悬挂结构简单，造价较便宜，运行、检修经验丰富。

弹性链形悬挂在支柱悬挂点处增设了弹性吊弦。由长 15 m 的辅助绳和一根（或两根）短吊弦构成 Y 形或Π形弹性吊弦。安装时，辅助绳两端分别固定在承力索上，短吊弦上端用

U 形滑动夹板同辅助绳连接，下端与接触线定位器相连，当温度变化时，可避免短吊弦产生过大的偏斜。弹性吊弦的作用是增加支柱处接触线定位点的弹性，使其弹性均匀，有利于机车受电弓取流。

弹性链形悬挂和简单链形悬挂相比，有更好的弹性均匀性，但接触悬挂的施工检调比简单链形悬挂复杂，两者都能够适应高速电气化铁路的受流要求。

目前，在设计速度小于 200 km/h 的电气化线路上，简单链形悬挂是我国使用的主要悬挂类型。在高速电气化线路上，简单链形悬挂适用于单弓取流、跨距缩小、接触线张力加大的接触网系统，如设计速度 350 km/h 的京津城际高速铁路就采用了简单链形悬挂。弹性链形悬挂适用于双弓或多弓的高速取流，可使弹性不均匀度尽可能低。目前，弹性链形悬挂是我国高速铁路接触悬挂的主要形式，京沪、武广、石武、郑西等正线都采用了这种形式。

（二）双链形悬挂

双链形悬挂的接触线经短吊弦悬挂在辅助吊索上，辅助吊索又通过吊弦悬挂在承力索上，如图 4-5 所示。

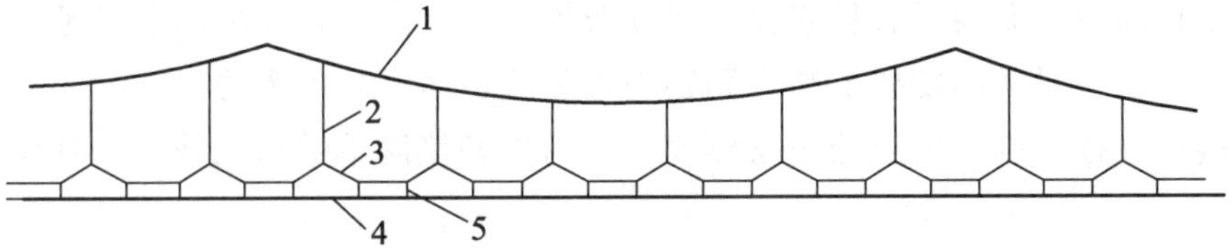

1—承力索；2—吊弦；3—辅助吊索；4—接触线；5—短吊弦。

图 4-5　双链形悬挂

双链形悬挂接触线弛度小，受流稳定性和风稳定性都比较优越，弹性均匀度好，有利于电力机车高速运行取流。但其结构较复杂，投资及维修费用高，我国仅在个别地段试验。

（三）多链形悬挂

多链形悬挂及其他悬挂类型由于结构复杂、不易施工、维修困难、设计烦琐和造价高等原因，目前我国没有使用。

二、链形悬挂按照线索的锚固方式分类

（一）未补偿链形悬挂

未补偿链形悬挂中的承力索和接触线两端无补偿装置，均为硬锚。在大气温度变化时，因为承力索和接触线的热胀冷缩，承力索和接触线的张力、弛度变化较大，造成受流状态恶化，一般不采用。其结构形式如图 4-6 所示。

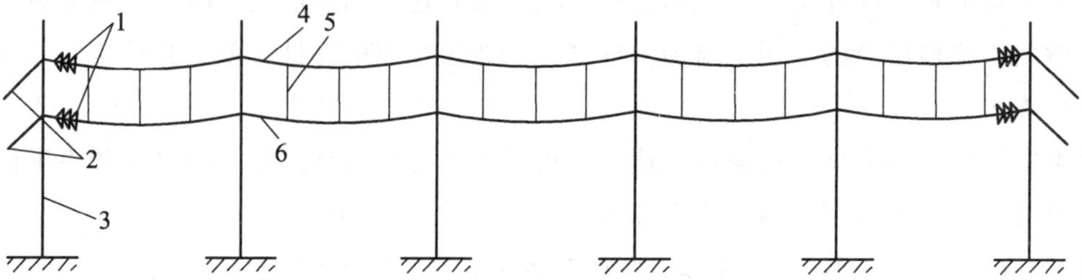

1—绝缘子；2—拉线；3—支柱；4—承力索；5—吊弦；6—接触线。

图 4-6　未补偿链形悬挂结构

（二）半补偿链形悬挂

半补偿链形悬挂的承力索两端为硬锚，接触线两端设张力补偿装置。当温度变化时，接触线的张力不变，但是没有装设张力补偿器的承力索的弛度仍然变化，承力索弛度变化直接影响着接触线的工作状况。同时，在温度变化时，承力索的弛度变化使吊弦上端产生上、下位移，而吊弦下端随接触线发生顺线路方向偏斜。由于各吊弦的偏斜，造成接触线纵向张力不均匀，特别是在极限温度下，使接触线在锚段中部和下锚端之间出现较大张力差。这种悬挂具有下锚结构简单、断线后容易修复、弹性较均匀等优点。存在的问题是弛度变化大、结构高度大、对支柱容量及高度要求高、调整困难和隧道净空要求高等。

半补偿链形悬挂根据定位点处吊弦形式，分为半补偿简单链形悬挂和半补偿弹性链形悬挂两种。

1. 半补偿简单链形悬挂

半补偿简单链形悬挂的结构如图 4-7 所示。

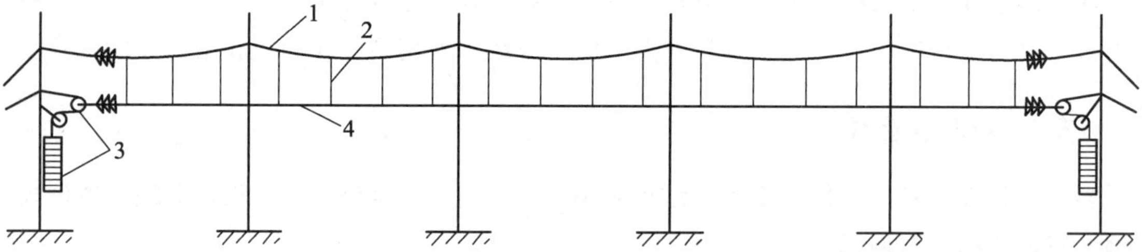

1—承力索；2—吊弦；3—补偿装置；4—接触线。

图 4-7　半补偿简单链形悬挂结构

半补偿简单链形悬挂除具有半补偿链形悬挂的特点外，在支柱定位点处，因两侧采用普通吊弦，容易产生明显的硬点，不利于电力机车运行取流。因此，这种悬挂只用于行车速度不高的车站侧线和铁路支线上，我国早期修建的电气化线路上曾采用过。

2. 半补偿弹性链形悬挂

半补偿弹性链形悬挂的结构如图 4-8 所示。

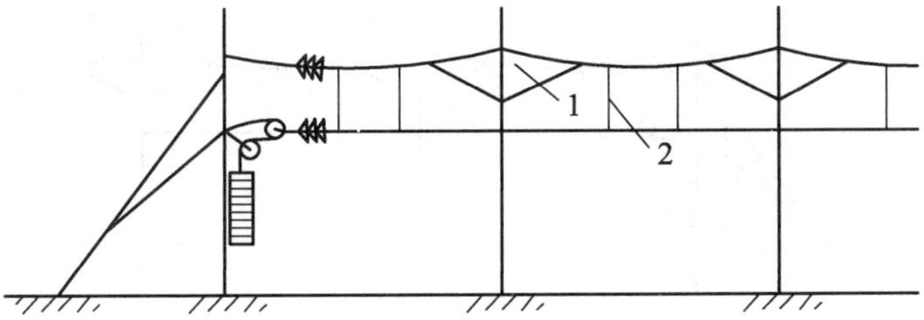

1—弹性吊弦；2—普通吊弦。

图 4-8　半补偿弹性链形悬挂结构

半补偿弹性链形悬挂在支柱定位点处采用了弹性吊弦。这样，在温度发生变化时，短吊弦在接触线上发生纵向位移时偏斜就不会太大，使受电弓在支柱定位处和跨距中部对接触线抬高的差别较小，改善了支柱定位处接触线的弹性，提高了整个锚段内接触悬挂的均匀程度，有利于机车取流。但半补偿链形悬挂这种形式在温度变化时，接触线在锚段中部和下锚端的张力差仍较大。因此，这种悬挂形式一般用于行车速度不超过 100 km/h 的线路上。

（三）全补偿链形悬挂

全补偿链形悬挂在承力索和接触线两端下锚处均装设补偿装置，如图 4-9 所示。全补偿链形悬挂是目前我国电气化铁路使用的主要悬挂类型。

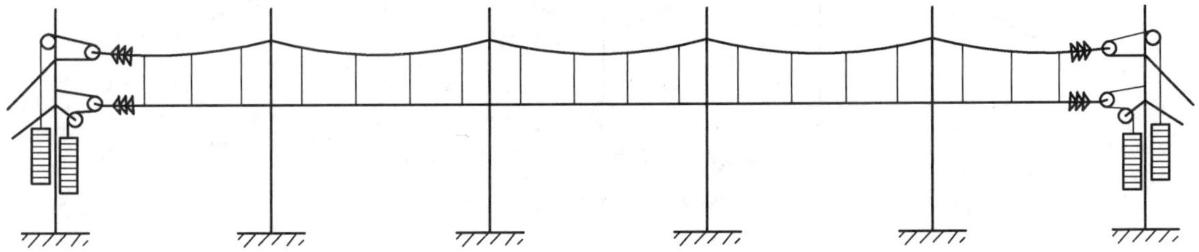

图 4-9　全补偿简单链形悬挂结构

全补偿链形悬挂在温度变化时由于补偿装置的作用，承力索和接触线的张力基本不发生变化，弹性比较均匀，承力索和接触线均产生同方向纵向位移，因而吊弦偏斜大大减小（接触线和承力索为相同材质时，偏斜更小，几乎可以忽略），有利于机车高速取流。因此，全补偿链形悬挂得到广泛使用。在一些较短的锚段（如渡线锚段、分相处的中性锚段等），接触网采用一端硬锚，一端补偿下锚的全补偿链形悬挂形式。

全补偿链形悬挂可分为全补偿简单链形悬挂和全补偿弹性链形悬挂两种形式。

1. 全补偿简单链形悬挂

如图 4-9 所示即为全补偿简单链形悬挂，在支柱定位点两侧采用的是普通吊弦，此定位点处仍会出现硬点，产生弹性不均匀的现象。

2. 全补偿弹性链形悬挂

全补偿弹性链形悬挂如图 4-10 所示，在支柱定位点处采用了弹性吊弦，使支柱处接触线的弹性得到了改善，并使全锚段的弹性更趋于均匀。因此这种悬挂形式更适合高速运行。

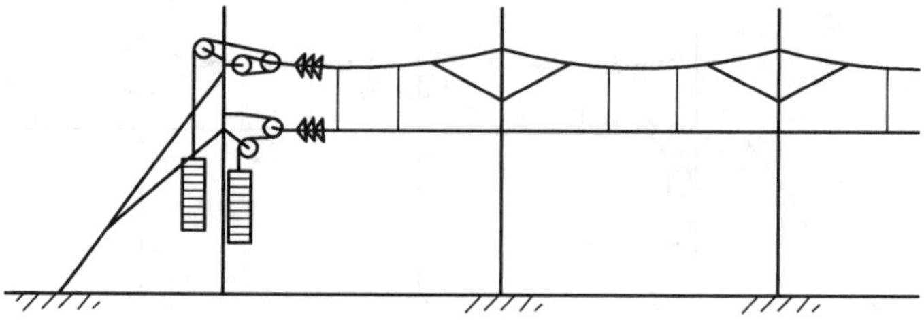

图 4-10　全补偿弹性链形悬挂结构

三、链形悬挂按其承力索和接触线在平面投影上的相对位置不同分类

（一）直链形悬挂

直链形悬挂的承力索和接触线布置在同一垂直平面内，它们在水平面上的投影是重合的，如图 4-11 所示。

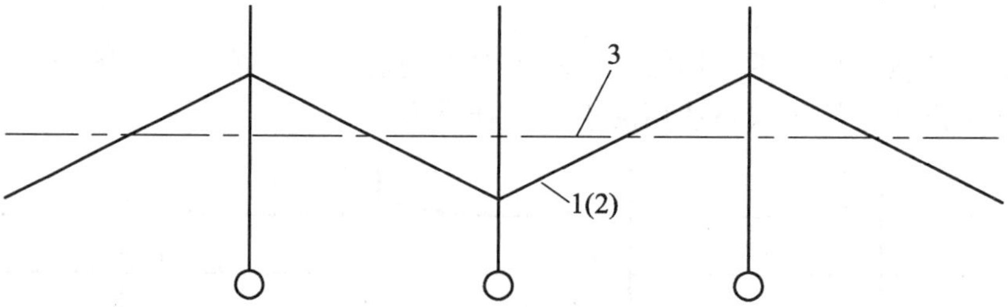

1—接触线；2—承力索；3—线路中心线。

图 4-11　直链形悬挂

直链形悬挂的缺点是风稳定性较差，在大风作用下接触线易产生横向摆动，造成接触线与受电弓脱离而发生脱弓事故；优点是便于吊弦长度计算（采用整体吊弦后，吊弦长度计算非常重要），提高了施工精度，避免接触线在吊弦存在纵向倾斜时出现接触线偏磨甚至是线夹与受电弓的碰撞。

（二）半斜链形悬挂

在半斜链形悬挂中，承力索沿线路中心线布置，接触线被布置成“之”字形，承力索与接触线不在同一垂直平面内，它们在水平面上的投影有一个较小的偏移，如图 4-12 所示。

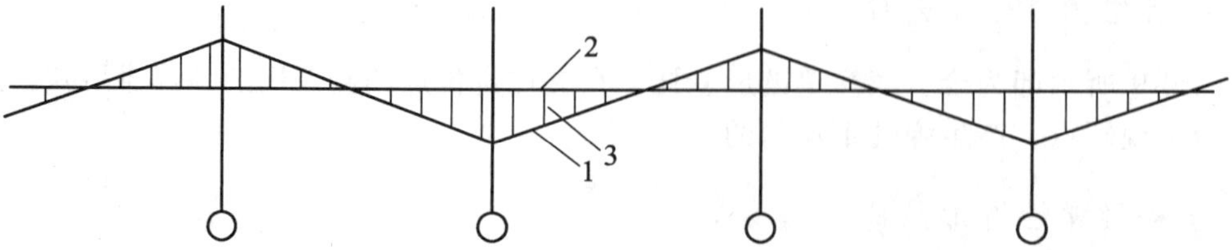

1—接触线；2—承力索；3—吊弦。

图 4-12　半斜链形悬挂

半斜链形悬挂的优点是风稳定性好，施工方便；缺点是较难确定吊弦长度，吊弦存在纵向倾斜，易出现接触线偏磨甚至是线夹与受电弓的碰撞。

（三）斜链形悬挂

斜链形悬挂的接触线和承力索被布置成方向相反的“之”字形，接触线和承力索在水平面上的投影有一个较大的偏移，在直线区段如图 4-13 所示。

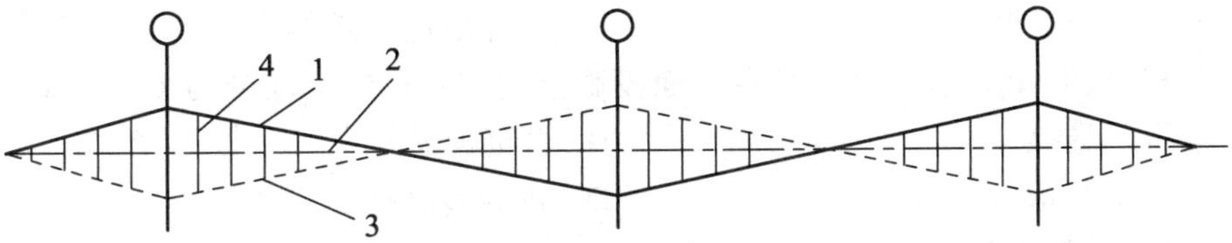

1—承力索；2—线路中心线；3—接触线；4—吊弦。

图 4-13　斜链形悬挂

斜链形悬挂的优点是风稳定性好，可增大两支柱之间的距离；缺点是吊弦的倾斜角较大，结构复杂，设计计算烦琐，施工和检修困难，造价较高。这种悬挂目前在我国没有应用。

我国目前在直线区段一般线路（列车速度<160 km/h）采用半斜链形悬挂，高速铁路（列车速度≥160 km/h）采用直链形悬挂。在曲线区段均采用直链形悬挂。

复习思考题

一、填空题

1. 将线索终端同支柱直接固定连接称为___________。
2. 链形悬挂按照悬挂链数多少可分为___________、__________和___________。
3. 单链形悬挂根据悬挂点处吊弦的形式不同分为________链形悬挂和________链形悬挂两种。
4. 接触悬挂根据悬挂结构的不同分成____________和___________悬挂。

二、单选题

1. 直链形悬挂的承力索和接触线布置在同一垂直平面内，它们在水平面上的投影是（　　）的。

A. 平行　　B. 重合　　C. 相交

2. 在半斜链形悬挂中，（　　）沿线路中心线布置。

A. 接触线　　B. 回流线

C. 承力索　　D. 附加导线

3. 我国接触网悬挂方式主要采用的是（　　）。

A. 单链形悬挂　　B. 复链形悬挂

C. 斜链形悬挂　　D. 简单悬挂

4. 承力索和接触线布置成反方向“之”字形的接触悬挂形式是（　　）。

A. 直链形　　B. 半斜链形

C. 斜链形　　D. 以上都不是

三、多选题

1. 链形悬挂按照线索的锚固方式分为（　　）。

A. 单链形悬挂　　B. 未补偿链形悬挂

C. 半补偿链形悬挂　　D. 全补偿链形悬挂

2. 链形悬挂按其承力索和接触线在平面投影上的相对位置不同分为（　　）。

A. 单链形悬挂　　B. 直链形悬挂

C. 半斜链形悬挂　　D. 斜链形悬挂

3. 以下哪些是简单悬挂的优点？（　　）

A. 结构简单　　B. 支柱高度低

C. 投资大　　D. 施工检修方便

4. 以下哪些是简单悬挂的缺点？（　　）

A. 导线的张力和弛度随气温的变化较大

B. 弹性不均匀

C. 不利于电力机车高速运行时取流

D. 结构复杂

四、判断题

1. 简单悬挂接触网有承力索。（　　）

2. 目前我国主要采用双链形悬挂。（　　）

3. 接触线设有张力自动补偿装置，而承力索仍为硬锚的链形悬挂，称为半补偿链形悬挂。（　　）

五、问答题

1. 链形悬挂按照线索的锚定方式分类可以分为哪几类？

2. 链形悬挂按其承力索和接触线在平面投影上的相对位置不同可分为哪些类型？这些类型各有什么特点？

3. 半补偿链形悬挂与全补偿链形悬挂相比有哪些缺陷？

第五章　支　柱

支柱是接触网的支撑设备，它在接触网中应用最广泛。支柱用来承受接触悬挂和支持设备的负荷，并将接触悬挂固定在规定的高度上。

第一节　支柱的类型

一、支柱按材质分类

接触网支柱按照材质可分为预应力钢筋混凝土支柱和钢柱。

（一）预应力钢筋混凝土支柱

混凝土抗拉能力不足，但抗压能力较好，因此多采用配筋的方法来提高混凝土支柱的强度。选配高强度的钢筋，采用预应力技术，在制造时预先使钢筋承受拉力，再用混凝土进行浇筑，可以进一步提高支柱强度。这种支柱在安装使用之前，混凝土处于受压状态，而钢筋则处于受拉状态。当支柱承受负载以后，混凝土里将出现拉应力，它等于弯矩引起的拉应力与预压应力之差，这样，采用混凝土的负载能力就可使支柱的负载能力大大提高。受拉层里的钢筋的总张力等于预拉应力和弯矩作用引起的拉应力之和。但是这不会使支柱承受负载的能力受到限制，因为此时钢筋还远没有达到满载。

我国电气化线路广泛采用预应力钢筋混凝土支柱。与钢柱相比，它具有金属材料的使用量较少、成本较低、使用寿命长和使用中无须进行维修的优点。钢筋混凝土支柱的缺点是比较笨重，且经不起碰撞，损坏后不易更换，因此在运输装卸和安装工程施工中应小心谨慎，在用吊车作业繁忙的站场上，也不宜采用钢筋混凝土软横跨支柱。

钢筋混凝土支柱从外观形态上可分为矩形横腹杆式支柱、等径圆支柱两种。矩形横腹杆式支柱截面呈工字形，采用带腹孔的横腹结构。这种结构便于上下攀登，利于维修和检查。同时针对接触网负载的方向性（一般垂直于线路方向承受一定弯矩），在支柱受拉一侧配筋多，提高了高强度钢筋的利用率，在各种支柱中造价较低。缺点是质量大、安装不便、外观不太美观，且其非工作面承载力较小，生产比较复杂，运输中容易损坏。矩形横腹杆式混凝土支柱是我国电气化线路使用最为广泛的支柱类型，主要用作腕臂柱和软横跨支柱，也可兼作打拉线下锚柱使用，但悬挂方向的弯矩与下锚所产生的悬挂方向附加弯矩之和应不大于支柱悬挂方向的标准设计弯矩。

等径圆钢筋混凝土支柱是一种上下直径相等的圆形支柱。这种支柱加工制造较容易，当支柱围绕自身的纵轴旋转，利用离心力的作用，混凝土浆喷洒到模型面上并能较好地密实凝结。这种支柱表面平滑，便于运输。圆截面钢筋混凝土支柱的钢筋是按整个圆周均匀分布的，安装时不受方向性的限制，且受力均匀，运输方便，损耗率低，制造长度比较灵活。缺点是钢筋材料的利用率较低，攀登支柱较困难，不利于维修，在实际使用中存在纵裂问题。现在生产的主要有ϕ350 mm和ϕ400 mm两种直径的等径圆支柱。这种支柱目前在我国电气化铁路提速改造区段使用，主要用作受力较大的锚柱、转换柱和硬横跨支柱，也用于速度 200～250 km/h线路的中间支柱。

钢筋混凝土支柱基础类型有直埋式和独立基础两种类型。对于直埋式基础，支柱的地下部分起到了基础的效能，埋置深度一般为 3 m 左右，根据负载情况、土壤类型等计算确定。对于具有独立基础的钢筋混凝土支柱，要设置专门的混凝土基础，这种支柱将会大大增加混凝土和钢材的耗量，而且需分两个阶段进行作业，提高了施工成本。目前我国使用的横腹杆式混凝土支柱多属于整体式支柱，等径圆支柱多需要制作杯形混凝土基础或法兰盘连接基础。

横腹杆式预应力钢筋混凝土支柱型号为

$$\mathrm{H}\frac{78}{8.2+3.0}$$

式中　H——钢筋混凝土支柱；

78——垂直线路方向支柱容量，kN · m；

8.2——支柱地面以上部分长度，m；

3.0——支柱埋入地下部分的长度，m。

用于下锚的横腹杆式钢筋混凝土支柱符号为

$$\mathrm{H}\frac{48-250}{8.7+3.0}$$

式中　48——垂直线路方向支柱容量，kN · m；

250——顺线路方向支柱容量，kN · m；

其他部分含义同前。

等径圆支柱型号为

$$\phi400\frac{60}{11+3}$$

式中　ϕ400——支柱直径，mm；分数部分含义同前。

（二）钢　柱

钢柱具有质量轻、容量大、耐碰撞、运输及安装方便等优点，但用钢量大、造价高、耐腐蚀性能差，需定期进行除锈、涂漆防腐，且维修不便。从节约钢材及方便运营维护的角度出发，要求尽量少采用。现在涂漆防腐已改为热镀锌防腐，提高了防腐性能，延长了维修周期。钢柱主要用于跨越股道比较多（五股道以上）、需要支柱高度较高、容量较大的软横跨、硬横跨支柱和作为桥梁墩台上安装的桥支柱。其中钢管柱和 H 形钢柱断面尺寸小、外形美观，在客运专线和城市轨道交通中得到了广泛的应用。

钢柱根据结构形式主要有格构式钢柱、钢管柱、H 形钢柱等几种。

格构式钢柱是用角钢焊接成的立体桁架结构式支柱。这种结构可根据具体使用场合设计成不同的结构形式，方便灵活。立杆时一般在柱底各主杆处设法兰盘，通过地脚螺栓与基础连接，安装方便。其容量跨度范围很大，任何场合均可使用，尤其适用于大跨度软横跨和硬横跨。但其外形尺寸较大，占用较大空间，在线间距较小时，使用受限。杆塔由于组合杆件多，所以下料、放样、焊接、防腐等制造工艺比较复杂。

钢管柱主要分为等径钢管柱和锥形钢管柱，为了连接金具的通用性，一般采用等径钢管柱或者锥度较小的锥形钢管柱。钢管柱外形美观、截面尺寸小、制造简单、机械化程度高、质量容易控制。这种支柱采用杯形基础时，可直接埋入基础中；采用预置地脚螺栓基础时，支柱底设法兰盘，螺栓对称布置，安装方便。其抗弯及抗扭强度和刚度较大，作锚柱时可不打拉线。

H 形钢柱的截面形式有五种，各截面相关参数见图 5-1 和表 5-1。H 形钢柱使用 H 形钢材加工而成，制造简单，采用预置地脚螺栓基础，安装方便，支柱上下截面一致，装配简单、外形美观、抗弯强度和刚度较大、抗扭强度与刚度较小，用作转换柱及锚柱时应特别注意。支柱高度较大时稳定性相对较差。钢管柱和 H 形钢柱比格构式钢柱的用钢量大。

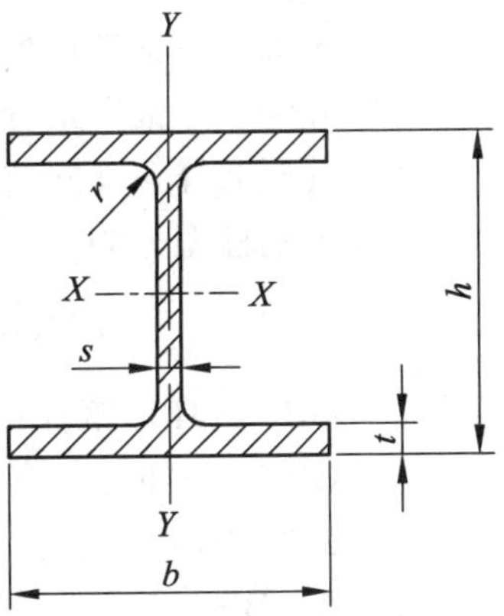

图 5-1　H 形钢柱截面

表 5-1　H 形钢柱截面参数

截面形式	h/mm	b/mm	s/mm	t/mm	r/mm
GH240	240	240	10	17	21
GH260	260	260	10	17.5	24
GH280	280	280	10.5	18	24
GH300	300	300	11	19	27
GHT240	270	248	18	32	21

钢柱立在以钢筋混凝土预制的基础之上，基础用以稳定钢柱不倾斜及下沉。不同支柱类型及土壤性质，配以不同基础类型以适应不同悬挂受力要求。钢柱通过埋入在基础当中的螺栓与基础连接，然后再用混凝土封住连接部分（称为基础帽）。

格构式钢柱型号为

$$\mathrm{G}\frac{150}{13},\quad \mathrm{G}\frac{450-250}{15}$$

式中　G——格构式钢柱；

150、450——垂直线路方向支柱容量，kN · m；

250——顺线路方向支柱容量，kN · m；

13、15——钢柱的高度，m。

格构式钢柱代号还有 G_s 表示双线路腕臂柱；G_f 表示分腿式下锚钢柱；G_x 表示斜腿钢柱；G_z 表示窄型柱；G_q 表示直腿桥钢柱；G_m 表示打拉线下锚钢柱等。

钢管柱型号为

$$G_g\frac{60}{10}\phi350\text{，}\quad G_{gz}\frac{80}{9}\phi300$$

式中　G_g——等径钢管支柱；

G_{gz}——锥形钢管支柱；

$\phi350$——钢管柱外径，mm；

$\phi300$——锥形钢管柱底径，mm；

其他部分含义同前。

H 形钢柱型号为

GH260A/7.8，GHT240B/11

式中　GH——H 形钢柱；

GHT——加强型宽工字钢 H 形钢柱；

260、240——截面标称宽度（即图 2-1 中 b 值），mm；

A、B——法兰盘代号；

7.8、11——H 形钢柱高度，m。

H 形钢柱代号还有 GHd、GHs，分别表示符合国标 GB/T 11263—2017 的单 H 形钢柱、双 H 形钢柱。法兰盘代号常用的有 A、B、C 等多个型号，对应不同的柱底弯矩和地脚螺栓的数量为 6、8、10 或者更多。常用的 H 形钢柱高度范围为 7.8 ~ 11 m，强度主要为 GH240 ~ GH300。

（三）支柱按用途分类

支柱按用途可分为中间支柱、锚柱、转换支柱、中心支柱、定位支柱、道岔支柱、软横跨支柱、硬横跨支柱等，如图 5-2 所示。

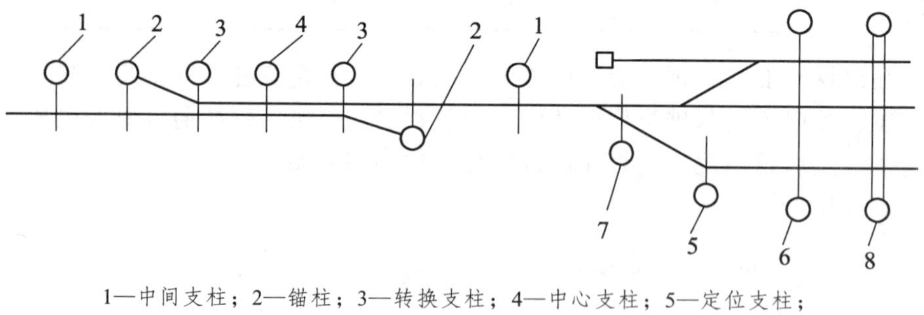

1—中间支柱；2—锚柱；3—转换支柱；4—中心支柱；5—定位支柱；
6—软横跨支柱；7—道岔支柱；8—硬横跨支柱。

图 5-2　支柱位置

1. 中间支柱

中间支柱在区间和站场上广泛使用，布置在两相邻锚段关节之间，通过腕臂等支持结构承受一支接触悬挂的支柱。中间支柱承受一组工作支接触悬挂的重力及作用于悬挂上的水平分力。中间支柱能承受的力矩比较小，是电气化铁路中最常见的支柱类型。

2. 锚　柱

在接触网锚段关节处或接触网其他线索下锚的地方需设锚柱。锚柱承受两个方向的负荷，在垂直线路方向起中间支柱的作用，在顺线路方向，承受接触悬挂下锚的全部拉力。

平衡锚柱承受的线索顺线路方向张力的形式不同，锚柱分为带下锚拉线和不带下锚拉线两种。要设置下锚拉线的锚柱，拉线的固定有两种方法：一种是埋设锚板固定，另一种是混凝土现浇地锚。

分腿式钢柱、等径圆钢柱用作锚柱时可不带拉线，其余锚柱均带拉线。在一些重要站场为美观需求，采用不带拉线的锚柱形式。

3. 转换支柱

转换支柱位于锚段关节处的两根锚柱之间。转换支柱同时支持两组接触悬挂，其中一组为工作支，另一组为下锚支（也可称非工作支），电力机车受电弓在两转换支柱间进行两个锚段线索的转换。转换支柱承受一组下锚支和一组工作支线索的重力及水平力。

4. 中心支柱

在四跨锚段关节处，位于两根转换支柱中间通过腕臂等支持结构承受两组工作支接触悬挂的支柱，称为中心支柱。中心支柱承受两组工作支接触悬挂的重力和水平力。两组工作支接触线在中心支柱定位点处呈等高状，且两接触线线间距应符合技术要求。

5. 道岔支柱

在站场两端道岔处，为使接触线线岔符合技术要求所规定的位置，该处往往需设立道岔支柱，道岔支柱容量根据计算选择支柱类型。道岔支柱通过腕臂等支持结构承受两支接触悬挂并确保这两支接触悬挂满足线岔处接触线定位要求。道岔支柱承受两组工作支接触悬挂的重力和水平力。

6. 定位支柱

当接触线由于某些原因对受电弓中心偏移过大时，为确保电力机车受电弓正常接触取流不发生脱弓事故，而专门设立定位支柱，它在水平方向对接触悬挂起定位作用而不承受其重量。定位支柱通常仅承受接触线水平分力，而不承受接触悬挂的垂直分力。定位支柱一般多设于站场道岔后曲线处，由于受力较小，可采用中间支柱。

7. 软横跨支柱

软横跨支柱一般用于跨越多股道的站场上，由于受力较大，多选用容量较大的支柱，跨越五股道及以下的软横跨支柱可选用预应力钢筋混凝土支柱，五股道以上软横跨支柱采用钢柱。软横跨支柱承受软横跨上悬挂的各线索传来的所有负载。

8. 硬横跨支柱

硬横跨也称为硬横梁，在提速区段为了提高站场接触网的稳定性、可靠性，采用硬横跨代替软横跨作为站场接触网的支持装置。在某些特殊地段，如站场伸入高架桥梁上时，用双线路腕臂支柱或软横跨都不方便时，可考虑采用硬横跨，硬横跨支柱为钢柱。硬横跨支柱承受硬横跨结构中各部件的重力和水平力及各股道接触悬挂的重力和水平力。

第二节　拉线安装

一、工作方法、步骤

（一）准备工作

（1）人员：6 ~ 8 人。

（2）工具：皮尺、铁锹、钢钎、活口扳手、楔形紧线器、手锤、棕绳、断线钳、双钩紧线器、防护用具。

（3）材料：UT 型线夹、GJ-70 镀锌钢绞线、拉线固定角钢、ϕ4.0 铁线、ϕ1.6 铁线。

（二）安装工艺

（1）作业人员站在与锚段相邻的转换柱中心线与线路中心线的交点处，通过锚柱中心目测一条直线，另一名作业人员从锚柱起始，在直线上丈量 10.4 m，此定点即拉线坑中心，如图 5-3 所示。

（2）用铁锹开挖拉线坑，坑口尺寸为长 1.2 m、宽 0.6 m、坑深 2 m，如图 5-4 所示。

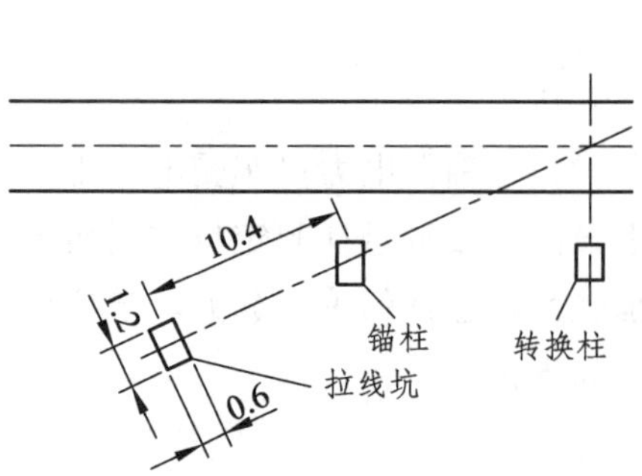

图 5-3　拉线坑定位示意图（单位：m）

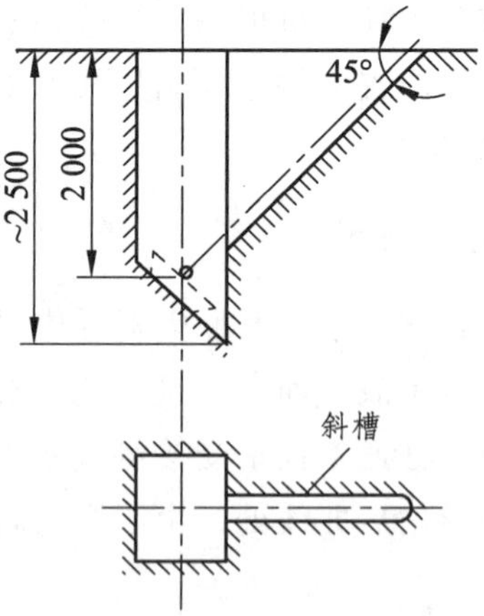

图 5-4　拉线坑示意图

（3）利用棕绳将锚板放入拉线坑中，地锚杆放入马道中，并使短杆向上。

（4）锚板安设后，回填拉线坑并夯实。

（5）作业人员上支柱将拉线固定角钢安装到锚柱上，距地面 10.4 m 左右处。

（6）将预制完毕的拉线的回头楔形线夹与拉线固定角钢用销钉连接牢固，然后在距地锚杆 2 ~ 3 m 处拉线上安装楔形紧线器，并在紧线器受力侧前安装 1 ~ 2 个钢线卡子。

（7）在地铺杆环中挂上钢丝套，将双钩紧线器的双钩与钢丝套和楔形紧线器套子连接。

（8）紧动双钩紧线器，使锚柱端头向拉线方向倾斜 50 ~ 100 mm 后停止。

（9）测量回头位置，并做好回头，然后安装 UT 型线夹，并使线夹螺栓的螺扣外露 20 mm。

（10）绑扎回头。

（11）撤除工具。

二、质量标准

（1）田野侧连接螺栓穿向线路侧。

（2）连接螺栓装好后，应穿开口销，并用钳子扳开口销分支，使其夹角大于 120°。

（3）调整螺丝应预留今后运营维护调节余量。

（4）安装时应确定楔形线夹的受力面，不应装反。

（5）回头绑扎，防止散股。

三、注意事项

（1）拉线安装中，在安装地锚杆前，应确认双环杆的短杆面在上，长杆在下，埋没锚板时注意避免锚杆伤人。

（2）拉线固定角钢应与支柱密贴，拉线应绷紧，不得松弛。

（3）拉线受力后，UT 型线夹螺栓外露不得小于 20 mm，也不得超过全部螺纹长的 1/3。

四、训练测评

操作时间规定为 20 min。在规定时间内完成，不加分也不扣分，每超时 2 min，从总分中扣 1 分，超时 10 min，停止作业。

测评记录内容如表 5-2 所示。

表 5-2　测评记录表

项目	配分	测评要求及评分标准	扣分	得分	备注
料具准备	10	作业中所需工具、材料及备品每少一件扣 3 分			
质量要求	60	没有校核支柱倾斜度扣 10 分			
		拉线两头部件不符合要求扣 20 分			
		拉线长度不符合要求扣 10 分			
		拉线安装错误扣 10 分			
		作业中，紧线操作错误扣 10 分			

续表

项目	配分	测评要求及评分标准	扣分	得分	备注
安全作业	20（扣完配分失格）	一般违章作业每次扣 5 分			
		出现严重违章扣 20 分			
		造成支柱折断扣 20 分			
文明作业	10	作业中出现不文明动作或语言每次扣 10 分			
		作业时，必配的劳保、安全用具每缺一件扣 5 分			
		作业完毕，料具不归位每件扣 3 分			
测评超时					
合计	100				

第三节　登杆作业

一、工作方法、步骤

（一）准备工作

（1）人员：工作负责人 1 人，现场监护，宣读工作票及人员安排；高空作业人员 1 人，准备个人工具，攀登支柱。

（2）工具及材料：安全帽、安全带、工作服、绝缘鞋、绝缘手套、脚扣。

（二）操作步骤

1）登矩形杆

矩形杆在接触网中应用广泛，攀登较为方便。上杆时可以直接利用横腹杆脚踏孔，不需准备其他协助登高的工具。

登杆时，右脚登住腹杆，右手向上伸，扒住腹杆或翼缘相应高度，脚登、手拉使身体向上，同时，左脚和左手分别登、扒比右脚和右手高一层的腹杆或翼缘，然后再依次向上攀登。

2）登圆杆

常用的接触网圆支柱有 ϕ400 mm，ϕ350 mm 等径杆，登杆需用与支柱相应直径的脚扣。

（1）登杆前穿好工作服，戴好安全帽，系好绝缘鞋，检查并系好安全带。穿脚扣时，脚扣带的松紧要合适，防止脚扣在脚上转动或滑脱；检查脚扣所有的螺丝是否齐全，脚扣带是否良好，调节是否灵活，焊口有无开裂，有无变形，是否在合格期内。监护人到位。

（2）对脚扣进行人体荷载冲击试验，先登一步，然后用整个人体重量以冲击速度加在一只脚扣上，若没有问题再换一只脚扣做冲击试验，当两只脚扣都完好时，才可以向上攀登。

（3）将安全带绕过电杆，调节好合适的长度系好，将扣环扣好，做好登杆前准备。

（4）登杆时，应用两手掌上下扶住电杆，上身离开电杆（约 350 cm），臀部向后下方坐，使身体成弓形。当左脚向上跨扣时，左手同时向上扶住电杆，右脚向上跨扣时，右手同时向上扶住支柱。

（5）在左脚踩实后，身体重心移到左脚上，右脚才可抬起，再向上移一步，手也才可随着向上移动，两手脚配合要协调。

（6）当脚扣可靠扣住电杆后（方法：用力往下踩，使脚扣与支柱扣牢），再开始移动身体。

（7）登杆时，步幅不要太大（上方脚弯曲后，大腿与小腿间夹角不要小于 90°）。

（8）快到杆顶时，要注意防止横担碰头，到达工作位置后，将脚扣扣牢登稳，在支柱的牢固处系好安全带，即可开始工作。

（9）下杆时，身体向前倾，安全带向下移动，左脚扣脱离杆体并端平，右脚弯曲至大腿面水平，左脚向下套住杆体，前后防滑条和脚扣金属母材同时与杆面接触，左手托住围杆带与左脚同步向下移动，左脚扣缓缓得力，身体重心移至左脚扣。右腿与此相反。

3）登钢柱

格构式钢柱的攀登方法与登矩形杆基本相同，沿钢柱主角钢，左手向上抓主角钢，左脚踩斜角钢，使身体向上的同时，右手向上抓，右脚向上踩，依次交替，直到所需高度。攀登时，手要尽量抓高一点，将身体向上提。下来的时候，手要抓低一点，不得出现脚踩不着、手放不开的现象。

攀爬 H 形钢柱的方法与登等径圆柱的方法基本相同。

二、质量标准

（1）个人安全用具（安全带、安全帽）齐全，按规定穿戴好劳保及安全用品（安全带、安全帽，安全帽、带系牢）。

（2）检查脚扣状态，确保状态良好，能够正常使用。

（3）攀登支柱前首先检查支柱及基础状态，发现支柱湿滑应有防滑移措施并选好攀登方向。

（4）攀登支柱过程中应避开设备，攀登高度不低于下腕臂底座。

（5）登杆时注意力应高度集中，动作要协调，不得穿鞋底易打滑或带钉的鞋。

（6）上、下杆手要抓牢，脚应踩稳。

（7）要注意支柱上已安装的设施，如角钢、拉线等，防止碰伤事故发生。

（8）登杆前必须检查脚扣各部位有无裂纹、变形；脚扣皮带是否结实可靠；防滑胶条是否完好。如发现对安全有影响的问题，不得使用。

（9）上、下杆的每一步，必须使脚扣完全套入，并可靠地扣住杆体后才能移动身体，否则容易发生事故。

三、注意事项

（1）登杆作业时，杆下不得站人，防止东西坠落。

（2）系好安全带后，必须检查扣环是否扣牢。杆上作业转位时，不得失去安全带保护，安全带必须系在牢固的构件或支杆上。应防止安全带从杆顶脱出或被锋利物割伤。

（3）杆上作业时，不应摘除脚扣，同时安全带可靠受力。

（4）攀登过程中不得发生脚扣滑移、脱落。

（5）严禁不使用脚扣沿支柱滑下。

四、训练测评

操作时间规定为 10 min。在规定时间内完成，不加分也不扣分，每超时 1 min，从总分中扣 1 分，超时 5 min，停止作业。

测评记录内容如表 5-3 所示。

表 5-3　测评记录表

项目	配分	测评要求及评分标准	扣分	得分	备注
准备工作	10	人员着装整齐，安全劳保用品齐全。个人着装、安全劳保用品一项不合格扣 2 分			
		攀登工具型号选择正确，作业开始前摆放整齐，并进行检查。攀登工具选错一项扣 2 分，未进行检查扣 2～5 分			
登杆作业情况	60	熟练掌握运用、正确使用安全带，不符合规定的每次扣 15 分			
		攀登前检查支柱状态，观察支柱上有无其他设备，选好攀登方向和条件，不按规定的每次扣 5 分			
		需要脚扣或踏板攀登时，能熟悉使用，卡牢和系紧，不能熟练使用者扣 5 分			
安全作业	20	一般违章作业每次扣 5 分			
		出现严重违章扣 20 分			
文明作业	10	作业中出现不文明动作或语言每次扣 10 分			
		作业时，必配的劳保、安全用具每缺一件扣 5 分			
		作业完毕，料具不归位每件扣 3 分			
测评超时					
合计	100				

复习思考题

一、填空题

1. H93/8.7 + 3.0 符号中的 3.0 表示____________。

2. 支柱按照材质分类可以分两类：第一类是____________，第二类是____________。

3. 支柱直接埋入土壤中的基础称为____________基础。

二、单选题

1. 某型号钢支柱型号为 G（15 – 40）/13，其中的 13 是指（　　）。

A. 垂直线路方向支柱容量　　B. 顺线路方向支柱容量

C. 钢柱的长度　　D. 钢柱埋在地下部分长度

2. 基础的类型取决于（　　）。

A. 支柱类型　　B. 土壤特性

C. 支柱受力　　D. 以上都是

3.（　　）用于锚段关节两锚柱之间实现工作支与非工作支转换的支柱。承受工作支和非工作支的重力及水平力。

A. 中间支柱　　B. 锚柱

C. 转换支柱　　D. 中心支柱

4. 道岔支柱用于支持道岔处两工作支悬挂的支柱，承受（　　）工作支接触悬挂的重力、水平力。

A. 两　　B. 三　　C. 四　　D. 多

5.（　　）用于支持单支悬挂的支柱，承受接触悬挂的重量、风负载以及接触悬挂产生的水平力。

A. 中间支柱　　B. 锚柱

C. 转换支柱　　D. 中心支柱

三、多选题

1. 与钢柱相比，以下哪些是预应力钢筋混凝土支柱的优点？（　　）

A. 减少了金属材料的使用量　　B. 成本较低

C. 使用中无须进行维修　　D. 质量轻

2. 关于支柱的要求，以下说法正确的是（　　）。

A. 安全合理的机械强度

B. 在一定区域内，支柱外形和颜色应尽量统一

C. 注意与周围景观的协调

D. 材料经济合理

3. 钢柱以角钢焊成桁架结构，具有（　　）等优点。

A. 支柱较轻　　B. 强度高

C. 抗碰撞　　D. 安装运输方便

4. 与钢柱相比，预应力钢筋混凝土支柱的优点是（　　）。

A. 成本较低　　B. 强度高

C. 使用寿命长　　D. 使用中无须进行修理

5. 现在生产的主要有（　　）和（　　）两种直径的等径圆支柱。

A. ϕ300 mm　　B. ϕ350 mm

C. ϕ400 mm　　D. ϕ450 mm

四、判断题

1. H 形钢柱广泛应用于高速铁路干线。(　　)
2. 定位支柱用于支撑软横跨的支柱，承受多支悬挂的重力、水平力。(　　)

五、问答题

1. 接触网支柱按材质分有哪几种？举例说明各种支柱符号的意义。
2. 比较常见接触网支柱的优缺点。
3. 支柱按用途分为哪几种？各有什么作用？

第六章 腕 臂

腕臂安装在支柱上部，一般使用圆形钢管或用槽钢、角钢加工制成，用以支持接触悬挂，并起传递负荷的作用。

第一节 腕臂的类型

一、腕臂的类型

腕臂按其与支柱之间是否绝缘分为绝缘腕臂和非绝缘腕臂两类。

（一）绝缘腕臂

我国目前在接触网上普遍采用绝缘腕臂，结构如图 6-1 所示。由于腕臂通过绝缘子对地绝缘，故称为绝缘腕臂。

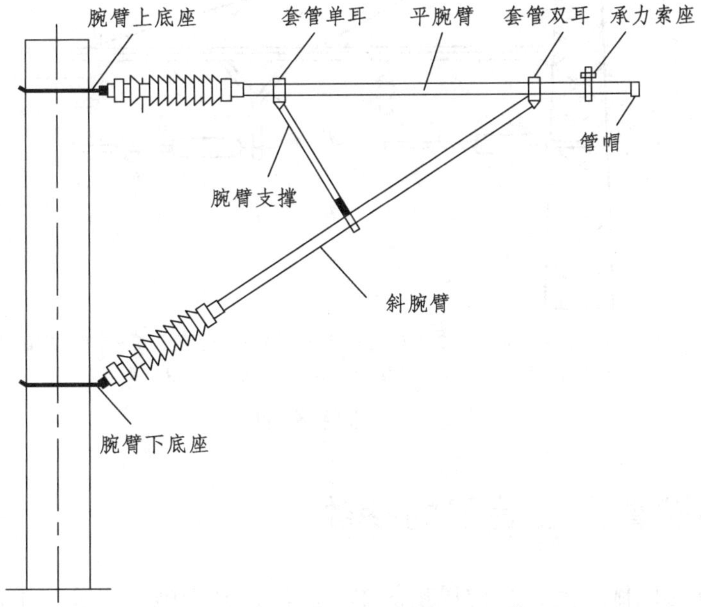

图 6-1 绝缘腕臂

绝缘腕臂一般由平腕臂、斜腕臂、腕臂支撑、套管单耳、套管双耳、承力索座、棒式绝缘子、腕臂底座、管帽等组成。平腕臂悬臂一端通过承力索座支撑承力索，另一端与棒式绝缘子相连。斜腕臂一端通过套管双耳支撑平腕臂，另一端与棒式绝缘子相连。两棒式绝缘子分别通过腕臂上底座和下底座与支柱连接。腕臂支撑两端均通过套管单耳分别与平腕臂和斜腕臂相连。

固定在平腕臂一端的承力索座用于支撑正线及站线承力索（线夹内带有承力索保护衬垫），承力索座中的托线夹能绕水平轴自由转动，安装承力索的线槽有适应承力索悬挂支撑的悬垂弧角及喇叭口，承力索座下部带有单耳结构。除正线中心锚结柱处采用双槽承力索座外，其余均采用单槽承力索座。

腕臂顶端的管帽是为了防雨水或雪水流入，防止管内生锈。

绝缘腕臂结构灵巧简单，技术性能好，施工维修和安装方便。由于绝缘子安装在靠支柱侧，减少了对支柱容量和高度的要求，从而降低了成本，同时在内电混合牵引区段不易被污染，减少了清扫和维护绝缘子的工作。

（二）非绝缘腕臂

非绝缘腕臂是通过悬吊在腕臂上的绝缘子串来悬挂承力索。腕臂和支柱间不绝缘，因此称为非绝缘腕臂。非绝缘腕臂结构笨重，要求支柱高度和支柱容量大，安装维修困难，绝缘子容易脏污，不便开展带电作业，应尽量减少使用。目前多存在于 2 ~ 3 股道受限不能为每条线路单独布置支柱时使用（也称为跨线腕臂），结构如图 6-2 所示。

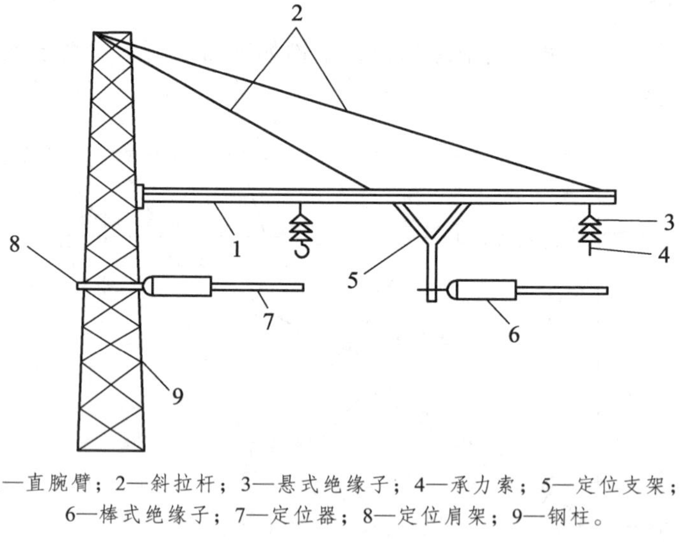

1—直腕臂；2—斜拉杆；3—悬式绝缘子；4—承力索；5—定位支架；
6—棒式绝缘子；7—定位器；8—定位肩架；9—钢柱。

图 6-2　非绝缘腕臂

二、影响腕臂支柱装配的参数

腕臂既有足够的机械强度，结构尽量简单、轻巧，易于施工安装、维修更换，还要满足一定的技术要求：如腕臂跨越线路股道的数目、接触悬挂的结构高度、接触线高度、支柱侧面限界和支柱所在位置（即支柱设在直线区段还是设在曲线区段，是在曲线内侧还是在曲线外侧）等。腕臂跨越股道数目越多，接触悬挂结构高度越高，支柱侧面限界越大，则腕臂就应越长。

（一）导 高

导高是接触线悬挂点高度的简称，是指接触线无弛度时定位点（或悬挂点）处接触线距轨面的垂直高度，一般用 H 表示。

接触线的最高高度，是根据受电弓的最大工作高度确定的。我国电力机车 TGS 型受电弓的工作高度为 5 183 ~ 6 683 mm，考虑到接触线可能出现负弛度及保证受电弓接触线工作压力的需要，接触线距轨面的最高高度不应大于 6 500 mm。

接触线的最低高度，考虑了带电体对接地体之间的空气绝缘距离及通过超限货物的要求。

接触线最低高度应符合下列规定。

（1）站场和区间（含隧道）接触线距轨面的高度宜取一致，其最低高度不应小于 5 700 mm；编组站、区段站等配有调车组的线、站，正常情况可不小于 6 200 mm，确有困难时不应小于 5 700 mm。

（2）既有隧道内（包括按规定降低高度的隧道口外及跨线建筑物范围内）正常情况不应小于 5 700 mm；困难情况不应小于 5 650 mm；特殊情况不应小于 5 330 mm。

（3）开行双层集装箱列车的线路，接触线距轨面的最低高度应根据双层集装箱的高度和绝缘距离计算确定。一般采用 6 450 mm 导高。

对于客运专线，为了提高接触悬挂稳定性，导高较低，一般采用 5 000 ~ 5 500 mm。目前国内运行的高速铁路的导高为 5 300 mm。

（二）支柱侧面限界

支柱侧面限界是指轨平面处，支柱内缘至线路中心的距离，一般用 CX 表示。电气化铁路接触网是沿铁路架设的，为了确保行车安全，要求接触网支柱及其他电气装置的建筑不得侵入根据《铁路技术管理规程》规定的铁路接近限界。为了安全起见，支柱侧面限界的设计取值比建筑接近限界规定值要大。

在直线区段，支柱侧面限界在通过超限货物列车的正线或站线必须大于 2 440 mm；不通行超限货物列车的站线（如机车走行线）必须大于 2 150 mm。

曲线区段，受外轨超高的影响，上述距离应按现行国家标准《标准轨距铁路建筑限界》的规定加宽，如表 6-1 所示。

表 6-1 曲线区段支柱侧面限界选用表

曲线半径/m	200	300 ~ 599	600 ~ 1 000	>1 000	∞
曲线外侧界限/m	2.85	2.70	2.60	2.60	2.50
曲线内侧界限/m	3.10	3.10	2.80	2.70	—

采用大型机械化养护的路基路段，接触网支柱侧面限界应满足大型机械作业的需要；不应小于 3 000 mm，一般取 3 100 mm。

牵出线处支柱侧面限界一般不应小于 3 500 mm，困难情况下不应小于 3 100 mm。

站场上软横跨支柱的侧面限界一般为 3.0 m，基本站台上的软横跨柱为 5.0 m。软横跨支柱的侧面限界较大的原因是为了照顾车站的美观以及行人的方便。

（三）结构高度

链形悬挂的结构高度是指在支柱定位点处，在接触线无弛度时，承力索和接触线的垂直距离，用符号 h 表示。确定结构高度，一般应考虑以下几个方面的因素。

（1）最短吊弦长度不要过小，在极限温度时其顺线路方向偏角不超过 30°。

（2）在条件许可时，尽可能减少支柱高度。

（3）选择适当的悬挂类型，全补偿要求的结构高度比半补偿低。

（4）考虑适当的调整范围，如起道的影响。

（5）便于调整和维修。

结构高度一般取 1 100 ~ 1 700 mm。目前采用钢承力索的既有线，结构高度多为 1 100 mm；既有线提速区段为 1 400 mm；高速铁路中，为了改善定位点接触线弹性，结构高度一般取值较 1 400 mm 大，比如我国的高速铁路结构高度为 1 600 mm。

最小的结构高度必须满足最短吊弦（一般不小于 500 mm），在最高温度时，其顺线路方向的偏角不超过 30°（全补偿链形悬挂不超过 20°）。最短吊弦的计算是以选择最长的锚段为依据的，速度在 300 ~ 350 km/h 的区段，最短吊弦长度不小于 600 mm，结构高度不得小于 1 100 mm；速度在 200 ~ 250 km/h 的区段，最短吊弦长度不小于 500 mm；其他地段最短吊弦长度不得小于 350 mm。在满足上述条件的情况下，结构高度的取值偏大为好。

既有线隧道内的结构高度一般为 450 ~ 550 mm，不得低于 300 mm。结构高度过小，会在吊弦处形成硬点，甚至在受电弓通过时，在跨中使接触线与承力索相碰撞。同时，结构高度偏低，欲改善悬挂工作状态，必然会增加滑动吊弦的使用数量。因此，在条件许可时，增大结构高度会相应地改善悬挂的运营条件。高速铁路隧道断面大，采用和非隧道区间一样的结构高度 1 600 mm。

三、常见腕臂支柱装配

腕臂支柱装配根据支柱用途的不同分为中间支柱、转换支柱、道岔支柱、锚柱和中心支柱的装配。这里以中间支柱为例，说明不同类型的腕臂装配形式。

在中间支柱上，只安装一个腕臂，悬吊一支接触悬挂，并把承力索和接触线定位在所要装的位置上，称为中间支柱腕臂装配。在线路的直线区段，支柱一般立于线路的同一侧，但是接触线需要按“之”字形布置，其拉出值一般在支柱定位点处变换方向，所以定位为一正一反，保证定位器处于受拉状态，如图 6-3 和图 6-4 所示。这种装配形式抗风性能好、结构稳定、受力合理、强度大，可以提高接触网的稳定性，降低接触网的故障率，并有利于改善弓网受流质量。

（一）中间支柱正定位装配

中间支柱正定位装配如图 6-3 和表 6-2 所示。

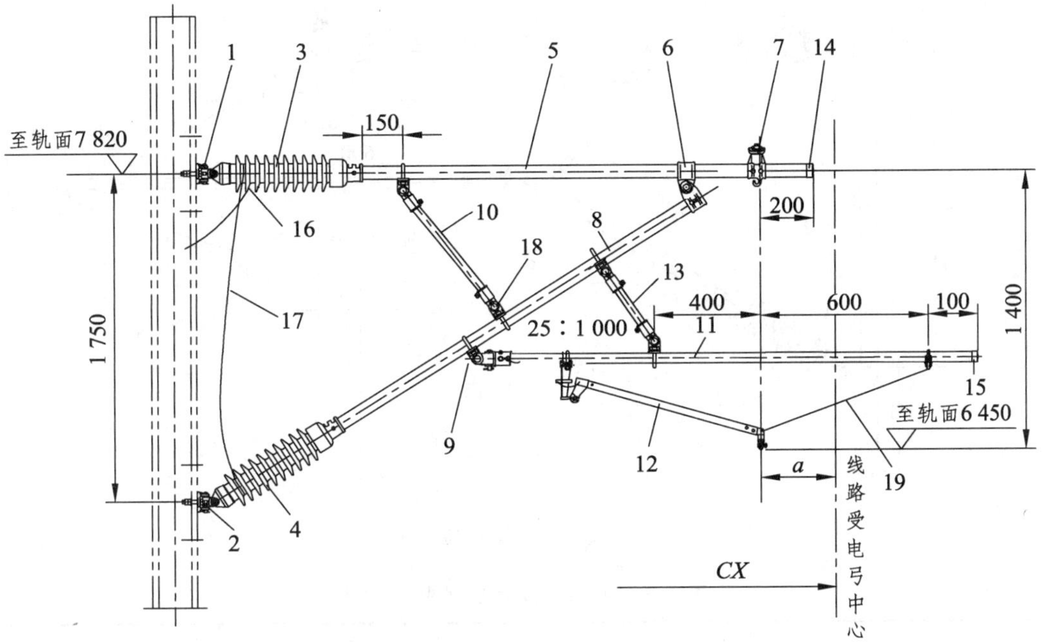

图 6-3　正定位

表 6-2　中间支柱正定位装配零件表

序号	标准代号	零件名称	序号	标准代号	零件名称
1	—	上底座	11	JHJL62-89	定位管
2	—	下底座	12	JHJL63-2004（L＝1 050）	铝合金矩形管定位器
3	QBZ2-8D	棒式绝缘子	13	JL375-89（L＝550）	定位管支撑
4	QBZ2-25/8D	棒式绝缘子	14	JL07（60）-96	60 型管帽
5	JHJL61-89 改	平腕臂	15	JL07（48）-96	48 型管帽
6	JHJL14-92	套管双耳	16	JL328-89	跳线卡箍
7	JHJL0318	D 型承力索座	17	LJ-70	接地跳线
8	JHJL61（X）-89 改	斜腕臂	18	JHJL14（G）-95	60 型套管双耳
9	JHJL12-04	60 型定位环	19	—	防风拉线
10	JHJL375-98	腕臂支撑			

（二）中间支柱反定位装配

中间支柱反定位装配如图 6-4 和表 6-3 所示。

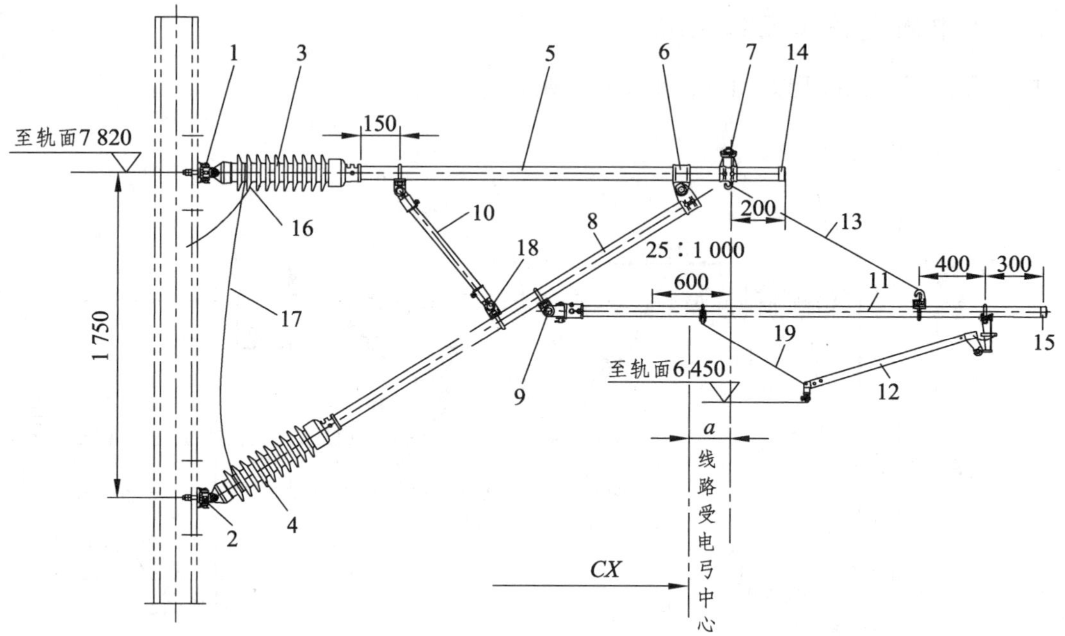

图 6-4 反定位

表 6-3 中间柱反定位装配零件表

序号	标准代号	零件名称	序号	标准代号	零件名称
1	—	上底座	11	JHJL62-89	定位管
2	—	下底座	12	JHJL63-2004（L＝1 050）	铝合金矩形管定位器
3	QBZ2-8D	棒式绝缘子	13	GB/T4240-93	定位管吊线
4	QBZ2-25/8D	棒式绝缘子	14	JL07（60）-96	60 型管帽
5	JHJL61-89 改	平腕臂	15	JL07（48）-96	48 型管帽
6	JHJL14-92	套管双耳	16	JL328-89	跳线卡箍
7	JHJL0318	D 型承力索座	17	LJ-70	接地跳线
8	JHJL61（X）-89 改	斜腕臂	18	JHJL14（G）-95	60 型套管双耳
9	JHJL12-04	60 型定位环	19	—	防风拉线
10	JHJL375-98	腕臂支撑			

第二节 腕臂计算

在腕臂安装和预配过程中，需要准确确定平腕臂和斜腕臂长度，根据腕臂计算结果，在地面预配好整体结构，这对今后一次性安装成功，减少调整工作量具有重要意义。下腕臂计算以中间支柱为例，计算默认接触悬挂采用直链形悬挂。

一、腕臂的预制计算

（一）准备计算所需基础数据

1）测量支柱斜率 f，支柱侧面限界 CX，外轨超高 h

支柱斜率可用如图 6-5 所示的方法计算。在支柱的内侧任选一点 A，用线坠或水平尺过 A 点作垂线到 B 点，AB 间的距离为 h，测量出支柱内侧沿 C 点至 B 点的距离为 a，则支柱的斜率为 $f=a/h$。

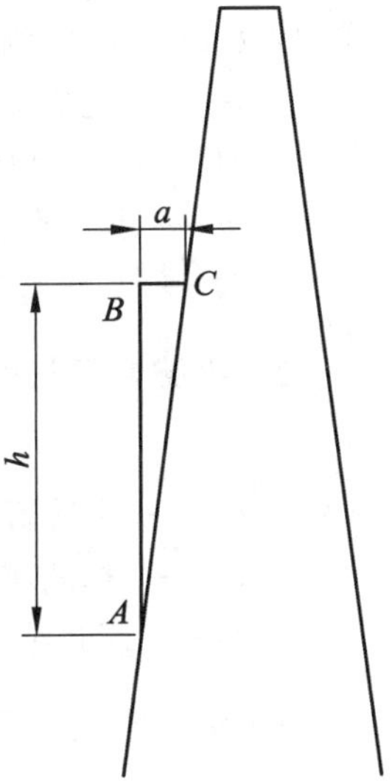

图 6-5　支柱倾斜率示意图

2）结构数据

腕臂上底座距轨面高度 H_s、下底座距轨面高度 H_x、定位器开口。

3）材料数据

上、下底座长度，棒式绝缘子长度，承力索座高度，定位环长度。

4）图纸数据

导高、拉出值、结构高度。

（二）平腕臂上的有关数据

平腕臂上的有关数据如图 6-6 所示。

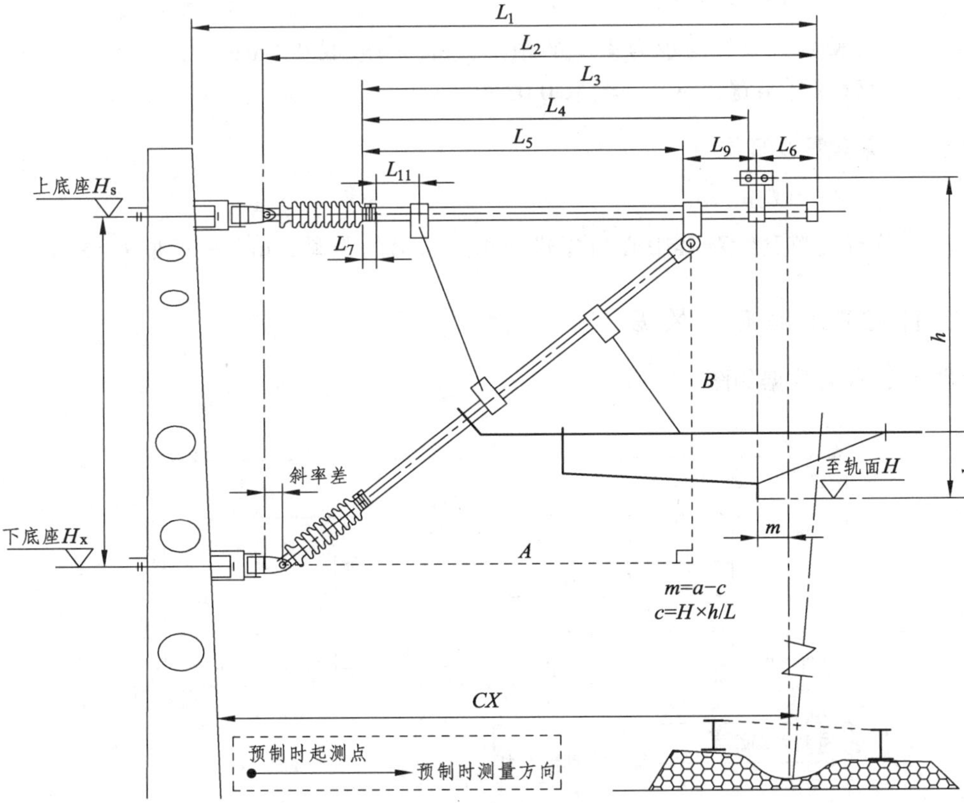

图 6-6　平腕臂计算示意图

1）平腕臂总长

$$L_1 = CX + f \times H_s \pm m + L_6\ (\mathrm{m})$$

式中 CX——支柱侧面限界，m；

f——支柱斜率；

H_s——支柱侧面限界测量点至腕臂上底座固定点的垂直距离，m；

m——承力索悬挂点至线路中心的距离，m，正定位取“－”，反定位取“＋”；

L_6——平腕臂管头外露长度，m，一般取 0.2 m。

2）平腕臂管长度

$$L_3 = L_1 - L_{平} - L_{棒} + L_7$$

式中 $L_{平}$——平腕臂底座突出支柱部分的长度，m；

$L_{棒}$——棒式绝缘子安装长度，m；

L_7——棒式绝缘子套筒长度，m。

3）承力索座位置

$$L_4 = L_3 - L_6 - L_8\ (\mathrm{m})$$

式中 L_8——承力索座半宽，m，一般取 0.03 m。

4）斜腕臂套管双耳位置

$$L_5 = L_3 - L_6 - L_9 - L_{10}\ (\mathrm{m})$$

式中 L_9——斜腕臂套管双耳与承力索座的距离，m，一般取 0.3 m；

L_{10}——套管双耳半宽，m，一般取 0.03 m。

5）腕臂支撑套管双耳位置

$$L_{11} = L_{12} - L_{10}$$

式中 L_{12}——腕臂支撑套管双耳中心与棒式绝缘子边沿的距离，m，一般取 0.15 m。

（三）斜腕臂上的有关数据

斜腕臂上的有关数据如图 6-7 所示。

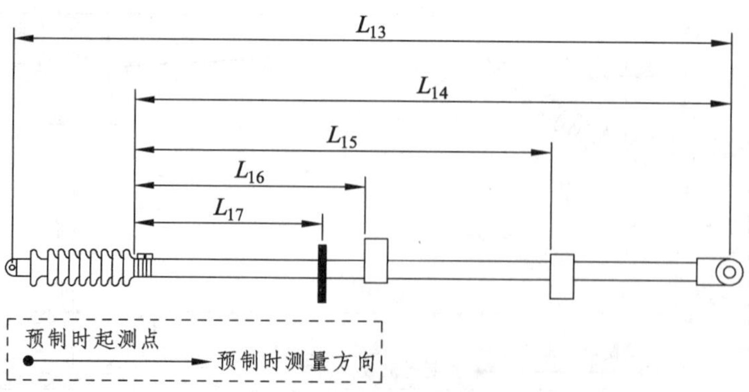

图 6-7 斜腕臂计算示意图

1）斜腕臂水平投影长度

$$A = L_5 + L_{10} + L_{棒} - L_7 - f \times (H_s - H_x) - L_{斜}\ (\mathrm{m})$$

式中 H_x——支柱侧面限界测量点至腕臂下底座固定点的垂直距离，m；

$L_{斜}$——斜腕臂底座突出支柱部分的长度，m。

2）斜腕臂垂直投影长度

$$B = H_s - H_x - h_2\ (\mathrm{m})$$

式中 h_2——斜腕臂套管双耳扣料垂直长度，m，一般为 0.08 m。

3）斜腕臂长度

$$L_{13} = \sqrt{A^2 + B^2}\ (\mathrm{m})$$

4）斜腕臂管长度

$$L_{14} = L_{13} - L_{棒} + L_7$$

5）定位环位置

$$L_{17} = (H + h_1 - H_x) \times L_{13} \div B - L_{棒} + L_7$$

式中 h——导高，m；

h_1——定位器坡度开口距离，m，一般取 0.4 m。

6）腕臂支撑套管双耳位置

$$L_{16} = L_{14} - (L_5 - L_7 - L_{11})$$

7）定位管支撑套管双耳位置

$$L_{15} = L_{16} + L_{18} + L_{19}$$

式中 L_{18}——腕臂支撑套管双耳宽度，m；

L_{19}——定位管支撑长度，m。

（四）正定位定位管上的有关数据

正定位定位管上的有关数据如图 6-8 所示。

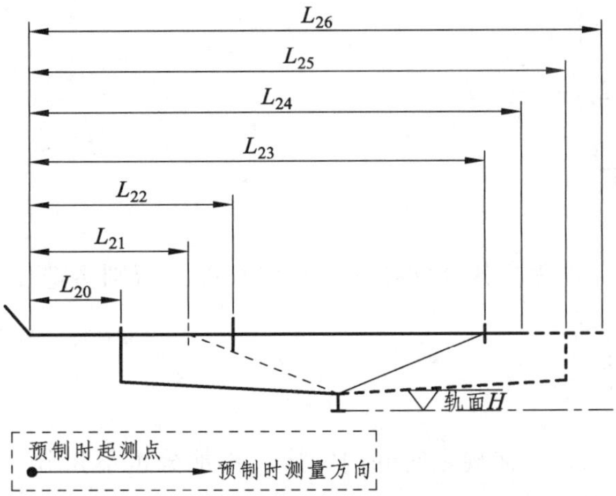

图 6-8 定位管计算示意图

1）定位管长度

$$L_{24}=CX+H_{x}\times f-m+L_{拉}+L_{露}-L_{斜}-L_{环}-A\times(H+h_{1}-H_{x})\div B$$

式中　m——定位点至线路中心的距离，m；

$L_{拉}$——定位点至防风拉线定位环的水平距离，m，一般取 0.6 m；

$L_{露}$——定位管端部露头，m，一般取 0.2 m；

$L_{环}$——定位环扣料宽度，m。

2）定位器定位环位置

$$L_{20}=L_{24}-L_{27}-L_{拉}-L_{露}$$

式中　L_{27}——定位器长度，m，一般取 1.2 m。

3）防风拉线定位环位置

$$L_{23}=L_{24}-L_{露}$$

4）定位管支撑定位环位置

$$L_{22}=L_{24}-L_{28}-L_{拉}-L_{露}$$

式中　L_{28}——定位点至定位管支撑定位环的水平距离，m，一般取 0.4 m。

（五）反定位定位管上的有关数据

1）定位管长度

$$L_{26}=CX+H_{x}\times f+m+L_{27}+L_{露}-L_{斜}-L_{环}-A\times(H+h_{1}-H_{x})\div B$$

2）定位器定位环位置

$$L_{25}=L_{26}-L_{露}$$

3）定位管吊线定位环距离

$$L_{23}=L_{26}-h_{露}-L_{29}$$

式中　L_{29}——定位环至定位管吊线定位环的水平距离，m，一般取 0.4 m。

4）防风拉线位置

$$L_{21}=L_{25}-L_{27}-L_{拉}$$

二、注意事项

在计算过程中，一定要考虑各部件扣料或扣料长度，否则会造成较大误差。

三、训练测评

操作时间规定为 10 min。在规定时间内完成，不加分也不扣分，每超时 1 min，从总分中扣 1 分，超时 5 min，停止作业。

测评记录内容如表 6-4 所示。

表 6-4 测评记录表

项目	配分	测评要求及评分标准	扣分	得分	备注
准备工作	10	实测计算支柱倾斜值，错误扣 5 分			
		实测支柱限界、支柱轨面红线、底座安装高度及底座间距，每错一个扣 5 分			
质量要求	60	绘制出正确的腕臂计算示意图，错误扣 10 分			
		计算平、斜腕臂长度，定位环及定位装置安装位置，每错一个扣 10 分			
		绘制腕臂预配表，错误扣 10 分			
安全作业	20	一般违章作业每次扣 5 分			
		出现严重违章扣 20 分			
文明作业	10	作业中出现不文明动作或语言每次扣 10 分			
		作业完毕，料具不归位每件扣 3 分			
测评超时					
合计	100				

第三节 腕臂预配

一、工作方法和步骤

（一）准备工作

（1）人员：6～12 人。

（2）工具：扭矩扳手、钢卷尺、划线笔、钳子、橡胶锤、油性记号笔、油漆笔等。

（3）材料：定位管、承力索座、斜腕臂、平腕臂、腕臂支撑、定位管支撑、套管双耳、组合定位器、棒式绝缘子、管帽、不锈钢线、心形护环、压接管、不锈钢钢丝绳等。

（4）资料：接触网平面布置设计图。

（二）操作方法、步骤

根据腕臂组装示意图及预配表领料，对照示意图检查零部件是否齐全；检查零件是否有影响使用的质量缺陷或变形；紧固件之间的配合是否灵活。

1）平腕臂的预配

（1）根据腕臂组装示意图及预配表在预配作业平台进行平腕臂上各部件的安装。

平腕臂上安装的零件包括斜腕臂套管双耳、承力索座、支撑管套管双耳、管帽，如图 6-9 所示。

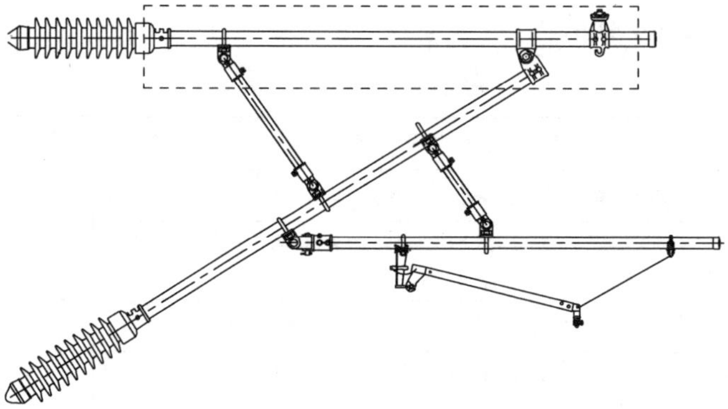

图 6-9　平腕臂组装示意图

（2）根据腕臂组装示意图及预配表，确定平、斜腕臂，定位管的长度后，用油性记号笔在管上做标识，标明站区、锚段、支柱号。

（3）根据腕臂组装示意图及预配表确定各零部件在平腕臂上的安装位置，并画线进行标记。

（4）零部件的安装应以平腕臂端头（开孔侧）为基准，确定平腕臂及零部件的纵向位置。

（5）根据红外线水平仪确定水平线，将腕臂管水平方向放置，腕臂管上按要求依次穿支撑套管双耳、斜腕臂套管双耳、承力索座、管帽，进行预紧，固定零件水平位置。

（6）预紧后，用扭矩扳手按要求将螺栓紧固至标准扭矩值，并用红色油漆笔画线标识。

（7）支撑套管双耳、斜腕臂套管双耳的双耳开挡应保持平行并按要求留有足够尺寸以保证支撑管和斜腕臂的单耳顺利穿入。

（8）在腕臂开放端扣上匹配规格的 PVC 管帽，用橡胶锤轻轻敲紧，敲击时应敲打管帽的边沿，以免管帽被损伤。

2）斜腕臂的预配

（1）根据腕臂组装示意图及预配表在预配作业平台进行斜腕臂上各部件的安装。

斜腕臂上安装的零件包括定位环、腕臂支撑套管双耳、定位管支撑套管双耳（正定位时，斜腕臂和定位管间采用定位管支撑连接方式），如图 6-10 所示。

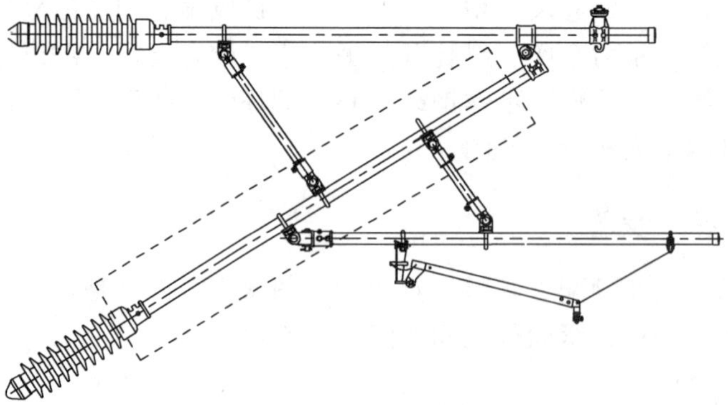

图 6-10　斜腕臂组装示意图

（2）根据腕臂组装示意图及预配表，确定斜腕臂的长度后，并用油性记号笔在管上做标识，标明站区、锚段、支柱号。

（3）根据腕臂组装示意图及预配表确定各零部件在斜腕臂的安装位置，并画线进行标记。

（4）零部件的安装应以斜腕臂下料端为基准，确定斜腕臂及零部件的纵向位置。

（5）根据红外线水平仪确定水平线，将腕臂管水平放置，腕臂管上按要求依次穿入定位管支撑套管双耳（正定位时用，反定位时取消）、腕臂支撑套管双耳、定位环，进行预紧，固定零件水平位置。

（6）预紧后，用扭矩扳手将螺栓紧固至标准扭矩值并用红色油漆笔画线标识。

（7）斜腕臂配好后，单耳端与套管双耳连接，并按规定紧固力矩要求交替紧固。

（8）定位管支撑套管双耳的双耳开挡应保持平行并按要求留有足够尺寸以保证定位管支撑单耳顺利穿入。

（9）预配时除斜腕臂套管双耳、腕臂支撑管套管双耳、定位管支撑套管双耳的连接螺栓销和承力索座上部、固定承力索的紧固螺栓不要紧固外，各连接螺栓应按照紧固力矩表紧固到位。

3）定位管的预配

（1）根据腕臂组装示意图及预配表在预配作业平台进行定位管上各部件的安装。

定位管上安装的零件包括定位环、定位管支撑套管双耳、防风拉线定位环，如图 6-11 所示。

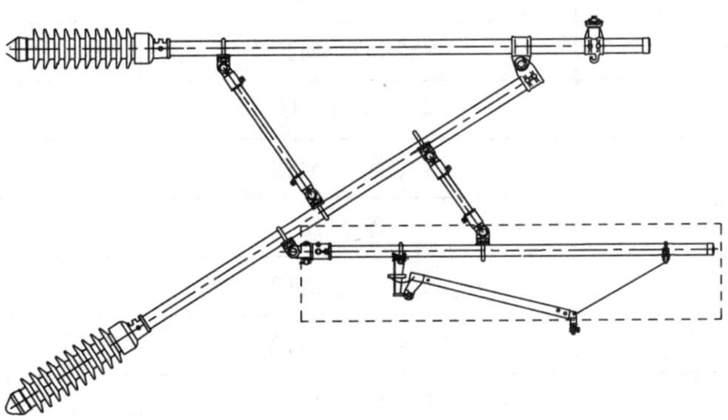

图 6-11　定位管组装示意图

（2）根据腕臂组装示意图及预配表确定各零部件在定位管的安装位置，并画线进行标记。

（3）零部件的安装应以定位管下料端为基准，确定定位管及零部件的纵向位置。

（4）根据红外线水平仪确定水平线，将定位管水平放置，从安装管帽端的一头依次穿入定位环、定位管支撑套管双耳、防风拉线定位环，并安装在各自位置，安装时以定位管的定位钩为基准，应注意定位钩的方向和零件的相对位置，再进行预紧。

（5）预紧后，用扭矩扳手将螺栓紧固至标准扭矩值并用红色油漆笔画线标识。

（6）把定位器的定位钩穿入定位环的环扣中，将定位环和定位器连接起来。

（7）定位管配好后，定位管支撑单耳端与套管双耳连接，并按规定紧固力矩要求交替紧固。

（8）定位管支撑套管双耳的双耳开挡应保持平行并按要求留有足够尺寸以保证定位管支撑单耳或定位管斜拉线顺利穿入。

（9）在定位管端头安装管帽时，应确保腕臂管周边紧贴在管帽内底面上，用紧固扳手旋紧紧顶螺栓至规定力矩。

二、质量标准

（1）腕臂预配应采用专用预配台具进行，预配完毕后，应进行复测。

（2）所有紧固件严禁使用活口扳手，必须使用力矩扳手，腕臂及定位装置零件上的螺栓紧固力矩符合设计要求。

（3）腕臂预配时，平腕臂、斜腕臂、承力索座、套筒座、定位管、定位环等必须保持在同一水平面内。

（4）腕臂及定位装置上的螺栓、销钉的穿向做如下规定：水平穿向的螺栓、销钉均穿向来车方向（即螺帽在迎车方向）；垂直穿向的螺栓、销钉均由上方穿向下方。

（5）所有止动垫圈（承力索座压块的紧固螺栓、套管单耳的U形螺栓、定位环的U形螺栓、定位线夹螺栓等）必须等到最终调整完成后，方可扳动到位。所有止动垫圈的短止动肢贴紧螺母，长止动肢贴紧本体。

（6）各类零件的紧固力矩值，见提供的力矩值，严禁超力矩紧固，如表6-5和表6-6所示。

表6-5　零件力矩表

零件名称	项　目	紧固力矩/N·m
套管双耳	螺栓螺母M12	44～56
单槽承力索座	螺栓螺母M12	44～56
管帽	螺栓螺母M8	13
双槽承力索座	螺栓螺母M12	44～56
	螺母M16	70
支撑管卡子（G1）	螺栓螺母M12	44～56
支撑管卡子（G2）	螺栓螺母M12	44～56
定位环	螺栓螺母M12	44～56
定位支座	螺母M16	70
定位线夹	螺栓螺母M10	25～32
锚支定位卡子	螺母M12	44～56
电连接跳线（电气连接线）	螺母M10	25
承力索中心锚结线夹	螺栓	46
接触线中心锚结线夹	螺栓	100
弹性吊索线夹	螺栓	23
接触线/承力索吊弦线夹	螺母	25～32
线岔	螺母M10	25
腕臂底座	螺母M18	80～90
	螺母M20	120～135

表 6-6 未注零件紧固力矩表

其余未注零件紧固力矩按 TB/T 2073—2020 执行				
公称直径	0235A 钢螺栓紧固力矩 /N·m	允许紧固力矩误差范围 /N·m	不锈钢螺栓紧固力矩（A_2-70 级）/N·m	允许紧固力矩误差范围 /N·m
M8	7	7 ~ 9	13	13 ~ 16
M10	13	13 ~ 16	25	25 ~ 32
M12	25	25 ~ 30	44	44 ~ 56
M14	40	40 ~ 50	70	70 ~ 80
M16	60	60 ~ 70		
M18	80	80 ~ 90		
M20	120	120 ~ 135		
M22	160	160 ~ 180		
M24	200	200 ~ 220		

三、注意事项

（1）预配过程中严格按照腕臂预制表进行各种尺寸量取，保证加工的准确性。
（2）发现不合格品零件，严禁使用，并及时记录和存放在不合格品区。
（3）组装时，腕臂销钉孔、套管双耳、承力索座必须三点一线垂直安装。

四、训练测评

操作时间规定为 40 min。在规定时间内完成，不加分也不扣分，每超时 1 min，从总分中扣 1 分，超时 10 min，停止作业。

测评记录内容如表 6-7 所示。

表 6-7 测评记录表

项目	配分	测评要求及评分标准	扣分	得分	备注
料具准备	10	要求料具齐全完好，规格型号相符，每缺一件扣 3 分，规格不符每件扣 2 分			
质量要求	60	（1）平腕臂、斜腕臂、腕臂支撑规格和长度选择错误，每处扣 10 分			
		（2）棒式绝缘子排水孔是否朝下，不朝下扣 5 分			

续表

项目	配分	测评要求及评分标准	扣分	得分	备注
质量要求	60	（3）平腕臂水平安装，仰头超过 30 mm/m 扣 1 分			
		（4）腕臂上各部零件受力面不正确每处扣 5 分			
		（5）各部零件松动每处扣 5 分			
		（6）绝缘子碰损面积在 300 mm^2 以下扣 15 分，超过则扣 50 分			
		（7）拉出值不符合要求扣 10 分			
		（8）抬高量不符合要求扣 10 分			
		（9）各开口销未按标准掰开，每处扣 1 分			
		（10)腕臂支撑在斜腕臂上的固定点应在定位管上方，装反扣 2 分			
		（11）管口应安装管帽，管帽缺失，每处扣 1 分			
		（12）套管单耳、承力索座、定位环安装端正，每偏斜一处扣 2 分			
		备注：扣完配分失格			
安全作业	20	（1）作业中出现一般违章现象每次扣 5 分			
		（2）作业中出现严重违章现象每次扣 20 分			
		（3）作业中工具滑脱，每次扣 5 分			
文明作业	10	（1）作业时必配的个人工具、劳保用具、安全用具每缺一件扣 5 分			
		（2）作业中出现不文明语言或动作每次扣 10 分			
		（3）作业完毕，料具有一件不归位扣 3 分			
测评超时					
合计	100				

第四节　腕臂安装

一、工作方法和步骤

（一）准备工作

（1）人员：6 ~ 12 人。

（2）工具：力矩扳手、安全带、安全帽、小绳、防护用具、梅花扳手、电工工具、钢尺或高度测量仪等。

（3）材料：腕臂、棒式绝缘子、铁线等。

（二）操作方法、步骤

1）腕臂底座安装

（1）预留孔外腕臂底座安装。

① 以测量的轨面标高为基准，用钢尺或高度测量仪测出设计要求的安装上、下底座位置，做好标记（1 人系安全带上杆，1 人地面配合）。

② 带安全带、小绳再上杆 1 人，扎好安全带，放下小绳，地面人员将底座预组件装好后扎牢。

③ 杆上一人提拉绳，将底座提至安装位置。把上底座螺栓由线路侧穿向田野侧，一人把上底座扶正，另一人预带垫片螺帽，用梅花扳手紧固后，用力矩扳手检验紧固力矩。

④ 上底座安装完毕，两人解开安全带，攀至下底座位置 1 m 以下，扎好安全带。按①～③的要求，安装下底座。

（2）预留孔内腕臂底座安装。

① 两作业人员系安全带和小绳，从杆两侧上杆至上底座，系好安全带，放下小绳，地面人员配合，将下底座系在小绳上，杆上人员提吊到安装位置。

② 杆上两人配合，将预留螺栓对准支柱预留孔，从线路侧穿向田野侧。另一人带螺母，用梅花扳手拧紧两螺栓螺母，并用力矩扳手检测达标。

③ 上底座安装完毕，两人解开安全带，攀至下底座位置 1 m 以下扎好安全带。按①、②的要求，安装下底座。

2）安装绝缘子、组装腕臂

（1）按安装计划，将所需棒式绝缘子运至工地，放在平地上。

（2）装配腕臂棒式绝缘子。

平腕臂与棒式绝缘子连接的压板一平一凸，平压板在绝缘子一侧，凸压板在腕臂一侧。先将腕臂穿入棒式绝缘子，将螺栓销孔对位，穿入螺栓销，带好螺母，装好开口销。再安装好压板，螺母紧固力矩应符合设计要求。通过两个平压板连接固定斜腕臂与棒式绝缘子，将腕臂穿入绝缘子，安装好两压板，螺母紧固力矩应符合设计要求。

（3）用塑料布将棒式绝缘子包好，用ϕ2.0 镀锌铁线绑三遍（两头、中间），再用草带包上，用ϕ2.0 铁线同包塑料布一样扎三遍。

（4）按标识将平、斜腕臂连接上，拧好螺母和开口销，螺栓销应穿向来车方向。

3）安装腕臂

（1）机械安装。

① 装配好的腕臂，按作业计划先装在作业车上。

② 封闭线路，将作业车运行至安装地点，施工负责人确定腕臂编号与安装地点相符。

③ 作业车停在支柱附近，旋转作业平台靠近支柱。

④ 两人抬起斜腕臂，将斜腕臂棒瓷的连接板插入腕臂底座，一人扶住底座配合，斜腕臂棒瓷连接板的孔与下底座连接板孔对齐，立即把螺栓销穿入（方向朝来车方向，然后装好螺母和开口销）。

⑤ 作业车平台稍回转并缓缓升到上底下 1 m 处，升平台时两人扶住腕臂，以免将包扎物挂掉。

⑥ 一人扶住斜腕臂，两个抬起平腕臂，作业车稍旋转返回。把瓷连接板对准上底座的连接板，当两孔对准时，立即将螺栓销穿向来车方向，然后安装好螺母和开口销。

⑦ 检查安装完的腕臂，确认无误下降平台。

（2）人工安装。

① 腕臂安装前先检查腕臂编号与支柱编号是否一致，棒式绝缘子是否完好，腕臂底座是否安装到位。

② 检查完毕后，一人带小绳上杆，在上腕臂底座的位置将套子、滑轮固定好，将小绳顺下，先安装平腕臂棒瓷。

③ 在支柱的另一侧再上一名作业人员，在下腕臂底座的位置扎好安全带，准备安装腕臂。

④ 辅助人员将斜腕臂与斜腕臂棒瓷连接牢靠，注意斜腕臂棒瓷的耳环与平腕臂在一条线上。

⑤ 用小绳将腕臂系好，绳头固定在棒瓷耳环侧的第二片瓷铝和第三片瓷裙之间，为防止腕臂在上升过程中倾倒，在承力索座的位置用铁丝将小绳与腕臂扎一下。

⑥ 将腕臂拉起至下腕臂底座位置，先连接斜腕臂棒瓷与下腕臂底座。在上拉过程中下部人员控制绳索，防止斜腕臂棒瓶与支柱发生碰撞。

⑦ 安装好斜腕臂之后，拉绳人员听从施工负责人指挥，慢慢松绳，使斜腕臂倾斜。杆上作业人员，一手托起平腕臂，一手托起棒式绝缘子，当腕臂与绝缘子对齐后，拉绳，使腕臂穿进绝缘子，按照技术要求穿好销钉，上好压板。

⑧ 安装完成之后用铁线对腕臂进行临时加固，防止因风摆损伤棒式绝缘子，使其不存在安全隐患。

二、质量标准

（1）腕臂上、下底座安装高度应符合设计要求，安装允许偏差为 ± 50 mm。

（2）底座与支柱密贴，呈水平状，用水平尺测量。

（3）腕臂棒式绝缘子排水孔朝下。

（4）腕臂各部位螺栓紧固力矩应符合产品使用说明书的要求。

（5）绝缘子无质量问题：瓷质绝缘子釉面光滑，没有显著的色调不均现象，外表面缺陷总面积不大于 300 mm^2；复合绝缘子伞套表面单个缺陷面积（如缺胶、杂质、凸起等）不大于 25 mm^2，深度不大于 1 mm，总缺陷面积不大于绝缘子总表面积的 0.2%。

三、注意事项

（1）安装作业人员应相互协调配合，起吊时应平稳，可通过晃绳防止与支柱相碰。

（2）杆上两人应分两侧作业，传递料具应用绳子，严禁抛掷。

（3）所有参加作业人员必须配戴安全帽，高空作业扎好安全带。

（4）主要设备安装后不得有损伤，人员不得有碰伤。

（5）按规定设置防护，保证行车及人身安全。

四、训练测评

操作时间规定为 30 min。在规定时间内完成，不加分也不扣分，每超时 1 min，从总分中扣 1 分，超时 5 min，停止作业。

测评记录内容如表 6-8 所示。

表 6-8 测评记录表

项目	配分	测评要求及评分标准	扣分	得分	备注
料具准备	10	要求料具齐全完好，规格型号相符，每缺一件扣 3 分，规格不符每件扣 2 分			
质量要求	60	（1）捆绑绝缘子、腕臂的位置不正确，绳扣不正确，每处扣 5 分			
		（2）棒式绝缘子排水孔是否朝下，不朝下扣 5 分			
		（3）登杆安装，登杆不熟练扣 10 分，站位不恰当扣 5 分			
		（4）腕臂底座位置安装不正确，每处扣 10 分			
		（5）吊装过程发生碰撞，每次扣 5 分			
		（6）销钉、开口销安装不符合要求，每处扣 5 分			
		（7）吊装、拆卸滑轮大绳。滑轮挂位不正确扣 5 分，发生摔、碰每次扣 5 分			
		（8）安全带、扳手使用不正确，每次扣 5 分			
		备注：扣完配分失格			
安全作业	20	（1）作业中出现一般违章现象每次扣 5 分			
		（2）作业中出现严重违章现象每次扣 20 分			
		（3）作业中工具滑脱，每次扣 5 分			
		（4）从杆上掉东西，每次扣 10 分			
文明作业	10	（1）作业时必配的个人工具、劳保用具、安全用具每缺一件扣 5 分			
		（2）作业中出现不文明语言或动作每次扣 10 分			
		（3）作业完毕，料具有一件不归位扣 3 分			
测评超时					
合计	100				

复习思考题

一、填空题

1. 腕臂按与支柱的连接是否绝缘分为绝缘腕臂和______________。
2. *CX* 表示的是________________。
3. 承力索座用来固定______________。

二、单选题

1. 中国高速铁路接触网的结构高度一般为（　　）。
   A. 1 400 mm　　B. 1 500 mm
   C. 1 600 mm　　D. 1 700 mm
2.支持装置表现的形式有（　　）。
   A. 腕臂结构　　B. 软横跨
   C. 硬横跨　　D. 以上都是

三、多选题

1. 与绝缘腕臂比较，非绝缘腕臂的缺点有（　　）。
   A. 安装维修不便　　B. 绝缘子容易污染
   C. 不便开展带电作业　　D. 要求支柱容量大
2. 与非绝缘腕臂相比，绝缘腕臂的优点包括（　　）。
   A. 结构灵巧　　B. 安装方便
   C. 跨越多股道　　D. 便于带电作业
3. 支持装置的组成部分有（　　）。
   A. 腕臂　　B. 绝缘子
   C. 承力索座　　D. 吊线

四、判断题

1. 腕臂的作用是用以支持接触悬挂，并起传递负荷的作用。（　　）
2. 导高一般用大写字母 *H* 表示。（　　）
3. 腕臂与支柱存在绝缘子称为绝缘腕臂。（　　）

五、问答题

1. 绝缘腕臂和非绝缘腕臂的区别是什么？各适用于何种场合？
2. 什么是接触网导高、结构高度、支柱侧面限界？

第七章　线　索

第一节　接触线的类型

电力机车受电弓通过与接触线摩擦接触获取电能，因此接触线既要有足够的机械强度，又要有良好的电气性能。

接触线制成上部带沟槽的圆柱状，沟槽是为了便于安装固定接触线的线夹，同时又不影响受电弓取流，接触线底面与受电弓接触的部分呈圆弧状，如图 7-1 所示。

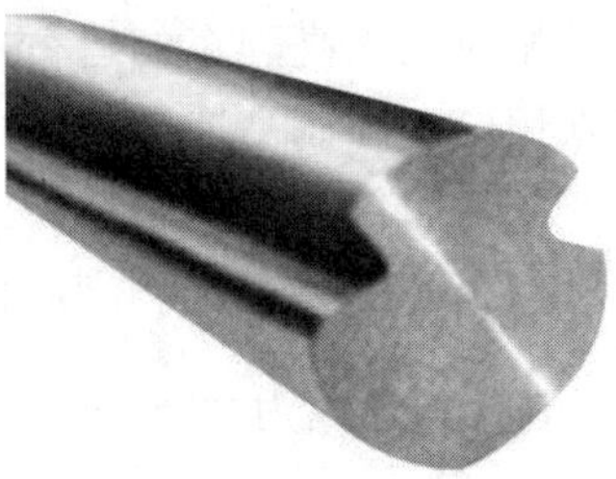

图 7-1　接触线截面

一、接触线按照材质的分类

接触线按照材质主要分为铜接触线、铜合金接触线和钢铝接触线。

1. 铜和铜合金接触线

铜、铜合金接触线在电气化铁路中的应用非常广泛，其型号表示如下：

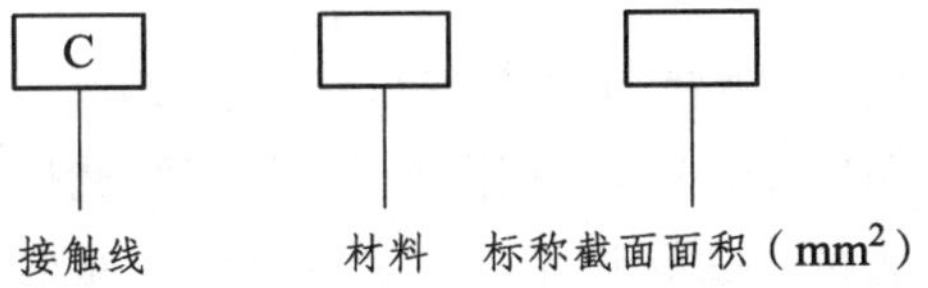

型号中：C 为接触线。

材料：铜为 T；铜银合金为 TA；高强度铜银合金为 TAH；铜锡合金为 TS；铜镁合金为 TM；高强度铜镁合金为 TMH。

规格：标称截面面积，mm^2。

在电气化铁路建设初期，接触网主要采用铜接触线，主要型号为 TCG-110、TCG-100、TCG-85 型。

其中，T——材质为铜；

C——电车线；

G——沟槽形；

110——数字部分表示接触线的截面面积，mm^2。

TCG-110、TCG-100 截面面积较大，有较大的载流量，主要用于站场正线和区间；TCG-85 主要用于站场侧线。在 TB/T 3111—2017 中，铜接触线的型号更新为 CT 加数字形式，比如：CT110 表示截面面积为 110 mm^2 的铜接触线，等同于 TCG-110。

随着电气化铁路的大幅度提速和高速电气化铁路的建设，铜接触线已经不能满足接触网技术发展的要求。高速接触网要求具备受流性能好、稳定性能好、抗张性能好、导电性能好、电流强度大等优点，因而要求具备下述主要技术性能。

（1）抗拉强度高。受电弓和接触网通过弓网接触点组成一个相互振荡和耦合的振动系统，弓网振动以横波的方式沿着接触线向受电弓的前后方向传播。

接触线波动传播速度是接触线选择设计的重要依据。为了提高接触线的波动速度，需相应提高接触线的张力，要求抗张强度在 500 N/mm^2 左右。在考虑选择高强度材料以提高其应力的同时，还要注意其线密度要低。

提高接触线张力，是目前各国普遍采取的技术措施，它可以有效提高接触线的波动速度，同时相应地提高列车的运行速度。提高接触线的张力以后，可以得到两个附加效果：第一，可以相应地限制高速运行时的动态抬升量；第二，可以降低接触网弹性和提高弹性系数的均匀度，从而使弹性在整个跨距内趋于一致。

（2）电阻系数低。高速接触网中电流强度较大，为此，必须要求接触线的电阻率要低，一般在工作温度为 20 °C 时，电阻率应在 $0.017\,68 \sim 0.02\ \dfrac{\Omega \cdot mm^2}{m}$ 内，以适应流经大电流的需要。

通过增大接触线截面面积满足负载电流增大的要求是有局限性的。虽然增大接触线截面面积可以有效提高拉断力，增大载流量，相应地降低温升。但是过大地增大接触线的横截面面积会产生两个负面效果：一是使接触线线密度增加，从而降低了波动速度，最终限制了行车速度，这是极为有害的；二是架设时的不均匀性及平直性的危险增加，出现硬弯、扭转后很难取直、整正。所以，在国内的设计实践中，接触线的截面面积一般限制在 150 mm^2 以下。在有限的横截面面积条件下，提高载流能力的途径是尽量提高导电率，同时兼顾导线的抗拉强度。

（3）耐热性能好。高速接触网一般都具有列车运行速度高、密度大、持续时间长的特点。因而，接触线内长时间流经大电流，在持续流过较大的载流量以后，自然引起导线发热，在温度达到一定程度时，导线的材质会软化，强度会降低，严重时，接触线会产生因温度影响形成的蠕动性伸长，从而破坏正常的受流。因此，选择的接触线材质应具有较好的耐热性能，一般要求软化点在 300 °C 以上，以适应较高载流量。

（4）耐磨性能好。接触线和受电弓是滑动接触的，接触压力大，速度高，要求接触线具有良好的耐磨性能，同时注意其抗腐蚀性能，尽量延长接触线的使用寿命。

（5）制造长度长。为了保证高速电气化区段的良好受流，消除硬点及断线隐患，一般要求在一个锚段内不允许有接头，这就要求接触线的制造长度在 1 800 ~ 2 000 m，以适应锚段长度的需要。

纯铜接触线具有导电性能和施工性能好的优点，但是存在抗拉力差、耐磨性能差和高温易软化等诸多缺点，无法适应高速度、大载流量的要求。近年来研制的银铜合金接触线、铜镁接触线、锡铜接触线和铬锆铜接触线都有比较优秀的性能指标。铜合金可以提高接触线机械强度、软化点、耐磨性能等。但是在铜内不管掺进什么金属，都会相应提升其电阻率，所以研制高强度耐磨性能好的铜合金接触线，是以有限地牺牲导电性能为代价的，铜（Cu）、银铜（CuAg）、锡铜（CuSn）、铜镁（MgCu）接触线的抗拉强度依次提高，但导电率却依次下降。比如：在铜中掺入 0.4%～0.7%的镁可以大幅度提高抗拉强度，使其应力达到 490 N/mm^2，但其导电率只有纯铜的 68.1%。各种常见接触线线材的截面形状及合金识别沟槽如图 7-2 所示。

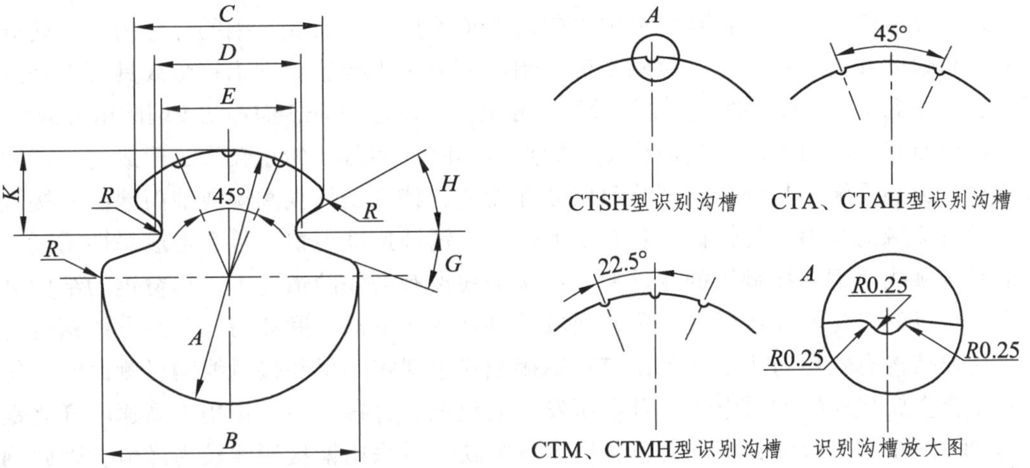

A—截面直径（高度）；B—截面宽度；C—头部宽度；D—（沟）槽底间距；E—（沟）槽尖间距；K—头部高度；R—圆角半径；H—上斜角；G—下斜角。

图 7-2　铜及铜合金接触线截面形状及合金识别

注：铜接触线（CT 型）不做识别沟槽。

2. 复合金属接触线

复合金属接触线常见的类型是钢铝复合接触线。为了减少有色金属铜的使用量，20 世纪 70 年代中国研制了以铝代铜的 GLCA$\frac{100}{215}$和 GLCB$\frac{80}{175}$型钢铝复合接触线，以及内包钢的 CGLNl95、CGLN250 型钢铝接触线。钢铝接触线的截面形状如图 7-3 所示。

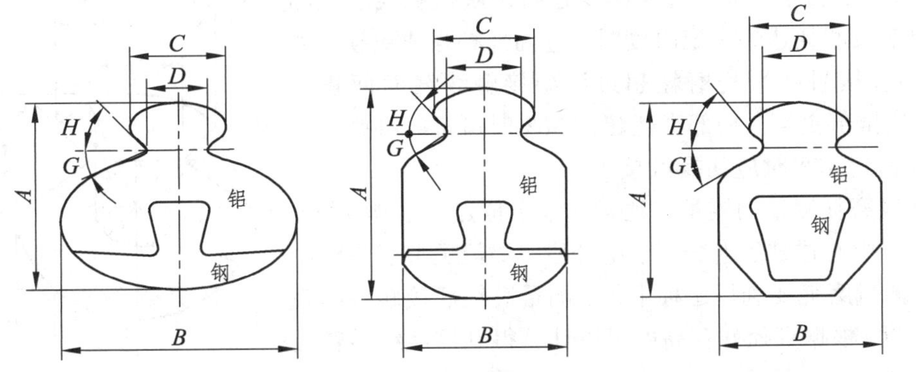

（a）GLCA　　（b）GLCB　　（c）CGLN

图 7-3　钢铝接触线截面图

其中 G——材质为钢；

L——材质为铝；

C——电车线；

A——截面形状；

N——内包；

100——相当于 100 mm^2 截面的铜接触线的导电能力，mm^2；

215——导线的几何截面面积，mm^2。

它是由导电性能较好的铝和机械强度较高的钢滚压冷轧而成。钢的部分用于保证应有的机械强度和耐磨性能，和受电弓接触受流；铝的部分用于导流。钢铝接触线具有很好的机械强度，不容易断线，线密度低、安全性较好，导电性可以达到 46.3%IACS（国际退火铜标准），并具有价格便宜、材料来源广泛的优点。缺点是其刚度和截面面积较大，形成的硬弯和死弯不易整直，影响受流。另外，钢部分耐腐蚀性能差，特别是气候潮湿或酸雨地区，接触线与受电弓滑板接触的摩擦面易锈蚀，若有电弧烧伤，锈蚀速度更快，且会形成恶性循环。内包钢式钢铝接触线是钢铝接触线的改进型，在接触线没有磨耗的情况下，铝覆钢的结构可以有效防止钢材料的氧化。在运行过程中，受电弓将接触线下部铝磨耗后，开始发挥钢材料的耐磨性，这种结构有效地防止了非工作支钢铝接触线中裸露钢材和接触线钢材侧面的氧化。为了提高复合金属接触线的导电性，日本研发了铜包钢复合接触线，拟用于高速电气化铁路。

20 世纪 90 年代以前，中国有色金属比较紧缺，对采用铜接触线较为谨慎，因此钢铝接触线应用较多。但运营经验表明，钢铝接触线的安全可靠性较差，且其本身回收再利用价值较低。随着社会的不断发展和进步，人们对铁路运输质量的要求越来越高，任何一次弓网事故都将中断列车运行，打乱正常的运输秩序，影响铁路的信誉。目前运行速度较高的线路不推荐使用钢铝接触线。

二、接触线的磨耗

接触线在运行中，受电弓和接触线的摩擦会造成接触线截面面积减小，会影响到接触线的强度安全系数，铜或铜合金接触线在最大允许磨耗面积 20%的情况下，其强度安全系数不应小于 2.0。运营中，要求每年至少进行一次接触线磨耗测量，当接触线磨耗达到一定限度时，应局部补强或更换。如发现全锚段接触线平均磨耗超过该型接触线截面面积的 20%时，应全部更换。局部磨耗超过 30%时可进行补强。当局部磨耗达到 40%时应切换做接头。

接触线磨耗测量的测量点通常选在定位点、电连接线、导线接头、中心锚结、电分相、电分段、锚段关节、跨距中间等处，测量磨耗要利用游标卡尺，测量磨耗后接触线的直径残存高度。根据直径残存高度可以计算得到接触线磨耗截面面积，如图 7-4 所示。

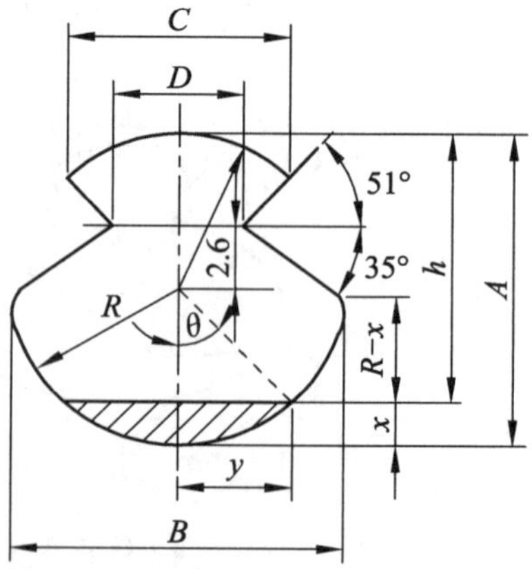

图 7-4　接触线磨耗

随着磨耗面积加大，又未达到更换程度时，为了改善其运行条件，逐渐减少接触线的实际张力，可减少坠砣数目，使接触线内的实际张力保持约 100 N/mm（对铜接触线而言的数据），调整时可按图 7-5 进行。TB 10009—2016 中对磨耗和张力的规定为：铜或铜合金接触线在最大允许磨耗面积 20%的情况下，其强度安全系数不应小于 2.0。

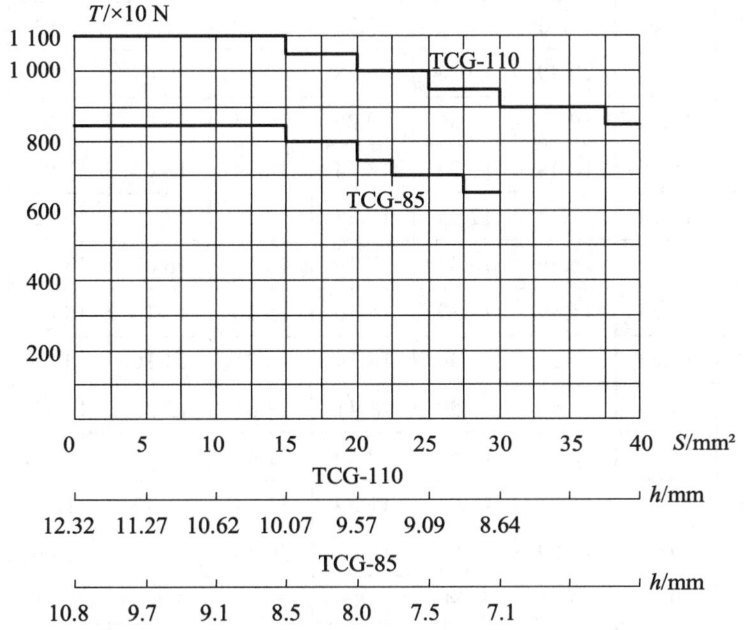

S—磨耗截面面积（mm^2）；*h*—导线残存高度（mm）。

图 7-5　接触线磨耗截面积及张力变化

现场应用中，一般不采用计算的方法来求磨耗面积，而是根据接触线的直径残存高度，对照该型号接触线磨耗换算表，查出该点接触线磨耗截面面积（磨掉的截面面积）。接触线磨耗如表 7-1 所示。

表 7-1　TCG-110 接触线磨耗　　单位：mm

高/mm	0.00	1.00	2.00	3.00	4.00	5.00	6.00	7.00	8.00	9.00
8.2	35.02	34.97	34.86	34.74	34.63	34.51	34.39	34.28	34.16	34.05
8.3	33.93	33.81	33.70	33.58	33.47	33.35	33.24	33.12	33.01	32.89
8.4	32.78	32.66	32.55	32.43	32.32	32.20	32.09	31.97	31.86	31.75
8.5	31.63	31.52	31.40	31.29	31.17	31.06	30.95	30.83	30.72	30.61
8.6	30.49	30.38	30.27	30.15	30.04	29.93	29.81	29.70	29.59	29.48
8.7	29.36	29.25	29.14	29.03	28.92	28.80	28.69	28.58	28.47	28.36
8.8	28.24	28.13	28.02	27.91	27.80	27.69	27.58	27.47	27.35	27.24
8.9	27.13	27.02	26.91	26.80	26.69	26.58	26.47	26.36	26.25	26.14
9.0	26.03	25.92	25.81	25.70	25.60	25.49	25.38	25.27	25.16	25.05
9.1	24.94	24.83	24.73	24.62	24.51	24.40	24.29	24.19	24.08	23.97

续表

高/mm	0.00	1.00	2.00	3.00	4.00	5.00	6.00	7.00	8.00	9.00
9.2	23.86	23.76	23.65	23.54	23.43	23.33	23.22	23.11	23.01	22.90
9.3	22.80	22.69	22.58	22.48	22.37	22.27	22.16	22.05	21.95	21.84
9.4	21.74	21.63	21.53	21.42	21.32	21.22	21.11	21.01	20.90	20.80
9.5	20.70	20.59	20.49	20.38	20.28	20.18	20.07	19.97	19.87	19.77
9.6	19.66	19.56	19.46	19.36	19.26	19.15	19.05	18.95	18.85	18.75
9.7	18.65	18.55	18.44	18.34	18.24	18.14	18.04	17.94	17.84	17.74
9.8	17.64	17.54	17.44	17.34	17.25	17.15	17.15	16.95	16.85	16.75
9.9	16.65	16.56	16.46	16.36	16.26	16.17	16.07	15.97	15.87	15.78
10.0	15.68	15.58	15.49	15.39	15.30	15.20	15.10	15.01	14.91	14.82
10.1	14.72	14.63	14.53	14.44	14.34	14.25	14.16	14.06	13.97	13.87
10.2	13.78	13.69	13.60	13.50	13.41	13.32	13.22	13.13	13.04	12.95
10.3	12.86	12.77	12.67	12.58	12.49	12.40	12.31	12.22	12.13	12.04
10.4	11.95	11.86	11.77	11.68	11.59	11.51	11.42	11.33	11.24	11.15
10.5	11.06	10.98	10.89	10.80	10.72	10.63	10.54	10.46	10.37	10.28
10.6	10.20	10.11	10.03	9.94	9.86	9.77	9.69	9.60	9.52	9.43
10.7	9.35	9.27	9.18	9.10	9.02	8.94	8.85	8.77	8.69	8.61
10.8	8.53	8.45	8.36	8.28	8.20	8.12	8.04	7.96	7.88	7.80
10.9	7.72	7.65	7.57	7.49	7.41	7.33	7.26	7.18	7.10	7.02
11.0	6.95	6.87	6.79	6.72	6.64	6.57	6.49	6.42	6.34	6.27
11.1	6.19	6.12	6.05	5.97	5.90	5.83	5.76	5.68	5.61	5.54
11.2	5.47	5.40	5.33	5.26	5.19	5.12	5.05	4.98	4.91	4.84
11.3	4.77	4.70	4.64	4.57	4.50	4.43	4.37	4.30	4.24	4.17
11.4	4.10	4.04	3.97	3.91	3.85	3.78	3.72	3.66	3.59	3.53
11.5	3.47	3.41	3.35	3.29	3.22	3.16	3.10	3.05	2.99	2.93
11.6	2.87	2.81	2.75	2.70	2.64	2.58	5.53	2.47	2.42	2.36
11.7	2.30	2.25	2.20	2.14	2.09	2.04	1.99	1.94	1.88	1.83
11.8	1.78	1.73	1.68	1.64	1.59	1.54	1.49	1.44	1.40	1.35
11.9	1.31	1.26	1.22	1.17	1.13	1.09	1.04	1.00	0.96	0.92
12.0	0.88	0.84	0.80	0.76	0.73	0.69	0.65	0.62	0.58	0.55
12.1	0.51	0.48	0.45	0.42	0.39	0.36	0.33	0.30	0.27	0.24
12.2	0.22	0.19	0.17	0.15	0.13	0.11	0.09	0.07	0.05	0.04
12.3	0.02	0.01	0.00							

例 7–1 某锚段接触线采用 TCG-110 型导线，测出导线平均磨耗高度为 5.2 mm，补偿器传动比为 1∶2，在表中查出磨耗面积，导线此时张力应调为多少?坠坨应如何调整?

解：① 残存高度为 $h = 12.32 - 3.2 = 9.12$（mm）；

② 查表 7-1，磨耗面积 $A = 24.73\ \text{mm}^2$；

③ 查图 7-5，残存高度为 9.12 mm 时，导线应有张力为 10 000 N；

④ 原有坠砣数：$\dfrac{11\,000}{2\times 25} = 22$ 块，现应有坠砣数为 $\dfrac{10\,000}{2\times 25} = 20$ 块，应卸掉 2 块坠砣。

第二节 承力索的类型

承力索的作用是通过吊弦将接触线悬挂起来，减小接触线弛度，提高悬挂的稳定性，与接触线并联供电。要求承力索能够承受较大的张力和具有抗腐蚀能力，并且在温度变化时弛度变化较小。承力索根据材质一般可分为铜和铜合金承力索、钢承力索、铝包钢承力索三类多种规格。按照设计时承力索是否通过牵引电流，可以将承力索分为载流承力索和非载流承力索。

承力索由单芯多层金属绞线组成，为了使绞线结构严密，相邻的两层绕向应相反，这样，在受到弯曲或扭转力时，不易造成散股，如图 7-6 所示。

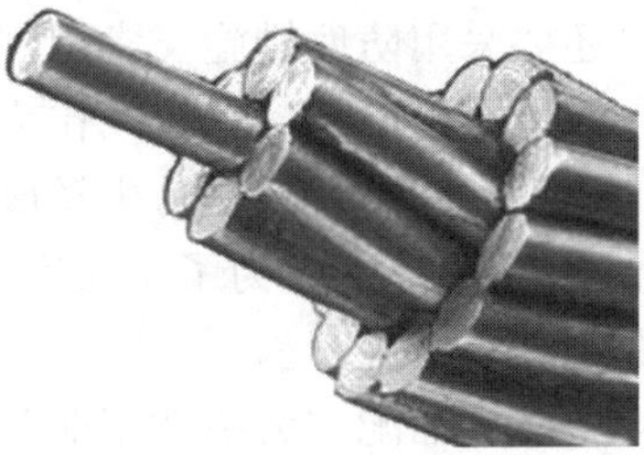

图 7-6 绞线结构

一、铜和铜合金承力索

铜承力索导电性能好，可做牵引电流的通道之一，和接触线并联供电，提高接触网的负载能力，降低压损和能耗，且抗腐蚀性能高。但铜承力索消耗铜多，造价高且机械强度低，不能承受较大的张力，温度变化时弛度变化也大。为了提高承力索的机械强度，采用新型铜镁合金承力索，铜合金承力索允许工作温度高、载流能力强，在高速、重载电气化线路上有广阔的应用前景。铜承力索外形如图 7-7 所示，铜承力索横截面如图 7-8 所示。

图 7-7 铜承力索外形

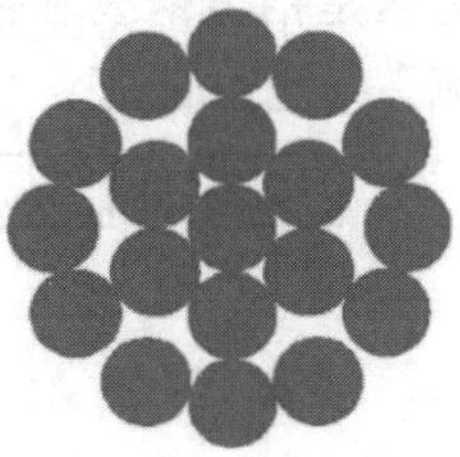

图 7-8 铜承力索横截面

铜和铜合金承力索按铜及其合金元素不同含量分类，各类中按截面面积分又有不同规格。型号用下列形式表示。

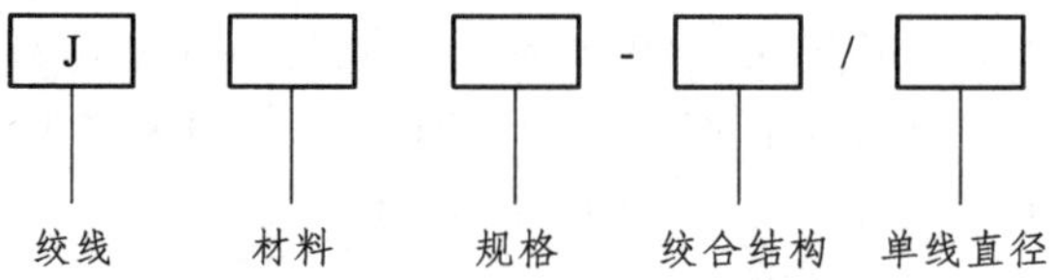

型号中：J 为绞线。

材料：铜为 T；铜镁合金为 TM；高强度铜镁合金为 TMH。

规格：标称截面面积，mm^2。

绞合结构：同心层绞（在一根中心线周围螺旋绞上一层或多层单线组成的导线，其相邻层纹向相反）用“1 × 构成绞线的单线根数”表示；复绞，用构成绞线的股数和构成股数的单线根数表示，中间用“×”分开，复绞的股层间用“+”分开，并用圆括号括起，靠前者为内层。

例如：标称截面面积为 150 mm^2、单线 37 根、单线直径 2.25 mm 的铜镁合金绞线（同心层绕）表示为 JTM150-1 × 37/2.25。在旧国标中，规格型号用 TJ-95、TJ-120 等几种。TJ 表示铜绞线，数字表示截面面积。

二、钢承力索

钢承力索用镀锌钢绞线制成，强度高、耐张力大，安装弛度小且弛度变化也小，节省有色金属，造价低。但电阻大，导电性能差，一般为非载流承力索。钢承力索不耐腐蚀，使用时还要采用防腐措施。常用规格有 GJ-100、GJ-80、GJ-70 等类型，GJ 表示钢绞线，数字是绞线的截面面积。钢绞线作为承力索在常速和中速铁路中应用广泛。

钢绞线的弱点是易生锈腐蚀，虽然出厂时表面镀了一层锌，但因污染，外表镀锌层很快就会氧化、脱落。为了延长寿命，使用时一律应涂防腐油脂，一般规定 3 ~ 4 年涂防腐油一次，在夏秋季节进行。

防腐油配方为中性工业凡士林占 77%，松香占 15.4%，煤油占 7.6%. 配制方法是先将凡士林油脂加热稀释并将松香碾成粉末状，按比例倒入煤油中两个小时后，待松香溶于煤油中，再加入凡士林油中搅拌均匀即可使用。

进行涂油时，先用钢丝刷子将钢绞线上的锈和污垢除掉，然后用毛刷清扫干净，再涂防腐油，油脂完全覆盖钢索表面。雨雾天不能进行涂油，否则会影响质量，带来隐患。

三、铝包钢承力索

铝包钢承力索是铝覆钢线和铝线绞合而成，主要以铝覆钢线中的钢芯部分承受张力，覆铝层和铝线载流，导电性能好，机械强度和抗腐蚀性能较好。其型号如下：

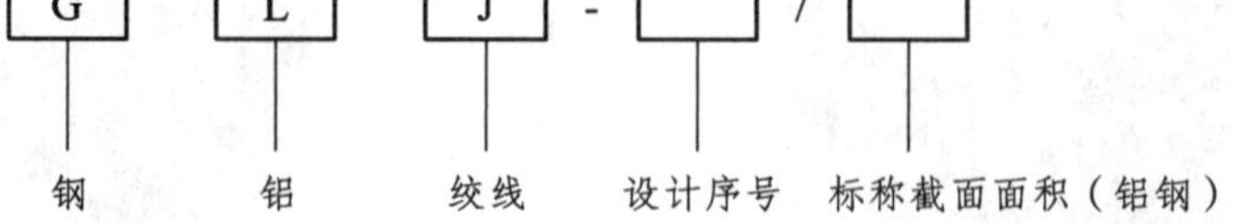

常见型号为 GLJE-30/50、GLJN-120/35 两种，GLJE-30/50 表示铝标称截面面积为 30 mm^2、钢标称截面面积为 50 mm^2 的铝包钢绞线承力索，GLJN-120/35 表示铝标称截面面积为 120 mm^2、钢标称截面面积为 35 mm^2 的铝包钢芯铝绞线。其综合拉断力分别大于 63 kN、55 kN，其载流量分别为 190 A、380 A（80 °C），是镀锌钢绞线承力索的替代产品。

承力索目前使用的类型较多，其技术性能差异也较大。从技术角度来分析，承力索与接触线采用同类材质，可改善接触网的性能，简化施工，提高施工精度，免去电气连接类线夹的特殊处理程序，并可降低运营维护的工作量。运营实践表明，铜或铜合金材质的承力索技术性能可靠、安全性好。为了提高系统的安全可靠性，干线电气化铁路承力索一般采用铜或铜合金绞线，一些次要线路（如矿山铁路、地方专用线等）承力索可采用其他材质的绞线。

第三节　接触线接头制作

一、工作方法和步骤

（一）准备工作

（1）人员：10 ~ 12 人。

（2）工具：轨道作业车（或梯车）、钢丝套子、紧线器、扭面器、激光测量仪、卷尺、链式手扳葫芦、平锉刀、断线钳（或钢锯）、扭矩扳手、水平尺、木锤、钢丝刷、接触线校直器、安全用具、防护用具。

（3）材料：防腐油、吊弦、吊弦线夹、接触线、接触线接头线夹、电力复合脂、绑线、钢锯锯条。

（二）操作方法、步骤

（1）处理接触线断头。用断线钳（或钢锯）切除接触线损伤部分，使用平锉刀将两断面打磨平整，使断口平齐。

（2）初步紧线。分别在接触线两端离断口 1 000 ~ 1 200 mm 处安装一个卡线器，利用滑轮组将其连接；收紧滑轮组，进行初步紧线，使两接触线间的距离缩短，以达到安装链条葫芦紧线的目的。

（3）在接触线断头两侧 500 ~ 1 000 mm 处接触线上擦去油污后安紧导线紧线器，并在紧线器受力侧前安紧两个吊弦线夹，以防滑动。

（4）将手扳葫芦及钢丝套分别与导线紧线器套子相连，紧动手扳葫芦使两断头对齐相距 1 ~ 2 mm 时停止紧线。

（5）将一边接触线端头装入接头线夹中部，上紧（不到标准力矩，保证线夹不脱）线夹有接触线侧最外侧第一个螺栓。

（6）在未装线夹的接触线距断头 250 ~ 300 mm 处上好扭面器，整理好两边接触线小面朝上并保证整条线不扭面。

（7）将未装线夹侧接触线端头一边线槽扣到线夹里的卡扣上。

（8）一手抓好线夹，一手扳动扭面器使接触线两边线槽全部进入线夹。

（9）通过手扳葫芦调整线头间距，用扭矩扳手紧固接头线夹螺栓（螺栓紧固顺序按先内后外，按左内→右内→左外→右外循序紧固，先紧固螺栓，再紧固螺母）。

（10）用接触线校直器对紧线器夹持导线处进行接触线校直。

（11）在接头线夹处安装一根整体吊弦并对接触线高度进行检查调整，不应低于相邻吊弦点，允许高于相邻吊弦点 0 ~ 10 mm，必要时加装吊弦。

（12）在接头处安装软铜绞线电连接。

（13）检查接头底部是否处于平滑，否则用平锉打磨处理。

（14）检查各部螺栓是否紧固。

（15）检查接头两侧吊弦偏移，不符合要求时要按标准进行适当调整。

（16）慢慢松开手扳葫芦，同时检查接头受力情况，无误后拆除全部工具。

二、质量标准

（1）接触线接头过渡平滑。该处接触线高度不应低于相邻吊弦点，允许高于相邻吊弦点 0 ~ 10 mm，必要时加装吊弦。

（2）接触线夹无裂纹、破损，螺栓、弹垫、平垫、螺母齐全，螺栓拧进灵活，装配方向正确。

（3）接头处接触线平直无弯曲，端部截面应为正截面（严禁斜截面），表面光洁，接头间隙不得超过 0.5 mm。

（4）采用符合标准的接头线夹，接头线夹安装端正，附加导线露头 5 ~ 10 mm。

（5）接头线夹与相邻吊弦间距 8 m。

（6）接头距定位点应不小于 2 m，同一跨距内不允许有两个接头。

三、注意事项

（1）制作接触线接头作业时，安全带必须扎在承力索上，不得扎在接触线上，作业中不得频繁倒换安全带位置。

（2）作业时，必须确认接头线夹状态良好且符合技术要求，接头线夹底面必须满足受电弓平滑过渡的要求。

（3）作业中注意观察倒链葫芦、紧线器、卡线器等受力工具的状态。

（4）接头线夹螺栓必须紧固，不得有脱扣隐患。紧固螺帽、螺栓时应用力矩扳手紧固，从里向外依次紧固。

（5）在进行接触线断线接头前，应先确认补偿装置状态，补偿绳有无脱槽或卡滞现象，确认定位器、中心锚结等设备状态；对补偿装置进行减载，作业完成后及时恢复补偿装置原负载。

（6）新、旧接触线进行接头时，材质和型号必须一致，严禁不同材质、型号接触线之间进行接头制作。附加导线的材质和型号必须与被接头接触线的材质和型号一致。

（7）接头制作完成后先松手扳葫芦，检查接触线接头受力情况，受力良好后方可撤除手扳葫芦。

（8）接头线夹不能装偏，以防打弓；接头线夹底面要平滑，防止碰弓；新、旧接触线连接时连接处应打磨，使受电弓过渡平滑。

（9）接头线夹与接触线、附加导线接触部分必须打磨。

四、训练测评

操作时间规定为 30 min。在规定时间内完成，不加分也不扣分，每超时 1 min，从总分中扣 1 分，超时 10 min，停止作业。

测评记录内容如表 7-2 所示。

表 7-2 测评记录表

项目	配分	测评要求及评分标准	扣分	得分	备注
料具准备	10	要求料具齐全完好，规格型号相符，每缺一件扣 3 分，规格不符每件扣 2 分			
质量要求	60	（1）线槽内没有配合好扣 15 分			
		（2）接头线夹有裂纹扣 20 分			
		（3）接头线夹底面不平整扣 10 分			
		（4）平头螺栓不紧固扣 20 分			
		（5）线夹歪斜扣 10 分			
		（6）接头线夹内接触线有滑动现象扣 30 分			
		（7）两断头间隙超过 1 mm 扣 10 分			
		（8）附加线与接触线装反扣 15 分			
		（9）线夹螺栓穿错方向或顺序扣 25 分			
		（10）两断头位置不在线夹中部扣 20 分			
		（11）接触线有明显伤痕，每处扣 10 分			
		（12）附加线在接头线夹两侧各外露不超过 20 mm，每超过 2 mm 扣 1 分			
		备注：扣完配分失格			
安全作业	20	（1）作业中出现一般违章现象每次扣 5 分			
		（2）作业中出现严重违章现象每次扣 20 分			
		（3）作业中工具滑脱，每次扣 5 分			
文明作业	10	（1）作业时必配的个人工具、劳保用具、安全用具每缺一件扣 5 分			
		（2）作业中出现不文明语言或动作每次扣 10 分			
		（3）作业完毕，料具有一件不归位扣 3 分			
测评超时					
合计	100				

复习思考题

一、填空题

1. 铜接触线主要型号有 TCG-110，其中 C 表示________。
2. GLCA 100/215 中 215 表示________。
3. 我国高速铁路承力索采用的材质是________。
4. 接触线型号 TCG-110 中，T 表示________。
5. 承力索型号 TJ-120 中，TJ 表示________。

二、判断题

1. 接触网施工时，承力索的线材规格、型号应符合设计要求。(　　)
2. 每年至少进行一次接触性磨耗测量。(　　)
3. 承力索的作用是通过吊弦将接触线悬挂起来。(　　)
4. 接触线是接触网中直接和受电弓滑板摩擦接触取流的部分，因此要求它具有较大的导电能力、良好的抗磨损性能、高强度机械性和较大的电阻率。(　　)
5. 钢绞线应注意防腐。(　　)

三、选择题

1. 承力索的接头距悬挂点应不小于（　　）。

A. 1 m　　B. 2 m　　C. 3 m　　D. 5 m

2. (　　) 的优点是导电性能好，可做牵引电流的通道之一，和接触线并联供电，降低压损和能耗，且抗腐蚀性能高。

A. 铜承力索　　B. 钢承力索　　C. 铝包钢承力索　　D. 铜包钢承力索

3. (　　) 的优点是用镀锌钢绞线制成，强度高、耐张力大，安装弛度小且弛度变化也小，节省有色金属，造价低。

A. 铜承力索　　B. 钢承力索　　C. 铝包钢承力索　　D. 铜包钢承力索

4. (　　) 年我国研制了新型铜镁合金承力索。

A. 1996　　B. 1997　　C. 1998　　D. 1999

5. (　　) 缺点是电阻大，导电性能差，一般为非载流承力索。

A. 铜承力索　　B. 钢承力索　　C. 铝包钢承力索　　D. 铜包钢承力索

四、问答题

1. 说明 TCG-110、CTAH-120、GLCA-100/215、CGLN-250 型号的含义。
2. 接触线有哪些技术要求？
3. 各种承力索分别有什么优缺点？
4. 钢承力索采用何种防腐措施？
5. 承力索按照材质分类有哪些？

五、计算题

某区间锚段采用 TCG-110 型接触线，用卡尺测量各点后发现接触线平均残存高度为 10.49 mm，请利用接触线磨耗换算表求出平均磨耗面积是多少？是否应该大修更换？

第八章　定位装置

定位装置是支持结构中的主要组成部分，它是在定位点处实现接触线相对于线路中心线进行横向定位的装置。定位装置的作用即根据技术要求，把接触线进行横向定位，保证接触线始终在受电弓滑板的工作范围内，保证良好受流；在直线区段，相对于线路中心把接触线拉成“之”字形；在曲线区段，相对于受电弓中心运行轨迹则拉成切线或割线，使受电弓滑板磨耗均匀。同时，定位装置要承担接触线水平负载，并将其传递给腕臂。

第一节　定位装置的组成

对定位装置的技术要求：首先，动作要灵活。在温度发生变化，接触线沿顺线路方向移动时，定位装置应能以固定点为圆心，灵活地随接触线沿线路方向相应移动。其次，重量应尽量轻。在受电弓通过定位点时，在受电弓抬升力作用下能上下动作自如，并且要有一定的抬升量，不产生明显硬点，其静态弹性和跨距中部尽量一致。最后，具有一定的风稳定性。在受风时，保证定位状态的稳定性。

一、定位装置的结构

定位装置是由定位管、定位器、定位线夹及连接零件组成的。

（一）定位管

定位管有两种类型，普通定位管和特型（T 形）定位管。

普通定位管是用镀锌钢管加工制成的，尾部焊有定位钩，以便通过定位环连接在腕臂上使用。定位管安装后应呈水平状态，为保持其水平，可将其端部用 ϕ4.0 mm 镀锌铁线悬吊，现在多用定位管支撑代替铁线保证定位管的稳定性。

设置普通定位管的目的是使定位器在水平方向和坡度方向便于调节，使定位装置结构较灵活，增加定位点的弹性。定位管的长度和外径的选用是根据支柱所在位置和定位管受力情况而确定的。普通定位管结构如图 8-1 所示。

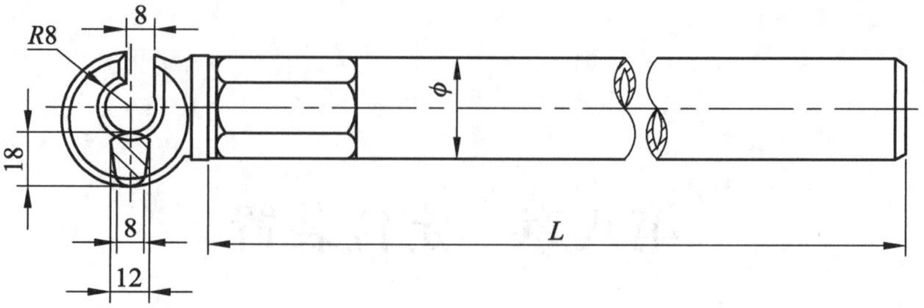

图 8-1　普通定位管结构

T 形定位管又称套管式定位管，它与普通定位管仅尾部不同，加焊了一段套管来代替定位钩，便于与棒式绝缘子配套并增加其尾部的机械强度。T 形定位管多用于隧道定位和多线路腕臂支柱装配使用。T 形定位管结构如图 8-2 所示。由棒式绝缘子、T 形定位管、支持器、定位线夹及其他连接零件构成了特殊定位装置，如图 8-3 所示。

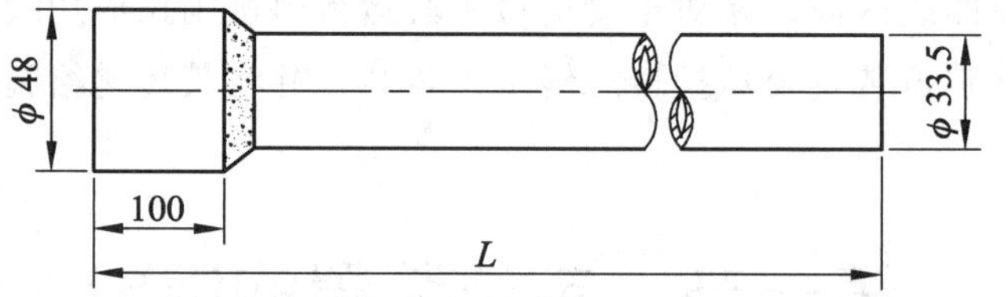

图 8-2　T 形定位管结构

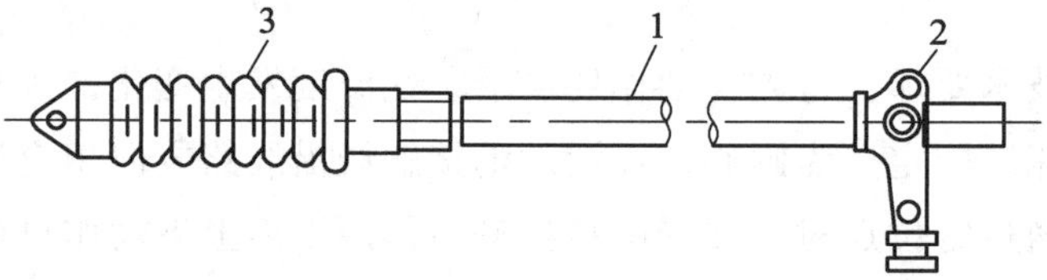

1—T 形定位管；2—长支持器（或支持器）；3—棒式绝缘子。

图 8-3　带支持器的定位器

（二）定位器

定位器是定位装置中关键的部件，其作用是通过定位线夹把接触线按设计标准拉出值的要求，通过线夹把接触线固定在一定位置，保证接触线工作面平行于轨面，并承受接触线的水平力。

定位器从形状上可分为普通定位器、T 形定位器、软定位器等几种常用的定位器，如图 8-4 所示。

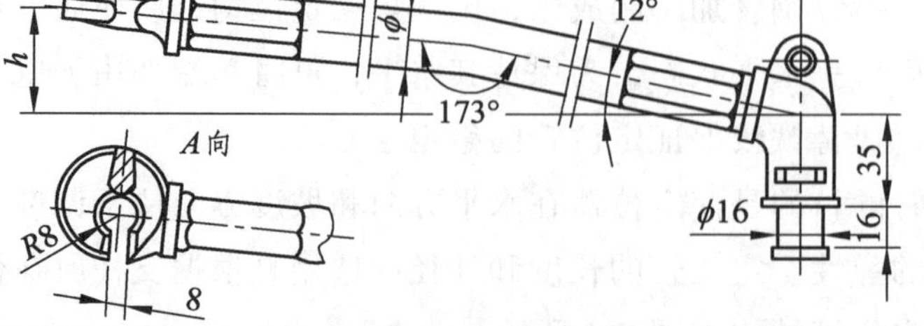

（a）普通定位器

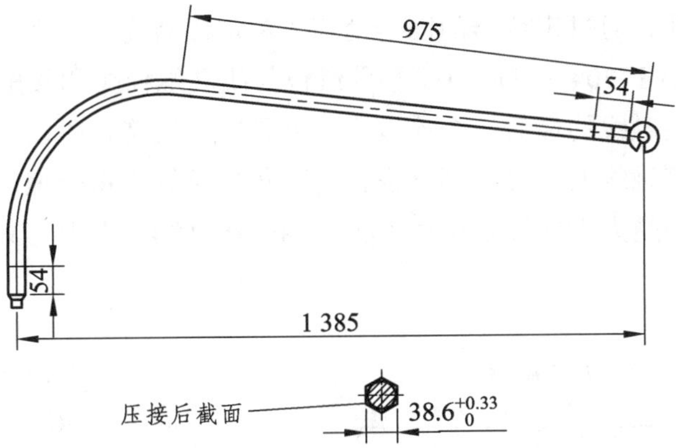

（b）TG 型定位器

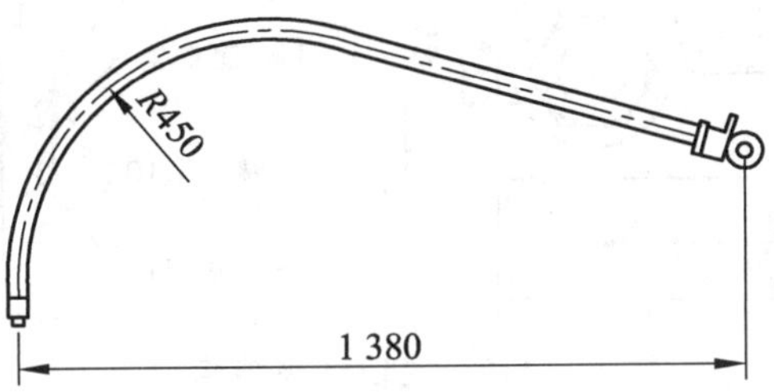

（c）TL 型定位器

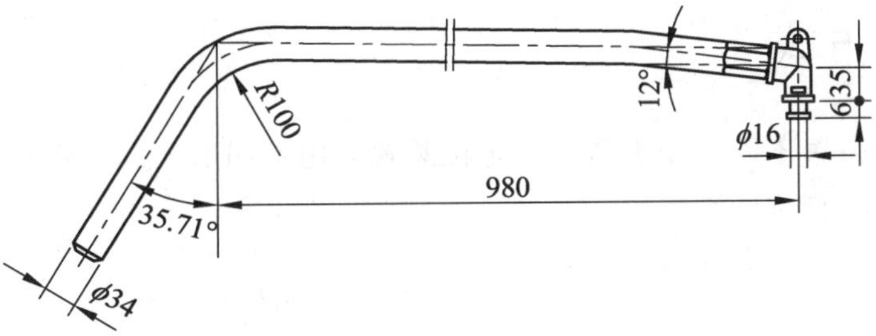

（d）软定位器

图 8-4　常见定位器类型

为了适应高速电气化铁路的要求，定位器的质量要轻，一般采用轻型铝合金材料，在定位点处不产生硬点或集中质量。定位点的弹性尽量和跨距中部的状态接近或一致。同时，在铅垂方向应有足够的灵活性及能适应受电弓较大的抬升量。

为了避免定位器碰撞运行中电力机车受电弓，特别是在曲线区段，由于电力机车车身随线路的外轨超高而向内轨侧倾斜，机车的受电弓也呈倾斜状。为了防止定位器碰撞受电弓，要求定位器安装后应有一定的倾斜度（也称定位坡度），即定位器根部在安装后要适当抬高一些，其倾斜度要求为 1∶10～1∶5。

定位器在平均温度时，应该垂直于线路中心线，温度变化时，如在极限温度下，沿接触线纵向偏移不得超过定位器管长的 1/3。

（三）定位线夹

定位线夹如图 8-5 所示。定位线夹由两片铜合金夹板、连接螺栓、止动垫圈等组成，其中有环夹板上带有环孔，通过定位器的固定销穿入和定位器连接起来。受电弓滑板条与定位线夹之间的夹角必须小于 20°，以避免受电弓滑板与线夹螺栓头相接触。承力索、接触线间横向电流沿腕臂流入接触线的最后一个连接零件就是定位线夹，所以，定位线夹安装前，需用钢刷对线夹表面、接触线上的夹持部分进行清除灰尘及氧化物处理，并涂电力复合脂。同时还要注意定位线夹的受力方向，定位线夹主要承受接触线水平力，其主要荷重应该由有环夹板承担，不能装反。

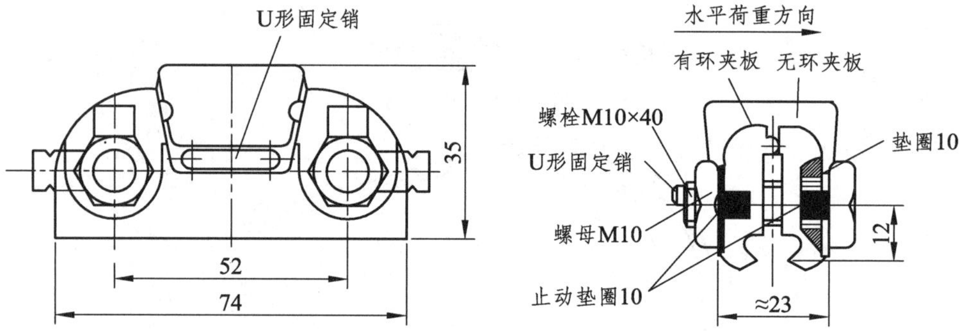

图 8-5　定位线夹结构

二、定位方式

根据支柱所在位置不同及受力情况，定位装置采用不同形式，一般有正定位、反定位、软定位、双定位及特型定位方式。

（一）正定位

直线区段或曲线半径 $R>1\ 200$ m 的区段，采用正定位。该定位装置由直管定位器和定位管组成。定位器的一端利用定位线夹固定接触线；另一端通过定位环与定位管衔接，定位管又通过定位环固定在腕臂上。结构如图 8-6（a）所示。

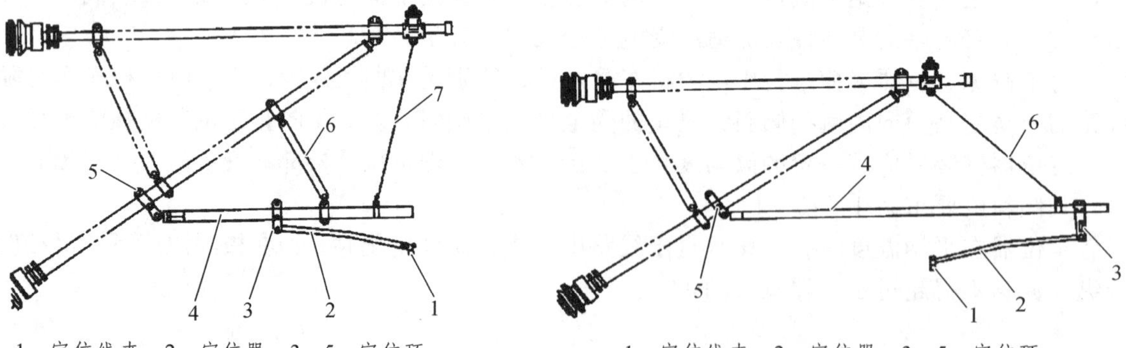

1—定位线夹；2—定位器；3，5—定位环；4—定位管；6—定位支撑；7—定位管吊线。

（a）正定位

1—定位线夹；2—定位器；3，5—定位环；4—定位管；6—定位管吊线。

（b）反定位

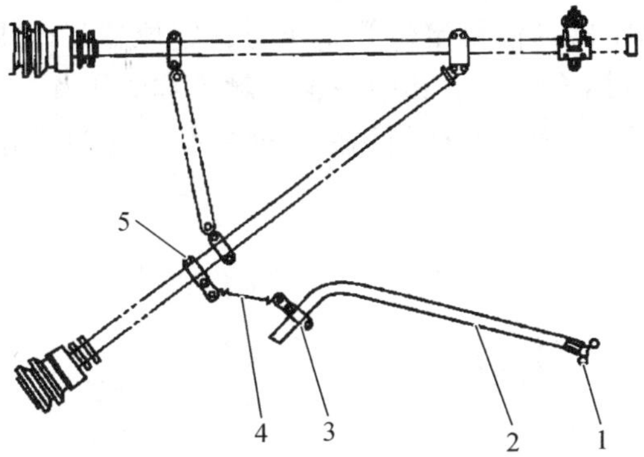

1—定位线夹；2—定位器；3，5—定位环；
4—定位拉线。

（c）软定位

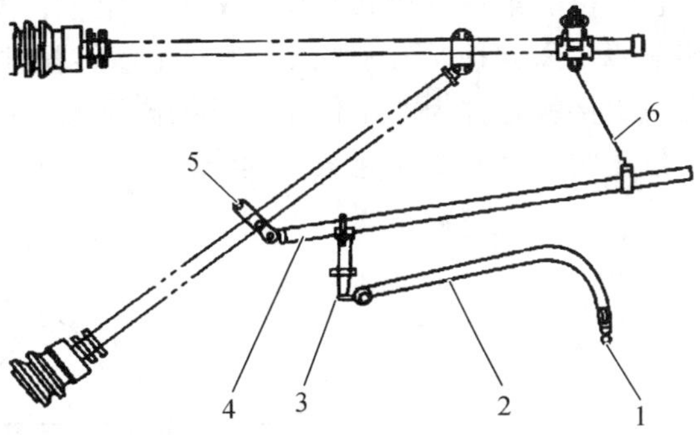

1—定位线夹；2—定位器；3，5—定位环；
4—定位管；6—定位管吊线。

（d）特性定位

图 8-6　定位方式

（二）反定位

反定位一般用于曲线内侧支柱或直线区段“之”字值方向与支柱位置相反的地方。定位器附挂在较长的定位管上，定位管受压力较大。为了使定位管保持水平，一般用两条斜拉线将定位管吊住，并固定在承力索上。为了保证定位器与定位管之间保持有一定的距离（大于或等于 300 mm），定位器通过长支持器与定位管连接。结构如图 8-6（b）所示。

（三）软定位

软定位采用弯管定位器，通过两股ϕ4.0 mm 锌铁线拧成的定位拉线固定在绝缘腕臂上的定位环里，定位拉线活固定端在定位管侧，死固定端在腕臂侧，如图 8-6（c）所示。软定位在定位器受到较大水平拉力时使用，即用于曲线半径 R<1 000 m 的区段。为避免在某些特殊情况下拉力过小，经过计算，在曲线力抵消反方向的风力之后，拉力需保持 0.2 kN 以上方能使用这种方式。

（四）特性定位

在有两支工作支时，定位器须跨过另一支接触悬挂，不影响其抬升或者保持绝缘时采用特性定位，比如道岔和锚段关节处。结构如图 8-6（d）所示。

（五）组合定位

组合定位装置用于锚段关节的转换支柱、中心支柱及站场线岔处的道岔柱定位，这些地方均有两组悬挂在同一支柱处，分别固定在所要求的位置上。组合定位的方式较多，各种组合定位的作用也不相同，这主要是根据各种各样的地形条件及悬挂条件决定的，其结构如图 8-7 所示。其中图 8-7（a）为组合定位器的拉（L 型）定位。所谓拉定位，就是两定位器都使定位管受到拉力，定位器把两支接触线拉向支柱，这种形式多用于道岔柱处的定位，其特点是两支接触线等高。图 8-7（b）为组合定位器的拉压（LY 型）定位，两定位器一支使定位管受拉力，一支使定位管受压力。其一支接触线拉向支柱，另一支接触线拉向支柱的反方向（反定位），且两支接触线等高，都处于工作状态，这是道岔定位最常用的定位形式。道岔处组合定位的第三种形式是压（Y 型）定位，即双定位器都使得定位管受压力，定位器将两支接触线拉离支柱。图 8-7（c）为非绝缘转换柱使用的组合定位，其中一组接触悬挂为工作支，另一组接触悬挂为非工作支，其抬高下锚。图 8-7（d）为中心柱使用的组合定位，通过两组定位器实现对两支接触悬挂的定位。

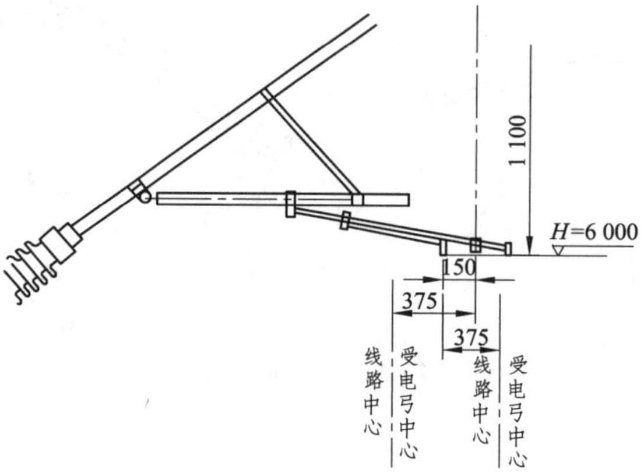

（a）L 型道岔组合定位

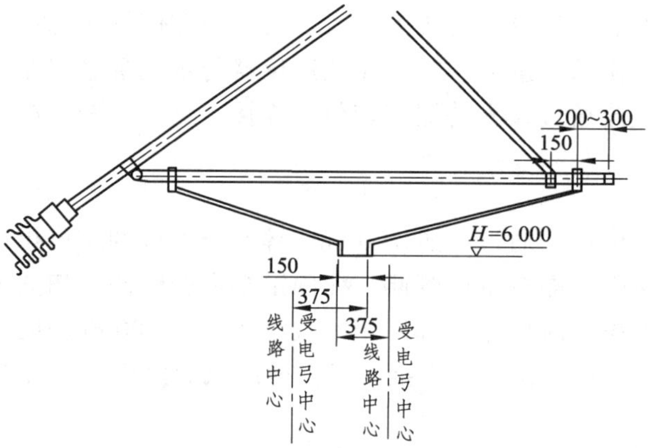

（b）LY 型道岔组合定位

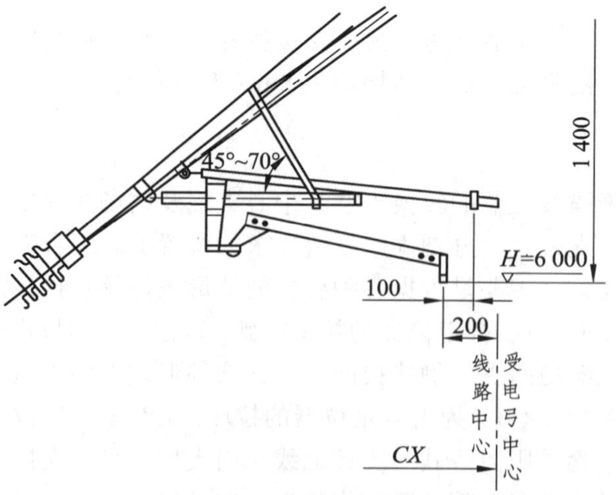

（c）非绝缘转换柱使用的组合定位

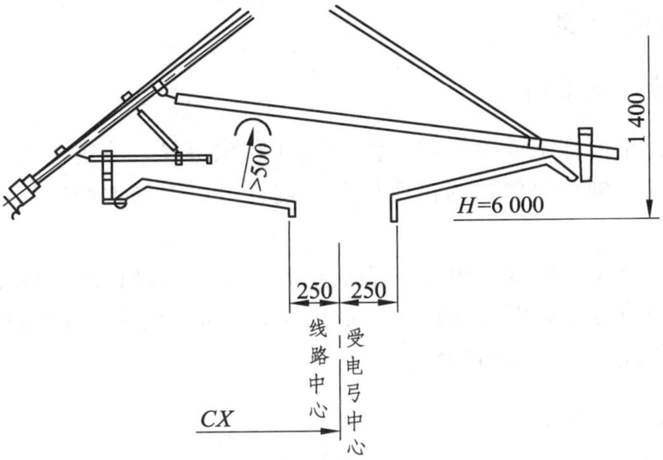

（d）中心柱组合定位

图 8-7　组合定位

接触线直接与电力机车受电弓接触且发生摩擦，为了保证受电弓和接触线可靠接触、不脱线并保证受电弓磨耗均匀，要求接触线在线路上按技术要求固定位置，即在定位点处保证接触线与电力机车受电弓滑板中心有一定偏移量，称之为拉出值，一般用符号“a”表示。

接触线拉出值可以使在运行中的电力机车受电弓滑板工作面与接触线摩擦均匀（否则会使滑板工作面局部磨出沟槽，降低受电弓使用寿命），保证接触线与受电弓接触，不发生脱弓，避免因脱弓造成弓网事故。

三、拉出值

（一）拉出值的大小

在直线区段，线路中心线与机车受电弓中心线重合，接触线沿线路中心线上空成“之”字形对称布置，即所谓直线区段，接触线拉出值也称“之”字值的原因，其标准值为 ± 200 ~ 300 mm。拉出值的允许误差为 ± 30 mm。定位值的正负表示定位点处接触线的位置。当定位点位于线路中心线和支柱之间时，记为正，否则记为负。

接触线的拉出值的大小由电力机车受电弓最大允许工作范围、线路情况、行车速度等因素决定。

曲线区段电力机车车身随线路的外轨超高向曲线内侧倾斜，受电弓也呈倾斜状，线路中心线与受电弓中心不重合，曲线区段上随曲线半径不同拉出值有差异，一般为 150 ~ 400 mm。拉出值的允许误差为 ± 30 mm。

如果地理环境受限或设备特殊，拉出值也可适当增大（或减小），但拉出值最大不应超过受电弓滑板允许工作范围（950 mm）的 1/2，即拉出值最大不得大于 450 mm。在高铁应用中，一般规定拉出值不大于 400 mm。拉出值的选用必须保证当最大风偏移时，跨距中任一点接触线产生的最大水平偏移不超过规定的受电弓允许工作范围。

（二）拉出值的检调

1. 直线区段拉出值检调

现场对接触线拉出值施工或检修时，借助测杆和轨道尺，将定位点处接触线的位置通过测杆上的线坠垂直投影到轨面放置的轨道尺上，这样可以方便地确定接触线与线路中心线之间的水平距离。

在直线区段，线路中心线和受电弓中心线重合，定位点处接触线的垂直投影距线路中心线的距离也就是定位点处接触线距受电弓中心的距离，即接触线的拉出值。根据实际拉出值和标准拉出值间的误差大小来进行检调。

2. 曲线区段拉出值检调

在曲线区段，为平衡列车在转弯时产生的离心力，将曲线外侧轨道抬高，称为外轨超高。外轨超高值由线路曲线半径和线上列车允许通过的最大速度而定，可按下列公式计算：

$$h=\frac{7.6v_{max}^2}{R}$$

式中 h——外轨超高值，mm；

R——线路曲线半径，m；

v_{max}——线路允许最大行车速度，km/h。

为了应用方便，外轨超高值也可以查表 8-1。在现场检调中，超高值一般采用现场测量值，为了减少误差，测量应该尽量准确到毫米级。

表 8-1 曲线外轨超高参考

（a）普通线路超高参考　　单位：mm

半径 R/m	列车最大速度 v（km/h）外轨超高值									
	30	40	50	60	70	80	90	100	110	120
300	25	40	65	90	125	—	—	—	—	—
400	15	30	50	70	95	120	—	—	—	—
500	15	25	40	50	75	65	120	—	—	—
600	10	20	30	45	60	80	100	125	—	—
700	10	15	25	40	55	70	90	110	—	—
900	10	15	20	30	40	55	70	85	100	120
1 200	—	10	15	25	30	40	50	65	75	90
1 600			10	15	25	30	40	50	60	70
1 800		—	10	15	20	25	35	40	50	60
2 000	—	—	10	15	20	25	30	35	45	55

（b）速度 350 km/h 高铁外轨超高参考

曲线半径 R/m	实设超高值 h/mm	曲线半径 R/m	实设超高值 h/mm
5 500	155	11 000	115
7 000	155/175	12 000	105
8 000	155	13 000	100
9 000	140	14 000	90
10 000	125		

曲线上，由于线路外轨超高，使机车车身向曲线内侧方向倾斜，机车受电弓随之偏斜，受电弓中心线与线路中心线有一定偏斜距离。在使用测杆线坠测量检调中，测杆上的线坠将定位点处接触线投影到轨平面（轨道尺）处，测得的是线路中心线与接触线距离，无法直接测量接触线距受电弓中心线的水平距离（即 a 值）。在确定曲线拉出值时，要通过定位处接触线对线路中心线投影的位置（即 m 值）间接确定受电弓中心的位置，如图 8-8 所示。

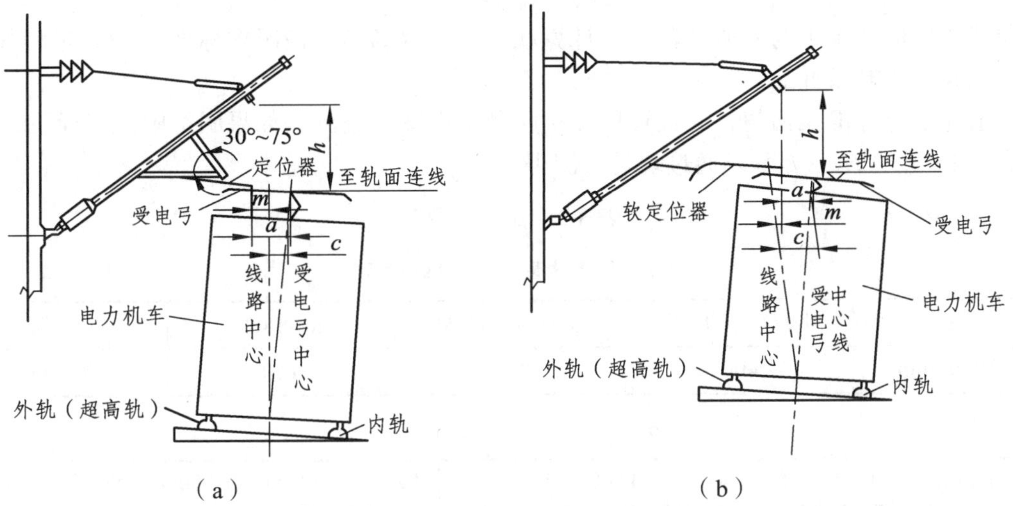

图 8-8 曲线区段外轨超高对受电弓位置的影响及 a、m、c 的关系

定位点处接触线距受电弓中心的水平距离（拉出值）用符号“a”表示。定位点处接触线距线路中心的距离用符号“m”表示，线路中心线距机车受电弓中心的偏斜值用符号“c”表示，三者的关系为

$$a = m + c$$

式中的 m 值有正、负之分，当接触线定位点投影在线路中心线与外轨间时，m 值为正值，如图 8-8（a）所示。当接触线定位点投影在线路中心线与内轨间时，m 值为负值，如图 8-8（b）所示。式中的 c 值可以根据图中的几何关系求得。

$$c = \frac{h \cdot H}{L}$$

式中 c——受电弓中心对线路中心偏移值，mm；

h——曲线外轨超高，mm；

H——接触线至轨面的高度（导高），mm；

L——轨距，mm。

现场进行简化计算，当导高为 6 000 mm 时，$c \approx 4h$，曲线外轨超高 h 值可在现场接触线拉出值检调时用轨道尺实际测量得到。虽然工务施工或检修时一般将超高值标记在曲线内轨的内侧，但由于线路在运行中外轨超高略有变化，故在计算偏移值 c 时，应用实际测得的外轨超高值（曲线内侧标记值仅供参考）；接触线的高度 H 值可在现场实际测量得到；轨距 L 值是指钢轨轨顶下面 16 mm 处的两轨之间的距离，可以用轨道尺测量得到。我国铁路直线区段轨距为 1 435 mm，称为标准轨距，在曲线上考虑机车车辆转弯，轨距需加宽，曲线区段轨距情况如表 8-2 所示。

表 8-2　轨距参考

曲线半径 R/m	651 以上或直线	650～451	450～351	350 以下
轨距 L/m	1 435	1 440	1 445	1 450

曲线拉出值的施工与检调，其主要计算就是根据现场实际情况求标准 m 值，过程如下。

（1）确定计算条件。

a 值为设计标准拉出值，一般可以在接触网平面图中查到。如果图纸中没有标注，可以参考表 8-3。h、H、L 可以通过现场实测得到。

表 8-3　拉出值参考

（a）列车速度 $v \leqslant 120$ km/h 时

曲线半径 R/m	$180 \leqslant R \leqslant 1200$	$180 < R < 1200$	$R > 1800$	直线
拉出值 a/mm	400	250	150	±300

（b）列车速度 $v \geqslant 200$ km/h 时

曲线半径 R/m	$3000 \leqslant R \leqslant 4000$	$1800 \leqslant R \leqslant 2000$	$1200 \leqslant R \leqslant 1500$	$900 \leqslant R \leqslant 1000$	直线
拉出值 a/mm	100	250	150	300	±200

（2）计算标准 m 值（$m_{标}$）。

$$m_{标} = a - c$$

（3）利用 $m_{标}$ 指导施工、检调。

施工时，利用 $m_{标}$ 确定接触线的水平位置。

检调时，$m_{标}$ 和现场实际测得的 m 值（$m_{实}$）相比较，如果 $m_{标}$ 和 $m_{实}$ 误差小于 ±30 mm，则可以不检调（规程规定接触线拉出值允许误差 ±30 mm）；当误差大于 ±30 mm 时，应该进行检调。

$$\Delta m = m_{标} - m_{实}$$

式中　Δm——定位点实际位置和标准位置的差值。

在拉出值检调中，将定位点向曲线外侧移动，称为拉；将定位点向曲线内侧移动，称为放。当 Δm 为正时，需要将定位点向曲外拉 $|\Delta m|$，当 Δm 为负时，需要将定位点向曲内放 $|\Delta m|$，现场简称为“正拉、负放、零不动”。在检调过程中，特别要注意的是 $m_{实}$、$m_{标}$ 的符号，当接触线定位点垂直投影在线路中心线至外轨间时，m 为正值，在线路中心线至内轨间时，m 为负值。代入上式计算时，要带符号进行运算。

下面举例说明曲线拉出值检调的运算过程。

例 8-1　某区间接触网定位点处接触线高度（导高）$H = 6\,000$ mm，所处区段为曲线，曲线半径 $R = 600$ m，外轨超高为 $h = 60$ mm，设计拉出值 $a = 400$ mm，求该定位处接触线的位置。若现场实测该定位处接触线投影在线路中心线距外轨间，距线路中心线距离为 100 mm 时，是否应该调整？

解：求定位点处接触线的位置就是求该处接触线相对线路中心线的位置，也就是求 $m_{标}$ 值。

① 已知：$H = 6\,000$ mm，$R = 600$ m，$h = 60$ mm，$a = 400$ mm，根据 R 查表 8-2 得 $L = 1\,440$ mm。

$$c = \frac{h \cdot H}{L} = \frac{60 \times 6\,000}{1\,440} = 250\ (\text{mm})$$

$$m_{标} = a - c = 400 - 250 = 150\ (\text{mm})$$

即该定位点处接触线的位置应在线路中心线至外轨之间且距线路中心线距离为 150 mm 处。

② 现场实际定位处接触线投影在线路中心线距外轨间且距线路中心线为 100 mm，即

$$m_{实} = 100\ \text{mm}$$

$$\Delta m = m_{标} - m_{实} = 150 - 100 = 50\ (\text{mm})$$

所以应使定位处接触线位置向外轨侧“拉”50 mm，才能符合设计定位要求。当曲线区段检调定位时，不满足标准要求可能造成严重后果。

例 8-2　甲作业组在某区间 90#～108#支柱间综合检修，调整拉出值，当检调到 104#支柱定位时，实测接触线定位点距线路中心距离为 80 mm，且接触线定位投影在线路中心至外轨之间，测得外轨超高为 115 mm，查接触网平面图可知该定位标准拉出值为 400 mm，工作负责人让操作人将该定位向外轨侧再拉 140 mm。结果作业组作业结束消令后，第一趟电力机车通过时即发生了弓网事故，请分析弓网事故发生的原因。

解：已知 $m_{实测} = 80$ mm，$h = 115$ mm，$m_{标} = 400$ mm，$\Delta m = 140$ mm，检调后现场实际 m 值为

$$m_{实} = m_{实测} + \Delta m = 80 + 140 = 220\ (\text{mm})$$

调整后的定位实际拉出值为

$$a_{实} = m_{实} + c \approx 20 + 4h = 220 + 4 \times 115 = 680\ (\text{mm})$$

调整后的定位实际拉出值 $a_{实} = 680$ mm，大于受电弓允许最大工作范围的一半 475 mm（接触网拉出值最大值规定为 450 mm，当拉出值大于 450 mm 时，必须降弓）。所以，事故原因是拉出值超标造成弓网事故。

该处拉出值正确检调方法如下。

该定位处距线路中心的标准距离 $m_{标}$ 为

$$m_{标} = a_{标} - c \approx a_{标} - 4h = 400 - 4 \times 115 = -60\ (\text{mm})$$

$m_{标} = -60$ mm 说明该定位处接触线距离线路中心标准距离应该为 60 mm，且投影位置应在线路中心线至内轨之间。

$$\Delta m = m_{标} - m_{实测} = -60 - 80 = -140\ (\text{mm})$$

正确的检调应该是将接触线定位点向内轨侧放 140 mm。

第二节 定位装置安装

一、工作方法和步骤

（一）准备工作

（1）人员：6 ~ 8 人。

（2）工具：作业车或梯车、滑轮组、手锤、钢丝套、吊绳、轨道尺、扭矩扳手、钢卷尺、激光接触网检测仪、工具袋、安全帽、安全带、水平尺等。

（3）材料：定位管、定位器、支持器、定位线夹、定位环、定位管卡子、定位管吊线、定位管支撑、防风拉线、ϕ4.0 mm 铁线、电力脂等。

（二）操作方法、步骤

1）准备工作

定位装置安装一般用梯车进行安装，应在接触线中心锚结安装完毕或从中心锚结处向两侧下锚方向进行，并将接触线导线面找正确，防止导线面扭转。

事先根据平面图和安装图，按杆号配齐零配件，并组装在一起。

2）安装步骤

（1）测量腕臂定位环的高度。

为了避免定位器碰撞受电弓，要求定位器有 1∶10 ~ 1∶5 的倾斜度。一般情况下，正定位定位环高为 $H_0 + 227$ mm；反定位时为 $H_0 + 379$ mm（H_0 为接触线工作高度）。

（2）安装斜拉线、定位管。

由梯车上作业人员将定位管与腕臂上的定位环连接，并通过其端部的定位管卡子用斜吊线吊起。调整斜吊线的长度，使定位管呈水平状态，斜吊线回头长度以 200 ~ 300 mm 为宜。

一般正定位定位管卡子距定位管头约 100 mm，反定位定位管卡子距长定位环 150 mm，定位管卡子距定位管头不宜大于 300 mm。

正定位定位管的斜拉线为单股ϕ4.0 mm 的镀锌铁线，反定位为双股，小半径曲线内侧支柱采用 V 形斜拉线，斜拉线的上端做成永久固定，下端（定位管侧）做成活端。

（3）安装定位器。

① 松动定位管上的定位环螺母，使定位器或支持器能来回移动，便于安装。然后扭正线面，根据定位线夹在接触线上的安装位置相对于支柱中心偏移距离（无论是半补偿还是全补偿，其偏移计算方法与吊弦偏移计算方法相同，半补偿腕臂无偏移，全补偿腕臂也应按计算偏移调整相对于支柱中心的位置），将定位线夹卡在接触线上，并拧紧定位线夹螺母。

② 根据接触线拉出值的大小，调整接触线，将定位环固定在定位管的适当位置上，从而确定接触线的位置。定位器安装好后，检查其倾斜度，并调整有关零件，使之符合规定。定位坡度测量方法：把水平尺零点端放在定位器上，将水平尺放水平，测量水平尺 500 mm 读数点处的底面到定位器表面的距离，此距离应为 50 ~ 100 mm。若不符合要求，则应该调整：小于 50 mm 时，降低导高但必须保证导高误差在 100 mm 内，否则应升高定位管（升高定位管尾部定位环）；大于 100 mm 时，升高导高或降低定位管。

在曲线区段接触线曲线张力较大时，应采用绳拉的办法，以防梯车受力过大而发生倾倒。作业时，作业人员站在导线的曲线外侧，将绳子拴在接触线上，通过滑轮，由地面人员拉绳，如图 8-9 所示。当拉到接触线拉出值位置时，梯车作业人员立即固定好定位管上的定位环。

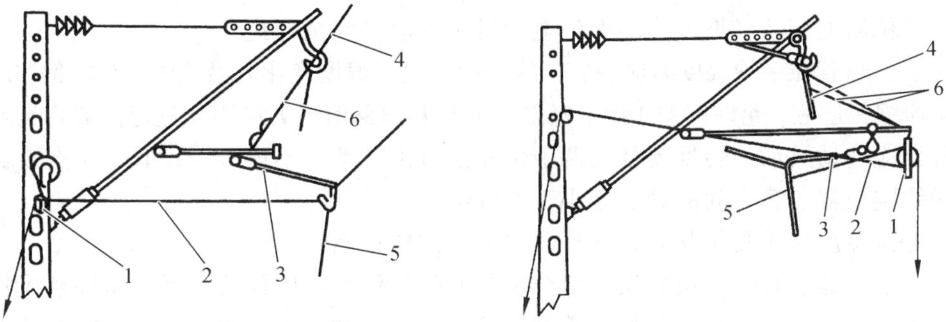

1—单滑轮；2—棕绳；3—定位器；4—承力索；5—接触线；6—斜吊线。

图 8-9　曲线区段定位器的安装

③ 安装软定位器时，应先在距其根部 50 mm 处安装定位环，将定位拉线与定位环作活固定。利用上述方法，用绳拉动接触线，调整定位拉线长短，从而确定接触线位置。软定位器的连接如图 8-10 所示。

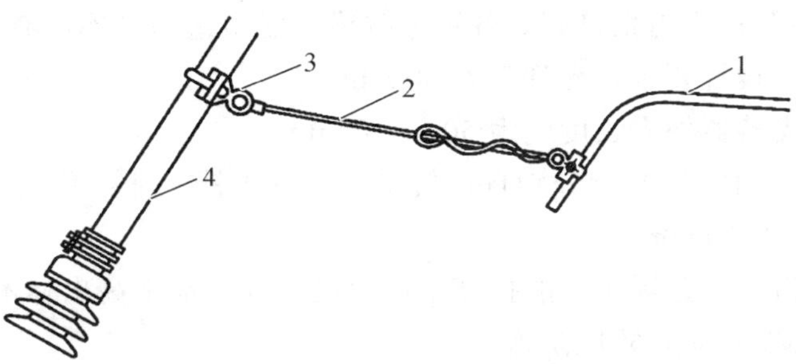

1—软定位器；2—ϕ4.0 mm 铁线（2 股拧成）；3—定位环；4—腕臂。

图 8-10　曲线区段定位器的安装

软定位器活端在定位管侧，死端在腕臂侧，拉线由 2 股ϕ4.0 mm 镀锌铁线拧成，死端自绑扎长度为 100 mm，先绑 60 mm，断下一股后，再绑 40 mm。

④ 安装腕臂限位定位器时先将 X 型定位环安装在相应的定位管上，然后将定位器钩与定位环铰链连接，再将定位线夹与定位套筒相连接后固定在接触线上。

调整 X 型定位环的位置，使接触线拉出值符合设计要求，用扭矩扳手紧固螺栓，根据技术要求调整好抬高量，拧紧限位螺钉及背母。

⑤ 安装软横跨限位定位器时先将 XR 型限位管安装在上部定位索上，将 XR 型定位环线夹与 XR 型限位管用 U 形螺栓固定在下部定位索上，然后将定位器钩与定位环铰链连接，再将定位线夹与定位套筒相连接后固定在接触线上。

二、质量标准

（1）定位器必须保持接触线“之”字值、拉出值的正确性，保证接触线工作面平行于轨面连线。

定位装置的结构及安装状态应保证定位点处接触线的弹性符合规定。当温度变化时，接触线能自由伸缩，使受电弓有良好的取流状态。

（2）定位器的形状和坡度应能保证电力机车受电弓安全通过。

（3）定位器管在平均温度时应垂直于线路中心线，温度变化时沿接触线纵向偏移应与接触线该点的伸缩相适应，允许偏差 10%，极限温度时其偏移值最大应不超过定位器管长度的 1/3。

定位器应转动灵活，转换支柱处两定位器能自由转动，不得卡滞；非工作支接触线和工作支接触线定位器、管之间的间隙不小于 50 mm。

（4）定位器应处于受拉状态，支持器安装方向要正确。

（5）反定位器主管、定位肩架及组合定位器的定位管均应保持水平，靠接触线侧的端部允许仰高不超过 30 mm，反定位器主管两侧拉线的长度和张力应相等，定位管卡子距定位环应保持 100 ~ 150 mm 的距离。

（6）软定位器的定位拉线活固定端在定位管侧，死固定端在腕臂侧。

（7）定位环应沿线路方向垂直安装，定位管上定位环的安装位置距定位管根部不小于 40 mm。定位装置各部件之间应连接可靠，定位钩与定位环的铰接状态良好。

（8）定位器管坡度应保持在 1/10 ~ 1/5 内。

（9）定位装置各管口要封堵良好。各定位拉线要受力适当且不应有严重锈蚀。

（10）拉出值符合设计要求，允许误差 30 mm。

（11）定位管在支持器外露长度应为 50 ~ 100 mm。

（12）转换支柱处两定位器能分别自由转动，不得卡滞；非工作支接触线和工作支定位器管之间的间隙不小于 50 mm。

（13）山口、谷口、高路堤（一般指高出地面或在森林地带高出林木 5 m 以上）、高架桥等“风口”地段，必要时应有防风措施。

（14）定位器、定位管均应用耐腐蚀材料做成，使之在规定的寿命期内，不需进行防腐处理也能保证安全运行。

三、注意事项

（1）在线路上使用梯车作业时，每辆梯车出车时不得少于 4 人，梯车上的作业人员不得超过 2 人。

（2）梯车未放稳前不得登梯作业。梯车行进时不得上、下梯车。梯车作业台上不得放置零散工具、材料。

（3）推扶梯车人员应听从梯车上作业人员的指挥，推行速度不得大于 5 km/h，也不得发生冲击等现象。

（4）在梯车上不得进行有倾倒危险的作业。梯车走到小半径曲线区段时，应在曲线外侧设置拉绳人员，以防梯车倾倒。在曲线区段作业时，梯车上作业人员站在导线的曲线外侧作业。

（5）登高作业应系好安全带，以防坠落。

（6）作业人员均应戴好安全帽，以防工具、材料坠落伤人。

（7）上下传递工具材料应用小绳、工具袋，严禁抛扔。

（8）防护人员要穿好防护服，佩戴相应标识，在规定位置（站内 50 m，区间 800 m）进行行车防护。

（9）挂好短接线，防止感应电伤人。

（10）严格执行呼唤应答制度。

（11）严禁戴手套打手锤。

四、训练测评

操作时间规定为 40 min。在规定时间内完成，不加分也不扣分，每超时 1 min，从总分中扣 1 分，超时 20 min，停止作业。

测评记录内容如表 8-4 所示。

表 8-4　测评记录表

项目	配分	测评要求及评分标准	扣分	得分	备注
料具准备	10	要求料具齐全完好，规格型号相符，每缺一件扣 3 分，规格不符每件扣 2 分			
质量要求	60	（1）口述此定位是正定位或反定位，漏判、错判扣 10 分			
		（2）测量定位点的导高，如不符合设计值，应调整。漏测、误判扣 5 分，调整方法不当每处扣 5 分			
		（3）测量定位坡度，如坡度不在 1/10～1/5 之间，应调整。漏测扣 10 分，测量、调整方法不当每处扣 5 分			
		（4）拉出值不符合要求、漏测扣 10 分，调整方法不当每处扣 5 分			
		（5）粗略判断定位器的偏移是否合格（口述实际温度高于平均温度，偏向下锚，反之偏向中锚；距中锚越远，偏移越大）。漏判、错判扣 10 分			

续表

项目	配分	测评要求及评分标准	扣分	得分	备注
质量要求	60	（6）测量结构高度，判断是否达标，不合格应调整。漏判、错判扣 10 分			
		（7）检查零件是否完好，漏检每件扣 3 分			
		（8）定装调整后定位管未达标准，每处扣 10 分			
		备注：扣完配分失格			
安全作业	20	（1）作业中出现一般违章现象每次扣 5 分			
		（2）作业中出现严重违章现象每次扣 20 分			
		（3）作业中工具滑脱，每次扣 5 分			
文明作业	10	（1）作业时必配的个人工具、劳保用具、安全用具每缺一件扣 5 分			
		（2）作业中出现不文明语言或动作每次扣 10 分			
		（3）作业完毕，料具有一件不归位扣 3 分			
测评超时					
合计	100				

第三节　拉出值调整

一、工作方法和步骤

（一）准备工作

（1）人员：6～12 人。

（2）工具：扭矩扳手、钢卷尺、橡胶锤、轨道尺、线坠、测杆等。

（3）材料：定位环、定位线夹、开口销、软态不锈钢丝、吊弦线夹、吊弦、接头线夹、接触线、螺栓等。

（二）操作方法、步骤

以直线区段拉出值的检调为例。

（1）调整前要进行修前测量。在拉出值测量时，确定好测量杆的定位点，将其悬挂好。放松线坠，根据线坠的投影位置将轨道尺水平放置在轨道上，则静止时线坠投影到轨道尺上的位置即为接触线定位点在轨面上的投影，然后用卷尺测量投影点至轨道尺中心的距离即可获得该定位点的拉出值。

（2）根据测量值和设计值确定调整量及调整方案，调整要测量接触线导高值。

（3）按计算确定好的调整量，在定位管上调整定位器的安装位置，对于小限界使用的特型定位器，要在斜腕臂上调整定位器的安装位置。

（4）调整完毕后，重新测量接触线拉出值（“之”字值）和导高，若符合要求，则作业结束，若不符合要求，则按（1）~（4）的步骤重新调整，直至符合要求为止。

二、质量标准

（1）调整后的定位点两侧第一根吊弦等高，定位点与两侧吊弦高差小于 5 mm。

（2）导高调整后，要使相邻两跨内的各吊弦受力均匀。

三、注意事项

（1）在静态测量接触导线拉出值（“之”字值）、导高时，要尽量使用激光测量仪等先进测量手段，减少人为因素造成的测量误差。

（2）若使用测杆测量拉出值时，要严格按照计算公式计算拉出值，切不可按照估算的方式进行拉出值计算。

（3）对于半斜链形悬挂方式，调整拉出值（“之”字值）后，要检查定位线夹及其两侧吊弦线夹偏斜是否打弓。

（4）调整拉出值（“之”字值）后，要对接触线高度进行复测。

（5）接触线拉出值（“之”字值）、导高和定位器坡度的调整要结合起来，不可顾此失彼。

（6）人员、机具必须保证规定的安全距离，不得进入邻线，不得影响相邻轨道电路。

（7）高空作业人员作业时要认真分析接触线受力方向，避免线索弹回伤人。

（8）作业时禁止作业人员踩踏接触线和定位器，禁止作业平台碰挂接触线。

四、训练测评

操作时间规定为 40 min。在规定时间内完成，不加分也不扣分，每超时 1 min，从总分中扣 1 分，超时 10 min，停止作业。

测评记录内容如表 8-5 所示。

表 8-5　测评记录表

项目	配分	测评要求及评分标准	扣分	得分	备注
料具准备	10	要求料具齐全完好，规格型号相符，每缺一件扣 3 分，规格不符每件扣 2 分			
质量要求	60	（1）定位点选取或测量杆悬挂不正确扣 20 分			
		（2）定位点的垂直投影测量不对扣 10 分			
		（3）测量拉出值不对每次扣 5 分			
		（4）测量时读数错误每次扣 10 分			
		（5）接触线硬弯不得超过 0.2 mm，调整结果不正确，每处扣 5 分			

续表

项目	配分	测评要求及评分标准	扣分	得分	备注
质量要求	60	（6）拉出值调整结果应符合允许误差，超过则扣 10 分			
		（7）能根据现场测量计算Δm 值，判定是拉还是放，判断错误扣 20 分			
		备注：扣完配分失格			
安全作业	20	（1）作业中出现一般违章现象每次扣 5 分			
		（2）作业中出现严重违章现象每次扣 20 分			
		（3）作业中工具滑脱，每次扣 5 分			
文明作业	10	（1）作业时必配的个人工具、劳保用具、安全用具每缺一件扣 5 分			
		（2）作业中出现不文明语言或动作每次扣 10 分			
		（3）作业完毕，料具有一件不归位扣 3 分			
测评超时					
合计	100				

复习思考题

一、填空题

1. 拉出值调整要符合设计要求，允许误差是__________mm。
2. 最常见的两种定位方式有正定位和__________。

二、判断题

1. 一般反定位的定位管比正定位的定位管长。（　　）
2. 拉出值是指在定位点处保证接触线与电力机车受电弓滑板中心有一定偏移量。（　　）
3. 定位线夹无环夹板承受“之”字力。（　　）
4. 拉出值检调时，拉出值最大不得大于 500 mm。（　　）
5. 接触悬挂的垂直负载通过定位装置传递到支柱。（　　）
6. 定位支座不是定位装置的一部分。（　　）
7. 定位线夹与接触线沟槽相连。（　　）

三、选择题

1. 下列（　　）不是定位装置的主要作用。
   A. 对接触线进行横向定位　　B. 将水平负荷传递给支持装置
   C. 使接触线对受电弓均匀磨耗　　D. 提高接触线的弹性
2. 下列（　　）不是对定位装置的基本技术要求。
   A. 转动灵活　　B. 质量尽量轻，在定位点处不产生明显的硬点
   C. 机械强度良好　　D. 有一定的防风稳定能力

3. 接触线拉出值（含最大风偏时跨中偏移值）的限界值为（　　）。

A. 200 mm　　B. 300 mm　　C. 400 mm　　D. 450 mm

4. 接触线拉出值（含最大风偏时跨中偏移值）的标准状态：标准值（　　）。

A. ±5 mm　　B. ±15 mm　　C. ±30 mm　　D. ±25 mm

5. 定位管的长度应能满足最大偏斜率不超过（　　）的要求。

A. 1/1　　B. 1/2　　C. 1/3　　D. 1/4

6. 定位器坡度的标准值：160 km/h 及以下区段为（　　）。

A. 1/5 ~ 1/3　　B. 1/3 ~ 1/2　　C. 1/10 ~ 1/5

7. 定位器坡度的安全值：160 ~ 200 km/h 区段为（　　）。

A. 1/5 ~ 1/3　　B. 1/3 ~ 1/2　　C. 1/10 ~ 1/5

8. 在 $a = m + c$ 中，定位点处接触线距受电弓中心的距离（拉出值）用符号（　　）表示。

A. m　　B. c　　C. a

9. 在 $a = m + c$ 中，定位点处接触线距线路中心的距离用符号（　　）表示。

A. m　　B. c　　C. a

10. 在 $a = m + c$ 中，线路中心线距受电弓中心的偏斜值用符号（　　）表示。

A. m　　B. c　　C. a

11. 接触线“之”字值在 160 km/h 及以下区段标准值：直线区段为（　　）mm。

A. 100 ~ 200　　B. 200 ~ 300　　C. 300 ~ 400

12. 接触线“之”字值在 160 km/h 及以下区段标准值：曲线区段根据曲线半径不同在（　　）mm 之间选用。

A. 0 ~ 200　　B. 0 ~ 300　　C. 0 ~ 350

13. 图 8-11 所示的定位方式是（　　）。

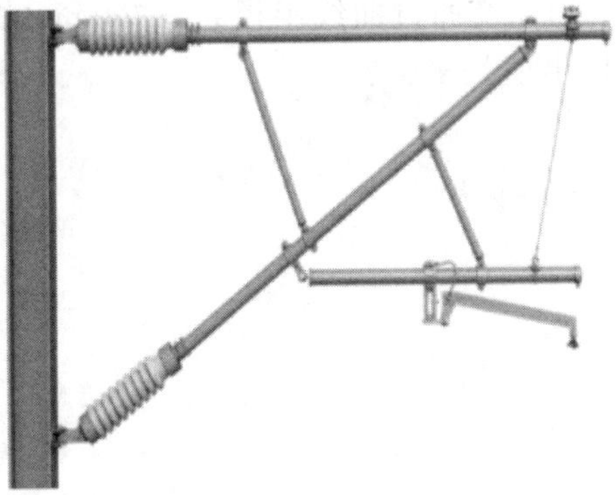

图 8-11　定位方式

A. 组合定位　　B. 反定位　　C. 正定位　　D. 特型定位

14. 一般对定位器的坡度要求是（　　）。

A. 1∶5 ~ 1∶3　　B. 1∶10 ~ 1∶5

C. 1∶10 ~ 1∶8　　D. 1∶15 ~ 1∶10

15. 设置拉出值时，应考虑以下哪几种因素？（　　）
A. 电力机车受电弓最大允许工作范围
B. 运行速度
C. 线路参数
D. 施工误差

16. 定位器通过两股ϕ4.0 mm锌铁线拧成的定位拉线固定在腕臂上的定位方式是(　　)。
A. 正定位　　B. 反定位　　C. 特型定位　　D. 软定位

17. 以下有正负之分的参数有（　　）。
A. a　　B. m　　C. c　　D. L

18. 以下哪些是定位装置的作用？（　　）
A. 固定接触线的横向位置　　B. 保证接触线与受电弓不脱离
C. 使受电弓磨耗均匀　　D. 将接触线的水平负荷传给支柱

19. 以下（　　）是定位装置的组成部分。
A. 定位管　　B. 定位器　　C. 承力索座　　D. 定位线夹

四、问答题

1. 定位装置由哪几部分组成？
2. 定位装置有什么作用？
3. 拉出值检调的步骤有哪些？
4. 定位装置的要求有哪些？

五、计算题

1. 某区间接触网定位点处接触线高度（导高）H = 5 950 mm，所处区段为曲线，曲线半径 R = 400 m，接触线投影点在线路中心至外轨间 108 mm，外轨超高为 h = 112 mm，求此时的拉出值是多少？是否符合技术要求？如不符合技术要求，应如何检调？

2. 电力机车以 100 km/h 的速度通过曲线半径 R = 700 m 的区段，该区段导线高度均为 6 000 mm，求该区段定位点拉出值是多少？

第九章　吊　弦

在接触网中，纵向承力索或横向承力索悬吊接触线、定位索或辅助承力索所用的部件，称为吊弦。吊弦按结构可分为环节吊弦、弹性吊弦、软横跨直吊弦、滑动吊弦、防风吊弦和整体吊弦。

第一节　吊弦的类型

一、环节吊弦

环节吊弦采用 ϕ4 mm 的镀锌铁线或者不锈钢线制作环节形，为增加悬挂弹性，每根吊弦不少于两节。吊弦制作成两端带环孔的形状，环孔直径为线径的 5 ~ 10 倍（20 ~ 40 mm），成水滴形环孔的高宽比应约为 3∶2；环孔收口处尾线要缠绕主线两圈半，尾线要缠紧主线，不留缝隙，制作过程不能损伤镀锌层；两节连接处的环孔应互相垂直。与接触线相连的一节吊弦，一端制成环孔，另一端成直线状，安装时可穿过固定在接触线上的吊弦线夹，多余的回头拧成 8 字形状，如图 9-1 所示。环节吊弦主要应用于常速电气化铁道，采用钢承力索的非载流区段。环节吊弦一般分为 4 种类型，其尺寸和结构如图 9-2 和表 9-1。

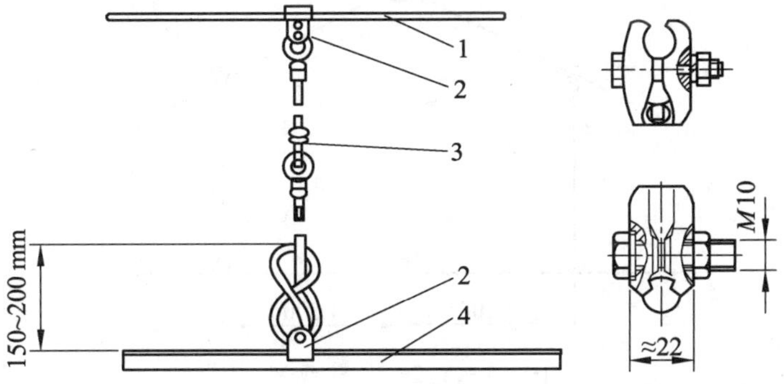

1—承力索；2—吊弦线夹；3—吊弦；4—接触线。

图 9-1　普通环节吊弦

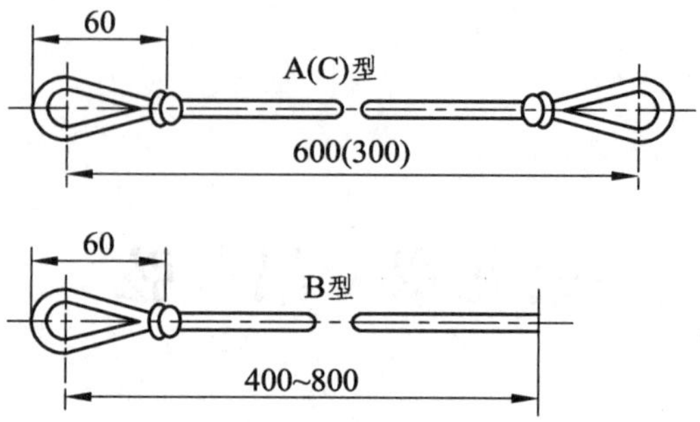

图 9-2　普通环节吊弦类型

表 9-1　环节吊弦型号规格

类　型	组合情况	长度/mm	节　数
Ⅰ	A + A + B	1 450 ~ 1 650	3
Ⅱ	A + C + B	1 150 ~ 1 450	3
Ⅲ	A + B	900 ~ 1 050	2
Ⅳ	C + B	700 ~ 900	2

环节吊弦的技术要求：

① 环节吊弦应根据实际跨距及设计要求均匀布置，吊弦位置施工偏差为 ± 300 mm；

② 吊弦与承力索用承力索吊弦线夹作永久连接，吊弦与接触线用接触线吊弦线夹临时固定，吊弦回头应均匀迂回，吊弦线夹必须安装端正、牢固，曲线区段与导线倾斜度一致。

二、弹性吊弦

支柱定位处吊弦按悬挂类型的不同分为简单支柱吊弦和弹性支柱吊弦两种。

简单链形悬挂时，支柱定位吊弦根据结构高度通过长度计算选用表 9-1 中的环节吊弦。在定位点两侧各 4 m 处安装一组吊弦，其结构如图 9-3 所示，称为简单支柱吊弦。

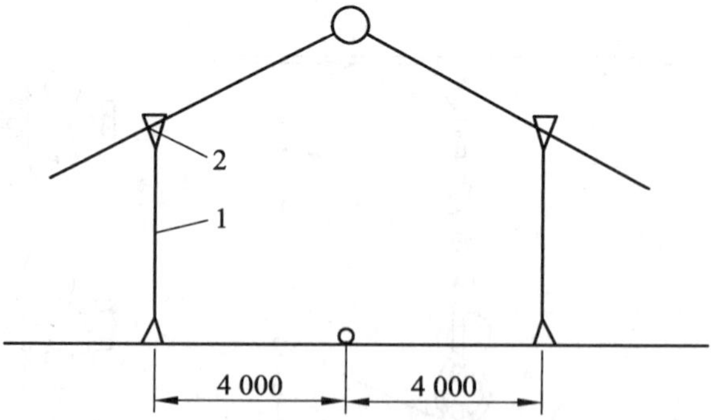

1—吊弦；2—吊弦线夹。

图 9-3　简单支柱吊弦

当为弹性链形悬挂时，应安设弹性支柱定位吊弦，也称弹性吊弦，如图 9-4 所示。弹性支柱吊弦有 Y 形结构或Π形结构两种形式，实际应用中Π形弹性吊弦在车速超过 200 km/h 的高速铁路中应用较多。

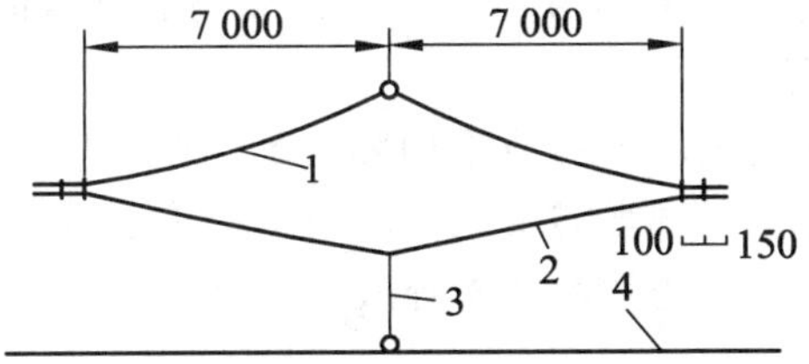

1—承力索；2—弹性吊索；3—吊弦；4—接触线。

（a）Y 形结构

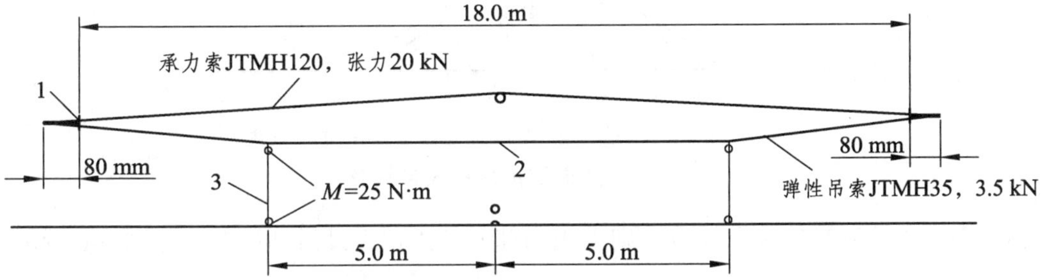

1—弹性吊弦线夹；2—弹性吊索；3—弹性吊弦。

（b）Π形结构

图 9-4 弹性支柱吊弦

弹性吊弦由一根弹性吊索、弹性吊弦和弹性吊弦线夹组成，弹性吊索长为 14 ~ 18 m。弹性吊索的长度主要由跨距决定，当跨距 55 m≤L≤60 m 时为 18 m；当 44 m≤ a ≤55 m 时为 14 m；当跨距小于 44 m 或者线路曲线半径小于 1 200 m 时，取消弹性吊索。弹性吊索用 JTMH35 铜镁绞线制成。弹性吊弦可增加定位弹性，减少定位器重量对受电弓通过定位点时的作用力，有利于消除硬点，增加接触悬挂弹性的均匀性。

Π形弹性吊弦的两吊弦距接触线定位点的距离为 4.0 m（14 m 弹性吊索时）、5.0 m（18 m 弹性吊弦时）。

三、软横跨直吊弦

软横跨是多股道站场的横向支持装置，软横跨直吊弦安设在软横跨横向承力索与上部固定绳之间，不分环节，采用两股ϕ4.0 mm 的镀锌铁线拧合而成，根据技术要求，最短不小于 0.4 m。软横跨直吊弦应保持垂直，在直线区段应在线路中心线处，曲线区段应在纵向承力索的正上方。软横跨直吊弦也可以采用软不锈钢绞线，它可以提高直吊弦的耐腐蚀能力，但成本较高。

四、滑动吊弦

在隧道内，由于净空高度的限制，接触悬挂高度较小，吊弦形式不同于区间或站场。隧道内为半补偿链形悬挂时，两悬挂点间的距离通常为 18 ~ 25 m，一般在每个跨距中布置两根吊弦，吊弦与悬挂点间距取 $L/4$，吊弦间距取 $L/2$，易选用滑动吊弦。全补偿链形悬挂时，跨距为 35 ~ 42 m，一般每个跨距中布置 4 根吊弦，吊弦与悬挂点间距取 $L/8$，吊弦间距取 $L/4$。吊弦在顺线路方向应该垂直安装。

隧道内吊弦一般由两节组成，第一节采用固定的吊弦长度，第二节做成可调节长度，吊弦长度可根据承力索的弛度算出。当隧道内为简单悬挂时，净空高度允许安装悬挂点，则可设滑动吊弦和人字吊弦，人字吊弦如图 9-5 所示。

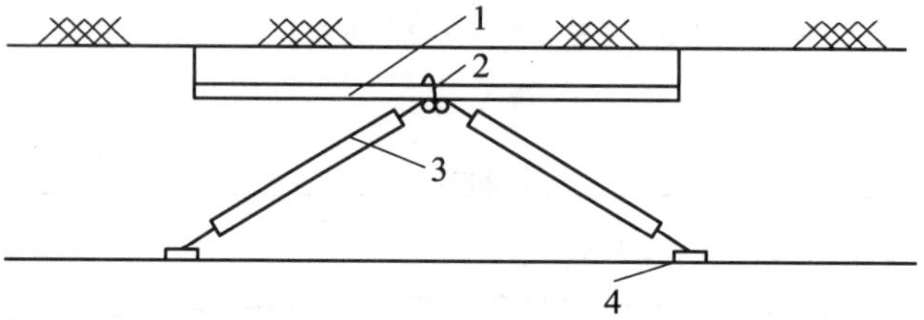

1—滑动杆；2—云形板；3—硅橡胶绝缘子；4—定位线夹。

图 9-5　隧道简单悬挂人字吊弦

隧道净空不能满足安装悬挂点，则采用局部开挖拱顶安设滑动吊弦，如图 9-6 所示。

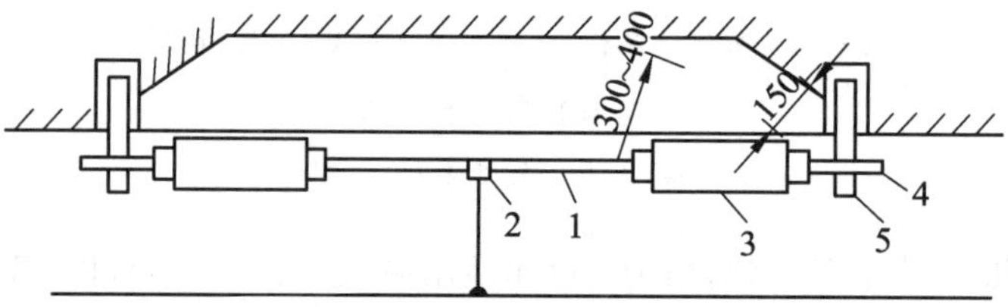

1—滑动杆；2—U 形夹环；3—棒式绝缘子；4—连接调整板；5—埋入杆。

图 9-6　隧道简单悬挂开挖拱顶式滑动吊弦

五、防风吊弦

一些腕臂在定位管和定位线夹间设置防风吊弦，上端和定位管上的定位环相连，下端与定位线夹上的小孔相连。防风吊弦的作用是防止定位管和定位器在压力负载下变弯，并在逆风负载下保持接触线的拉出值。一般防风吊弦应用于直线和半径大于 1 200 m 的曲线上。

六、整体吊弦

随着我国电气化铁路不断向高速发展，接触网施工安装精度要求也越来越高，运行表明，用镀锌铁线制作的环节吊弦，普遍存在安装精度差，接触线高度需经常调整，在有电分段处（如绝缘锚段关节处），因横向电流而发生烧断吊弦的事故。采用载流承力索时，横向电流会造成环节吊弦各环节连接处明显的烧蚀。因此，带有导流线的整根由耐腐蚀铜合金绞线制成的整体吊弦逐步替代了传统的环节吊弦。

整体吊弦具有如下特点：

① 由于吊弦与线夹间为压接连接工艺，接续可靠，工艺简单，机械强度高，采用整体导流式结构，避免了环节吊弦产生的磨损和电火花烧蚀等情况。

② 耐腐蚀、寿命长，适用于机械化加工制作，有利于批量生产。

③ 经过精确计算后，一次性安装无须调整，减轻了维修工作量。

整体吊弦由接触线吊弦线夹、承力索吊弦线夹、心形环、钳压管、连接线夹、吊弦线及吊弦线固定螺栓等组成。吊弦结构采用心形环结构，吊弦线在接触线端的连接采用钳压管压接连接。整体吊弦可以适用于 70 mm^2、95 mm^2、120 mm^2 铜及铜合金绞线承力索上悬挂截面面积为 85 mm^2、120 mm^2、150 mm^2 铜及铜合金接触线，对于不同截面线索吊弦的不同，在于使用了对应型号的吊弦线夹，95 mm^2、70 mm^2 型整体吊弦承力索吊弦线夹上使用 U 形螺纹卡子。吊弦线采用 JTMHl0 铜镁合金 49 股单丝绞线。

整体吊弦主要有三种形式：不可调（压接式）整体吊弦、可调式整体吊弦和滑动吊弦。其区别在于承力索吊弦端一个为压接管压接，一个用吊弦线固定螺栓。整体吊弦施工精度、工艺要求较高，必须准备充分、测量准确、精确计算、严格控制安装精度和工艺。当吊弦的长度不能适应在极限温度范围内接触线的伸缩和弛度的变化时，应采用滑动吊弦。在高速铁路中主要用于交叉吊弦连接的两支接触悬挂存在较大水平位移时，在使用滑动吊弦时，应该保证防水塑料能够可靠地将承力索和吊弦进行绝缘，且不得装偏。吊弦因为滑动需要，不是可靠的横向电流通道应绝缘安装。如图 9-7 所示，整体吊弦有多种形式，其主要区别是吊弦线夹是否可调。主要的线夹类型有：传统的冲压型吊弦线夹、高铁较常用的冲压型线夹和合页型承力索线夹等几类。

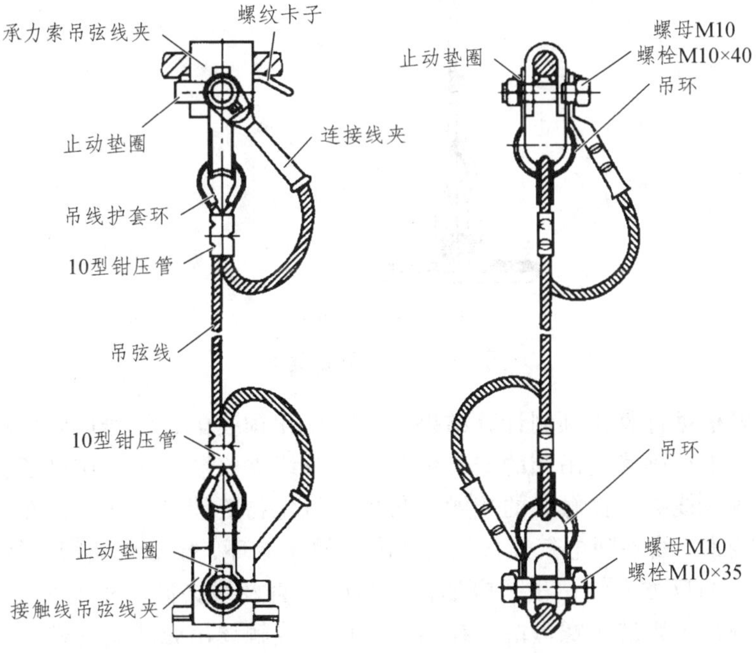

（a）不可调整体吊弦（冲压型）

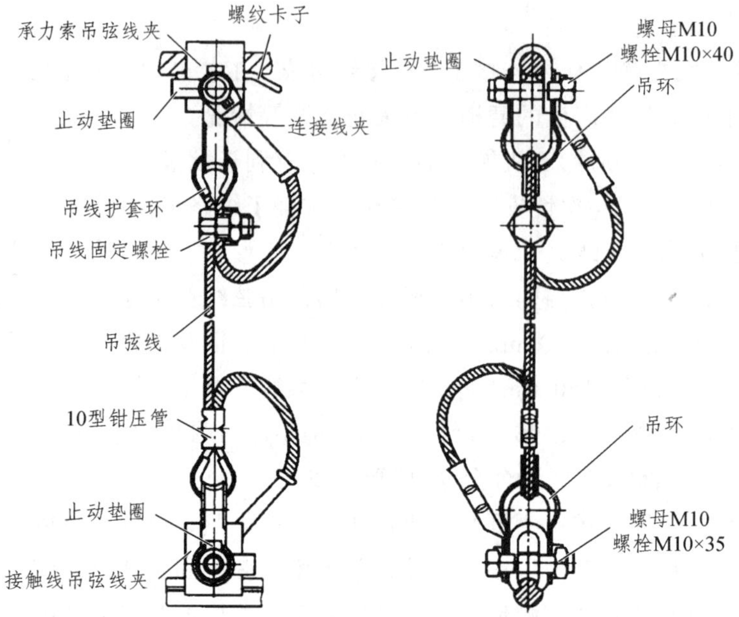

（b）可调整体吊弦（冲压型）

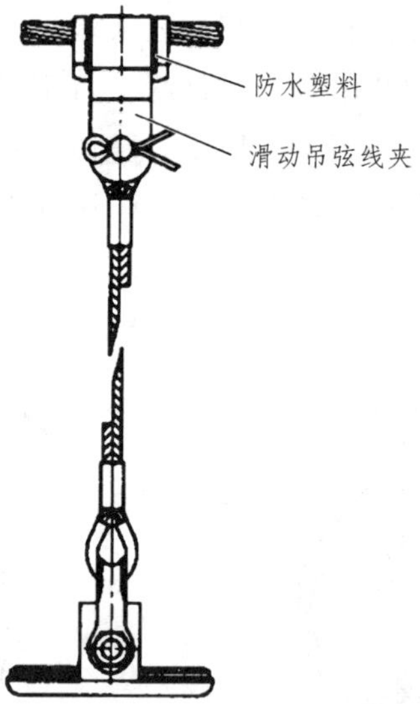

（c）滑动吊弦

图 9-7　整体吊弦类型

整体吊弦一般根据计算机预制计算结果进行工厂化预装配，编号后到现场安装，安装时要注意：按照计算表精确确定吊弦的安装位置；吊弦线夹安装应该先用刷子将安装线夹位置的承力索、接触线及线夹、接触线的接触面灰尘、氧化物等清除干净，并在安装位置涂一层电力复合脂保证线索、线夹间电气连接良好；吊弦的导流环，接触线端朝向行车前进方向侧，承力索端朝向行车的反方向侧；吊弦应端正，吊弦垂直及线夹倾斜角度小于15°时，线鼻子应安装在螺栓头侧，否则装于螺母端，在曲线区段，接触线吊弦线夹的螺栓上的螺母和线鼻子应朝向低轨，如图 9-8 所示。

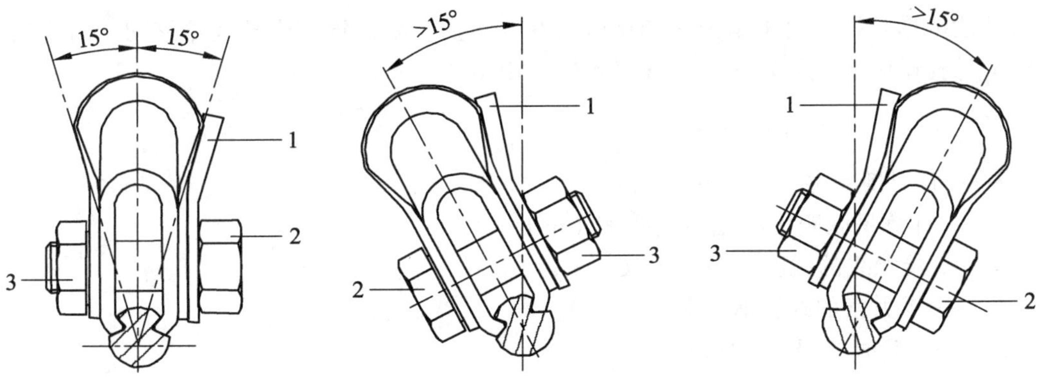

1—线鼻子；2—螺栓头；3—螺母。

图 9-8　接触线吊弦线夹的倾斜

七、吊弦的计算

在检修吊弦时，有时需要重新确定吊弦的合理位置，因此就需要通过技术来确定，一般主要的计算内容包括吊弦间距、吊弦偏移的计算等。

1. 吊弦的布置

吊弦一般是均匀布置在跨中，吊弦间距规定为 8 ~ 12 m。从定位点开始向跨中的第一根吊弦，即定位处吊弦的安装位置是由接触悬挂的结构决定的，其他吊弦的位置，在两侧的定位处吊弦间均布。高铁设计中关于吊弦根数的规定：当跨距为 55 ~ 60 m 时，采用 6 根整体吊弦；当跨距为 44 ~ 55 m 时，采用 5 根整体吊弦；当跨距为 36 ~ 44 m 时，采用 4 根吊弦。普通线路中，当跨距小于 40 m 时，用 4 根吊弦；当跨距为 40 ~ 59 m 时，用 6 根吊弦；当跨距为 60 m 以上时，用 7 根吊弦。

根据吊弦间距确定吊弦的根数 K，不同跨距间吊弦间距 X 由下式计算。

弹性链形悬挂：$X = \dfrac{L-2\times 8.5}{K-1}$

简单链形悬挂：$X = \dfrac{L-2\times 4}{K-1}$

式中　X——吊弦间距（m）；

L——跨距长度（m）；

K——跨中吊弦布置的根数。

2. 吊弦偏移的计算

在设有补偿装置的链形悬挂中，当气温变化时，线索因热胀冷缩的物理特性，顺线路方同产生移动。若为半补偿链形悬挂，承力索不设张力补偿装置，只产生垂直方向的弛度变化。而接触线在张力补偿装置作用下，顺线路移动使吊弦出现偏移，检修规程规定，吊弦偏移后与其垂直方向的夹角，顺线路方向不得超过 30°，横线路方向不得超过 20°。为保证吊弦偏斜角不超过上述标准，在安装吊弦时，应根据当时的气温计算出吊弦偏移值，根据偏移值装设吊弦，只有这样才可以确保在极限温度下，吊弦的偏移不超过规定值。当吊弦的长度不能适应在极限温度范围内接触线的伸缩和弛度的变化时，应采用滑动吊弦。

全补偿链形悬挂，由于承力索和接触线在气温变化时，均产生顺线路移动，因此相对于补偿链形悬挂吊弦的偏移较小，当线材不同时由下式计算。

$$E = L(\alpha_J - \alpha_C)(t_X - t_P)$$

式中 E——所计算吊弦的偏移值（m）；

L——计算吊弦距中心锚结的距离（m）；

α_J——接触线的线膨胀系数（°C^{-1}）；

α_C——承力索的线膨胀系数（°C^{-1}）；

t_X——安装时的温度（°C）；

t_P——设计采用的温度（°C）。

当承力索和接触线采用相同材质时，吊弦无论在什么位置安装，都应该垂直安装。

第二节　环节吊弦的预制

一、工作方法和步骤

（一）准备工作

（1）人员：1 人。

（2）工具：钢卷尺、克丝钳。

（3）材料：ϕ4.0 mm 镀锌铁线。

（二）操作方法、步骤

（1）先将ϕ4.0 mm 镀锌铁线拉伸，然后依据吊弦类型进行下料。下料尺寸：第一节（600 + 2 × 150）mm，第二节（300 + 2 × 150）mm，第三节（900 + 150）mm。

（2）制作第一节两端环圈。将铁线一端量出 150 mm，并用两拇指顶在该点两侧约 10 mm 处向下弯曲摆成圈。

（3）将圈制成水滴状，圈径为 20 ~ 40 mm。

（4）用克丝钳使圈的中心线与本线重合，回头缠绕线与本线垂直。

（5）在距两线交叉点 40 ~ 50 mm 处回头缠绕线上用克丝钳夹出一豁口。

（6）将缠绕线端头摆成与之垂直，作业人员左手持克丝钳夹紧本线与缠绕线交点处，右手握住回头缠绕线，拇指顶住交叉点后顺时针转动，使回头缠绕线紧密缠绕本线 2 圈半至 3 圈。注意缠绕技巧是克丝钳用力，拇指紧顶本线，缠绕过程中时刻保持手与本线垂直。

（7）将多余的铁线头拉断，顺直吊弦。

（8）再按相同步骤制作另一端圆环，并使两端环圈孔面垂直。

（9）制作第二节和第三节环圈。在制作时，应注意与上一节套环，第二节两端环圈孔面垂直。

二、质量标准

（1）每节吊弦长度尺寸符合要求，允许误差 50 mm。
（2）环孔呈水滴形状，高宽比为 3：2。
（3）环孔收口处，尾线有一搭密贴缠绕主线两圈半，多余尾线应剪掉，不得翘头。
（4）每节吊弦应顺直，两端环面垂直。
（5）断头长度不超过 50 mm。
（6）制作时，不得损伤铁线镀锌层。

三、注意事项

（1）作业时，按规定穿戴好个人劳保用品。
（2）工具携带齐全，且正确使用。
（3）制作过程中，应避免碰伤、划伤，如发生人身伤害，立即停止作业。
（4）不允许用铁件砸铁线，以防伤线。
（5）注意握紧工具，以防滑脱伤人。

四、训练测评

操作时间规定为 20 min。在规定时间内完成，不加分也不扣分，每超时 1 min，从总分中扣 1 分，超时 10 min，停止作业。

测评记录内容如表 9-2 所示。

表 9-2　测评记录表

项目	配分	测评要求及评分标准	扣分	得分	备注
料具准备	10	按技术标准及作业要求选择工具，工具应符合要求，否则扣 10 分			
质量要求	60	（1）吊弦长或短不符合要求，误差超过 5 mm 扣 10 分			
		（2）吊弦缠绕圈数不足 2 圈半或超出 3 圈时，每处扣 3 分			
		（3）吊弦缠绕第一圈的圈平面与本线垂直度小于 75°，回头缠绕本线的间隙大于 0.5 mm，每处扣 3 分			
		（4）断线处断头与本线密贴，间隙大于 0.5 mm，每处扣 2 分			
		（5）吊弦环圈变形，圈径小于 20 mm，大于 40 mm，每处扣 4 分			
		（6）同一节吊弦的两个环不垂直，每处扣 2 分			
		（7）吊弦有明显的伤痕，每处扣 2 分			
		备注：扣完配分失格			

续表

项目	配分	测评要求及评分标准	扣分	得分	备注
安全作业	20	（1）作业中出现不安全动作，每次扣 5 分			
		（2）作业中出现划伤，每次扣 10 分			
文明作业	10	（1）作业时必配的个人工具、劳保用具、安全用具每缺一件扣 5 分			
		（2）作业中出现不文明语言或动作每次扣 10 分			
		（3）作业完毕，料具不归位，每件扣 3 分			
测评超时					
合计	100				

复习思考题

一、判断题

1. 整体吊弦的距离符合要求，间距不得大于 13 m。（　　）
2. 跨中吊弦均匀布置，距离一般为 8 ~ 12 m。（　　）
3. 吊弦顺线路方向的倾斜角不得超过 25°。（　　）
4. 弹性吊弦辅助绳长为 14 m。（　　）
5. 吊弦是接触网链形悬挂中，承力索和接触线间的连接部件。（　　）
6. 高速电气化接触网使用的吊弦为环节吊弦。（　　）
7. 吊弦的布置应根据悬挂类型及跨距大小决定。（　　）
8. 新型铜合金整体吊弦的制作误差不超过 ± 1.5 mm。（　　）
9. 整体吊弦载流环线鼻子与接触线夹角不得小于 30° ~ 60°。（　　）
10. 高铁吊弦都采用的是可调式吊弦。（　　）

二、选择题

1. 吊弦长度应适应在极限温度范围内接触线的伸缩和弛度的变化，否则应采用（　　）吊弦。

A. 滑动　　B. 整体　　C. 环节

2. 环节吊弦回头应均匀迂回，长度为（　　）mm。

A. 5 ~ 10　　B. 150 ~ 180　　C. 100 ~ 120

3. 吊弦线夹在直线处应保持铅垂状态，曲线处应与接触线的倾斜度（　　）。

A. 相反　　B. 一致　　C. 没有规定

4. 在极限温度时，吊弦顺线路方向的偏移值不得大于吊弦长度的（　　）。

A. 1/1.5　　B. 1/2　　C. 1/3

5. 软横跨最短直吊弦长度不能少于（　　）mm。

A. 100　　B. 300　　C. 400　　D. 500

6. 环节吊弦由直径（　　）mm 镀锌铁线制成。

A. 3.0　　B. 4.0　　C. 5.0　　D. 6.0

7. 弹性链形悬挂吊弦布置由定位点到第 1 根吊弦的距离为（　　）m。

A. 12　　B. 8.5　　C. 8　　D. 4

8. 简单链形悬挂吊弦布置由定位点到第 1 根吊弦的距离为（　　）m。

A. 1　　B. 2　　C. 4　　D. 5

9. 吊弦载流环线鼻子与接触线夹角保持（　　）。

A. 30°　　B. 30° ~ 45°　　C. 45°　　D. 60°

10. 高速铁路接触网的定位点两侧第 1 吊弦处（弹性链形悬挂时为弹性吊索外第 1 吊弦）接触线高度应（　　）。

A. 不等　　B. 相等　　C. 相反　　D. 以上都不对

11. 吊弦横线路方向的倾斜角不应大于（　　）。

A. 40°　　B. 30°　　C. 20°　　D. 15°

三、问答题

1. 吊弦的作用是什么？可分为哪几种类型？

2. 整体吊弦有什么特点？

四、计算题

1. 某全补偿简单链形悬挂，跨距为 65 m，需要布置 7 根吊弦，结构高度 1.4 m，承力索弛度为 0.78 m，求吊弦间距和每根吊弦的长度。

2. 某半补偿弹性链形悬挂，悬挂类型为 GJ-70 + TCG110，已知该吊弦距离中心锚结为 842 m，设计最高温度为 + 40 °C，最低温度为 – 20 °C，求调整温度为 – 2 °C 时的吊弦偏移是多少？应向什么方向偏？

第十章　补偿装置

接触网补偿装置是自动调节接触线和承力索张力的补偿器及其制动装置的总称，又称张力自动补偿器。它安装在锚段的两端，并且串接在接触线承力索内，其作用是补偿线索内的张力变化，使张力保持恒定。

补偿装置的作用是当温度变化时，线索受温度影响而伸长或缩短，由于补偿坠陀重量的作用，使线索顺线路方向移动而自动调整线索张力，并以保持线索的弛度使之符合规定，从而保证接触悬挂的技术状态。

对张力自动补偿装置的要求有两个：其一，补偿装置应灵活，在线索内的张力发生缓慢变化时，应能及时补偿，传送效率不应小于 97%；其二，具有快速制动作用，一旦发生断线事故或其他异常情况，限速内的张力迅速发生变化时，补偿装置还应有一种制动功能。一般对于全补偿的承力索内的补偿装置，如不具备这种功能时，还需专门增加断线制动装置，以防止一旦发生短线时，坠砣串落地而造成事故扩大。

第一节　补偿装置的类型

接触网补偿装置有许多种类，有滑轮式、棘轮式、鼓轮式、液压式及弹簧式等。我国电气化铁道中使用较广泛的是滑轮式和棘轮式补偿装置。

一、滑轮式补偿器

1. 主要组成部分

滑轮式补偿装置由补偿滑轮（滑轮组）、补偿绳、杵环杆、坠砣杆、坠砣、连接零件、限制导管组成。

1）补偿滑轮及补偿绳

补偿滑轮分为定滑轮和动滑轮（构造相同），定滑轮改变受力方向，动滑轮除改变受力方向外还可省力和移动位置。滑轮一般都装有轴承，其结构如图 10-1 所示。我国电气化铁道补偿滑轮早期为 130 mm 小直径可锻铸铁，补偿绳为 50 mm^2（1 股）镀锌钢绞线 GJ-50。补偿滑轮半径较小，造成补偿绳易因为弯曲疲劳而断股。目前，铝合金滑轮补偿装置是可锻铸铁滑轮组的替代产品。铝合金滑轮补偿装置由滑轮组、不锈钢丝绳、连接框架及双耳楔形线夹组成，备有 1∶2、1∶3、1∶4 三种规格，可满足不同标准张力要求，其结构形式见图 10-2。滑轮轮体按不同组合要求，备有 270 mm、205 mm、165 mm 三种直径，材料为 ZL114A 铝合金材质，制造工艺为国际先进的金属模低压铸造，轮体与轴连接采用 2 个滚动轴承，补偿绳为不锈钢丝绳，最大工作荷重：1∶2 型为 12 kN、1∶3 型为 18 kN、1∶4 型为 22 kN。

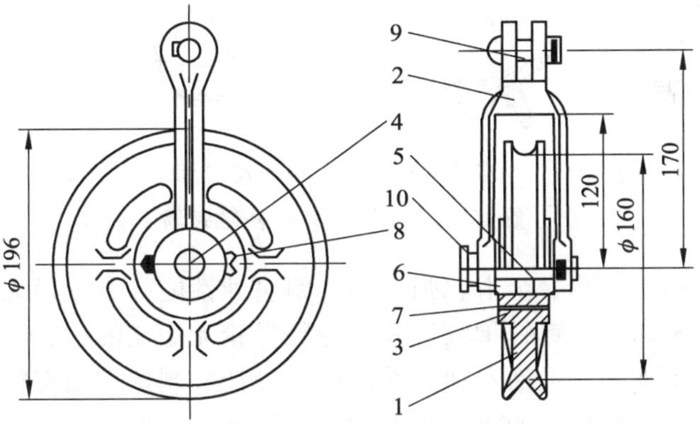

1—圆轮；2—框架；3—盖板；4—轴；5—滚动轴承；6—挡环；7—螺钉；
8—开口销子；9—销钉；10—注油盖子。

图 10-1　补偿滑轮结构图

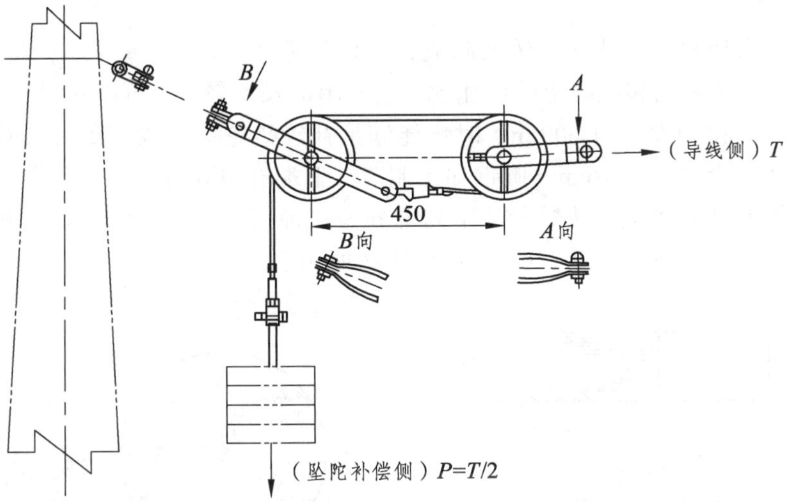

（a）1∶2 传动比补偿滑轮组

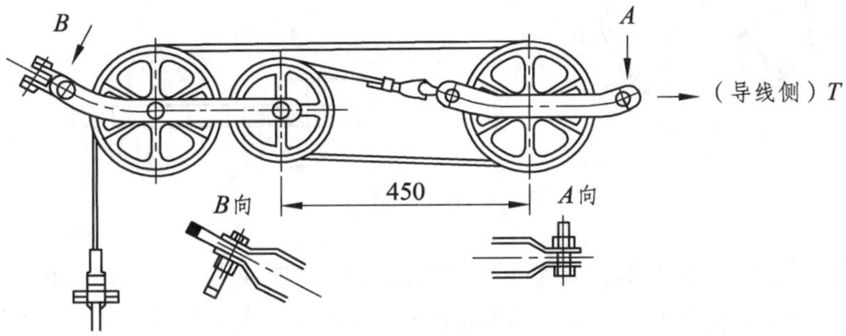

（b）1∶3 传动比补偿滑轮组

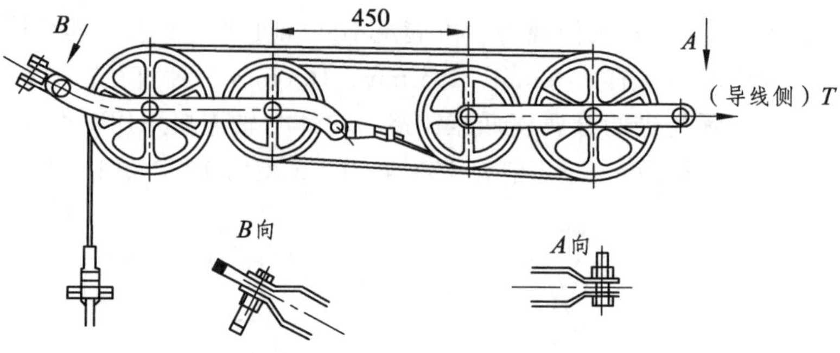

（c）1∶4 传动比补偿滑轮组

图 10-2　铝合金滑轮补偿装置

与可锻铸铁滑轮相比，铝合金滑轮强度高、耐腐蚀性能好、轮径大；柔韧的不锈钢丝绳与大直径的轮槽贴合密切，是镀锌钢绞线和小轮径滑轮无法比的；2 个鼓动轴承比 1 个滚动轴承受力更均匀，转动平稳、灵活；加上在结构、设计、制造方面都精良的连接框架，保证了铝合金滑轮补偿装置具有较高的机械强度和传动效率，且质量轻、寿命长。铝合金滑轮补偿装置的主要缺点是随着变比的增大，整套装置的体积和质量也明显增加，在空间受限制的隧道等处安装困难。

2）坠砣和坠砣杆

坠砣块一般采用混凝土或灰口铸铁制成，每块约重 25 kg，质量误差不大于 3%，呈中间开口的圆饼状。铸铁坠砣和混凝土坠砣相比，坠砣串的长度较短，可以获得更大的补偿范围，在锚段长度较长（比如大于 1 600 m）时，能满足补偿坠砣移动范围要求。但是造价较高，易丢失。坠砣杆一般为直径 16 mm 圆钢加工制成，上端有单孔焊环，底部焊有托板。坠砣杆的型号规格，根据其放置坠砣块数量的不同可分为三种：17 型、20 型和 30 型。型号中的数字表示坠砣杆所悬挂坠砣的数量。坠砣如图 10-3 所示。

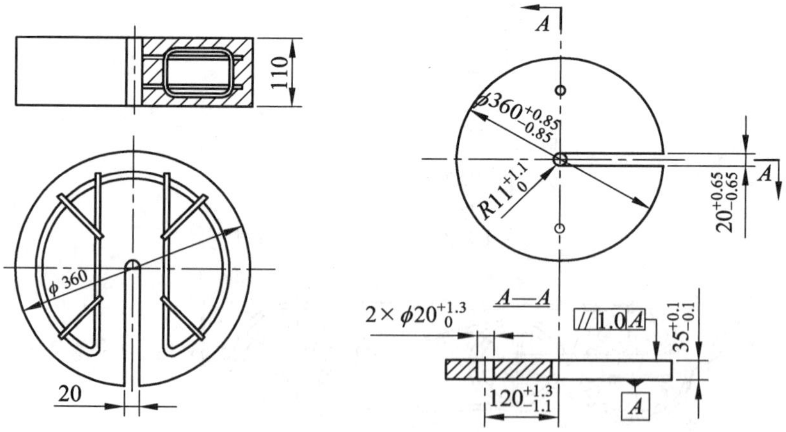

图 10-3　坠砣

补偿装置质量允许偏差为额定质量的 ± 2%，坠砣串质量应包括坠砣杆、坠砣抱箍及连接的楔形线夹质量。运行速度在 160 ~ 200 km/h 时，对补偿坠砣质量提出了更严格的要求，补偿坠砣串的质量允许偏差 ± 1%。同一锚段两坠砣串质量的相对偏差不大于 1%。

2. 补偿装置的安设与要求

补偿器串接在锚段内线索两端与支柱固定处，根据接触悬挂类型的不同有不同的补偿器结构。

半补偿时，接触线带补偿器，多采用两滑轮组结构，滑轮组的传动比为 1∶2，即用两个滑轮使补偿绳的张力为接触线张力的一半，也就是坠砣块的重力为接触线标称张力的一半。

全补偿时，接触线与承力索两端均带补偿器，接触线补偿器的安设与半补偿相同。承力索补偿器则采用三滑轮组式，传动比为 1∶3。采用传动比比较大的滑轮组时，坠砣串块数减少了，这是有利的一面，但坠砣串上升和下降的距离也会按倍数增大，这时要求支柱（锚柱）高度和容量要增加，既不经济也不利于施工和维修。

在运营线路上，当接触线因磨耗其截面逐渐减小时，坠砣串块数也相应地减少，使接触线维持一定的张力，防止出现断线事故。线索的张力是根据线索的抗拉断力除以安全系数决定的。铜或铜合金接触线在最大允许磨耗面积 20%的情况下，其强度安全系数不应小于 2.0。承力索的强度安全系数，铜或铜合金绞线不应小于 2.0；钢绞线、铝包钢和铜包钢系列绞线不应小于 2.5。

不同材质、不同截面的线索，选用张力不同时，坠砣的质量（片数）和传动比会有所不同。

早期电气化铁道接触网全补偿安装采用了接触线、承力索在支柱异侧下锚的安装方式。运行表明，这种安装方式下，支柱顶端的定滑轮顺线路方向上的偏角不可调整，造成补偿绳和滑轮轮槽发生偏磨，严重时补偿绳可能从轮槽中脱出。目前，补偿装置的安装趋于使用同侧下锚，即接触线、承力索在支柱同侧下锚，如图 10-4 所示。同侧下锚时，补偿滑轮在补偿绳的拉力作用下，和补偿绳在一条直线上，可以减少偏磨。同侧下锚时，要注意防止承力索补偿绳和接触线补偿滑轮上的双环杆相磨。

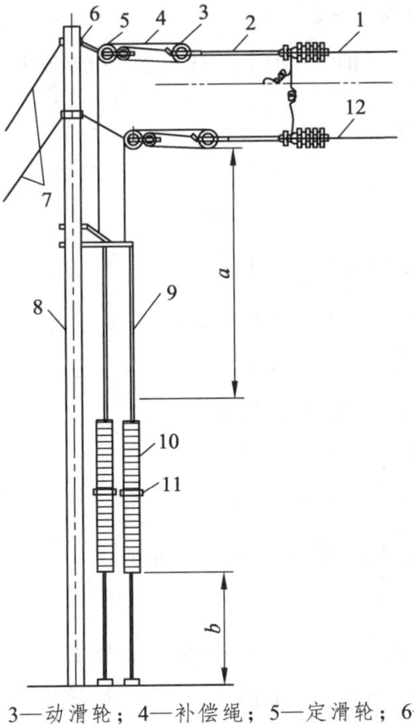

1—承力索；2—杵环杆；3—动滑轮；4—补偿绳；5—定滑轮；6—承锚角钢；7—拉线；8—锚柱；9—限制导管；10—坠砣；11—坠砣抱箍；12—接触线。

图 10-4　全补偿下锚结构图

为了防止在外力作用下（比如风力），坠砣串摆动侵入行车限界，补偿装置装设有限界架。提速后，对限界架进行了改进，在坠砣上加装坠砣抱箍，使坠砣只能沿着坠砣限制导管方向上下移动，增强了坠砣稳定性，但是要注意防止坠砣抱箍卡滞限制导管的发生。

为了平衡锚柱承受的线索顺线路方向张力，锚柱要设置下锚拉线。拉线的固定有两种方法，一种是埋设锚板固定，另一种是混凝土现浇地锚。

3. 补偿器的 a、b 值

（1）a、b 值。

坠砣杆耳环孔中心至补偿（定）滑轮下沿的距离为 a 值。坠砣串最下方的坠砣底面至地面（或基础面）的垂直距离称为补偿器的 b 值。补偿器 a、b 值随温度变化而发生变化，接触线和承力索补偿器的 a、b 值不相等。

补偿器靠坠砣串的重力使线索的张力保持平衡。当温度变化时，线索的伸缩使坠砣串上升和下降，当坠砣串升降超出允许范围时（如下降过多使坠砣串底面接触地面，或上升过多使坠砣杆耳环孔卡在定滑轮槽中），都会使补偿器失去补偿作用。因此用补偿器的 a、b 值来限定坠砣串的升降范围。

在最低温度时，a 值应大于零，最高温度时，b 值应大于零。国铁集团颁发的“接触网运行检修规程”规定，补偿器 a、b 值的最小值不小于 200 mm，进行接触网设计时，规定 a、b 值不小于 300 mm。

（2）a、b 值的计算坠砣安装曲线。

在不同温度时，补偿器 a、b 值不同时，其计算方法如下：

$$a = a_{\min} + nL\alpha(t_x - t_{\min})$$

$$b = b_{\min} + nL\alpha(t_{\max} - t_x)$$

式中 $a_{\min}$——设计时规定的最小 a 值，mm；

$b_{\min}$——设计时规定的最小 b 值，mm；

$t_{\min}$——设计时采用的最低气温，°C；

t_x ——安装或调整作业时的温度，°C；

$t_{\max}$——设计时采用的最高气温，°C；

n——补偿滑轮传动系数（即传动的倒数）；

L——锚段内中心锚结至补偿器间的距离，mm；

α——线索的线胀系数，$°C^{-1}$。

为了施工的方便，利用上述公式，根据不同的温度和中心锚结至补偿器间的距离，可以计算出多组 a、b 值，图 10-5（a）、（b）所示为某型线索的安装曲线，将计算结果标注在图中，通过描点作图绘制出补偿器安装曲线，供施工和维修人员参照调整，准确控制坠砣串的高度。

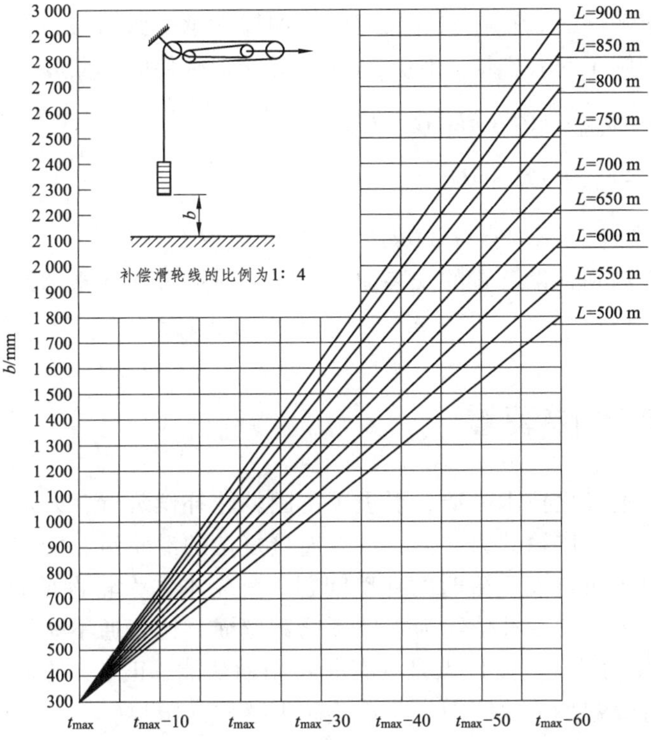

（a）新架设 THJ-100 铜包钢承力索补偿器安装曲线

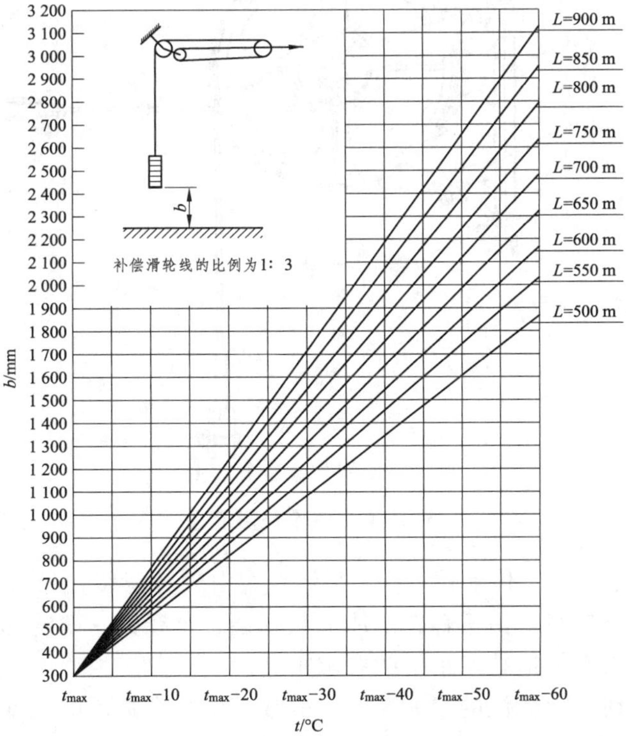

（b）新架设 CHTA-120 银铜合金接触线补偿器安装曲线

图 10-5　补偿器安装曲线

新线架设时，接触网线索存在初伸长问题，即线索承受张力后，会蠕变延伸。线索的初伸长会影响到接触网施工时补偿器 b 值。新线考虑线索延伸时，其 a、b 值的计算公式为

$$a = a_{\min} - n\theta L + nL\alpha(t_x - t_{\min})$$

$$b = b_{\min} + n\theta L + nL\alpha(t_{\max} - t_x)$$

式中　θ——新线延伸率，承力索取 3.0×10^{-4}，接触线取 6.0×10^{-4}。

新线的延伸会影响到补偿装置的安装曲线，安装时应考虑线索超拉伸长后坠砣位置仍应符合设计要求。

二、棘轮式补偿装置

我国哈大线进行电气化技术改造，引进了德国棘轮补偿装置，外形结构如图 10-6 所示。棘轮装置的棘轮与其他工作轮共为一体，没有连接复杂的滑轮组，安装空间比铝合金滑轮补偿装置小很多，可以解决空间受限时的补偿问题。棘轮本体大轮直径为 566 mm，小轮直径为 170 mm，传动比为 1∶3；补偿绳为柔性不锈钢丝绳，比普通不锈钢丝绳性能更好；工作荷重有 30 kN、36 kN 两种，主要优点是具有断线制动功能，正常工作状态下，棘齿卡在制动卡块上，从而可以有效缩小事故范围、防止坠砣下落侵入限界。

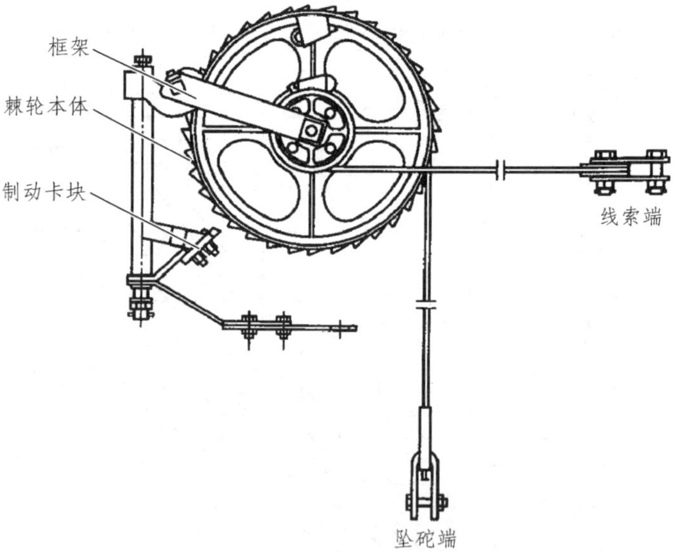

图 10-6　棘轮补偿装置

棘轮装置具有转动灵活、传动效率高（与铝合金滑轮补偿装置相当）、防腐性能好、使用寿命长等优点，但价格较高。由于棘轮本体形状复杂、半径大、薄壁部位多，因而制造上对设备的要求很高，同时对铸造技术水平的要求很高。

棘轮补偿安装曲线下面标注的 300 ~ 800 m 数字是半个锚段的长度（中心锚结到补偿器距离），左侧数字从上到下是对应温度下坠砣的安装高度。安装曲线右侧对应的安装温度是 – 40 ~ 80 °C，这一点与中国原来采用的计算最高温度不一样，中国的最高温度从南方至北方

一律采用 40 °C。这里采用 80 °C，实际上是在最高计算温度上加了 40 °C，它是考虑承力索和接触线在满电流负荷运行中，线索可能产生的最高温度。在这种情况下，承力索和接触线的伸长所形成的位移，不致使坠砣串的底部着地。

棘轮补偿装置在应用中，有多种安装形式：接触线、承力索补偿棘轮为上下布置形式，这种布置对支柱高度、容量要求较高；承力索、接触线下锚棘轮水平布置形式，分别安装在支柱的两侧；承力索、接触线共用一个棘轮的并联棘轮补偿装置形式，这些在实际工程中都有采用。安装后，棘轮轴必须处于水平位置，坠砣钢绳运行时不得曳过棘轮的齿面。注意补偿绳在棘轮上的缠绕方向，如图 10-6 所示。

三、弹性补偿器

多年来，我国电气化铁道一直未对软横跨进行补偿。在气温升高时，软横跨会因此松弛，造成接触网下坠；或是钢柱承受额外的大张力，严重威胁接触网安全。哈大线处于东北地区，全年气温变化悬殊，如不对软横跨进行补偿，无法保证接触网的安全。弹性补偿器是哈大线采用的软横跨定位绳补偿装置，如图 10-7 所示。弹性补偿器工作原理为胡克定律。其内部固定有一个弹簧，弹簧具有一定的初始压缩力。当软横跨定位绳伸长时，弹簧被释放，工作杆收回拉紧软横跨定位绳；当软横跨定位绳收缩时，弹簧被压缩，工作杆伸出，使软横跨定位绳的张力保持在一定范围内。目前，弹性补偿器有 0 ~ 3 kN、3 ~ 6 kN 两种型号。弹性补偿器具有结构简单、安装方便、价格低廉等优点。

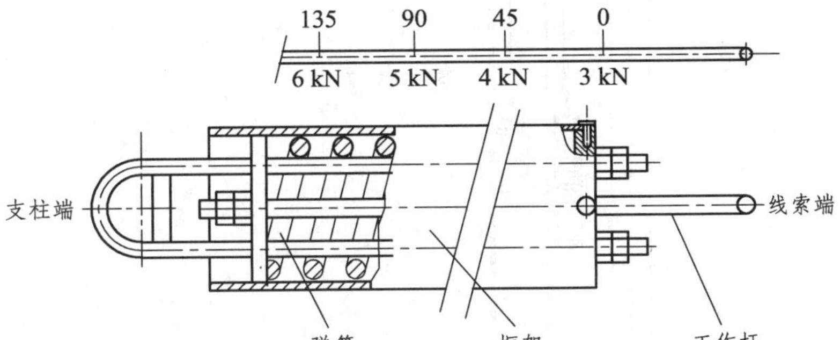

图 10-7 弹性补偿器

第二节 滑轮补偿装置安装

一、工作方法和步骤

（一）准备工作

（1）人员：4 ~ 6 人。

（2）工具：梅花扳手、扭矩扳手、手扳葫芦、紧线器、钢丝套、温度计、手锤、棕绳、单滑轮、钢卷尺、线坠、工具袋、安全帽、安全带等。

（3）材料：补偿绳、坠砣、补偿滑轮、防腐油、双耳连接器线夹、销钉、黄油、开口销、楔子、ϕ1.6 mm 绑线、补偿绳、钢线卡子等。

（4）资料：补偿器安装曲线。

（二）操作方法、步骤

以等径圆柱下锚滑轮补偿装置的安装步骤为例，结构如图 10-8 所示。

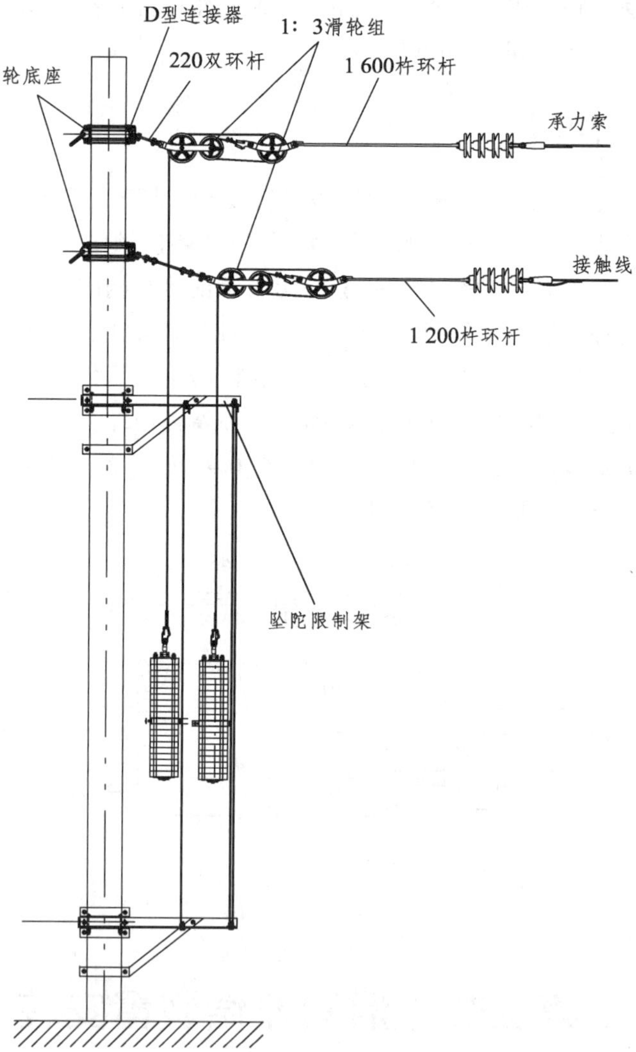

图 10-8　等径圆柱下锚滑轮补偿装置结构

1. 检查工具、材料

检查安装所需工具、材料，并进行外观检查和型号、数量确认。

2. 安装下锚底座、D 型连接器、双环杆

（1）根据设计安装图将下锚底座安装在支柱相应高度位置。

（2）用 D 型连接器将下锚底座与双环杆相连。

3. 安装限制架

（1）按设计图纸要求将限制架本体安装在支柱相应位置，预紧与支柱连接螺栓。

（2）用水平尺检查，调整并保证限制架本体安装水平。

（3）用线坠检查调整限制架本体上下槽钢安装位置一致，以保证限制导管垂直地面。

（4）调整后使用扭矩扳手按紧固力矩要求交替循环紧固限制架与支柱相连的螺栓。与限制导管连接的螺栓先预紧，在坠砣安装调整后再紧固。

（5）限制架本体结构为对称型，通过与连接角钢连接孔位的变化实现线路上同一锚段的两端下锚安装结构要求。

4. 安装滑轮组补偿装置、杵环杆

安装前应检查补偿绳与楔形线夹（滑轮组补偿装置框架外）连接是否可靠，如有松动，应用木锤将补偿绳同楔子一起与楔形槽打紧。

（1）滑轮组补偿装置通过螺栓销与D型连接器固定，开口销掰开后应回头，以防止脱落。

（2）理顺钢丝绳，使其保持自然状态，禁止扭转带劲。理顺钢丝绳与滑轮之间的缠绕关系，并使其准确入槽，如图10-9所示。

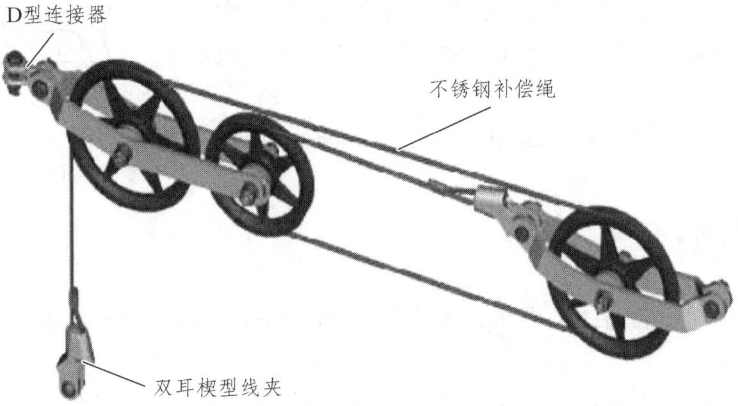

图10-9 滑轮组结构

（3）按照图10-8所示，将滑轮装置的一端与线索端的杵环杆零件相连接。

（4）将承力索滑轮补偿装置的楔形线夹穿过接触线补偿下锚两根双环杆所构成的框架内。

（5）摆正滑轮组，使轮槽中心平面处于铅垂状态。

（6）根据施工设计中坠砣安装位置，调整动滑轮与定滑轮的距离，保证在最高温度时，动滑轮与定滑轮之间的距离不小于 a 值，以确保动滑轮能有足够的位移量。

（7）根据补偿滑轮的安装曲线和现场的安装温度，调整确定补偿绳的正确长度及与坠砣杆连接的双耳楔形线夹的位置，将补偿绳套在楔子上穿过双耳外壳，并用木锤将楔子与双耳外壳敲紧。在靠近外壳处将线头夹子压扁，钢丝绳多出部分盘卷后用铁丝绑上固定在补偿绳主侧。

（8）安装补偿装置的同时应固定限制架，防止坠砣串转动，造成补偿绳松股或起泡。

5. 安装坠砣

将坠砣按要求组装成坠砣串后，利用手扳葫芦和紧线器升到超过要求的高度150 mm左右与补偿绳端的双耳楔形线夹连接，调好位置拉紧补偿绳，并用木锤将补偿绳同楔子一起与双耳外壳打紧，在靠近外壳处将线头夹子压扁，补偿绳多出部分盘成ϕ（200 ± 50）mm 的圆圈后用铁线或钢线卡子绑上，如图 10-10 所示。轻放坠砣串使滑轮组补偿装置受力（不能完全松开）。

松开手扳葫芦，检查各零件上的连接部位，确定无安全隐患后松开坠砣串，此过程中需防止补偿绳在坠陀串的重力作用下沿绳逆绞制方向旋转，导致补偿绳散股或鼓包。如发生旋转，应在固定坠砣串时将其回转同样的圈数（避免钢丝绳松股起包，性能降低）后方可固定。

在坠砣串中部装坠砣抱箍，调整限制架、限制导管位置，使坠砣抱箍在限制导管上能够无阻滞上下滑动。限制导管及钩螺栓优先选择靠近钩螺栓固定长孔的中部安装。

6. 安装后检调

检查项目：整套滑轮组下锚补偿装置安装完成后，对所有配件进行检查复核，主要包括滑轮组补偿装置安装参数、滑轮组补偿装置是否偏斜，补偿绳有无砸伤变形等现象，检查螺栓销的开口销状态，螺栓是否紧固到位、限制架是否水平、限制导管是否垂直等。

如果有不符合要求的项目可按相关指导内容进行检修。

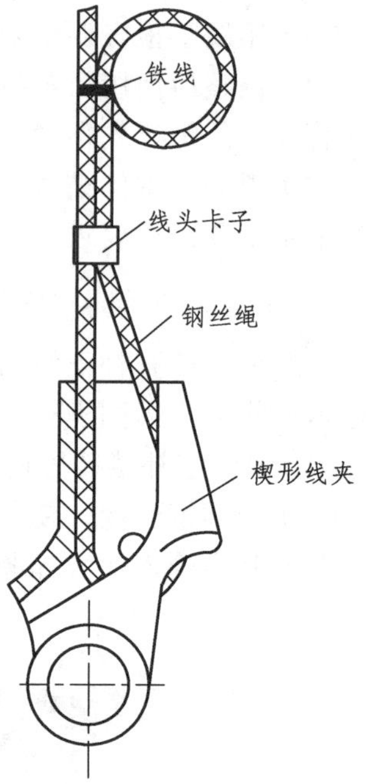

图 10-10　双耳楔形线夹安装

二、质量标准

（1）检调应符合安装曲线的要求，允许误差 200 mm。保证在任何情况下 a、b 值均不得小于 200 mm。

（2）补偿器坠砣块应完整，要码放整齐，缺口相互错位 180°，并保证坠砣不被支柱或其他物件卡滞。坠砣串总质量（包括坠砣杆、坠砣抱箍及连接的楔形线夹质量）符合规定要求，误差不超过 2%，同一锚段两坠砣串相对误差不得大于 1%。

（3）补偿滑轮完整无损、转动灵活、没有卡滞现象，油槽内灌注润滑油；定滑轮槽应保持铅垂状态，动滑轮槽偏转角度不得大于 45°。

（4）补偿绳不得有松股、断股、接头和锈蚀，异侧下锚补偿绳不得与下描拉线相摩擦；同侧下锚补偿绳不得与双环杆相摩擦。镀锌钢绞线补偿绳表面应涂抹防腐油。

（5）安装双耳楔形线夹时应注意受力方向的正确，回头要密贴楔子。

（6）同一滑轮组的两补偿滑轮的工作间距在任何情况下不小于 500 mm，在最高温度情况下不得小于 1 500 mm。

（7）各部件受力良好，螺栓紧固，有油。

（8）坠砣杆顺直不弯曲，坠砣卡子紧贴最上面一块坠砣，并与其缺口呈 90°。

（9）坠砣块自下而上按块编号，其缝线应在一条直线上，同时在缝线旁边用白油漆画一条宽 100 mm 的线，其边缘应平整，并在白线上用模具喷绘黑色阿拉伯数字。

（10）坠砣杆处补偿绳回头在双耳楔形线夹端面以上统一进行绑扎或盘圈。

（11）承力索和接触线下锚绝缘子对齐，允许误差 ± 150 mm。

（12）D 型连接器、P 型挂板、LV 型连板、杵环杆、双环杆及其他连接螺栓、螺帽必须齐全、完整，无锈蚀和变形；开口销无锈蚀，并各扳开 60°。

三、注意事项

（1）作业前检查所用工具、材料是否良好。

（2）作业人员不得站在补偿绳上，以防补偿绳脱槽。

（3）紧线时要采取必要的防滑措施；使用紧线工具不应用力过猛，防止损坏设备；紧线工具受力后，要检查设备及紧线工具的受力状态。

（4）补偿装置作业要兼顾被调整锚段定位支撑装置偏移及中心锚结状态。

（5）操作前要检查受力工具，状态良好方可以使用。

（6）操作中要时刻观察受力工具状态，无打滑、抽线现象。

（7）高空作业人员扎好安全带，选好站立方向，卸载时严禁脚踏或手握补偿绳和滑轮，严防高空坠物。

（8）攀登支柱时手把牢靠，脚踏稳准，严防滑落。

（9）传递工具材料，拆除旧补偿绳时，要借助单滑轮绳传递，不得抛掷传递。

（10）作业人员不得站在坠砣串上，地面人员不得站在坠砣串下。

四、训练测评

操作时间规定为 40 min。在规定时间内完成，不加分也不扣分，每超时 1 min，从总分中扣 1 分，超时 10 min，停止作业。

测评记录内容如表 10-1 所示。

表 10-1　测评记录表

项目	配分	测评要求及评分标准	扣分	得分	备注
料具准备	10	要求料具齐全完好，规格型号相符，每缺一件扣 3 分，规格不符每件扣 2 分			
质量要求	60	（1）坠砣码放整齐，无破损，质量和数量符合要求，缺口相错 180°，若不符每处扣 5 分			
		（2）坠砣升降是否灵活，有无卡滞和补偿绳触磨下锚拉线现象，若不符每处扣 5 分			
		（3）限界架安装正确，各部螺栓紧固、有油，若不符每处扣 5 分			
		（4）补偿装置 b 值误差不超过 20 mm，每超过 10 mm 扣 2 分			
		（5）补偿绳出现脱槽，按失格处理			

续表

项目	配分	测评要求及评分标准	扣分	得分	备注
质量要求	60	（6）安装补偿绳楔形线夹操作错误，每处扣 5 分			
		（7）补偿绳盘圈直径不大于 200 mm，不规范扣 2 分，未绑扎扣 5 分			
		（8）补偿绳无锈蚀，涂有防腐油，不触磨下锚拉线，若不符每处扣 5 分			
		（9）卸载工具使用不当每件扣 5 分，损坏扣 10 分			
		备注：扣完配分失格			
安全作业	20	（1）作业中出现一般违章现象每次扣 5 分			
		（2）作业中出现严重违章现象每次扣 20 分			
		（3）作业中工具滑脱，每次扣 5 分			
文明作业	10	（1）作业时必配的个人工具、劳保用具、安全用具每缺一件扣 5 分			
		（2）作业中出现不文明语言或动作每次扣 10 分			
		（3）作业完毕，料具有一件不归位扣 3 分			
测评超时					
合计	100				

复习思考题

一、选择题

1. 定滑轮槽应保持铅垂状态，动滑轮槽偏转角度不得大于（　　）。

A. 30°　　B. 45°　　C. 60°　　D. 90°

2. 同一滑轮组的两补偿滑轮的工作间距，任何情况下不小于（　　）mm。

A. 200　　B. 400　　C. 500　　D. 600

3. 坠砣块一般采用混凝土或灰口铸铁制成，每块约重（　　）kg，呈中间开口的圆饼。

A. 10　　B. 20　　C. 25　　D. 30

4. 坠砣杆直径一般为（　　）mm。

A. 10　　B. 14　　C. 15　　D. 16

5. 坠砣下落距离不大于（　　）mm。

A. 100　　B. 200　　C. 250　　D. 300

6. 杵环杆的机械强度要求较高，且长度不小于（　　）m。

A. 0.5　　B. 1　　C. 1.5　　D. 2

7. 补偿器 a、b 值的最小值不小于（　　）mm。

A. 100　　B. 200　　C. 300　　D. 400

8.（　　）的作用是不仅调节张力的变化，还调节弛度的变化。

A. 补偿装置　　B. 定位装置

C. 支持装置　　D. 支柱与基础

9. 坠砣杆的规格型号一般分为三种：（　　）型、20 型和 30 型。

A. 10　　B. 15　　C. 16　　D. 17

10. 坠砣串的质量（包括坠砣杆的质量）允许误差不超过（　　）%。

A. 1　　B. 2　　C. 3　　D. 5

11. 坠砣块（　　）按块编号。

A. 自上而下　　B. 自下而上

C. 从中间向上下　　D. 没有规定

12. 补偿装置中，同一滑轮组的两补偿滑轮的工作间距，任何情况下不小于（　　）mm。

A. 200　　B. 300　　C. 500　　D. 800

13. 棘轮补偿装置制动卡块与棘轮本体保持（　　）mm 的间隙。

A. 10 ~ 15　　B. 10 ~ 20　　C. 15 ~ 20　　D. 20 ~ 25

14. 弹簧补偿装置的优点是（　　）。

A. 占用空间少　　B. 具有断线制动功能

C. 价格便宜　　D. 生产工艺简单

15. 棘轮补偿装置的优点是（　　）。

A. 占用空间少　　B. 免维护

C. 价格便宜　　D. 生产工艺简单

二、判断题

1. 接触网补偿装置，又称张力自动补偿器。（　　）
2. 制动装置不得有松股、断股和接头，不得与其他部件、线索相摩擦。（　　）
3. 补偿绳均选用 GJ-50（18 股）镀锌钢绞线制成。（　　）
4. 补偿器靠坠砣串的重力使线索的重力保持平衡。（　　）
5. 坠砣杆耳环孔中心至补偿（定）滑轮下沿的距离为 b 值。（　　）
6. 接触网补偿装置的作用是补偿线索内的张力变化，使张力保持恒定。（　　）
7. 补偿器靠坠砣串的重力使线索的张力保持平衡。（　　）
8. 接触线和承力索补偿器的 a、b 值相等。（　　）
9. 接触网补偿装置是自动调节接触线和承力索张力的补偿器及其制动装置的总称。（　　）
10. 补偿滑轮分为定滑轮和动滑轮，动滑轮改变受力方向，定滑轮省力。（　　）
11. 弹簧补偿装置主要应用在软横跨结构中。（　　）
12. 滑轮补偿装置的传动比越大越好。（　　）
13. 全补偿链形悬挂，承力索和接触线均设有张力补偿装置。（　　）
14. 棘轮补偿装置的大轮补偿绳与平衡轮相连。（　　）
15. 坠砣安装应叠码整齐，其缺口相互错开 90°。（　　）

三、问答题

1. 滑轮补偿装置的 a、b 值分别指什么？

2. 简述棘轮补偿装置的原理及作用。

3. 当补偿绳发生散股、断股现象时，简述如何更换补偿绳。

4. 比较棘轮补偿装置和滑轮补偿装置的优劣。

四、计算题

1. 某全补偿简单悬挂，悬挂类型为 GJ-70 + GLCA10/215，承力索和接触线分别选用 1∶3 和 1∶2 传动比滑轮组补偿器，最高温度为 40 °C。求 1 800 m 锚段在 25 °C 时的 b 值是多少？

2. 在某直线区段，接触网采用了半补偿链形悬挂，悬挂类型为 GJ-70 + GLCB80/173，锚段长度为 1 600 m，其所在地区的最高气温为 + 30 °C，最低气温为 – 20 °C，传动比为 1∶2，安装时的气温为 10 °C，试绘制坠砣安装曲线。

第十一章　绝缘子

绝缘子是接触悬挂的主要部件之一，用于电气绝缘，以隔离带电体和非带电体，使接触悬挂对地保持电气绝缘。

第一节　绝缘子的类型

一、绝缘子的构造及分类

1. 绝缘子的构造

绝缘子主要由钢连接件和绝缘部分两部分组成。连接件为了方便与其他金具连接，有球头、球窝、单耳、双耳、圆管等多种类型。绝缘部分采用最广泛的是电瓷、钢化玻璃和复合材料。它们通过水泥黏接或者压接的形式与钢连接件相连。

绝缘子除了起到电气绝缘的作用，还要承受机械负载。在接触网中绝缘子承受接触悬挂的负载且经常受拉伸、压缩、弯曲、扭转、振动等机械力，在短路时又承受电动力，故在制造时其机械破坏负荷均应留有裕度，一般安全系数按 2.0 ~ 2.5 选取。

2. 绝缘子的分类

1）按结构分

接触网常用的绝缘子按结构分为悬式绝缘子、棒式绝缘子及针式绝缘子三大类，按绝缘子表面泄漏距离又可分为普通型和防污型两种。

（1）悬式绝缘子。

悬式绝缘子使用最广泛，用量较多。悬式绝缘子主要用于绝缘承受张力的场合，如用于线索下锚、水平拉杆、软横跨绳索、隧道内悬挂、锚段关节以及馈电线、并联线等处的对地绝缘。

目前所采用的悬式绝缘子的机械破坏负荷分为 40 kN、70 kN、100 kN、160 kN 四级。电气化铁路中主要使用 40 kN、70 kN 级悬式绝缘子，悬式绝缘子结构如图 11-1 所示。

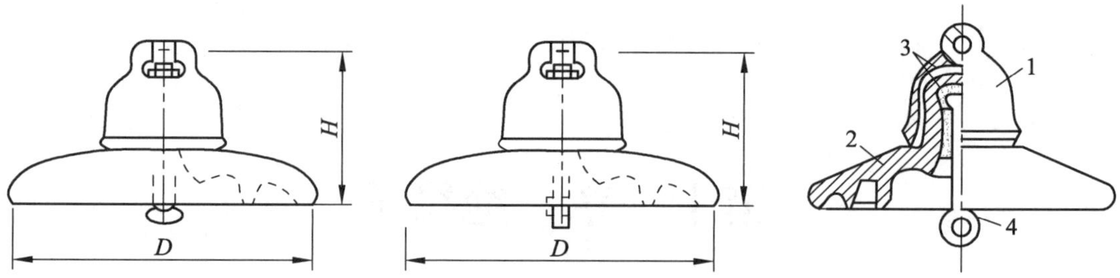

（a）杵头悬式绝缘子　　（b）耳环悬式绝缘子　　（c）绝缘子结构图

1—钢帽；2—瓷体；3—水泥浇注物；4—耳环。

图 11-1　悬式绝缘子

近年来新建的高速电气化铁路，采用了一种新型棒形悬式绝缘子，用于 AT 区段正馈线或供电线的绝缘。这种绝缘子主要应用在以德国为主的欧洲地区，近几年开始进入中国市场，它的优点主要有：尺寸小、质量轻，仅为盘形瓷绝缘子的 50%；电瓷材料无老化变质问题，寿命长；属于不可击穿型，无须检测零值；伞形为开放的空气动力型，自洁性好，无须清扫；单位高度的爬距比双伞或三伞的盘形瓷绝缘子大得多，故可以提高污闪电压。这种绝缘子的发展也受到一些制约：一是制造水平要求高，因为绝缘子瓷件上一旦有一点缺陷，就容易引起断串掉线事故；二是生产效率较低，成本较高，售价较高；三是同样结构高度的绝缘子，瓷悬棒的绝缘距离最短。

悬式绝缘子型号，如 XP-4C。

其中，X 表示悬式绝缘子；P 表示按机械破坏值表示绝缘子；数字表示机械破坏负荷，kN；C 表示槽形连接（球形连接不表示）。

（2）棒式绝缘子。

在需要承受压力、张力和弯矩的场合使用棒式绝缘子，电气化铁路接触网使用棒式绝缘子主要用于斜腕臂、压管、平腕臂及隧道定位和隧道悬挂等场合。绝缘子按安装方式分为悬挂、定位和腕臂支撑式三种。隧道用悬挂、定位式，区间、站场用腕臂支撑。

绝缘子按其使用环境又分为普通型和防污型两种。目前采用的棒式绝缘子为 QX、QB、QXN、QBS、QBN 等几种型号。其型号表示方法如下：

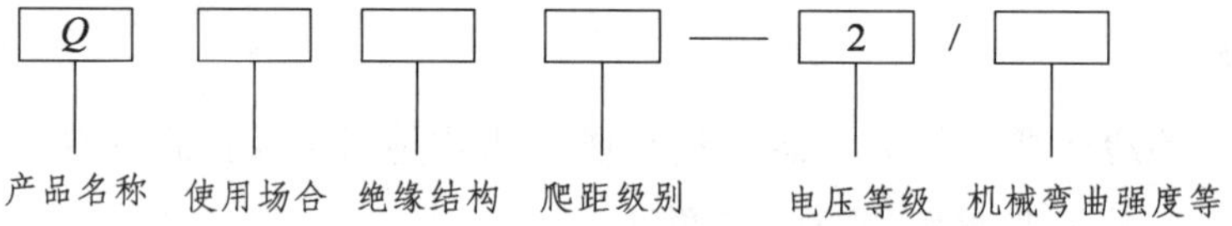

符号含义如下：

产品名称：Q 表示交流电气化铁路用棒式瓷绝缘子。

使用场合：X 表示隧道悬挂；E 表示隧道定位；B 表示区间、站场腕臂支撑。

绝缘结构：S 表示双重绝缘（单绝缘不表示）。

爬距级别：N 表示普通型，公称爬距 1 200 mm；J 表示绝缘加强型，公称爬距 1 400 mm；G 表示绝缘高度加强型，公称爬距 1 600 mm。

机械弯曲强度等级：无标注为 4 kN；8、12、16 分别表示 8 kN、12 kN、16 kN。金属附件内径均为 62 mm。机械强度较高的棒式绝缘子主要用于机械负载较大的高速电气化铁路。

例如：QBSN-25/8 表示交流 25 kV 电气化铁路接触网腕臂双重绝缘重污染区用棒形瓷绝缘子，其金属附件管径为 62 mm，弯曲破坏负载为 8 kN。

棒式绝缘子结构如图 11-2 所示。

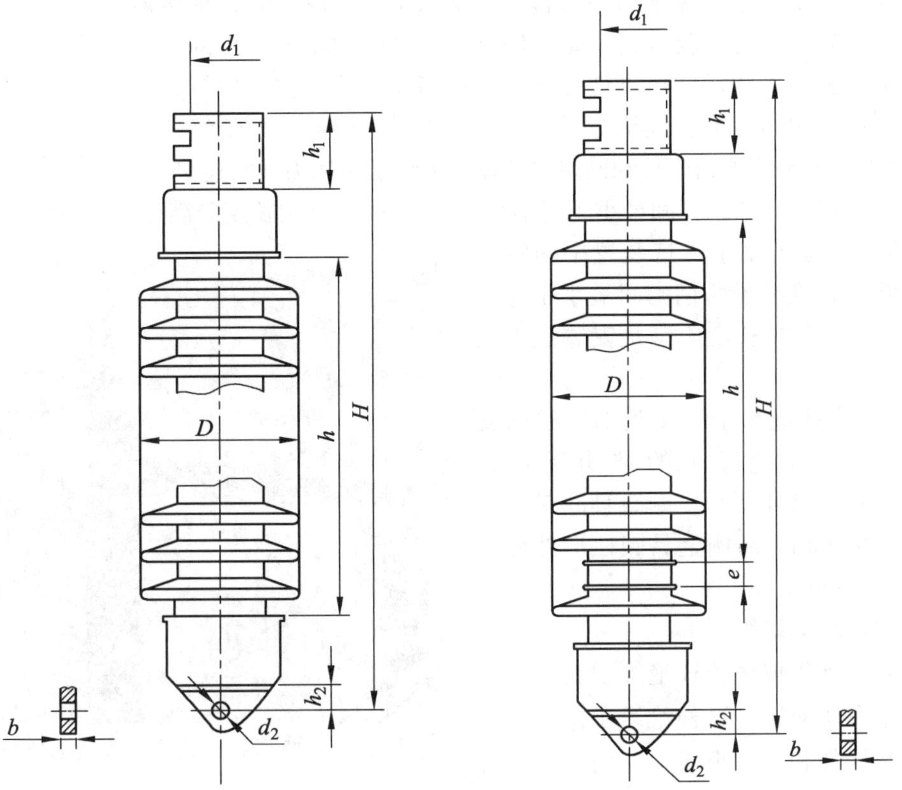

（a）普通绝缘　　（b）双重绝缘

图 11-2　棒式绝缘子

（3）针式绝缘子。

针式绝缘子多用于回流线、保护线及跳线处，其承受线索不同方向的负荷，将线索固定，并对地起电气绝缘，一般采用 P-10T 型针式绝缘子。其结构如图 11-3 所示。悬式绝缘子、针式绝缘子用于附加导线的支撑、固定。

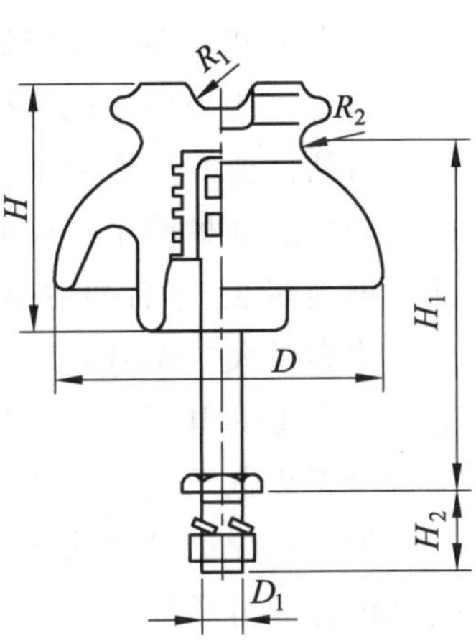

图 11-3　针式绝缘子

2）按材料分

绝缘子按照材料分为瓷质绝缘子、钢化玻璃绝缘子与复合绝缘子三种，在中国电气化铁路中都有不同程度的应用。

（1）瓷质绝缘子。

瓷质绝缘子的绝缘材料是电瓷，即在瓷土中加入石英和长石烧制而成，表面涂有一层光滑的釉质。要求绝缘子质地紧密均匀，任何一个断面上不能有裂纹或气孔，表面涂釉后可防止水分的渗入。因为绝缘子不仅承受电气负荷，而且要承受机械负荷，所以绝缘子的钢连接件和瓷体之间应用不低于525号硅酸盐水泥胶合剂黏接成一个整体，以增加其机械强度。

电瓷材料具有良好的化学稳定性和热稳定性，几乎永不变质和老化，具有良好的电气性能和机械性能，是制造绝缘子的理想材料。绝缘子生产成本低，价格便宜，有良好的绝缘性能，耐热性能好，运行经验丰富，是中国电气化铁路中主要采用的绝缘子类型。其缺点是质量过重，缺乏弹性，防污和可靠性方面有待提高，运营维护费用较大。

瓷质绝缘子包括棒形悬式绝缘子、棒式绝缘子、瓷质支柱绝缘子。

① 棒形悬式绝缘子用于接触网附加悬挂。绝缘子一侧为球窝连接，另一侧为单耳结构，如图11-4所示。绝缘子两钢帽间最小距离不小于500 mm，钢帽长度应满足安装避雷设备的要求。

② 棒式绝缘子用于支持装置中固定平腕臂、斜腕臂，绝缘子两钢帽间最小距离不小于 500 mm，金具长度应满足安装避雷设备的要求。

③ 瓷质支柱绝缘子用于附加导线的支撑、固定。支柱绝缘子的结构形式为PS-25/20，如图11-4所示。两金具间最小距离不小于 500 mm，两侧金具圆柱形部分的长度不小于50 mm。

图11-4　棒形悬式绝缘子和瓷质支柱绝缘子

（2）钢化玻璃绝缘子。

近年来，钢化玻璃悬式绝缘子在我国电气化铁路中有所应用。这种绝缘子由铁帽、钢化玻璃绝缘件和钢脚组成，并用水泥胶合剂胶合为一体。其特点如下：

零值自破、便于检测：钢化玻璃绝缘子具有零值自破的特点。即当绝缘子失去绝缘性能或机械过负荷时，伞裙就会自动破裂脱落，容易发现，可及时进行更换，无须登杆逐片检测，降低了工人的劳动强度。

耐电弧和耐振动性能好：在运行中，玻璃绝缘子遭受雷电烧伤的新表面仍是光滑的玻璃体，并有钢化内应力保护层，因此，它仍保持了足够的绝缘性能和机械强度。

自洁性能好、不易老化：玻璃绝缘子不易积污和易于清扫，人工清扫的周期比瓷绝缘子长，降低了维护费用。对典型地区线路上的玻璃绝缘子定期取样测定运行后的机电性能，统计数据表明35年后的玻璃绝缘子的机电性能与出厂时基本一致，未出现老化现象。

主容量大，成串电压分布均匀：玻璃的介电常数可达7～8，使玻璃绝缘子具有较大的主电容，成串的电压分布均匀，有利于降低导线侧和接地侧附近绝缘子所承受的电压，从而达到减少无线电干扰、降低电晕损耗和延长玻璃绝缘子寿命的目的。

限制钢化玻璃绝缘子推广使用的主要原因是其自爆率较高（0.02%～0.04%），会影响到线路运行的可靠性。

（3）复合绝缘子。

复合绝缘子是较为理想的新型绝缘子。这种绝缘子的基本绝缘部分由芯棒和伞套组成，芯棒用玻璃纤维束经树脂浸渍而成，具有很高的抗拉强度；芯棒外部的护套和伞裙一般由硅橡胶或乙丙橡胶材料制成，护套包覆在芯棒外表面，一方面提供良好的绝缘性能，另一方面保护芯棒免受大气侵蚀。复合绝缘子在电气化领域按适用方式分为抗拉型的悬挂、耐张用和抗弯型的腕臂支撑用两种类型，分别称为复合棒形悬式绝缘子和复合棒形柱式绝缘子，其外形如图 11-5 所示。

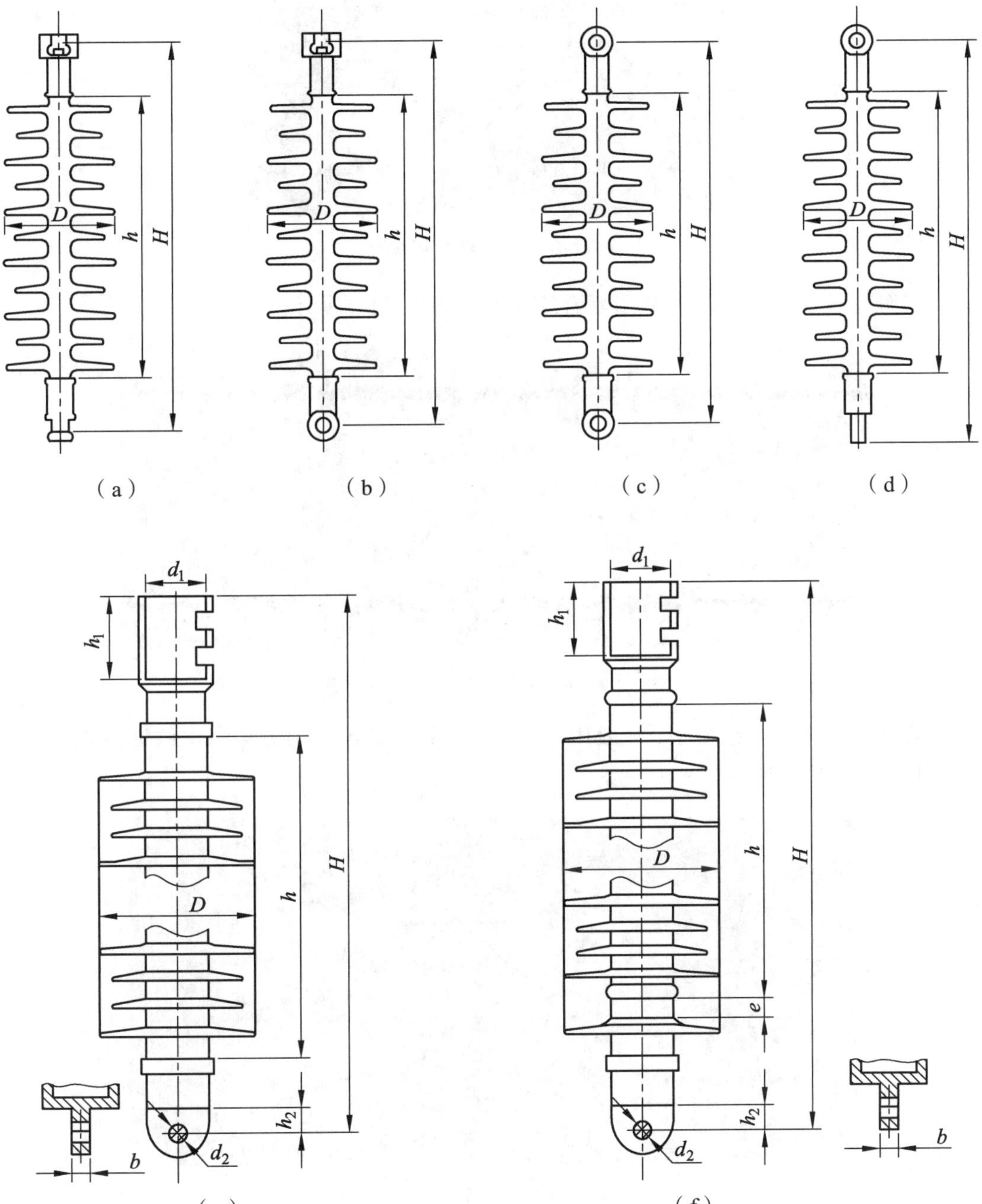

图 11-5　复合绝缘子

复合绝缘子按使用位置分，大体上有以下四种。

① 腕臂复合绝缘子：一般用于车站雨棚范围、隧道内、重污区等，如图 11-6 所示。

图 11-6　腕臂复合绝缘子

② 接触悬挂下锚及绝缘关节用复合绝缘子，如图 11-7 所示。

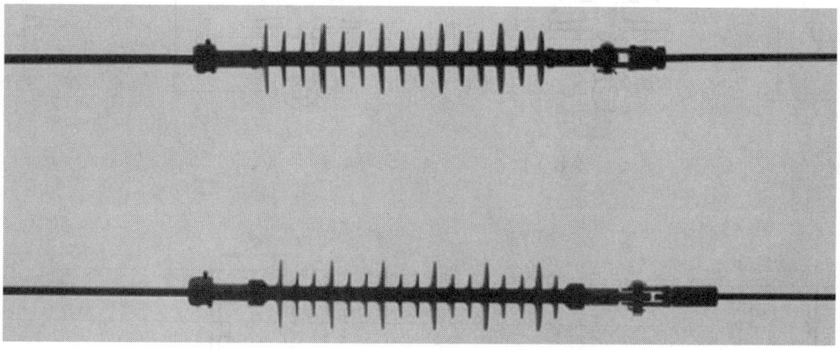

图 11-7　接触悬挂下锚复合绝缘子

③ 附加悬挂用复合绝缘子，一般用于变电所、分区所出口附近架供电线区段以及车站站台范围内，如图 11-8 所示。

图 11-8　附加悬挂复合绝缘子

④ 附加悬挂下锚用复合绝缘子，如图 11-9 所示。

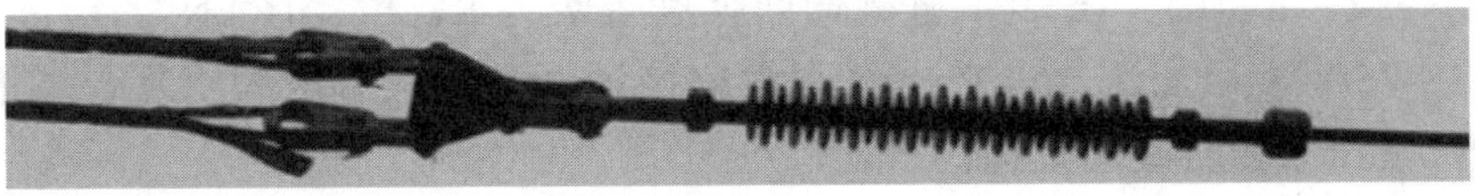

图 11-9　附加悬挂下锚复合绝缘子

复合棒形悬式绝缘子的型号：

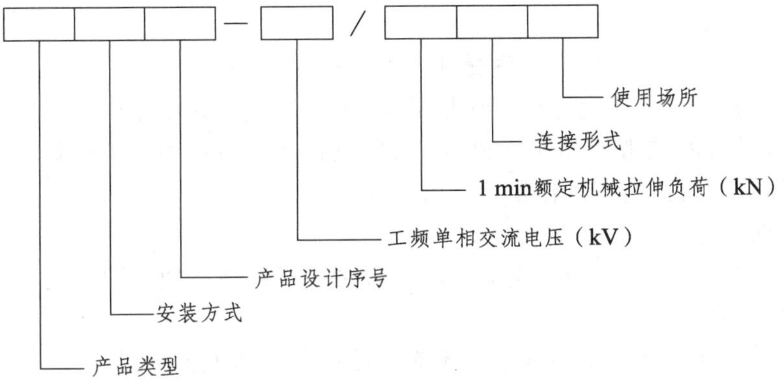

符号含义如下：

产品类型：F 表示复合材料；Q 表示电气化铁路用绝缘子。

安装方式：X 表示悬挂、耐张式；D 表示隧道定位式。

绝缘结构：单绝缘无字母表示，双绝缘用 S 表示。

标称电压：25 表示工频单相交流电压 25 kV。

机械拉伸强度等级：100、120、160 表示 1 min 额定机械拉伸负荷 100、120、160 kN。

连接形式：球窝型系列，QT 表示帽窝-球头，QH 表示帽窝-单耳；单耳型系列，HH 表示单耳-单耳，HY 表示单耳-圆管。

爬电距离等级：普通型无字母表示，公称爬电距离为 1 200 mm；J 表示绝缘加强型，公称爬距为 1 400 mm；G 表示绝缘高度加强型，公称爬电距离为 1 600 mm。

如：FQXS-25/100QTG 表示电气化铁路复合绝缘子，悬挂、耐张用双重绝缘，工频单相交流电压等级为 25 kV，拉伸破坏负荷为 100 kN，连接形式为帽窝-脚球型，公称爬电距离为 1 600 mm 的复合绝缘子。

复合棒形柱式绝缘子型号：

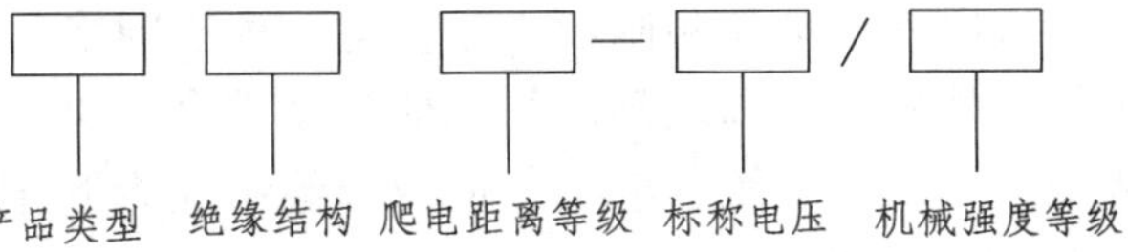

符号含义如下：

产品类型：FQB 表示复合材料，电气化铁路腕臂用绝缘子。

绝缘结构：单绝缘无字母表示，双绝缘用 S 表示。

爬电距离等级：普通型无字母表示，公称爬电距离为 1 200 mm；J 表示绝缘加强型，公称爬距为 1 400 mm；G 表示绝缘高度加强型，公称爬电距离为 1 600 mm。

标称电压：25 表示工频单相交流电压 25 kV。

机构强度等级：8、12、16 表示机械弯曲强度等级为 8、12、16 kN。

如：FQBS-25/8 表示交流 25 kV 电气化铁路接触网腕臂双重绝缘用复合棒形绝缘子，爬电距离为 1 200 mm，弯曲破坏负荷为 8 kN。

当 FQB 型绝缘子在腕臂应用中处于拉伸状态时，为了防止腕臂抽脱事故的发生，需要在靠近绝缘子金属附件安装插孔断口处的U形卡箍凸压板的内侧带有直径为14 mm长度不小于5 mm 的圆锥体销钉，在 12 kN、16 kN 绝缘子上，使用长圆销钉来连接。

复合绝缘子的优点如下：

① 机械强度大，抗拉、抗弯、耐受冲击性能好；

② 自身质量较轻，只有瓷绝缘子质量的 1/10 左右，方便运输、安装；

③ 绝缘性能好，硅橡胶是憎水性材料，特别是在严重污染和大气潮湿情况下的绝缘性能十分优异，从而减少防污清扫工作量；

④ 耐电弧性能好。

合成绝缘子在电气化铁路中应用较广泛。限制合成绝缘子使用的原因主要有：

① 其价格较为昂贵；

② 缺乏简便有效的现场检测技术，大面积使用时矛盾尤为突出。

用于合成绝缘子检测的主要手段有：用超声波检测绝缘子中存在的气隙和裂纹，用红外检测局部绝缘缺陷带来的局部温升，其检测手段较复杂。

目前，这种绝缘子主要用于隧道内净空条件受限场合；粉尘污染严重地区；减少接触悬挂集中性负载（如分段绝缘器承力索的绝缘、锚段关节处、软横跨绝缘子）；易受击打破坏场合代替瓷、钢化玻璃绝缘子使用。在高速铁路应用中，接触悬挂中使用的绝缘子全部使用复合棒形悬式绝缘子，在个别重要站场或重污染区段，有全部取代瓷绝缘子应用的运行实例。

接触网绝缘子的受力情况复杂，对芯棒、金具的要求较电力系统高，应用中要考虑抗强度、抗弯、抗剪等机械性能，要求合成绝缘子强度安全系数不小于 5.0。

二、绝缘子的电气性能

接触网绝缘子一般安设在户外，其表面破损、脏污受潮，受到各种机械力的作用以及绝缘子正常工作时承受着工作电压和各种过电压等，均会导致绝缘性能下降，产生沿表面的气体放电现象，通常称之为沿面放电；这种放电发展到表层空气绝缘击穿时，称为闪络。绝缘子闪络会引起牵引变电所继电保护动作跳闸而中止供电。由于闪络后空气绝缘恢复，绝缘子瓷体尚未受到破坏，可维持使用，所以跳闸后往往能自动重合成功，恢复供电。但闪络后不及时处理则会引起绝缘老化，发生裂纹、渗水，使内部绝缘性能下降而引起再一次闪络。因而，绝缘子闪络后应及时清扫、更换。

绝缘子的电气性能常用干闪电压、湿闪电压、击穿电压和绝缘泄漏距离等表示。

（1）干闪电压：绝缘子表面干燥状态时，使其表面闪络所需的最低电压。

（2）湿闪电压：雨水降落方向与水平面呈 45°角淋在绝缘子表面时，使其闪络的最低电压值。

（3）击穿电压：绝缘元件被击穿损坏而失去绝缘作用的最低电压。绝缘子击穿后应立即进行更换。当绝缘老化，绝缘元件被破坏甚至炸裂，完全失去绝缘性能称为绝缘子击穿。

（4）绝缘泄漏距离：绝缘元件表面的曲线长度，即两电极间绝缘表面的爬电距离，俗称“爬距”。泄漏距离是反映绝缘子绝缘水平的重要参数，相同电压等级的绝缘子，其爬距越大，耐污性能越好。

接触网绝缘水平应符合如下规定：接触网的绝缘泄漏距离，轻污区不应小于 960 mm，重污区不应小于 1 200 mm；在实行 V 形天窗作业的复线电气化区段，上、下行正线间分段绝缘子串的绝缘泄漏距离可相应增大为 1 200 mm 和 1 600 mm；速度超过 300 km/h 的高速铁路，绝缘子选用泄漏距离一般不小于 1 400 mm。在有条件的车站，上、下行正线间绝缘子串宜分段设置。在无确切污染资料的条件下，应按重污区的要求设计。

三、绝缘子的防污

绝缘子表面污垢的主要原因有：环境污染；货物装载运行中煤、炭、化学粉尘；内燃电力混合牵引时内燃机排放的烟尘；列车闸瓦磨损产生的金属屑等。使接触网绝缘子表面污垢造成闪络的事故频繁发生，而接触网中绝缘子安设高度又比一般输电线路低，污染就更严重，绝缘子污闪问题已成为影响接触网供电可靠性的重要因素。

目前，为了解决污闪问题主要措施如下：

（1）采用防污绝缘子，对减少绝缘子污闪事故效果显著。如目前大量推广采用的 XWP-60 型防污绝缘子（又称双伞绝缘子）、引进日本的 NGK 防污绝缘子和 LXWP 型钢化玻璃绝缘子都具有良好的防污闪性能。其结构如图 11-10 所示。

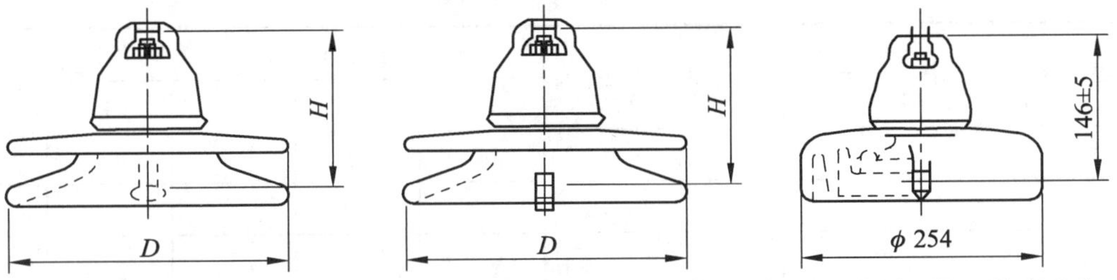

（a）杵头式绝缘子　　（b）耳环悬式绝缘子　　（c）日本 NGK 悬式绝缘子

图 11-10　防污绝缘子结构

（2）采用半导体釉绝缘子，可以大幅度延长绝缘子清扫周期，提高供电的可靠性，试用效果良好。但也存在泄漏电流较大、半导体釉面易腐蚀等缺点。

（3）采用新型复合绝缘子。

（4）在绝缘子表面涂憎水性油脂，如硅橡胶防污涂料等。

（5）在绝缘子防污上除了以上措施外，增加绝缘子表面的泄漏距离（爬距）、片数，合理安排清算周期等都可以有效提高绝缘子的绝缘可靠性。

四、绝缘子电压分布测量

绝缘子的电气性能随着使用时间的推移，其绝缘强度会逐渐下降，因此，在使用中每年至少应进行一次绝缘子电压分布测量，以检查绝缘子绝缘性能是否正常可靠。电压分布测量方法如图 11-11 所示。

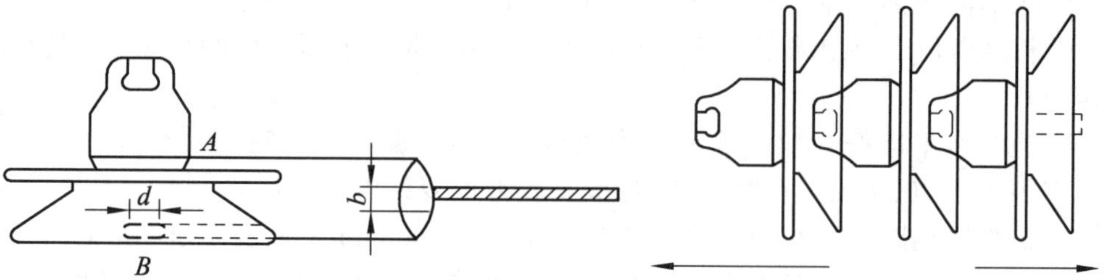

图 11-11 绝缘子电压分布测量示意图

电压分布测量要求如下：

（1）电压分布测量用电压分布测量仪器进行，绝缘杆要有足够的绝缘长度，其长度不小于 1 000 mm，保证人体（包括所持非绝缘工具）距带电设备之间不得小于 600 mm。

（2）测量仪器的放电间隙调至 1 ~ 3 mm。

（3）测量仪的两个金属探针分别接触绝缘子两侧金属体，即 *A* 点（钢帽）、*B* 点（杵头或耳环）。

（4）接触网电压在绝缘子串上的电压分布，是从带电侧到接地侧依次减小。因此，放电声音也相对减弱。当测量绝缘子串某一片绝缘子时，放电间隙放电说明该片绝缘子电气性能合格；在《绝缘子电压分布记录》的“电压分布”栏填写“合格”。否则为不合格，在“电压分布栏”填写“不合格”，《绝缘子电压分布记录》格式如表 11-1 所示。

表 11-1 绝缘子电压分布记录

支柱（隧道及悬挂点）号	绝缘子类型	电压分布（自接地侧依次）/kV				
		1	2	3	4	5

（5）测量绝缘子串电压分布时，应从接地侧依次向带电侧测量，当三片一组中有一片、四片一组中有两片绝缘子无间隙放电时，即停止测量，以保证设备运行和测量人员的安全。

五、绝缘子的使用与检查

绝缘子瓷体易碎，安装、运输中应特别注意。绝缘子连接件不允许机械加工和热加工处理（如切削、电焊等）。绝缘子在安装使用前应严格检查，当发现绝缘子瓷体与连接件间的水泥浇注物有辐射状裂纹及瓷体表面破损面积超过 300 mm^2 时，应禁止使用该绝缘子。

悬式绝缘子串的连接，要注意弹簧销子不能脱落，绝缘子串接（3 个以上）后不准有严重的塌腰现象。棒式绝缘子在使用中应注意与配套部件的型号（腕臂型号）统一，且不准使棒式绝缘子承受弯曲力。

绝缘子本体线性良好，弯曲度不超过 1%。绝缘子表面无明显放电痕迹，无环状或贯通性裂纹。绝缘子裙边距接地体的距离应不小于表 11-2 所示的规定。

表 11-2 绝缘子裙边距接地体的距离

绝缘子	距接地体的距离/mm	
	正常值	困难值
瓷质绝缘子	≥100	≥75
有机合成材料绝缘子	≥50	

为了保证绝缘子性能可靠，应对每个绝缘子按具体情况进行定期或不定期清扫和检查。特别是在雨、雪、雾、霜天气以及混合牵引区段，更应经常观察绝缘子的状态并及时清扫，防患于未然。绝缘子脏污后的清扫工作，是在停电时间内集中进行，应注意防止损坏瓷体表面。

第二节 绝缘子检修与更换

一、工作方法和步骤

（一）准备工作

（1）人员：10～12 人。

（2）工具：作业车（或梯车）、扭矩扳手、短接线、滑轮、钢丝套、小绳、手扳葫芦、工具袋、安全帽、安全带等。

（3）材料：新绝缘子、销钉、弹簧销、开口销、ϕ4.0 mm 铁线等。

（二）操作方法、步骤

1. 检查内容

（1）瓷质绝缘子。

① 检查瓷质绝缘子瓷件表面瓷釉应均匀、表面清洁、光滑无脏污，作业人员要按照检修周期对瓷质绝缘子进行清扫。

② 检查瓷质绝缘子表面是否完整无破损、无破碎性裂纹，瓷釉剥落面积不大于 300 mm^2；检查腕臂绝缘子压板有无裂纹。

③ 检查绝缘子瓷质部分与铁件间是否密贴良好，无缝隙和开裂等现象，连接是否紧固，铁件有无锈蚀等。

④ 检查绝缘子本体是否线性良好，弯曲度不超过 1%。

⑤ 检查绝缘子表面有无明显放电痕迹、环状或贯通性裂纹。

⑥ 检查棒式腕臂绝缘子滴水孔是否朝向下方。

⑦ 瓷质绝缘子两钢帽间最小距离是否大于 500 mm，泄漏距离是否大于 1 400 mm。

⑧ 瓷质棒式绝缘子裙边距接地体的距离是否大于 50 mm。

（2）复合绝缘子。

① 检查腕臂棒式复合绝缘子压板有无裂纹。

② 检查绝缘子本体是否线性良好，弯曲度不超过 1%。

③ 检查绝缘子表面有无破损，明显放电痕迹、环状或贯通性裂纹。

④ 检查在雨、雾、露、雪等气象条件下绝缘子表面的局部放电情况及憎水性能是否减弱或消失。

⑤ 检查伞裙有无变形等现象。

⑥ 检查端部金具连接部位有无明显的滑移，钢脚或钢帽有无锈蚀，钢脚有无弯曲、电弧烧损，锁紧销有无缺少等。

⑦ 检查棒式腕臂复合绝缘子滴水孔是否朝向下方。

⑧ 复合绝缘子两钢帽间最小距离是否大于 500 mm，泄漏距离是否大于 1 600 mm。

⑨ 复合棒式绝缘子裙边距接地体的距离是否大于 50 mm。

2. 检修方法

（1）腕臂棒式绝缘子损伤。

更换步骤如下：

① 使用手扳葫芦，利用钢丝套子将其一端固定在支柱上，另一端固定在平腕臂、斜腕臂连接的套管座处。

② 通过摇动手扳葫芦，使损伤的绝缘子处于不受力状态。

③ 将损伤的绝缘子取下后更换同类型、规格的合格绝缘子。

④ 绝缘子更换完毕，将腕臂与绝缘子重新安装到位，紧固各部连接螺栓，拆除工机具。

（2）下锚绝缘子损伤。

更换步骤如下：

① 根据线索张力选择手扳葫芦规格型号，利用钢丝套子将其一端固定在支柱上，另一端利用钢丝套子和紧线器固定在线索上。

② 使用另一手扳葫芦将坠砣串提起。

③ 通过摇动手扳葫芦，使损伤的下锚绝缘子处于不受力状态。

④ 对损伤的下锚绝缘子进行更换，在更换过程中需要注意，绝缘子的球头开口应该向下。

⑤ 更换完毕，补齐弹簧销，两个手扳葫芦配合缓慢加载，拆除工具。

（3）供电线悬式复合绝缘子损伤。

更换步骤如下：

① 用 ϕ4.0 mm 铁线或小绳临时将供电线提起固定在肩架上，使悬式复合绝缘子处在非受力状态。

② 对损伤的悬式复合绝缘子进行更换。

③ 绝缘子更换完毕，将供电线重新安装到位，拆除工机具。

二、质量标准

① 瓷质绝缘子裙边距接地体的距离正常值≥100 mm，困难值≥75 mm；棒式绝缘子裙边距接地体的距离≥50 m。

② 瓷质绝缘子表面瓷釉均匀且表面清洁、光滑无脏污。

③ 绝缘子表面完整无破损、无破碎性裂纹，瓷釉剥落面积不大于 300 m^2，腕臂绝缘子压板无裂纹。

④ 复合绝缘子裙边距接地体的距离应不小于 50 mm。

⑤ 绝缘子表面清洁、无脏污、无破损等。

⑥ 绝缘子本体线性良好，弯曲度不超过 1%。

⑦ 绝缘子硅橡胶部分与铁件间密贴良好，无缝隙和开裂等现象。

三、注意事项

（1）作业时，要时刻注意受力紧线工具的状态，严防滑动。

（2）起吊绝缘子时，要绑好晃绳，严防碰触绝缘子，以免损坏。

（3）更换绝缘子要注意接地。

（4）高空作业时，操作人员安全带的双安全绳系在安全可靠位置，不得系在需要卸载的物体上。

四、训练测评

操作时间规定为 40 min。在规定时间内完成，不加分也不扣分，每超时 1 min，从总分中扣 1 分，超时 10 min，停止作业。

测评记录内容如表 11-3 所示。

表 11-3　测评记录表

项目	配分	测评要求及评分标准	扣分	得分	备注
料具准备	10	要求料具齐全完好，规格型号相符，每缺一件扣 3 分，规格不符每件扣 2 分			
质量要求	60	（1）未检查绝缘子杆柱状态，扣 5 分			
		（2）检查支柱拉线状态，表述不准确，扣 5 分			
		（3）未检查支柱状态是否倾斜、无裂纹，扣 5 分			
		（4）未检查安全带外观是否破损，扣 5 分，表述不准确扣 2 分			
		（5）检查安全帽外观是否破损，未检查扣 5 分，表述不准确扣 2 分			
		（6）检查绝缘鞋外观是否破损，未检查扣 5 分，表述不准确扣 2 分			

续表

项目	配分	测评要求及评分标准	扣分	得分	备注
质量要求	60	（7）攀登支柱时，动作不正确，每次扣5分			
		（8）安全带未系在支柱上或牢固的构架上失格，作业完毕有工具材料遗留在支柱上失格			
		（9）检查绝缘子状态，表述不准确扣5分			
		（10）铁锚压板安装不标准，每处扣5分			
		（11）腕臂与棒瓶连接不落槽，扣10分			
		（12）平头销、开口销未安装正确，每处扣5分			
		（13）螺栓未紧固，每处扣5分			
		备注：扣完配分失格			
安全作业	20	（1）作业中出现一般违章现象每次扣5分			
		（2）作业中出现严重违章现象每次扣20分			
		（3）作业中工具滑脱，每次扣5分			
文明作业	10	（1）作业时必配的个人工具、劳保用具、安全用具每缺一件扣5分			
		（2）作业中出现不文明语言或动作每次扣10分			
		（3）作业完毕，料具有一件不归位扣3分			
测评超时					
合计	100				

复习思考题

一、选择题

1. 绝缘子的钢体连接件和瓷体之间应用不低于（　　）号硅酸盐水泥胶合剂黏接成一个整体，以增加其机械强度。

A. 425　　B. 325　　C. 300

2. 绝缘子机械破坏负荷均应留有裕度，一般安全系数按（　　）选取。

A. 1.0 ~ 2.0　　B. 2.0 ~ 2.5　　C. 0.5 ~ 1.5

3.（　　）是指绝缘子表面处于干燥状态时，使其表面达到闪络的最低电压值。

A. 干闪电压　　B. 湿闪电压　　C. 击穿电压

4.（　　）是雨水降落方向与水平面呈45°淋在绝缘子表面时，使其闪络的最低电压值。

A. 干闪电压　　B. 湿闪电压　　C. 击穿电压

5.（　　）是指绝缘子瓷体被击穿而失去绝缘作用的最低电压值。

A. 干闪电压　　B. 湿闪电压　　C. 击穿电压

6. 绝缘子的电气性能随着使用时间的推移，其绝缘强度会逐渐（　　）。
   A. 增加　　B. 不变　　C. 降低
7. 棒式绝缘子弯曲度不得超过（　　）。
   A. 0.5%　　B. 1%　　C. 1.5%　　D. 2.5%
8. 绝缘子的电气性能不能用（　　）来表示。
   A. 干闪电压　　B. 湿闪电压　　C. 击穿电压　　D. 额定电压
9. 铁路绝缘子表面积污的原因有（　　）。
   A. 环境污染　　B. 内燃电力混合牵引时内燃机排放的烟尘
   C. 列车闸瓦磨损产生的金属屑　　D. 以上都不是
10. 爬距一般比电气间距（　　）。
   A. 大　　B. 小　　C. 相等　　D. 都有可能
11. 解决绝缘子污闪问题的主要措施有（　　）。
   A. 采用复合绝缘子　　B. 涂憎水性油脂
   C. 合理安排清扫周期　　D. 采用陶瓷绝缘子
12. 限制钢化玻璃绝缘子在电气化铁路推广使用的主要原因是（　　）。
   A. 价格昂贵　　B. 自爆率高
   C. 耐振动性能差　　D. 自洁性能差，易老化

二、判断题

1. 绝缘子完全丧失绝缘性能称为闪络。（　　）
2. 铁路上一般在重污区采用陶瓷绝缘子。（　　）
3. 防污绝缘子与普通绝缘子相比，其爬电距离更长。（　　）
4. 棒式绝缘子广泛应用于腕臂装配。（　　）
5. 绝缘子的击穿电压大于干闪电压。（　　）
6. 悬式绝缘子能承受压力。（　　）

三、问答题

1. 说明 XP-7、QBN1-25、QX-25A 等绝缘子型号的含义。
2. 说明钢化绝缘子的特点。
3. 说明复合绝缘子的特点。
4. 悬式绝缘子、棒式绝缘子、针式绝缘子各应用何种场合？
5. 绝缘子的电气性能有哪些？
6. 绝缘子有哪些分类方法？各有什么作用？
7. 绝缘子按照结构分类主要有哪些？
8. 绝缘子按照材质分类主要有哪些？

第十二章　隔离开关

隔离开关是具有可靠断口的开关，而且断开间隙的绝缘及相间绝缘都是足够可靠的，可用于通断有电压而无负载的线路，还允许接通或断开空载的短线路、电压互感器及有限容量的空载变压器。

第一节　隔离开关的类型

隔离开关主要用来将配电装置中需要停电的部分与带电部分可靠地隔离，以保证检修工作的安全。由于隔离开关触头全部敞露在空气中，具有明显的断开点，隔离开关没有灭弧装置，因此不能用来切断负荷电流或短路电流，否则在高压作用下，断开点将产生强烈电弧，并很难自行熄灭，甚至可能造成飞弧（相对地或相间短路），烧损设备，危及人身安全，这就是所谓"带负荷拉隔离开关"的严重事故。

隔离开关还可以用来进行某些切换操作，以改变系统的运行方式。例如：在双母线电路中，可以用隔离开关将运行中的电路从一条母线切换到另一条母线上；同时，也可以用来操作一些小电流的电路。如励磁电流不超过 2 A 的空载变压器，电容电流不超过 5 A 的空载线路等，有的隔离开关带有高压传感器，可接带电显示器。

隔离开关按安装地点不同可分为室内式和室外式；按绝缘支柱数目分为单柱式，双柱式和三柱式，各电压等级都有可选设备。

室外型包括单极开关及三极隔离开关，常用作把供电线路与用户分开的第一断路隔离开关；室内型往往与高压断路器串联连接，配套使用，以保证停电的可靠性。此外，在高压成套配电装置中，隔离开关常用作电压互感器、避雷器、配电所用变压器及计量柜的高压控制电器。

一、隔离开关的结构

隔离开关主要由导电部分、绝缘部分、支持底座或框架、传动机构和操动机构等几部分组成。

1. 导电部分

由一条弯成直角的铜板构成静触头，其有孔的一端可通过螺钉与母线相连接；另一端较短，合闸时它与动刀片（动触头）相接触。

两条铜板组成接触条，又称为动触头，可绕轴转动一定角度，合闸时它夹持住静触头。两条铜板之间有夹紧弹簧，用以调节动静触头间的接触压力，同时两条铜板，在流过相同方向的电流时，它们之间产生相互吸引的电动势，这就增大了接触压力，提高了运行可靠性。在接触条两端安装有镀锌钢片，称之为磁锁，它保证在流过短路故障电流时，磁锁磁化后产生的相互吸引的力量，加强触头的接触压力，从而提高了隔离开关的动，热稳定性。

2. 绝缘部分

隔离开关的绝缘主要有两种：第一种是对地绝缘，第二种是断口绝缘。对地绝缘一般由支柱绝缘子和操作绝缘子构成。它们通常采用实心棒形瓷质绝缘子，有的采用环氧树脂等作为绝缘材料。断口绝缘是具有明显可见的间隙断口，绝缘必须稳定可靠，通常以空气为绝缘介质，断口绝缘水平应较对地绝缘高 10%～15%，以保证断口处不发生闪络或击穿。

动静触头分别固定在两套支持瓷瓶上。对型号中带 C 的，动触头固定在套管瓷瓶上。为了使动触头与金属的接地的传动部分绝缘，采用瓷质绝缘的拉杆绝缘子。

3. 传动部分

传动部分有主轴、拐臂、拉杆绝缘子等。

4. 底座部分

底座部分由钢架组成。支持瓷瓶或套管瓷瓶以及传动主轴都固定在底座上。底座应接地。

总之，隔离开关结构简单，无灭弧装置，处于断开位置时有明显的断开点，其分合状态很直观。

二、隔离开关型号及含义

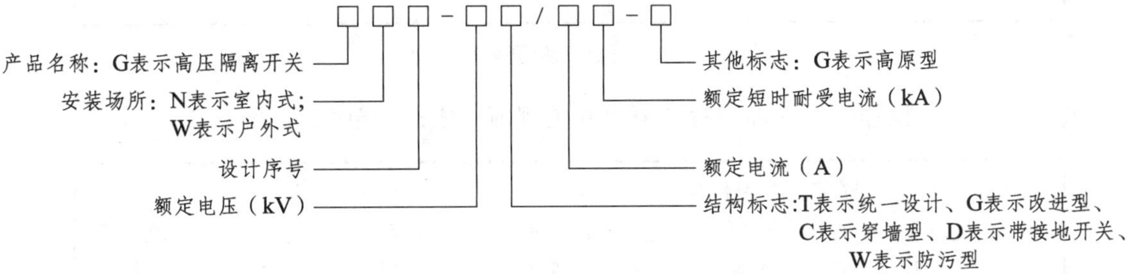

例如：GN19-12/630-20 为用于 10 kV 系统、额定电流为 630 A、额定短时耐受电流为 20 kA 的户内高压隔离开关。GN24-12D2/1250-40 为用于 10 kV 系统、额定电流为 1 250 A、额定短时耐受电流为 40 kA 的户内高压隔离开关（带接地开关且位于静触头侧）。

三、隔离开关操作与运行

从事隔离开关倒闸作业的人员，其安全等级应不低于三级。由于隔离开关触头外露，作业人员可以清楚地观察到它的开、闭状态，检修后应恢复原状。

凡接触网及电力作业人员进行隔离开关倒闸时，都必须有电力调度的命令。对车站、机务段、厂矿等有权操作隔离开关的单位，在向电力调度申请倒闸命令之前，要令人应向单位主管负责人办理倒闸手续。对遇有危及人身或设备安全的紧急情况，可以不经电力调度批准，先行断开断路器或有条件断开的隔离开关，并立即报告电力调度，但在闭合时必须有电力调度员的命令。

在进行隔离开关倒闸作业时，先由操作人向电力调度提出申请，经电力调度审查后发布倒闸作业命令，操作人受令复诵，电力调度员确认无误后，方可给命令编号和批准时间。倒闸人员必须戴好安全帽和绝缘手套，接到倒闸命令后，要迅速准确地进行倒闸，一次开闭到位，中途不得停留和发生冲击。

每次倒闸作业，发令人要将命令内容等记入“倒闸操作命令记录”（见表 12-1）。

表 12-1　倒闸操作命令记录

命令号	月日	命令内容	发令人	受令人	操作卡片	批准时间	完成时间	报告人	完成报告单	电力调度员

要令人要填写“隔离开关倒闸命令票”，如图 12-1 所示。

隔离开关倒闸命令票　　　　第___号

1. 把______车站（或区间）第______号隔离开关______闭合或断开；

2. 再将______车站（或区间）第______号隔离开关______闭合或断开。

发令人______受令人

批准时间：____时____分　　　日期：____年____月____日

图 12-1　隔离开关倒闸命令票

操作完成后，操作人要立即填写“隔离开关倒闸完成报告单”，如图 12-2 所示。

隔离开关倒闸完成报告单　　　　第___号

1. ______车站（或区间）第______号隔离开关已于____时____分______闭合或断开；

2. ______车站（或区间）第______号隔离开关已于____时____分______闭合或断开；

倒闸操作人______电力调度员

完成时间：____时____分　　　日期：____年____月____日

图 12-2　隔离开关倒闸完成报告单

电力调度员要及时发布完成时间和命令编号并记入“倒闸操作命令记录”中，至此倒闸作业方告结束。上述各种命令票和记录单均可在“接触网安全工作规程”中查到。

四、隔离开关检调标准

隔离开关检调时，首先要确定编号及分合闸位置，检调后应恢复原状，经常操作的隔离开关，检修周期为 3 ~ 6 个月，不经常操作的隔离开关，检修周期为 9 ~ 10 个月，检调标准如下：

（1）各部分零件连接牢固，铁件无锈蚀，操作机构灵活可靠。

（2）开关瓷柱转动灵活，水平转角 90°，误差为 1°，合闸时，刀闸触头接触紧密良好，呈水平状态，两闸刀中心线为一直线，止钉间隙为 1 ~ 3 mm。

（3）触头入槽后，用 0.05 mm × 10 mm 的塞尺检查。对于线接触，应塞不进去；对于面接触表面，当宽度为 50 mm 以下时，塞进深度不超过 4 mm；当接触表面宽度为 60 mm 及以上时，塞进深度不应超过 6 mm。

（4）绝缘瓷柱清洁，无裂纹和放电痕迹，破损面不大于 300 mm^2，用 2 500 kV 兆欧表测绝缘电阻，与前一次比较不应有明显降低，测接地电阻不得大于 10 Ω。

（5）开关引线距绝缘子和接地体不小于 300 mm，引线张力不大于 500 N，跨越相邻承力索时，间距应大于 400 mm，带接地闸刀的开关，接地闸刀与两主闸刀在同时运行过程中，空气间隙之和不小于 400 mm。

（6）开关应加锁，锁头无锈蚀，开闭方便。

（7）除铜件外的金属部件，应除锈涂漆，铜件应涂工业凡士林油。

第二节　隔离开关安装

一、工作方法和步骤

（一）准备工作

（1）人员：3 ~ 5 人。

（2）工具：滑轮组、单滑轮、台钻、管刀、台虎钳、隔离开关吊架、手锤、钢锯、钢锯条、铁丝套子、皮尺、卷尺、吊绳、水平尺、线坠、温度计、小油桶、油刷、钢丝刷、除锈刀、塞尺、锉刀、大梯子、棕绳、开关钥匙、接地线、安全带、安全防护工具等。

（3）材料：ϕ4.0 mm 铁线、ϕ1.8 mm 绑扎铁线、棉纱、砂布、油漆、红丹、中性凡士林、黄油、毛巾、汽油、毛笔等。

（二）操作方法、步骤

1. 隔离开关的外观检查

（1）绝缘瓷应光洁、无裂纹、破损等缺陷，铁件防腐层完好，无锈蚀现象，零配件齐全。

（2）合闸角度应符合要求，合闸时闸刀水平，两闸刀中心线相吻合；分闸时角度为 90°，允许误差为 + 1°，止钉间隙为 1 ~ 3 mm。

（3）触头接触良好，接触压力符合要求，瓷柱转动灵活。

（4）接地闸刀合闸角度符合要求，联锁可靠，转动灵活。

（5）操作机构配套，操作灵活、省力。

2. 测量隔离开关传动杆长度

（1）确定操动机构托架安装位置（距地面约为 1.1 m），用白漆作标记，混凝土腕臂柱应位于杆孔中部。

（2）腕臂柱，由杆顶量至操动机构托架安装位置，量得尺寸加上托架槽钢、隔离开关底座角钢的厚度，可得传动杆长度。

（3）软横跨柱，由操动机构托架位置向上量出 7.4 m，作出标记，即隔离开关托架安装位置，传动杆长度等于 7.4 m 加上隔离开关托架角钢厚度。

3. 检查各零配件的配套情况

检查隔离开关和托架的安装配合、操动机构和托架的安装配合、操动机构托架和支柱孔（混凝土柱）的安装配合情况。

4. 预　配

（1）按杆号、杆型及隔离开关安装图，将本组配件预配成套，标明杆号。

（2）按传动杆测量长度切钢管。

（3）传动杆打孔。

① 将切好的传动杆一端套在处于合闸状态的隔离开关操动轴上，用台钻将管子和轴一同打孔（钻头应穿透），穿螺栓将螺帽拧紧。孔中心距管端 20 mm。

② 在距上孔 30 mm 处再打一孔，两孔方向互成 90°，并穿螺栓拧紧。

③ 将隔离开关置于合闸位置，并连同传动杆搬到事先搭好的台架上，台架位置和高度应保证传动杆处于水平状态和传动杆另一端在台钻上便于打孔，隔离开关在台架上应垫平稳。

④ 将处于合闸位置状态的操动机构的操动轴套入传动杆的另一端，与操动机构托架连接面垂直放在台钻工作台上。确认隔离开关处于标准合闸状态及传动杆水平后，在距管端 20 mm 处，将管子连同操动轴打透孔，穿螺栓拧紧。挪动 30 mm，再打透一孔。

⑤ 将螺栓卸下，分别在操动机构、隔离开关及传动杆上标明杆号，并标明操动杆的上、下端。

⑥ 设备线夹与隔离开关配套打孔。

⑦ 隔离开关轴及操动机构轴加润滑剂（凡士林油）。

5. 隔离开关的安装

（1）腕臂柱隔离开关安装。

图 12-3 为隔离开关吊架示意图，图 12-4 为腕臂柱隔离开关吊装示意图。

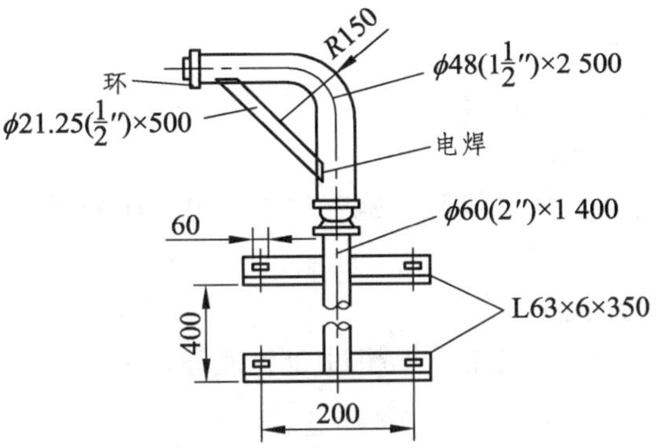

图 12-3　隔离开关吊架示意图

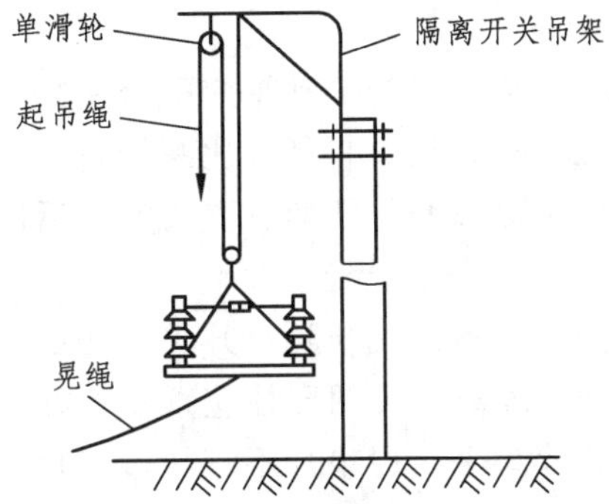

图 12-4　腕臂柱隔离开关吊装示意图

① 用皮尺测量确定踏脚底座位置，安装踏脚底座。

② 在杆顶安装开关托架。

③ 在杆顶田野侧固定隔离开关吊架架座，并将架臂插入架座管中，转向田野侧。

④ 在吊臂端挂滑轮，绑好隔离开关并绑好晃绳。

⑤ 起吊隔离开关，吊至超过开关托架高度时，转动吊架架臂，使开关位于杆顶正上方，然后慢松吊绳，对准安装孔穿螺栓固定隔离开关。

⑥ 将传动杆与隔离开关操动轴用螺栓连接起来，拧紧螺帽，然后用钢锯将螺栓多余丝扣部分锯掉，再用手锤打击将螺帽封死。

⑦ 撤除单滑轮、开关吊架等工具。

⑧ 安装操动机构托架。

⑨ 将操动机构与传动杆连接起来（同步骤⑥），并固定操动机构。

⑩ 将操动机构加锁。

（2）软横跨柱隔离开关的安装。

软横跨柱隔离开关安装如图 12-5 所示。

① 安装隔离开关支架。

② 在开关支架上方 2 m 左右处，将跳线槽钢临时固定在支柱上，杆顶至槽钢端部用铁线拉紧。

③ 在跳线槽钢端部挂滑轮，用置放于滑轮中的起吊拉绳绑好隔离开关，并绑好晃绳。

④ 起吊隔离开关，吊至支架上方时，杆上人员将隔离开关推拉至开关支架中部，然后慢松起吊拉绳，将隔离开关置稳并安装固定好。

以下步骤同腕臂柱上隔离开关安装操作步骤⑥、⑦、⑧、⑨、⑩。

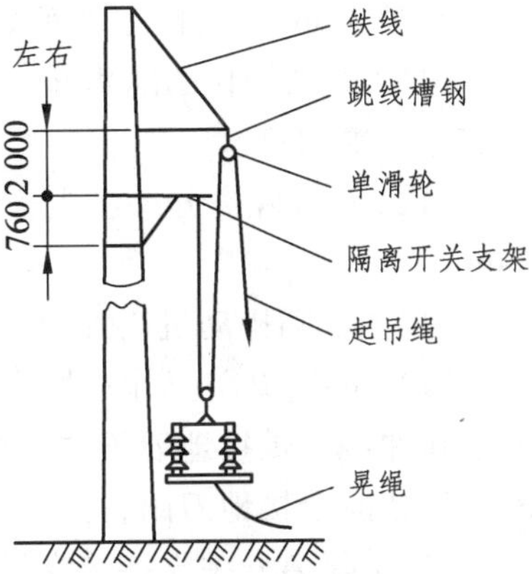

图 12-5　软横跨柱隔离开关安装示意图

隔离开关安装好后，操作操动机构反复动作，观察隔离开关开合闸角度，闸刀触头接触情况，接地闸刀动作及接触情况，操作灵活程度等，发现问题，立即进行调整。

二、质量标准

（1）传动杆与操动轴应配合密贴，连接可靠，不得晃动。

（2）打孔钻头直径应比螺栓直径小 0.1 ~ 0.2 mm。

（3）隔离开关托架、支架安装后固定角钢应呈水平状态，施工误差为 0 ~ 100 mm，杆顶不平者可预先用混凝土找平。

（4）设备线夹与隔离开关接触面应精加工并找平。

（5）隔离开关两瓷柱应直立，并相互平行，施工误差不得超过 2°，底座应水平，不平者可用垫片垫平，但垫片不宜超过三片。

（6）隔离开关的分闸角度及合闸状态应符合产品的技术要求，GW4 型开关瓷柱转动灵活，水平自转角度为 90°；开关处于合闸位时，刀闸应入槽顺利，接触良好并呈水平状态；分闸时，两片刀闸应随瓷柱转动，转角为 90°。在合闸位时，两瓷柱中心线应平行，间距为 540 mm；在分闸位时，带电和接地部分之间应保证 500 mm 的距离。

（7）引线及连接线应连接牢固，接触良好，无破损和烧伤。引线与接地体的距离应不小于 330 mm，引线的长度应保证当接触悬挂温度变化时有一定的活动余量，但还应使之不侵入限界，引线摆动到极限位置对接地体的距离符合规定。电连接引线安装牢固，接触良好，其拉力不大于 500 N，以免瓷柱受力过大。

（8）引线无松散、断股、扭转现象，不得有接头。

（9）隔离开关应动作可靠、转动灵活，合闸时触头接触良好，引线和连接线的截面与开关的额定电流及所连接的接触网当量截面相适应，引线不得有接头。

（10）隔离开关的触头接触面应平整、光洁，无损伤，并涂以导电介质。隔离开关合闸时触头接触紧密、接触压力均匀，无回弹现象。用 0.05 mm × 10 mm 的塞尺检查触头接触时，对于线接触者，应塞不进去；对于面接触者的塞入深度，当接触表面宽度为 50 mm 及以下时，不应超过 4 mm，当接触表面宽度为 60 mm 及以上时，不应超过 6 mm。

（11）电动操作的隔离开关电动机应转向正确，机械系统润滑良好，分合闸指示器与开关的实际位置相符。

（12）双极隔离开关触头接触的不同期值应符合产品的技术条件，无明确规定者应不超过 5 mm。

（13）手动操动机构安装高度以距地面 1.0 ~ 1.1 m 为宜，操作场地地面不平者，应整平。

（14）隔离开关操作机构应完好无损并加锁，转动部分注润滑油，操作时平稳、正确、无卡阻和冲击。带接地刀闸的隔离开关，其主刀闸和接地刀闸之间应有闭锁装置，保证主刀闸断开后才能合接地刀闸，接地刀闸断开后才能合主刀闸。

（15）隔离开关支持绝缘子应清洁、无破损和放电痕迹，瓷釉剥落面积不超过 300 mm^2。

（16）新安装的隔离开关在投入运行前应做交流耐压试验，运行中每年用 2 500 V 兆欧表测量一次绝缘电阻，与前一次测量结果相比不应有显著降低。

三、注意事项

（1）隔离开关起吊过程中，应注意防止瓷件与支柱碰撞。

（2）作业时应遵守登高作业安全规程的有关规定。

（3）在安装调整隔离开关时，地面配合打开、闭合开关人员要听从上边作业人员的指挥，呼唤应答。

四、训练测评

操作时间规定为 40 min。在规定时间内完成，不加分也不扣分，每超时 1 min，从总分中扣 1 分，超时 10 min，停止作业。

测评记录内容如表 12-2 所示。

表 12-2　测评记录表

项目	配分	测评要求及评分标准	扣分	得分	备注
料具准备	10	要求料具齐全完好，规格型号相符，每缺一件扣 3 分，规格不符每件扣 2 分			
质量要求	60	（1）安装前检查隔离开关状态，漏检或错检每处扣 5 分			
		（2）隔离开关触头接触不密贴，扣 5 分			
		（3）隔离开关分、合闸角度不符合要求，扣 10 分			
		（4）操动机构卡滞扣 5 分			
		（5）绝缘瓷柱脏污扣 10 分；瓷柱破损面积超过 300 mm^2 扣 20 分			
		（6）绝缘间隙不符合要求扣 20 分			
		（7）隔离开关引线与接地体距离不符合要求，每处扣 10 分			
		（8）各部螺栓有松动，每处扣 2 分			
		备注：扣完配分失格			
安全作业	20	（1）作业中出现一般违章现象每次扣 5 分			
		（2）作业中出现严重违章现象每次扣 20 分			
		（3）作业中工具滑脱，每次扣 5 分			
文明作业	10	（1）作业时必配的个人工具、劳保用具、安全用具每缺一件扣 5 分			
		（2）作业中出现不文明语言或动作每次扣 10 分			
		（3）作业完毕，料具有一件不归位扣 3 分			
测评超时					
合计	100				

复习思考题

一、填空题

1. 隔离开关操作倒闸作业必须________进行，一人________，一人________，其安全等级不得低于三级。

2. 凡接触网及电力作业人员进行隔离开关倒闸时，都必须有___________的命令。

二、判断题

1. 雷雨天气允许在室外进行隔离开关的倒闸作业。(　　)

2. 能带负荷进行隔离开关倒闸作业。(　　)

3. 隔离开关倒闸作业人员安全等级不得低于四级。(　　)

4. 严禁带负荷进行隔离开关倒闸作业。(　　)

5. 断路器在分闸状态下有明显的断口，在合闸状态下能可靠地通过额定电流和短路电流。(　　)

6. 断路器与隔离开关串联组合时，合闸先合隔离开关，后合断路器。(　　)

7. 断路器与隔离开关串联组合时，分闸先分隔离开关，后分断路器。(　　)

8. 隔离开关应具有明显的断开点（肉眼可见），易于鉴别负荷是否与电源断开。(　　)

9. 倒闸人员必须戴好安全帽和绝缘手套，接到倒闸命令后，要迅速准确地进行倒闸，一次开闭到位，中途可以停留和发生冲击。(　　)

三、选择题

1. 隔离开关支持绝缘子应清洁，无破损和放电痕迹，瓷釉剥落面积不超过(　　)mm^2。

A. 300　　B. 330　　C. 350　　D. 400

2. 隔离开关、负荷开关的机构箱或传动机构须加锁，钥匙应存放于(　　)并由专人保管。

A. 任何地点　　B. 固定地点　　C. 机构箱上　　D. 汽车上

3. 隔离开关操作机构应安设在支柱距地面（　　）m 高度处。

A. 1.3　　B. 1.2　　C. 1.1　　D. 1.4

4. 隔离开关引线距接地体的距离应不小于（　　）mm。

A. 330　　B. 350　　C. 400　　D. 450

5. GW4-25/630T 与 GW4-25/630TD 为电气化铁道专用耐污型隔离开关，额定电压为（　　）kV。

A. 10　　B. 25　　C. 27.5　　D. 35

6. 从事隔离开关倒闸作业的人员，其安全等级应不低于（　　）级。

A. 1　　B. 2　　C. 3　　D. 4

7. 凡接触网及电力作业人员进行隔离开关倒闸时，都必须有（　　）的命令。

A. 值班员　　B. 领班员　　C. 电力调度　　D. 上级领导

8. 经常操作的隔离开关，检修周期为（　　）个月。

A. 1 ~ 2　　B. 1 ~ 3　　C. 3 ~ 5　　D. 3 ~ 6

9. 不经常操作的隔离开关，检修周期为（　　）个月。

A. 3～6　　B. 6～9　　C. 9～10　　D. 9～12

10. 开关瓷柱转动灵活，水平转角90°，误差为（　　）。

A. 1°　　B. 1.5°　　C. 2°　　D. 2.5°

11. 绝缘鞋、绝缘手套和绝缘棒，要存放于阴凉干燥、不落灰尘的容器内，每（　　）个月各站、段送供电段检查一次，每次使用后用干布擦拭干净。

A. 1　　B. 3　　C. 6　　D. 9

第十三章　电连接

电连接的作用是将接触悬挂各导线之间、各分段之间，或各股道接触悬挂之间的电路连接起来，保证电路的畅通，通过电连接实现并联供电，增大载流截面，减少阻抗，减少电能损耗，提高供电质量。在电气设备与接触网之间，用电连接线进行可靠地连接，使设备充分发挥作用，避免出现烧损事故，完成各种供电方式和检修的需要。

电连接由电连接线和电连接线夹组成。电连接线用导电性能好的材料制成，允许通过电流不得小于被连接接触悬挂和供电线的额定载流量，且不得有接头。具体电连接截面的选型应根据接触悬挂的载流量选择，载流截面不应小于被连接悬挂的额定载流量要求。在架设铜接触线和铜合金接触线区段，采用软铜绞线 TRJ-95、TRJ-120。电连接线的线径选择主要依据承力索的截面面积确定：当承力索为 95 mm^2 及以下导线时，电连接线用 TRJ-95；承力索用 120 mm^2 导线时，电连接线用 TRJ-120。在钢铝接触线区段，采用 LJ-150 多股铝绞线。为减少电连接线与接触线连接处的硬点，保持接触网弹性，要求电连接线做成螺旋弹簧状，以适应线索间顺线路方向发生移动时的拉伸；当电连接在连接处意外烧损时，还可放开几圈继续使用，以节约材料。

电连接应做成弹簧形状，在承力索和接触线之间盘成 3 ~ 5 个圈，圈距为 50 mm，铜电连接线的弹簧圈内径为线径的 3 ~ 5 倍，铝电连接线的弹簧圈内径为线径的 5 ~ 8 倍，弹簧圈底圈与接触线的距离为 200 ~ 300 mm。

第一节　电连接的类型

电连接按其用途分为横向电连接和纵向电连接两种。

电连接根据安装位置分为横向电连接、股道电连接、锚段关节电连接、线岔电连接、隔离开关电连接、避雷器电连接等。

一、横向电连接

横向电连接是承力索和接触线之间的电气连接，其作用是实现接触线和承力索并联供电，避免承力索的电流经吊弦流向接触线将吊弦烧坏。横向电连接的结构如图 13-1 所示。

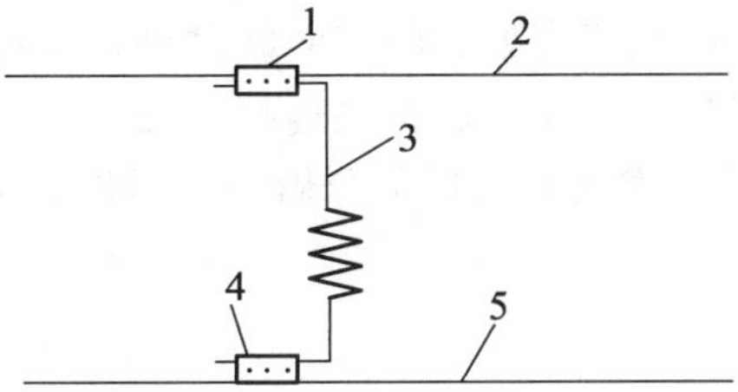

1—承力索电连接线夹；2—承力索；3—电连接线；4—接触线电连接线夹；5—接触线。

图 13-1 横向电连接的结构

在载流承力索区段，每隔 200 ~ 250 m 安装一组电连接。当隧道内为简单悬挂、隧道外为链形悬挂时，在隧道口的承力索与接触线间应安装横向电连接。

二、股道间电连接

股道间电连接用于多股道接触悬挂间的电气连接。它的作用是将各股道接触悬挂并联起来，当电力机车启动取流时，多股道接触悬挂并联供电，可向电力机车提供所需的大电流，并可减少电能损耗和电压损失。股道间电连接的结构如图 13-2 所示。

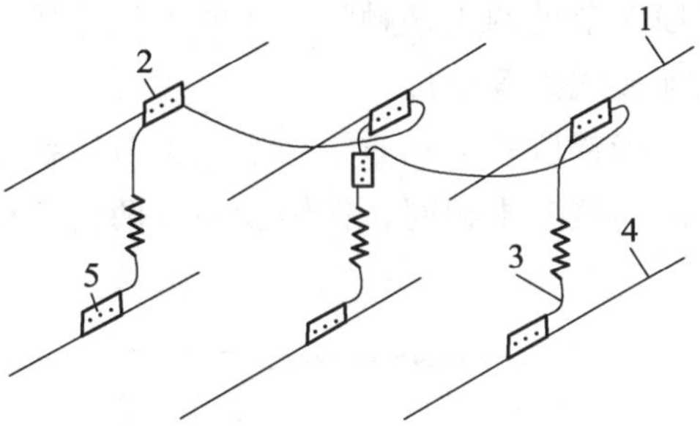

1—承力索；2—承力索电连接线夹；3—电连接线；
4—接触线；5—接触线电连接线夹。

图 13-2 股道间电连接的结构

股道间电连接安装在设计指定的位置上，在停车较少的小站，仅在车站中部安装一组电连接；在停车较多的大站，由于电力机车启动时的启动电流较大，电连接应尽可能安装在电力机车启动位置的附近，一般在车站的两端各安装一组电连接。股道间电连接线的水平部分不宜过紧，但又不要太松，以保证承力索在温度变化时能自由伸缩，一般有 200 mm 的弛度即可。

三、道岔电连接

道岔电连接用于道岔两支接触悬挂间的电气连接。它的作用是使道岔处两接触悬挂连接起来，使之等电位。

在道岔上方，两工作支接触线相交处，除安装线岔外，均应安装电连接（交叉渡线的菱形交叉处，仅安装线岔，不安装电连接）。道岔电连接一般安装在线岔工作支侧两承力索间距为 400 ~ 500 mm 处，其在两承力索间的水平部分做成圆弧形，垂直部分做成弹簧状，其结构如图 13-3 所示。

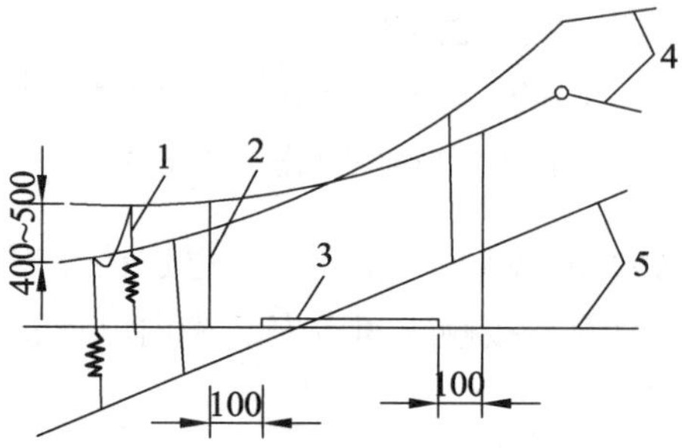

1—电连接线；2—吊弦；3—线岔；4—承力索；5—接触线。

图 13-3　道岔电连接的结构

四、锚段关节电连接

锚段关节电连接用于锚段关节处两支接触悬挂间的电气连接。它的作用是使锚段关节处两接触悬挂连接起来，使电连接线处等电位。

锚段关节电连接安装在绝缘锚段关节和非绝缘锚段关节转换柱的锚柱侧，距转换柱 10 m 的地方，其连接方式与道岔电连接基本相同，在锚段关节两转换柱处各装一组。锚段关节电连接的结构如图 13-4 所示。

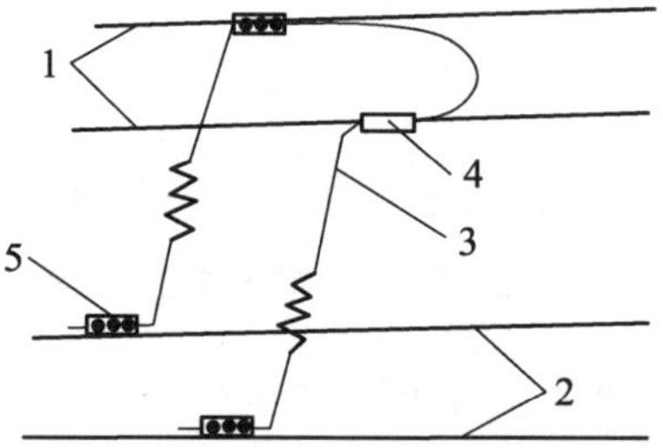

1—承力索；2—接触线；3—电连接线；4—承力索电连接线夹；5—接触线电连接线夹。

图 13-4　锚段关节电连接的结构

五、隔离开关电连接

隔离开关电连接用于接触悬挂与隔离开关之间，即隔离开关引线。它的作用是将电分段的锚段与锚段之间、股道与股道之间的接触悬挂通过隔离开关连接起来。

在绝缘锚段关节处的隔离开关电连接，电连接引线的一端直接与锚段关节电连接相连，另一端则与转换柱内侧距转换柱 5 m 处所要绝缘的另一接触悬挂连接。站场分段绝缘器处的隔离开关电连接，安装在距分段绝缘器外端不小于 1.5 m 处。隔离开关电连接的结构如图 13-5 所示。

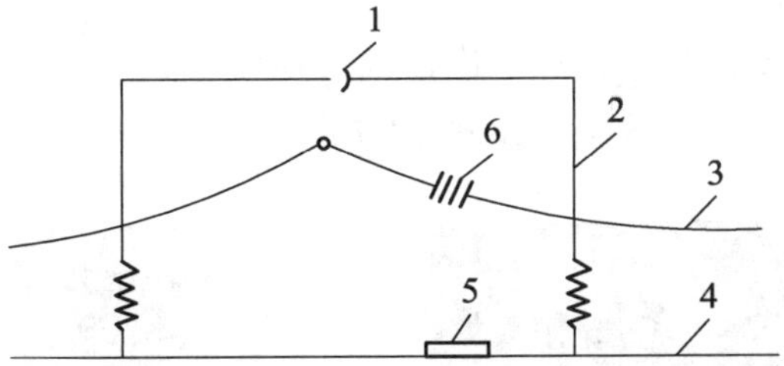

1—隔离开关；2—电连接线；3—承力索；4—接触线；5—分段绝缘器；6—悬式绝缘子。

图 13-5　隔离开关电连接的结构

六、避雷器电连接

避雷器电连接用于避雷器与接触悬挂之间，其作用是当接触网上有大气过电压时，接触网能通过避雷器和电连接接地放电。

避雷器电连接线的一端用电连接线夹固定在棒式绝缘子下面的连接板上，另一端固定在线路方向距避雷器 10 m 的接触网上，其结构如图 13-6 所示。

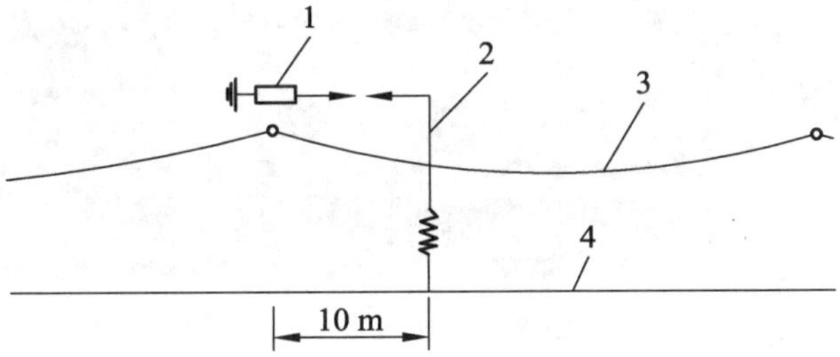

1—避雷器；2—电连接线；3—承力索；4—接触线。

图 13-6　避雷器电连接的结构

第二节　电连接安装

一、工作方法和步骤

（一）准备工作

（1）人员：2 ~ 3 人。

（2）工具：激光检测仪、水平仪、卷尺、导线扭面器、棉纱、力矩扳手、温度计、电动液压钳、拆卸模具、压接模具（接触线）、压接模具（承力索）、安全防护用具等。

（3）材料：砂纸、汽油、电力复合脂、承力索电连接线夹、接触线电连接线夹、电连接线等。

（二）操作方法、步骤

1. 使用并沟式电连接线夹安装电连接

（1）根据现场线索型号、材质选取电连接线夹检查线夹状态，电连接线夹的材质、规格及线槽标识必须与被连接线索相适应，如图 13-7 所示。

图 13-7　电连接线夹

（2）拆开电连接线夹，用砂纸进行打磨去除氧化层，并在线槽内均匀涂抹电力复合脂，如图 13-8 所示。

图 13-8　电连接线夹打磨

（3）安装前，检查电连接线夹安装处接触线无偏磨、无异常磨耗。对安装线夹处的线索先用汽油擦洗至露出金属本色或用砂纸打磨去除氧化层，并将接触面打磨光滑，在线上均匀涂抹电力复合脂。

（4）将电连接线临时绑扎到承力索上，注意调整电连接线弛度，留有一定的余量，满足线索随温度变化伸缩的要求，如图 13-9 所示。

图 13-9　电连接临时绑扎固定

（5）将电连接线用线夹进行连接，用力矩扳手按标准力矩进行紧固，电连接线夹内不允许进行任何形式的绑扎，承力索与电连接线不允许绑扎，接触线电连接线夹出线端头露出线夹 20 mm，并向被连接线的反方向适当上翘，弹簧圈不松弛。接触线电连接线夹在直线处应处于铅垂状态，在曲线处应与接触线的倾斜度一致。

（6）再次检查接触线电连接线夹落槽，所有螺栓、螺帽按力矩紧固到位，用电力复合脂将接触线、承力索电连接线夹缝隙处进行密封，如图 13-10 所示。

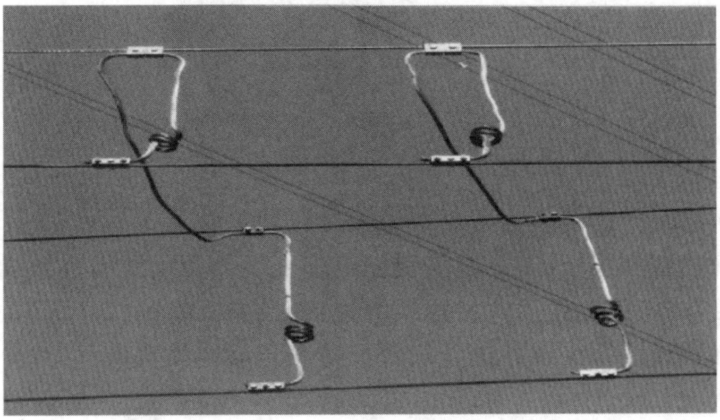

图 13-10　电连接夹安装完成

2. 使用压接式电连接线夹安装电连接

电连接线夹采用压接式电连接线夹，压接时必须采用供货商提供的专业压接工具及匹配的压接模。按照产品使用手册中要求的压接工艺进行压接。

安装前，应仔细阅读电动液压泵和压接头的使用说明书，压接时电动液压泵应始终保持竖立状态，不能过度倾斜或放倒，以免损伤泵。压接头的销钉必须插到位，贯穿压接头量耳孔，不允许插入不到位现象，以免损伤压接头。

（1）接触线电连接线夹的压接。

接触线电连接线夹如图 13-11 所示。

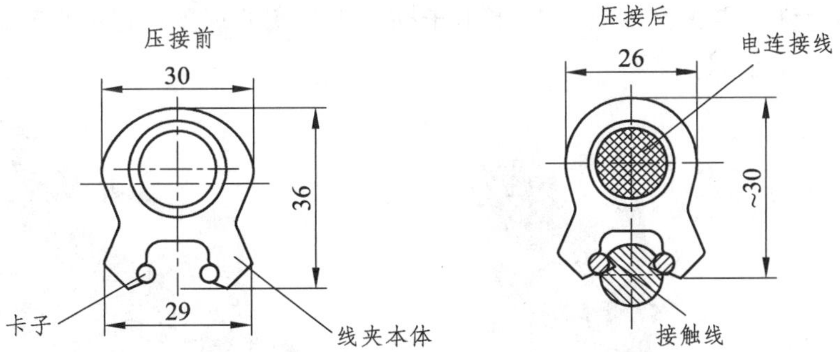

图 13-11　接触线电连接线夹示意图

① 接触线电连接线夹的拆卸。

把相应的拆卸模具装到压接头上，边压边注意观察，防止模具刃口伤到接触线使电连接线夹从接触线上脱离，如图 13-12 所示。

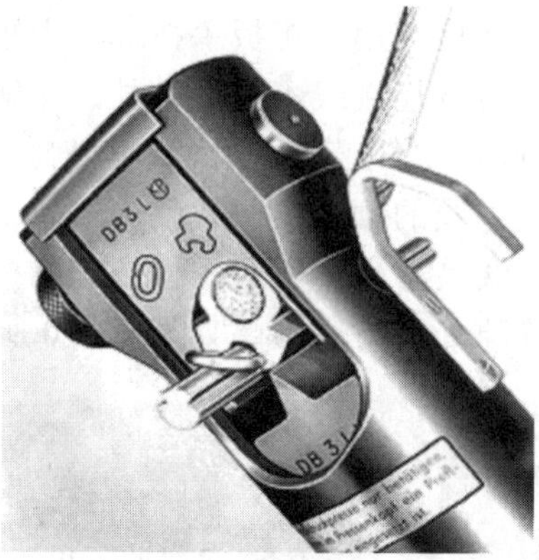

图 13-12　接触线电连接线夹拆除示意图

② 接触线电连接线夹的压接方法。

用钢丝刷（或砂纸）去除线夹孔内表面、电连接线及压接处的接触线上的氧化膜，把预制好并端头齐整紧致的电连接线插入接触线电连接线夹孔内，如图 13-13 所示，电连接线外露 5 ~ 10 mm。用细铜丝缠绕 3 道并绑扎线头，防止压接时线头散开。

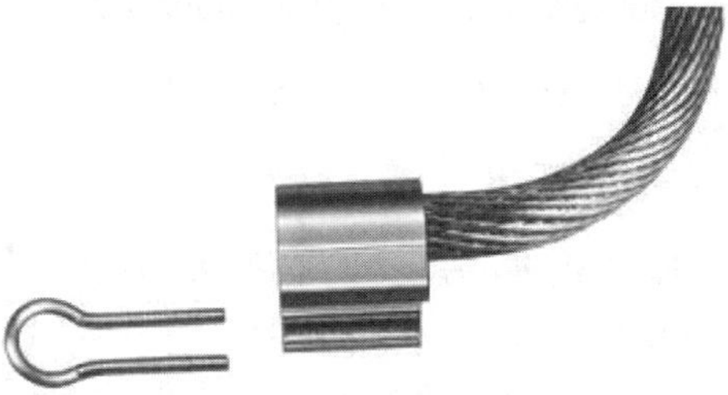

图 13-13　电连接线插入接触线电连接线夹孔内

把 U 形螺纹卡子卡到接触线线槽上，卡子插入方向应与电连接线插入方向相反布置。将带有电连接线的线夹本体顺着导线方向滑动，使下部卡线口从已安装在接触线线槽中的螺纹卡子开口端移动到螺纹卡子的折弯端，卡子开口端应在线夹外可见露头 1 ~ 3 mm 为宜，如图 13-14 所示，不允许不露头，不允许 U 形卡子插入不到底的现象；也不宜露头过多，以免减少接合部分螺纹配合长度。

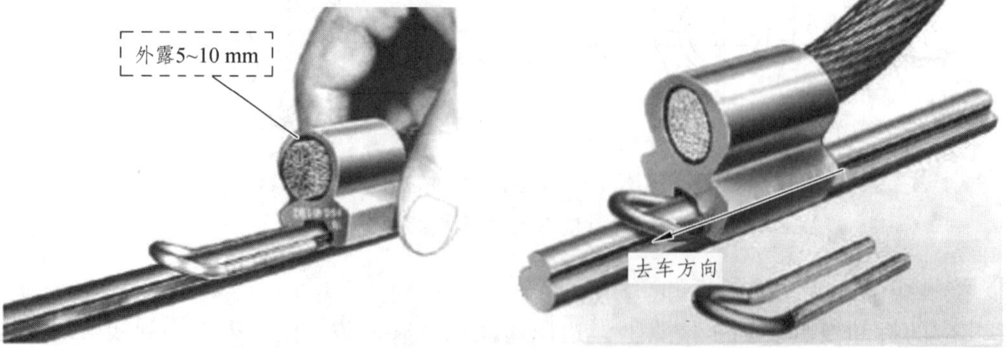

图 13-14　接触线电连接线夹螺纹卡子安装示意图

压接前检查线夹轻轻左右扳动应不脱落，若脱落，则应检查卡子是否装好，或确认线夹是否有一边未卡住螺纹卡子。保证上下模具接触严密，上下模具间不得有间隙。确认线夹组成、位置正确后，启动电动液压泵，开始加压压接，直至模具闭合，此时，压力达到最大，保压 5 s，以保证压接足够紧密，然后卸压松开模具（注意：压接时必须用与导线型号相匹配的压接模具，禁止使用不相对应的模具去压接；边压接边注意观察，防止 U 形卡子从接触线线槽及线夹沟槽中滑脱）。

压接后进行检查，应保证线夹本体、U 形卡子、接触线、电连接线紧密压接在一起，线夹本体、U 形卡子、接触线压接部位不允许有缝隙等现象，否则应拆除重新压接。压接牢固检查，先在线夹断面处的导线划线标记，采用端头裹胶 0.5 级的小手锤，沿导线方向轻敲三次线夹本体端面后，观察线夹端面位置是否松动。

接触线电连接线夹与线槽契合的 U 形螺纹卡子，从电连接线夹末端侧插入后，在另一端露出不大于 3 mm，应保证平行压接于线槽内，不得出现一侧或者两侧被压出线槽的现象。

压接后，接触线电连接线夹应端正，不得偏斜，电连接线夹与承力索、接触线的滑动荷载符合设计要求。

（2）承力索电连接线夹的压接。

承力索电连接线夹裂纹、松动，电连接线夹中夹板安装方向错误，应重新压接电连接线夹。

① 承力索电连接线夹的拆卸。

把相应的拆卸模具装到压接头上。将切刀对应电连接线端 C 形缺口背面拆除，这样既可保证承力索安全，又可以使承力索电连接线夹从承力索上脱离，如图 13-15 所示。

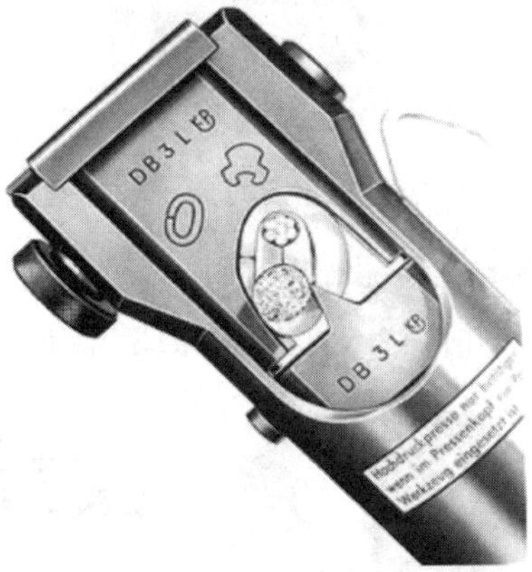

图 13-15 承力索电连接线夹拆除

② 承力索电连接线夹压接方法。

将压接处的承力索、电连接线表面及电连接线夹、中夹板压接面用钢丝刷（或砂纸）打磨，去除零件及线索表面的氧化膜，露出金属光亮的本色。

将线夹本体挂在承力索压接处，电连接线穿过线夹，使线夹本体带有沟槽的一边在直径较小的一侧；穿入压块，压块圆弧应与相应的线索配合，并使打有标识的一侧朝外（注意分清电连接线夹及压接模型号），电连接线外露 10 ~ 20 mm，如图 13-16 所示。

压块安装时，原则上为小的圆弧对应细的线索，大的圆弧对应粗的线索；压块的平面部位应对应线夹本体内侧平面安装，不可装反；压接时，保证压块端面与线夹本体端面平齐。

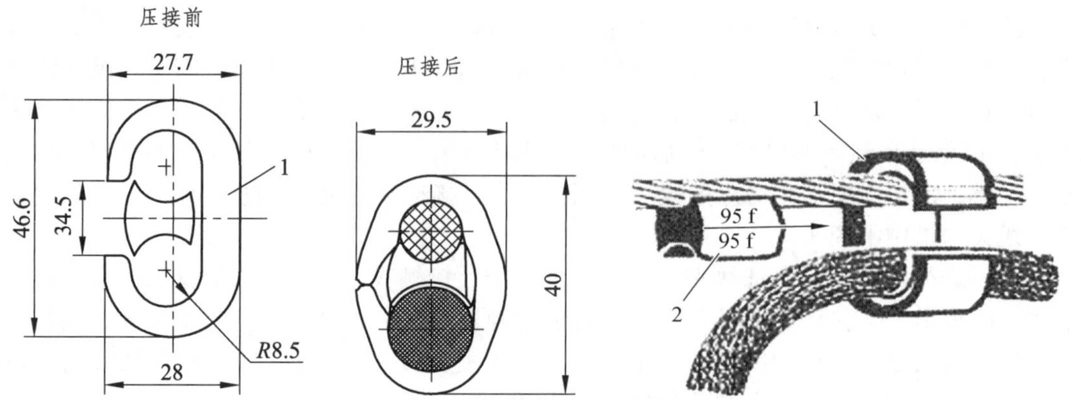

1—承力索电连接线夹；2—压块。

图 13-16　承力索电连接线夹安装示意图

定位压块平面应与线夹本体平面相对应，不可装反。压接时，保证压块端面与线夹本体端面平齐，如图 13-17 所示。

图 13-17　承力索电连接线夹压块的插入示意图

用液压机配相应的专用压接模具把线夹总成（线夹本体 + 压块）压到一起，压接时保证活动模具直至不能继续移动为止，并保持 5 s，然后卸载，保证压接足够紧密，如图 13-18 所示。

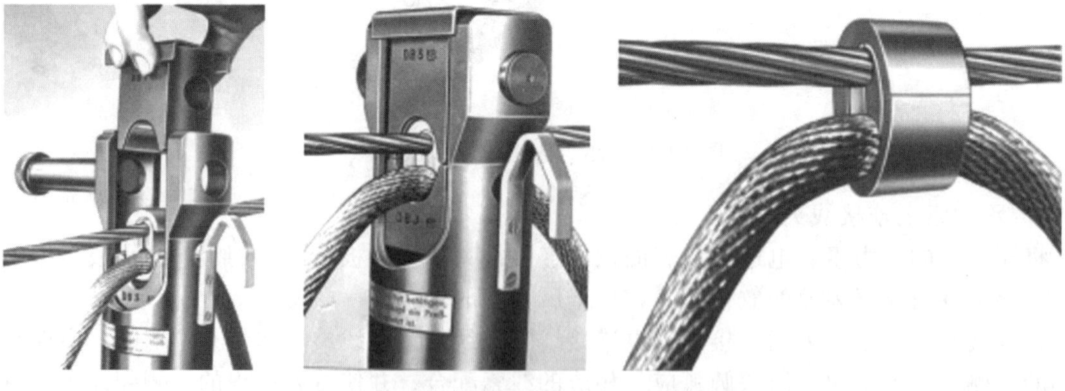

图 13-18　承力索电连接线夹压接示意图

电连接线安装后，应复测电连接线夹处接触线高度与最近吊弦处高度相等，施工允许偏差为 0 ~ 5 mm。

二、质量标准

（1）电连接线应安装在设计规定的位置，施工允许偏差为 ± 0.5 m。电连接线均须用多股软线做成，其额定载流量不小于被连接的接触悬挂、供电线的额定载流量，且不得有接头。若铜接触线与铝绞线连接，应采用铜铝过渡线夹。

（2）电连接线的长度应根据实测确定，电连接器应安装正确，确保主导电回路畅通。

（3）平均温度时，股道电连接应垂直于正线，无正线时垂直于较重要的一条线。

（4）导线与线夹接触面应用砂布去除氧化膜，导线接触面涂 0.2 mm 厚的电力复合脂，电连接与接触线、承力索和供电线之间必须连接牢固。

（5）全补偿链形悬挂锚段关节处，由于两接触悬挂随温度向不同方向发生较大的相对偏移，安装电连接线时应留有足够的活动余量。

（6）电连接线夹及直线处接触线电连接线夹应保持铅垂状态，曲线处接触线电连接线夹应与接触线的倾斜度一致。

（7）对于载流承力索区段，载流承力索与接触线之间应装设足够数量的电连接。

（8）在锚段关节处装设两组、线岔处装设一组电连接；在链形悬挂与简单悬挂的衔接处要装设电连接，车站电力机车经常起动之处，股道之间应装设电连接。

（9）锚段关节处、馈线上网处、隔离开关引线与接触线相连处，需使用双电连接线夹。

（10）锚段关节电连接距转换柱 10 m；股道电连接距软横跨 5 m；线岔电连接一般安装在线岔工作支侧两承力索间距 400 ~ 500 m 处，误差不大于 500 mm。

（11）电连接线夹处接触线高度不应低于相邻吊弦点，允许高于相邻吊弦点 0 ~ 10 mm。

（12）电连接线在线夹的进出线端不允许进行任何形式的绑扎，出线端头露出线夹 20 mm，并向被连接线的反方向适当上翘，弹簧圈不松弛，电连接无绑扎（防散股绑扎除外），除门形电连接外，电连接线夹的出线方向一致。

（13）承力索与接触线材质相同时可不做弹性圈，采用 S 形连接。

（14）根据承力索与接触线铅垂线间的距离合理选用电连接线安装形状，承力索与接触线线间的距离不大于 1 m 时采用 C 形连接，大于 1 m 时采用 S 形连接。

（15）电连接线夹螺栓和垫片不得有锈蚀，连接螺栓和垫片不得发热变色。电连接线夹与接触线、承力索、供电线之间的连接必须牢固，线夹内无杂物并涂电力复合脂。

（16）电连接线夹须采用并沟式连接，材质和规格必须与被连接线索相适应，工作支接触线电连接线夹在直线上应处于铅垂状态，在曲线上应与接触线的倾斜度一致。

（17）主导电回路中当出现铜铝线索连接时，必须采取铜铝过渡措施；铜线与铝覆锌钢绞线连接时，必须用不锈钢线夹进行连接；同种材质线索连接时用同种材质线夹连接。

（18）裸铜软绞线连接时宜采用并沟式电连接线夹。

（19）在平均温度时，同一悬挂接触线、承力索间的电连接线应垂直安装，承力索与接触线电连接线夹应在同一垂直面上。

（20）安装完成后，电连接线应完好，无松股和断股等现象。

三、注意事项

（1）线路未封锁、防护措施未设置到位，禁止人员进入线路；进入线路人员必须戴安全帽，杆下严禁无关人员逗留。

（2）作业车在施工过程中行进速度不应大于 5 km/h，严禁突启、突停。

（3）安装检查和整理电连接线时，严禁打击接触导线，并不得脚踏导线，防止形成硬点。

（4）严禁使用作业车平台将接触线向上顶起。

（5）隔离开关、锚段关节、关节式分相、分段绝缘器或开口作业时，必须加装短封线。

（6）一旦发生联系中断，现场负责人必须停止作业，要求所有作业人员下道。

四、训练测评

操作时间规定为 20 min。在规定时间内完成，不加分也不扣分，每超时 1 min，从总分中扣 1 分，超时 10 min，停止作业。

测评记录内容如表 13-1 所示。

表 13-1　测评记录表

项目	配分	测评要求及评分标准	扣分	得分	备注
料具准备	10	要求料具齐全完好，规格型号相符，每缺一件扣 3 分，规格不符每件扣 2 分			
质量要求	60	（1）没有去除线夹内孔表面、电连接线表面及安装处线索表面氧化膜，每处扣 5 分			
		（2）线夹入槽与线索不密贴，扣 10 分			
		（3）电连接线露出线夹的线头端用同材质绑线绑扎，绑扎密贴，外露长度 10～20 mm，不符合要求每处扣 10 分			
		（4）各部螺栓紧固齐全，不符合要求每处扣 5 分			
		（5）电连接线夹处接触线高度应与相邻吊弦点高度相等，允许施工偏差 0～5 mm，不符合要求扣 10 分			
		（6）并沟线夹安装后，两边绑扎要紧密不重叠，宽为 50 mm，电连接线无松股、散股，不符合要求每处扣 5 分			
		（7）承力索线夹安装时，中夹板应在线夹的中间位置，打有型号标识的一侧朝外，不符合要求扣 10 分			
		（8）紧固螺栓用扭矩扳手，力矩应符合螺栓型号紧固力矩要求，不符合要求扣 10 分			
		备注：扣完配分失格			
安全作业	20	（1）作业中出现一般违章现象每次扣 5 分			
		（2）作业中出现严重违章现象每次扣 20 分			
		（3）作业中工具滑脱，每次扣 5 分			
文明作业	10	（1）作业时必配的个人工具、劳保用具、安全用具每缺一件扣 5 分			
		（2）作业中出现不文明语言或动作每次扣 10 分			
		（3）作业完毕，料具有一件不归位扣 3 分			
测评超时					
合计	100				

复习思考题

一、判断题

1. 接触线电连接线夹在直线处应处于铅垂状态，在曲线处应与接触线的倾斜度一致。（　　）

2. 压接式接触线电连接线夹与线槽契合的U形螺纹卡子应平行压接于线槽内，不得跳出接触线的线槽。（　　）

二、选择题

1. 横向电连接的主要作用是，能实现并联供电，如在载流承力索区段，为使承力索上的电流通过接触线流向受电弓，需要每隔（　　）m在承力索与接触线间安装一组电连接线。

A. 150 ~ 200　　B. 200 ~ 250　　C. 250 ~ 300

2. 当隧道内为简单悬挂隧道外为链形悬挂时，应在（　　）承力索与接触线间安装电连接线。

A. 隧道外　　B. 隧道内　　C. 隧道口

3. 电连接线接触线一端应做成螺旋弹簧状，一般绕（　　）圈。

A. 1 ~ 3　　B. 3 ~ 5　　C. 5 ~ 8　　D. 8 ~ 10

4. 电连接线接触线一端应做成螺旋弹簧状，一般绕3 ~ 5圈，最下面一圈距接触线（　　）mm。

A. 100 ~ 200　　B. 200 ~ 300　　C. 300 ~ 400　　D. 400 ~ 500

5. 锚段关节电连接距转换柱（　　）m。

A. 5　　B. 10　　C. 15　　D. 20

6. 股道电连接距软横跨（　　）m。

A. 5　　B. 10　　C. 15　　D. 20

7. 线岔电连接一般安装在线岔工作支侧两承力索间距（　　）mm处。

A. 100 ~ 200　　B. 200 ~ 300　　C. 300 ~ 400　　D. 400 ~ 500

8.（　　）电连接是承力索和接触线之间的连接。

A. 横向电连接　　B. 股道间电连接

C. 道岔电连接　　D. 避雷器电连接

9.（　　）电连接的主要作用是实现并联供电，起到等位和分流的作用。

A. 横向电连接　　B. 股道间电连接

C. 道岔电连接　　D. 避雷器电连接

10.（　　）电连接的作用是将各股道并联起来，当电力机车启动时，多股道接触网并联供电可向电力机车提供所需的大电流。

A. 横向电连接　　B. 股道间电连接

C. 道岔电连接　　D. 避雷器电连接

11.（　　）电连接的作用是使供电分段或机械分段处两侧接触悬挂实现电连通，在检修和事故处理时，可通过隔离开关达到电分段的目的。

A. 横向电连接　　B. 股道间电连接

C. 隔离开关电连接　　D. 避雷器电连接

第十四章　锚段及锚段关节

第一节　锚　段

在区间或站场上，根据供电和机械方面的要求，将接触网分成若干一定长度的独立分段，这种独立的分段称为锚段。锚段两端的承力索和接触线都直接或通过补偿器固定到锚柱上。

一、锚　段

（一）锚段的作用

设立锚段可以限制事故范围。当发生断线或支柱折断等事故时，由于各锚段间在机械受力上是独立的，使事故限制在一个锚段内而不致波及相邻锚段，缩小了事故范围。

设立锚段便于在接触线和承力索两端设置补偿装置，使承力索和接触线的张力基本保持不变，提高接触悬挂的稳定性，改善其弹性，减少接触网的弛度，有利于电力机车平滑取流。

设立锚段有利于供电分段，配合开关设备，满足供电方式的需要。在进行接触网检修时，可以打开绝缘锚段的隔离开关，使停电范围缩小，保证非检修锚段正常供电，从而缩小因检修造成的停电范围。

（二）锚段长度确定

接触网每个锚段包括若干个跨距。在确定锚段长度时，要考虑发生事故的影响范围；当温度变化时，因线索伸缩引起吊弦、定位器及腕臂的偏斜不超过允许值；下锚处补偿坠砣应有足够的上下移动空间；要保证在极限温度下，中心锚结处和补偿器端线索张力差不超过规定值。由于线索顺线路的热胀冷缩移动，使每一吊弦、定位器和腕臂固定点处，因偏斜而对线索产生分力作用出现张力差。对于半补偿链形悬挂设计，规定其张力差不超过接触线额定张力的 ± 15%；全补偿链形悬挂，除满足接触线张力差外，要求承力索张力差不超过承力索额定张力的 ± 10%。

锚段长度一般采用两种方法确定，经验取值法和计算法，经验取值可根据国铁集团颁发的《铁路工程技术规范》中经验取值表确定，如表 14-1 所示。计算法则通过对线索张力差的计算，从而确定锚段长度。

表 14-1 链形悬挂锚段长度经验取值表

悬挂类型	锚段所在路线情况	锚段长度/m
半补偿链形悬挂	直线区段（一般）	1 600
	直线区段（困难）	1 800
	直线与曲线各一半的区段	1 300
	曲线 70%及以上	1 100
全补偿链形悬挂	直线区段（一般）	1 800
	直线区段（困难）	2 000
	曲线 70%及以上区段	不超过 1 500

隧道内一般不分锚段，但当隧道长度超过 2 000 m 时，应划分锚段，锚段长度确定原则与上述方法相同。

第二节 锚段关节的类型

两个相邻的锚段的衔接部分称为锚段关节。锚段关节结构复杂，其工作状态的好坏直接影响接触网供电质量和电力机车取流。电力机车通过锚段关节时，受电弓应能平滑、安全地由一个锚段过渡到另一个锚段，且弓网接触良好、取流正常。

锚段关节按其用途可分为非绝缘锚段关节和绝缘锚段关节两种。区别在于：非绝缘锚段关节只起机械分段作用，不进行电分段；绝缘锚段关节起机械分段作用，又进行电分段作用。

锚段关节按其衔接长度可分为二跨、三跨、四跨、五跨、七跨、九跨锚段关节等几种不同形式。目前，常用的是三跨非绝缘锚段关节、四跨绝缘锚段关节和七跨或八跨电分相锚段关节。

一、非绝缘锚段关节

非绝缘锚段关节一般由两根下锚柱和两根转换柱及电连接线构成，通过这些设备实现锚段的衔接和过渡，即三个跨距，所以又称三跨非绝缘锚段关节。三跨非绝缘锚段关节如图 14-1 所示。

三跨非绝缘锚段关节是仅用作接触悬挂在机械方面的分段，电气方面仍然相连接。相互连接的两个锚段分别在锚段关节处最外侧两支柱处下锚，受电弓在中间两支柱间实现从一个锚段向另一锚段的转换，故锚段关节中间的两支柱称为转换柱。为了保证两锚段在电气上的可靠连接，在锚段间使用电连接线连接。

图 14-1 中转换柱命名为 QF_1、ZF_2。其中 Z 表示直线区段；Q 表示曲线区段；F 表示非绝缘锚段关节；数字 1、2 表示转换支柱装配的形式。

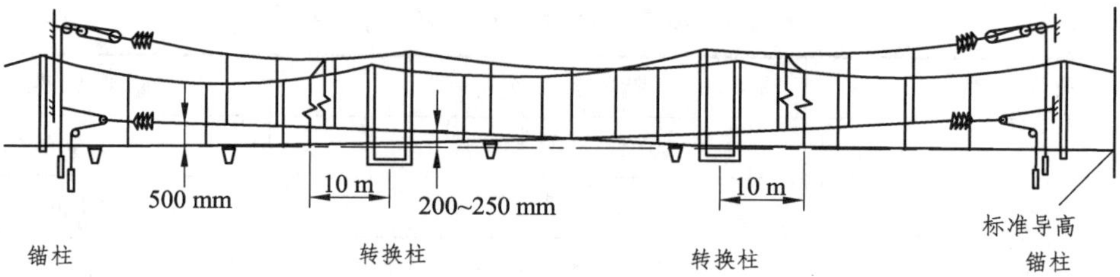

（a）立面图

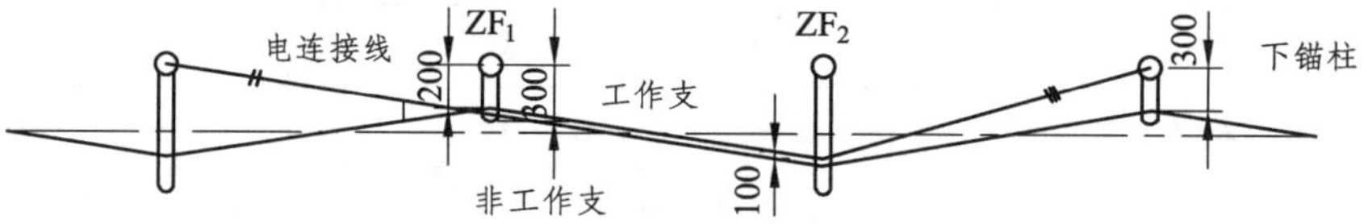

（b）直线区段平面布置

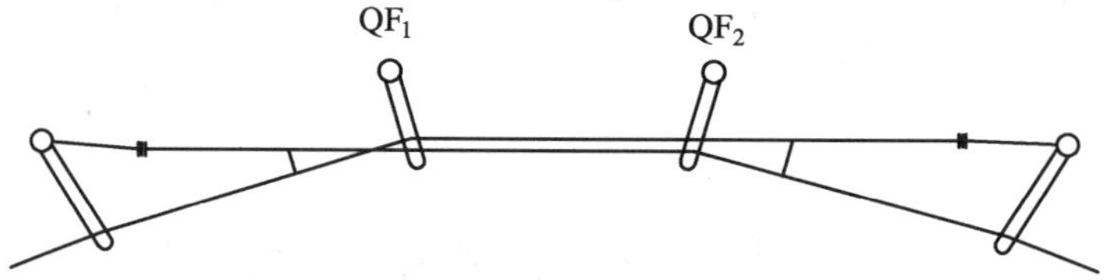

（c）曲线区段平面布置

图 14-1　三跨非绝缘锚段关节

在锚段关节内，同时存在两个锚段的两组接触悬挂。其中，接触线与受电弓接触实现受流的称为工作支；另一组接触悬挂的接触线通过抬高脱离受电弓接触后下锚，称为非工作支（简称“非支”）。过渡处，两接触线等高，且相距 100 mm，非工作支在转换支柱处抬升 200 mm，然后拉向锚支柱（抬升 500 mm）去下锚。

三跨非绝缘锚段关节技术要求如下。

（1）锚段关节内，两转换柱间的两条接触线在水平面上的投影应平行，线间的距离为 100 mm。在立面图中，两接触线的立体交叉点应在该跨距中心处。

（2）转换支柱处，非工作支接触线比工作支接触线抬高 200 ~ 250 mm。下锚处非工作支比工作支抬高 500 mm。

（3）连接两锚段电路的两组电连接线，应分别装在两转换柱的锚柱侧 10 m 处。

（4）下锚支接触悬挂在转换柱水平面处改变方向时，其偏角一般不应大于 6°，困难情况下不得超过 15°。

（5）两转换柱与锚柱间，在距转换柱 10 m 处应安装电连接线。

在特殊的隧道群地带，隧道间距离较短，无法设置三跨时，可利用两跨锚段关节代替三跨锚段关节。但两跨锚段关节机车运行取流条件较差，应尽量避免采用。三跨非绝缘锚段关节是目前中国接触网实现锚段间机械分段的主要形式，但必须指出的是，随着中国电气化铁道的提速，在行车速度大于 160 km/h 时，三跨非绝缘锚段关节难以满足接触线坡度、受电弓动态接触力等高速受流的要求，行车速度达到 200 km/h 时，锚段关节跨数不宜小于四跨，加大转换柱间的距离，可以使接触线抬高坡度变缓。

二、绝缘锚段关节

绝缘锚段关节除机械分段外，可以实现同相电分段，多用于站场和区间的衔接处。

（一）四跨绝缘锚段关节

四跨绝缘锚段关节由两根锚柱、两根转换柱和一根中心支柱形成四个跨距。电力机车受电弓在中心支柱处实现两锚段的转换和过渡，两锚段靠安装在转换支柱上的隔离开关实现电气连接。

四跨绝缘锚段关节除了进行机械分段外，主要用于电分段，多用于站场和区间的衔接处。这种锚段关节的特点是相邻两锚段的两组悬挂，其承力索之间、接触线之间在垂直方向和水平都彼此相距 500 mm，以保证其电气方面的绝缘。在中心支柱处，两接触线等高，并且受电弓在由一个锚段过渡到另一个锚段时，过渡较平稳，其平面布置如图 14-2 所示。在图中，J 表示绝缘锚段关节；ZJ2、QJ2 为中心支柱装配形式，ZJ1、ZJ3 及 QJ1、QJ3 表示直线区段和曲线区段转换支柱的装配形式。

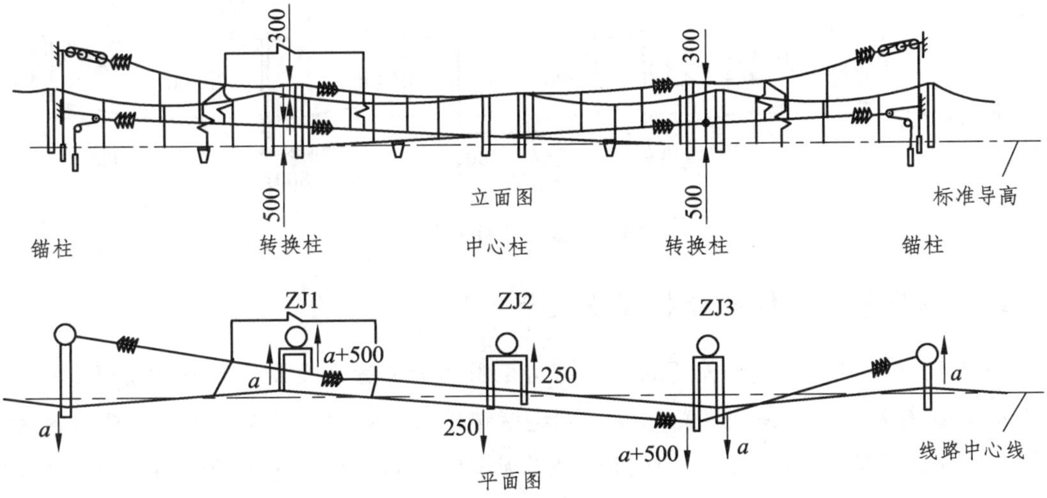

图 14-2　四跨绝缘锚段关节

四跨绝缘锚段关节技术要求如下。

（1）在两转换柱间，两接触线的投影应保持平行，线间距离为 500 mm，允许误差为 ± 50 mm。

（2）在转换柱处，非工作支接触线比工作支接触线抬高 500 mm，允许误差为 ± 50 mm。下锚处非工作支比工作支抬高 500 mm。

（3）四跨绝缘锚段关节在中心柱处两接触线距轨面等高，允许误差为 ± 10 mm；三跨绝缘锚段关节在两转换柱跨距中间处两接触线距轨面等高（为受电弓转换点）。

（4）非工作支接触线和下锚支承力索在转换柱靠中心柱处加装一串（4 片）绝缘子（为分段绝缘子）。

（5）在两转换柱与锚柱间距转换柱 10 m 处，设电连接线各一组。

（6）两个锚段的电路连通或断开由隔离开关控制。

在四跨绝缘锚段关节中，中心支柱需装设双腕臂，在曲线区段中心支柱和两根转换支柱均设置双腕臂。

（二）五跨绝缘锚段关节

五跨绝缘锚段关节是锚段关节中含有五个跨距，主要在高速电气化铁路中引用。因为四跨锚段关节在受电弓由一个锚段过渡到另一个锚段时，是在中心支柱处转换的，在此处，虽然可以控制并实现两支接触线等高，但在定位点处，由于有两个定位器，其弹性明显变差，故在此处不仅会加大接触线的磨损，而且影响受流。所以在速度为 160 km/h 及以上的电气化铁路上，绝缘锚段关节可采用五跨绝缘锚段关节，在技术要求上与四跨绝缘锚段关节相同，两组悬挂的接触线之间和承力索之间保持 500 mm 的绝缘距离。很明显，其两组悬挂的转换点在中间跨距的中心，这样就可以保证弹性良好、过渡平稳。五跨锚段关节在保证抬高的情况下，延长了接触线坡长，降低了接触线坡度，如图 14-3 所示。

五跨绝缘锚段关节的缺点为结构上相对较复杂，造价较高，安装检调难度较大。

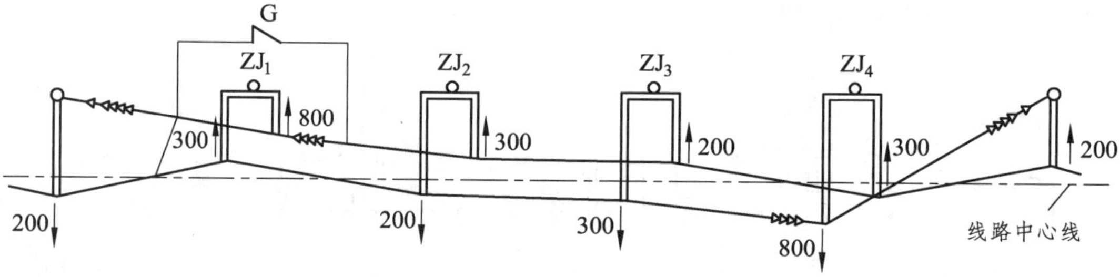

图 14-3　五跨绝缘锚段关节

（三）八跨加辅助线电分相锚段关节

八跨加辅助线电分相锚段关节的基本结构是由两个绝缘锚段关节和一个分相（中性）锚段组成。此绝缘锚段关节采用四跨结构，两绝缘锚段关节重叠区域有两跨。在中性区和列车行进方向的锚段间设有隔离开关，在机车停于无电区且和来车方向锚段间满足绝缘条件时，通过闭合隔离开关可使机车恢复供电开出无电区。中性锚段不带电，也不接地，列车通过时起到过渡作用。八跨加辅助线电分相锚段关节如图 14-4 所示。

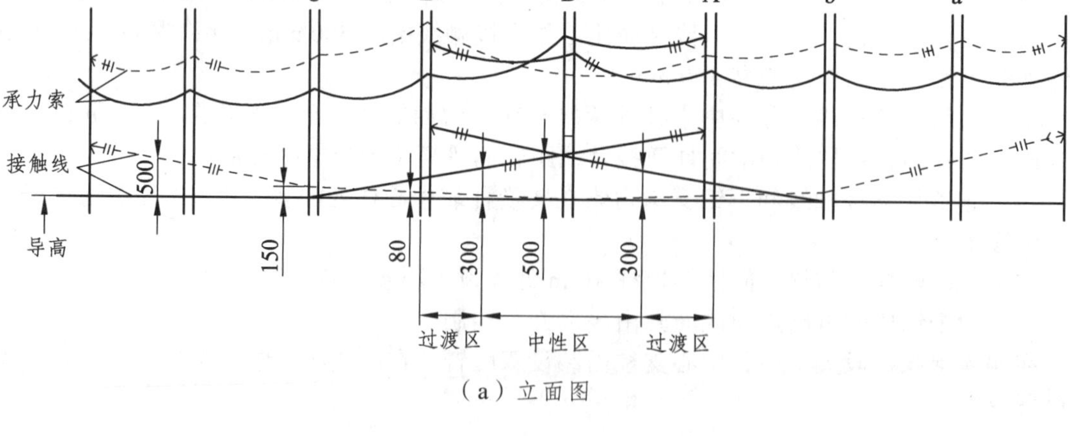

（a）立面图

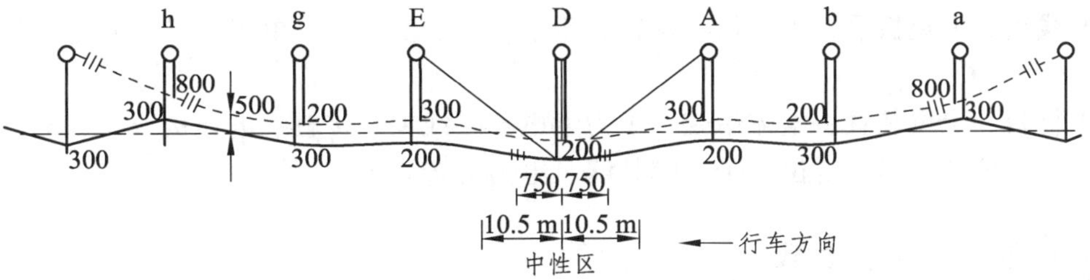

（b）平面图

图 14-4　八跨加辅助线电分相锚段关节

八跨加辅助线电分相锚段关节的结构有如下特点。

（1）绝缘距离。在电分相的锚段关节内，两支接触悬挂的水平间距均为 500 mm，两支接触悬挂间空气绝缘间隙应≥450 mm，施工误差应控制在 0 ~ 500 mm，各个定位点抬高允许误差 ± 20 mm。

（2）中性区。如图 14-4 所示的中性区长度为 35 m，机车惰行通过中性区，其长度应大于单台机车升双弓取流时的受电弓间距（一般不大于 26 m）。为了满足重联机车通过要求，35 m 中性区长度不足时，可以采用九跨式电分相（两个绝缘锚段关节间只重叠 1 跨），中性段（包括中性区加两个过渡区）的长度应符合设计要求，施工允许偏差为 0 ~ 500 mm。

（3）接触线坡度采用五跨绝缘锚段关节的八跨电分相接触线抬高有更大的过渡距离（和采用四跨绝缘锚段关节的七跨电分相比较），可以满足接触线坡度≤4‰的要求。

（4）减轻接触悬挂中的集中负载。非工作支中绝缘子宜采用合成绝缘子，绝缘锚段关节电分段绝缘子串安装位置应符合设计要求，施工允许偏差为 ± 50 mm；承力索、接触线两绝缘子串中心应对齐，施工允许偏差为 ± 50 mm。

（5）接触线高度五跨绝缘锚段关节转换跨内两接触线等高处，行车速度为 160 km/h 路段，接触线高度比正常高度应高出 30 mm，施工允许偏差为 ± 10 mm；行车速度为 200 km/h 路段，接触线高度比正常高度应高出 40 mm，施工允许偏差为 ± 10 mm。

锚段关节式电分相在使用中存在如下缺点：结构复杂，检修工作量大，一旦发生接触网故障，抢修难度大；中性区长，对列车运行速度影响大，在坡道设置时，对牵引吨数和线路坡度会有严格的限制，分相区越长，对地形的适应性越差；两个空气间隙的存在要求重联机车牵引的受电弓间距必须限制，否则，可能造成相间短路；受电弓在中性锚段和带电锚段过渡时，由于电位差的存在，可能产生电弧，会影响过渡区内的接触线寿命。

第三节　四跨绝缘锚段关节检调

一、工作方法和步骤

（一）准备工作

（1）人员：12 ~ 14 人。

（2）工具：作业车或梯车、紧线器、钢丝套、扭面器、钢卷尺、棕绳、接触网多功能检测仪、断线钳、力矩扳手、水平尺、木锤、手扳葫芦、安全带、电工工具、安全工具、防护工具等。

（3）材料：定位装置、整体吊弦、承力索电连接线夹、接触线电连接线夹、电连接线、定位线夹、定位环、锚支定位卡子、绑扎线、电力复合脂等。

（二）操作方法、步骤

做好安全措施，工作负责人确认完成安全措施后，通知各作业组开工。

1. 测量检查

（1）两转换柱处承力的垂直、水平间距。

用接触网多功能检测仪，测量转换柱非工作支承力索高度 H_1 和工作支承力索高度 H_2，计算出非工作支承力索抬高量：$\Delta H = H_1 - H_2$。

用接触网多功能检测仪，测量转换柱非工作支承力索拉出值 a_1 和工作支承力索拉出值 a_2，计算出两支承力索的水平间距：$\Delta a = a_1 - a_2$。

（2）两转换柱处接触线的垂直、水平间距。

用接触网多功能检测仪，测量转换柱非工作支接触线高度 H_1 和工作支接触线高度 H_2，计算出非工作支接触线抬高量：$\Delta H = H_1 - H_2$。

用接触网多功能检测仪，测量转换柱非工作支接触线拉出值 a_1 和工作支接触线拉出值 a_2，计算出两支接触线的水平间距：$\Delta a = a_1 - a_2$。

（3）中心柱处承力索的垂直、水平间距。

用接触网多功能检测仪，测量中心柱高支承力索高度 H_1 和低支承力索高度 H_2，计算出两支承力素抬高量：$\Delta H = H_1 - H_2$。

用接触网多功能检测仪，测量中心柱高支承力索拉出值 a_1 和低支承力索拉出值 a_2，计算出两支承力索的水平间距：$\Delta a = a_1 - a_2$。

（4）中心柱处接触线等高值、拉出值。

用接触网多功能检测仪，测量中心柱高支接触线高度 H_1 和低支接触线高度 H_2，计算出两支接触线抬高量：$\Delta H = H_1 - H_2$。

用接触网多功能检测仪，测量中心柱高支接触线拉出值 a_1 和低支接触线拉出值 a_2，计算出两支接触线的水平间距：$\Delta a = a_1 - a_2$。

（5）定位器坡度。

① 用水平尺测量定位器坡度。

将水平尺放在定位器上方，在调平的同时用钢卷尺测量出高度差，计算出定位器坡度（mm/m）= 两点高度差/水平尺长度。

② 用接触网多功能检测仪测量定位器坡度。

a. 在曲线区段时，调平接触网多功能检测仪。

b. 用接触网多功能检测仪分别测量出定位器下方两点对轨平面的高度。

c. 计算出两点高度差。

d. 在接触网多功能检测仪的轨道尺上计算出两点的距离差。

e. 计算定位器坡度：坡度（mm/m）= 两点高度差/两点距离差。

（6）锚段关节电连接状态。

检查电连接线有无烧伤、断股、散股、截面不符合载流要求；打开电连接线夹，检查线夹内壁是否氧化，接触面是否光洁、有无麻点和烧伤痕迹；预留量能否满足温度变化时承力索、接触线的伸缩要求。

（7）分段绝缘子状态。

检查分段绝缘子伞裙有无破损、撕裂、气泡、老化，接缝有无开胶等缺陷，电镀层有无剥落现象。

（8）隔离开关状态。

① 检查绝缘瓷柱是否有破损、裂纹、放电痕迹，转动是否灵活。

② 用塞尺检查刀闸触头、设备线夹与隔离开关引线板接触是否密贴、良好；检查螺栓是否紧固、有油。

③ 检查主刀闸触头有无烧伤、扭曲、麻点等。

④ 开合角度是否符合标准，合闸过程中是否旁击。

⑤ 检查引线松紧是否合适，各处距离是否符合要求。

⑥ 检查操作机构转动是否灵活，操作机构和隔离开关转动部位是否有润滑剂、凡士林。

⑦ 接地线连接是否牢固，接地电阻是否符合标准。

（9）补偿装置状态。

检查下锚处补偿装置、终端锚固线夹、旋转双耳接头线夹等下锚连接零部件状态。

（10）各零部件安装、紧固情况。

各部件有无裂纹、损伤、短缺，螺栓有无脱扣、锈蚀，各部位连接是否正确，两悬挂各部分（包括零部件）之间的距离是否符合标准值，交叉侧的吊弦是否相磨。

2. 调　整

（1）两转换柱处承力索的垂直、水平间距不符合标准。

① 根据测量数据，确定非工作支承力索的调整方向和调整量。

② 两支承力索水平间距不符合标准。

先确认工作支承力索位置符合标准，如工作支承力位置不符合标准，将手扳葫芦一端固定在工作支腕臂顶端（曲线区段根据线索受力方向固定手扳葫芦），另一端与工作支承力索连接，摇动手扳葫芦将工作支承力索卸载，按调整方向和数据，松开工作支承力索座（拉杆式腕臂可调整调节板），将工作支承力索位置调整到标准位置。

再将手扳葫芦一端固定在非工作支腕臂顶端（曲线区段根据线索受力方向固定手扳葫芦），另一端与非工作支承力索连接，摇动手扳葫芦将非工作支承力索卸载，以工作支承力索为基准，松开非工作支承力索座（拉杆式腕臂可调整调节板），按调整方向和数据，将非工作支承力索调整至符合标准。

③ 两支承力索垂直间距（高差）不符合标准。

先确认工作支承力索高度符合标准。当工作支承力索高度不符合标准时，将手扳葫芦一端固定在工作支腕臂顶端（曲线区段根据线受力方向固定手扳葫芦），另一端与工作支承力索连接，摇动手扳葫芦将工作支承力索卸载，按调整方向和数据，松开工作支组合承力索线夹（拉杆式腕臂可调整调节板位置和孔距），将工作支承力索位置调整到标准位置。

再将手扳葫芦一端固定在非工作支腕臂顶端（曲线区段根据线索受力方向固定手扳葫芦），另一端与非工作支承力索连接，摇动手扳葫芦将非工作支承力索卸载，以工作支承力索为基准，松开非组合承力索线夹（拉杆式腕臂可调整调节板），按调整方向和数据，将非工作支承力索调整至符合标准。

④ 测量各数据符合规定后，按标准力矩紧固各部螺栓，拆除手扳葫芦。

（2）两转换柱处接触线的垂直、水平间距不符合标准。

① 根据测量数据，确定调整方向和调整量。

② 两支接触线水平间距不符合标准。

先确认工作支接触线位置符合标准。当工作支接触线位置不符合标准时，将手扳葫芦一端固定在工作支定位管顶端（曲线区段或正定位可根据线索受力方向固定手扳葫芦），另一端与工作支接触线连接，摇动手扳葫芦将工作支接触线卸载，松开工作支定位支座（或定位环），按调整方向和调整数据，将拉出值调整到标准值。

再将手扳葫芦一端固定在非工作支定位管顶端（曲线区段或正定位根据线索受力方向固定手扳葫芦），另一端与非工作支接触线连接，将非工作支接触线卸载，以工作支接触线为基准，松开非工作支接触线锚支卡子，按调整方向和调整数据，将非工作支接触线调整到标准位置，使两支接触线水平间距调整至符合标准。

③ 两支接触线间垂直间距（高差）不符合标准。

先确认工作支接触线高度符合标准。当工作支接触线位置不符合标准时，调整或更换工作支定位点两侧吊弦，将工作支接触线高度调整至标准值。

以工作支接触线为基准，按调整数据，调整或更换非工作支定位点两侧第一根吊弦，使高差符合标准；再依次调整或更换其他吊弦。

④ 测量各数据符合规定后，按标准力矩紧固各部螺栓。

（3）中心柱处承力索的垂直、水平间距不符合标准。

参见两转换柱处承力索的垂直、水平间距不符合标准，并进行调整。

（4）中心柱处等高值、拉出值不符合标准。

① 两支接触线等高值不符合标准：适当调整或更换中心柱两侧吊弦。

先确认工作支接触线高度符合标准。当工作支接触线位置不符合标准时，调整或更换工作支定位点两侧吊弦，将工作支接触线高度调整至标准值。

以工作支接触线为基准，按调整数据，调整或更换非工作支定位点两侧第一根吊弦，使高差符合标准；再依次调整或更换其他吊弦。

② 拉出值不符合标准。

先确认工作支接触线位置符合标准。当工作支接触线位置不符合标准时，将手扳葫芦一端固定在工作支定位管顶端（曲线区段或正定位可根据线索受力方向固定手板葫芦），另一端与工作支接触线连接，摇动手扳葫芦将工作支接触线卸载，松开工作支定位支座（或定位环），按调整方向和调整数据，将拉出值调整到标准值。

再将手扳葫芦一端固定在另一支定位管顶端（曲线区段或正定位可根据线索受力方向固定手扳葫芦），另一端与接触线连接，摇动手扳葫芦将接触线卸载，以工作支接触线为基准，然后根据调整量，对另一支接触线的拉出值进行调整，使其符合设计要求。

（5）定位器坡度不符合标准。

用水平尺或接触网多功能检测仪测量定位器坡度，确定调整量，具体方法见定位装置检修项目。

（6）锚段关节电连接状态。

按检查项目对电连接进行检查，根据发现缺陷确定补强或更换电连接，具体方法见电连接检修项目。

（7）分段绝缘子。

① 分段绝缘子高度不符合标准：更换分段绝缘子附近的非工作支吊弦，使非工作支分段绝缘子下裙边距工作支接触线不少于 200 mm。

② 分段绝缘子损坏、烧伤或接缝开：更换分段绝缘子。

在分段绝缘子两侧用紧线器连接手扳葫芦，适当紧起手扳葫芦，使分段绝缘子卸载，拔出连接销钉，拆下旧绝缘子，更换新绝缘子，松动手扳葫芦，检查受力情况。

（8）隔离开关状态。

检查隔离开关状态，具体方法见隔离开关检修项目。

（9）补偿装置状态。

检查补偿装置、下锚连接零部件状态，具体方法见补偿装置检修项目。

（10）各零部件安装、紧固情况。

① 各部件有裂纹、损伤、短缺：更换、补齐零部件。

② 各部螺栓紧固有脱扣、锈蚀，各部位连接不正确：按标准力矩进行紧固，按标准安装。

③ 两悬挂各部分（包括零部件）之间的距离在设计极限温度下符合标准值，否则重新调整。

④ 关节内工作支与非工作支交叉侧的吊弦相磨时：移动非工作支吊弦位置，保证距离在设计极限温度下应保持 50 mm 以上。

3. 收　工

（1）工作负责人确认各作业组工作结束，人员、机具均已撤至安全地带后，通知监护人员撤除地线及其他安全措施。

（2）工作负责人确认安全措施撤除后，通知要令人员向供电调度申请消除停电作业命令和线路封锁命令。

二、质量标准

（1）中心柱处接触线距轨面等高点接触线高度不应低于相邻吊弦点，允许高于相邻吊弦点 0 ~ 10 mm。

（2）过渡跨两接触线垂直面交叉处的位置应符合设计要求，允许偏差为 ± 50 mm，等高点两接触线的导高应符合设计要求，允许偏差为 0 ~ 5 mm。

（3）非工作支接触线的分段绝缘子或绝缘杆的下裙边距工作支接触线大于 200 mm。

（4）承力索和接触线分段绝缘子串至锚支悬挂固定（定位）点间的距离≥1 000 mm（包括回头长度在内），允许误差 + 50 mm，且在距绝缘子串非下锚侧 500 mm 处加装 1 根吊弦。

（5）四跨中心柱处 T 形软定位器不得侵入受电弓动态包络线。

（6）承力索和接触线分段绝缘子串应相互对齐，允许误差 ± 150 mm。

（7）锚支接触线在其垂直投影与线路钢轨交叉处，应高于工作支接触线 300 mm 以上，并均匀抬高至下锚处。

（8）关节两悬挂各部分（包括零部件）之间的空气绝缘距离为 500 mm，允许偏差为 0 ~ 50 mm。

（9）悬挂点承力索与接触线应在同一垂直面上，允许偏差为 20 mm。

（10）腕臂顺线路偏移值应符合设计要求，双腕臂的偏移值方向是相反的，其允许偏差为 20 mm。定位器、定位管在平均温度时垂直于线路中心线，温度变化时沿接触线纵向偏移与腕臂偏移曲线表保持一致，与腕臂在同一铅垂面内。

（11）定位器处于受拉状态，定位点处接触线工作面平行于轨面，定位点处接触线能上下、左右自由移动。

（12）锚段关节内的整体吊弦回头环应相反安装。

（13）定位器、定位管应无弯曲、永久性变形和严重锈蚀。

（14）各部零件状态良好、安装正确，各部螺栓紧固力矩符合标准。

（15）锚段关节垂直、水平距离参数见表 14-2。

表 14-2　锚段关节参数表　　单位：mm

用途	位置	结构	垂直距离					水平距离	备注
			转换柱	转换柱	中心柱	转换柱	转换柱		
绝缘	区间	四跨	500 ± 50		0 ± 30		500 ± 50	450 + 50	
绝缘	区间	五跨	500 ± 50	500 ± 30		150 ± 30	500 ± 50	450 + 50	
非绝缘	区间	三跨	200 + 50				200 + 50	100 ± 30	120 km/h 及以下区段
非绝缘	区间	三跨	300 + 200				300 + 200	200 ± 30	120 km/h 及以上区段
非绝缘	区间	四跨	300 + 200		0 ± 30		300 + 200	200 ± 30	
非绝缘	区间	六跨	300 + 200	500 ± 30	0 ± 30	150 ± 30	300 + 200	200 ± 30	
非绝缘	隧道	三跨	150 ~ 250				150 ~ 250	100 ~ 250	
非绝缘	隧道	四跨	200 + 30		0 ± 30		200 + 30	100 ~ 250	
非绝缘	隧道	五跨	200 + 30	500 ± 30		150 ± 30	200 + 30	200 ± 30	

三、注意事项

（1）作业车移动或作业平台升降、转向时，严禁人员上、下作业平台；禁止从未封锁线路侧上、下作业车。

（2）作业人员在作业平台防护栅外作业时，必须将安全带系在牢固可靠部位。

（3）作业平台上的作业人员在车辆移动中应注意防止接触网设备伤人。

（4）在冰、雪、霜、雨等天气条件下，应有防滑措施。

（5）中心柱处反定位管的根部可适当抬高，以保证反定位管与另一支接触线的绝缘距离。采用T形定位器或T形软定位器，在调整接触线拉出值的同时，应保证定位器对另一支接触线的绝缘距离。

（6）检修作业中，对锚段关节的调整必须先调整工作支线索，再对非工作支线索进行调整，调整时作业时人员严禁位于线索受力方向的反侧，并采取防止线索滑脱措施。

（7）绝缘锚段关节位于小半径区段时，应注意测量跨中拉出值。

（8）检修后注意隔离开关恢复原位。

四、训练测评

操作时间规定为 30 min。在规定时间内完成，不加分也不扣分，每超时 1 min，从总分中扣 1 分，超时 10 min，停止作业。

测评记录内容如表 14-3 所示。

表 14-3　测评记录表

项目	配分	测评要求及评分标准	扣分	得分	备注
料具准备	10	要求料具齐全完好，规格型号相符，每缺一件扣 3 分，规格不符每件扣 2 分			
质量要求	60	（1）转换柱处两接触线相对抬高及水平间距不符合要求，每处扣 10 分			
		（2）转换柱处非工作支接触线分段绝缘子下裙边距工作支接触线间距不符合要求，扣 10 分			
		（3）中心柱处两接触线导高差超过允许值，扣 20 分；水平间距不符合要求，扣 20 分			
		（4）电连接线出现松散现象，每处扣 5 分；线夹不正，每处扣 3 分			
		（5）定位点拉出值不符合要求，每处扣 5 分			
		（6）隔离开关操作不灵活扣 5 分，引线有放电痕迹扣 10 分，开合角度不符合要求扣 20 分			
		（7）下锚补偿状态良好，无卡滞现象，有缺陷每处扣 5 分			
		（8）各部零件有生锈或未涂油，每处扣 3 分；零件缺陷，每处扣 5 分			
		（9）定位管坡度、偏角的大小与方向不符合要求扣 5 分			
		备注：扣完配分失格			
安全作业	20	（1）作业中出现一般违章现象每次扣 5 分			
		（2）作业中出现严重违章现象每次扣 20 分			
		（3）作业中工具滑脱，每次扣 5 分			
文明作业	10	（1）作业时必配的个人工具、劳保用具、安全用具每缺一件扣 5 分			
		（2）作业中出现不文明语言或动作每次扣 10 分			
		（3）作业完毕，料具有一件不归位扣 3 分			
测评超时					
合计	100				

复习思考题

一、选择题

1. 对于半补偿链形悬挂，接触线在中心锚结处张力和在补偿器处的张力差，不能超过补偿器处接触线额定张力的（　　）%。

A. 5　　B. 10　　C. 15　　D. 20

2. 对于全补偿链形悬挂，除考虑接触线张力差外，还要考虑承力索的张力差，不能超过补偿器处承力索额定张力的（　　）%。

A. 5　　B. 10　　C. 15　　D. 20

3. 三跨式锚段关节，就是锚段关节内含有（　　）个跨距。

A. 2　　B. 3　　C. 4　　D. 5

4.（　　）锚段关节在受电弓由一个锚段过渡到另一个锚段时，是在中心支柱处转换的。

A. 二跨　　B. 三跨　　C. 四跨　　D. 五跨

5. 锚段关节可分为绝缘锚段关节与（　　）。

A. 电分段锚段关节　　B. 非绝缘锚段关节

C. 关节式　　D. 器件式

6. 新建高速铁路，绝缘锚段关节与非绝缘锚段关节普遍采用（　　）跨的形式。

A. 三　　B. 四　　C. 五　　D. 六

7. 高速铁路设置（　　）绝缘锚段关节的主要目的是改善受电弓通过绝缘锚段关节的受流条件。

A. 三跨　　B. 五跨　　C. 六跨　　D. 八跨

8.（　　）绝缘锚段关节是点过渡，五跨绝缘锚段关节是线过渡。

A. 三跨　　B. 四跨　　C. 六跨　　D. 八跨

9. 在三跨绝缘锚段关节处，安装隔离开关的支柱称为（　　）。

A. 中间支柱　　B. 转换支柱　　C. 锚柱　　D. 中心支柱

10. 在高速接触悬挂中，一般采用（　　）作为电分段的形式。

A. 三跨锚段关节　　B. 四跨锚段关节

C. 五跨锚段关节　　D. 分段绝缘器

11. 锚段关节一般分为（　　）。

A. 绝缘锚段关节　　B. 非绝缘锚段关节

C. 电分相锚段关节　　D. 以上均是

二、判断题

1. 绝缘锚段关节不仅起机械分段作用，同时起同相电分段作用。（　　）

2. 非绝缘锚段关节不仅起机械分段作用，同时起同相电分段作用。（　　）

3. 绝缘锚段关节只起机械分段作用，没有同相电分段作用。（　　）

4. 非绝缘锚段关节只起机械分段作用，没有同相电分段作用。（　　）

5. 在区间或站场上，根据供电和机械方面的要求，将接触网分成许多分段，这种分段称为锚段。（　　）

6.锚段关节按其所含跨距数可分为二跨、三跨、四跨、五跨、七跨及八跨式锚段关节。(　　)

7. 五跨绝缘锚段关节是锚段关节中含有六个跨距，主要在高速电气化铁路中应用。(　　)

8. 新建高速铁路，绝缘锚段关节与非绝缘锚段关节普遍采用四跨的形式。(　　)

9. 接触悬挂类型对跨距长度的设计没有影响。(　　)

三、填空题

1. 在特殊情况下，锚段长度小于__________时，可以不设中心锚结。

2. 接触网分成若干一定长度且机械、电气上相互独立的分段，称为_________。

3. 两个相邻锚段的衔接处称为________。

四、问答题

1. 什么是锚段？什么是锚段关节？

2. 锚段长度确定的依据有哪些？

4. 四跨绝缘锚段关节有哪些技术要求？

5. 锚段的作用有哪些？

第十五章　中心锚结

中心锚结是在接触网链形悬挂的中部，将接触线和承力索（半补偿时将接触线固定在承力索上）在支柱上进行可靠固定的一种装置。

线索在中心锚结处的固定点在任何情况下不会出现偏移，因而当温度变化时，锚段内线索的热胀冷缩便发生在中心锚结与两端的补偿器间，有效缩小了线索的事故范围。如果中心锚结状态不良，会影响电力机车受电弓取流，甚至会造成弓网事故或其他严重后果。

第一节　中心锚结的类型

一、中心锚结的作用和安设

（一）中心锚结的作用

（1）缩小了补偿器补偿范围，使锚段线索张力比较均匀，保证接触悬挂处于良好工作状态。

（2）设立中心锚结后可以缩小事故范围，即当中心锚结一侧发生断线事故时不致影响另一侧悬挂线路，有利于抢修事故和缩短事故抢修时间。

（3）可防止线索在外力作用下向一侧窜动，如风力、受电弓摩擦力、因坡道和自身重力引起的窜动力。

（二）中心锚结的安设

在两端装设补偿器的接触网锚段中，必须加设中心锚结。每个锚段中心锚结安设位置应根据线路情况和线索的张力增量计算确定。一般布置原则是使中心锚结固定点两侧线索的张力尽量相等，并尽可能靠近锚段中部。

当锚段全部在直线区段或整个锚段布置在曲线半径相同的曲线区段时，该锚段中心锚结应安设在锚段的中间位置。

当锚段布置在既有直线又有曲线且曲线半径不等时，该锚段的中心锚结应设在曲线多、曲线半径小的一侧。

在特殊情况下，锚段长度较短时（一般定为锚段长度 800 m 以下），可不设中心锚结，视为半个锚段，可将锚段一端硬锚，另一端线索安装补偿器，此时的硬锚就相当于中心锚结。

二、中心锚结的结构和要求

中心锚结的安装形式有多种，对于不同的悬挂形式，中心锚结的结构形式也不同。中心锚结一般分为半补偿中心锚结、区间全补偿中心锚结、站场全补偿中心锚结和简单悬挂中心锚结。

（一）半补偿链形悬挂中心锚结

半补偿链形悬挂中心锚结的结构如图 15-1 所示。

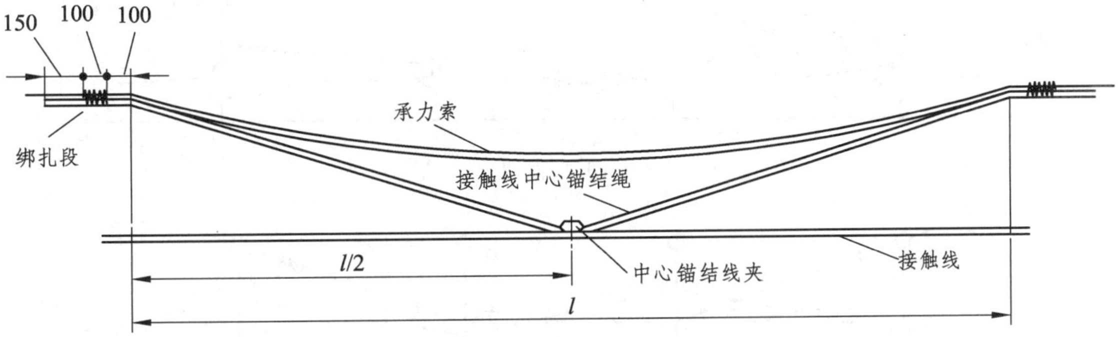

图 15-1　半补偿链形悬挂中心锚结

由于接触线安设补偿器，所以应安装中心锚结，其中心锚结辅助绳采用 GJ-50 镀锌钢绞线（19 股）制成，在线索张力大时（如 3T 系接触悬挂）时，锚结根据需要选择 GJ-70 等线索。辅助绳中间用中心锚结线夹与接触线固定，辅助绳两端分别用正反两个钢线卡子紧固在承力索上。当一侧接触线断线后，另一侧接触线在中心锚结辅助绳的拉力下，不发生松动现象，起到了缩小事故范围的作用。

锚结绳的长度一般应为所在跨距中心处接触线与承力索间距的 20 倍，但不得小于 15 m。若太短，当两侧张力不均匀时，接触线会向张力较大的一侧偏移，导致中心锚结线夹处接触线被抬高，出现较大的负弛度，使受电弓取流情况变坏，造成该处接触线磨耗严重。

半补偿中心锚结安装要求如下。

（1）中心锚结线夹两侧辅助绳长度应相等，安装后两侧张力均匀不出现弛度。

（2）辅助绳两端与承力索连接处，各通过两个相互倒置的钢线卡子紧固在承力索上，两钢线卡子间距为 100 mm，剩余中心锚结辅助绳头用同材质小绑扎线绑在承力索上，绑扎线长度为 100 mm，最外端留出 100 ~ 150 mm 的绳头。绳头应用 ϕ1.6 ~ 2.0 mm 镀锌铁线缠绕绑牢，距邻近弹性吊弦线夹不小于 1 m。

（3）中心锚结线夹处接触线高度与相邻吊弦处接触线高度应相等，允许偏差 0 ~ 20 mm，避免线夹处的接触线出现硬点，但不能形成明显的负弛度。

（4）中心锚结线夹安装后不得偏斜，以免挂碰受电弓。

（5）中心锚结结构内不得安设普通吊弦，中心锚结结构也不得侵入邻近弹性吊弦内。

（6）由于有中心锚结，使所在跨距受风雨面积增大，为防止接触线受风力影响偏移过大而出现脱弓事故，设计中要求中心锚结所在跨距长度比设计规定跨距缩短 10%。

（二）全补偿链形悬挂中心锚结

全补偿链形悬挂的承力索和接触线两端都是补偿下锚，均可能因两端张力不平衡而产生移动，所以承力索和接触线都要设置中心锚结进行固定，其固定形式相当于由半补偿链形悬挂中心锚结与承力索中心锚结两部分组成。接触线的中心锚结绳在跨距中间与承力索固定，而承力索的中心锚结是在接触线中心锚结所在的跨距内增加一根承力索中心锚结辅助绳，在该跨距两端的腕臂上固定以后，再延长一个跨距拉向另一支柱锚固，使该跨距的承力索不产生位移，因此承力索中心锚结由三个跨距组成。考虑到线索断线时承力索中心锚结绳可能有较大张力，中心锚结绳下锚支柱要设置拉线。如图 15-2 所示，承力索中心锚结绳通过绝缘子串抬高后下锚。

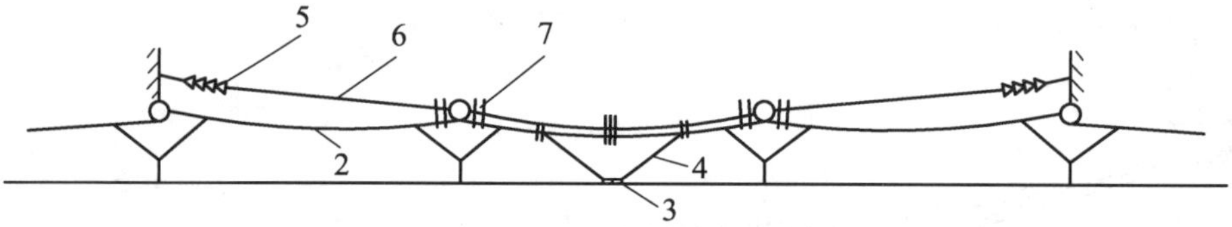

（a）立面图

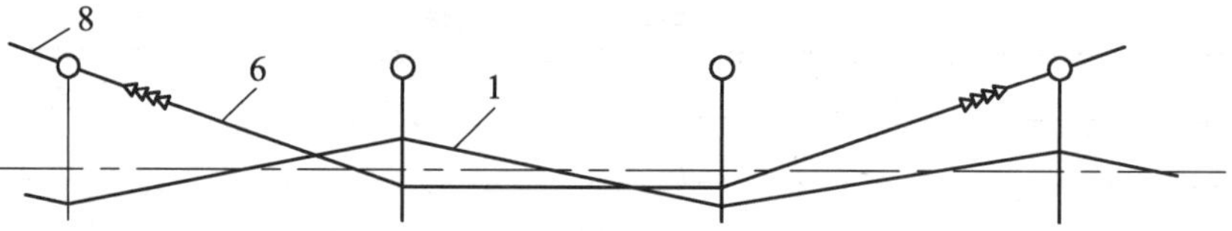

（b）平面图

1—接触线；2—承力索；3—中心锚结线夹；4—辅助绳；5—绝缘子串；
6—承力索辅助绳；7—钢线卡子；8—拉线。

图 15-2　全补偿链形悬挂中心锚结

全补偿悬挂时，接触线中心锚结结构、安装要求与半补偿相同。承力索中心锚结辅助绳一般采用与承力索相同的线索制成，承力索中心锚结辅助绳应在该跨距中部及相邻两悬挂处与承力索钢线卡子固定，跨距中部用 3 个，悬挂点两侧各 2 个，相互倒置，间距为 100 mm；在中间一跨，中心锚结辅助绳的弛度应等于或略小于跨距承力索的弛度，辅助绳两端应分别固定在设有拉线的支柱上，辅助绳下锚时不宜低于承力索高度，应抬高下锚；中心锚结跨距内，不得有接触线接头，中心锚结线夹在直线区段应端正，曲线区段应与导线倾斜度一致。

在引进学习哈大线德国 RE200C 接触网技术后，目前全补偿链形悬挂中心锚结出现了新两跨式中心锚结，如图 15-3 所示。承力索中心锚结由两个跨距组成，接触线中心锚结绳分别在 2 个跨距中，呈“人”字形布置。在采用弹性链形悬挂时，接触线中心锚结绳在跨中布置，称为“Z”形固定绳（简称“Z”索）。

（三）接触网防窜中心锚结

前面介绍的两种中心锚结，在接触悬挂线索出现断线时，可以可靠保证锚结处的可靠固定，因此也称为防断中心锚结。站场上的接触网均为全补偿链形悬挂时，如承力索全部设中心锚结是不可能的，早期电气化铁路是在站场上设立能够安装中心锚结的硬横梁，它不利于施工和维修。电气化铁道的运行实践表明，站场上承力索断线事故较少。为了避免设计结构复杂的承力索中心锚结结构，设计了防止接触悬挂窜动的全补偿中心锚结。其优点是结构简单，安装方便；缺点是不防断线事故。因此称之为防窜不防断中心锚结，简称为“防窜”中心锚结，在软横跨站场的正线及站线防窜中心锚结为软横跨节点，结构如图 15-4 所示。

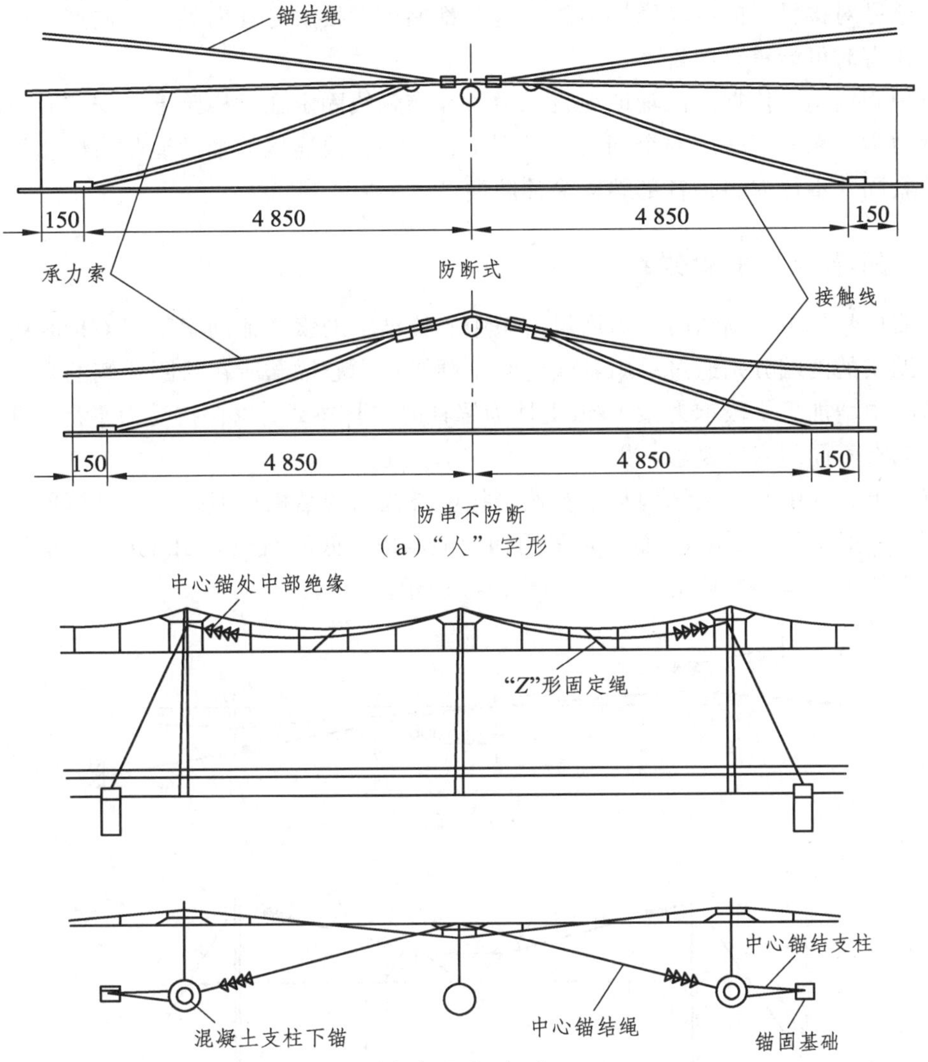

（a）“人”字形

（b）“Z”字形

图 15-3　两跨式中心锚结

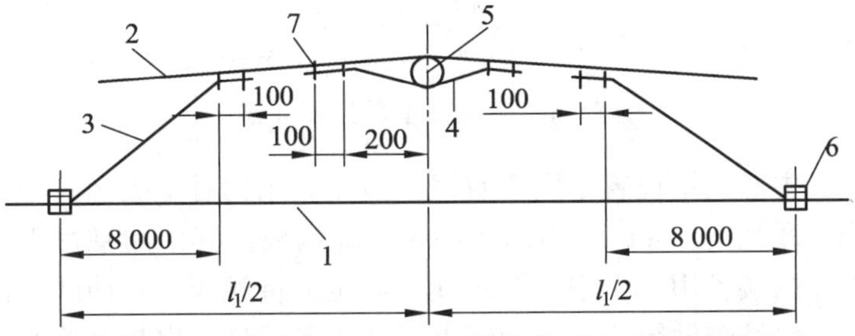

1—接触线；2—承力索；3—GJ-50 钢绞线；4—GJ-70 钢绞线；5—悬吊滑轮；6—中心锚结线夹；7—钢线卡子。

图 15-4　站场防窜中心锚结

接触悬挂“窜动”的主要原因有：接触悬挂在线路坡道外，由于悬挂本身的重量沿下坡方向产生作用于悬挂的分力，曲线内侧因旋转腕臂偏转，出现对线索向某一方向的分力作用，风力和受电弓对接触线的滑动摩擦力等，这些都能诱发接触悬挂向某一方向产生窜动。上述各种原因，有时可能重叠出现。

防窜中心锚结，依据两段辅助绳将承力索和接触线固定在软横跨上，安装时应注意，辅助绳在承力索上靠一正一反两个钢线卡子固定，与接触线连接的辅助绳张力要相等，中心锚结线夹应紧固并不得偏斜，各部螺栓涂油防腐。

（四）简单悬挂中心锚结

设置简单悬挂中心锚结时，需增设一条中心锚结辅助索，辅助索采用 GJ-50 镀锌钢绞线制成，辅助索的两端分别通过一串悬式绝缘子硬锚在中心锚结所在跨距两侧的支柱上（即等于在该跨距中增加了一段承力索）。该支柱为锚柱时应打拉线，以保持受力平衡，且在直线上和曲线上都有不同的安装要求。

在直线上，其中心锚结结构与半补偿悬挂中心锚结的结构相似，只不过简单悬挂中心锚结绳较短（一般不超过 5 m），而且是采用钢丝绳制成（截面面积为 50 mm^2），钢丝绳两侧分别用 3 个钢线卡子紧固在辅助绳上。如图 15-5 所示。

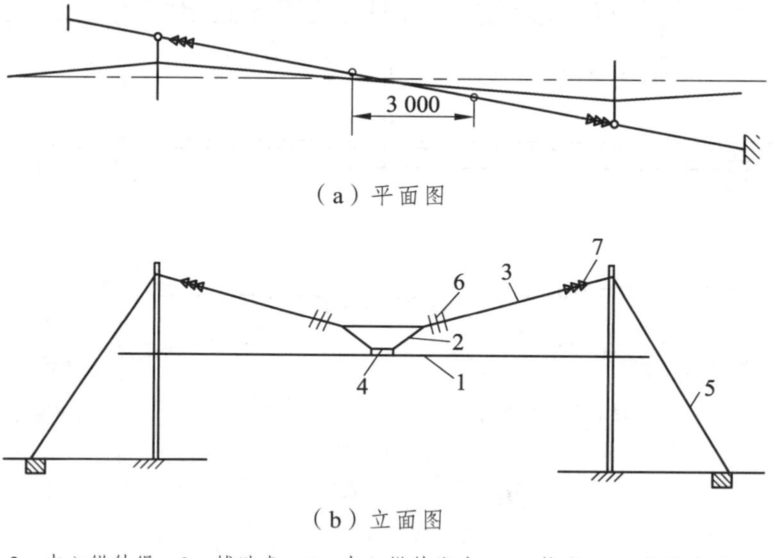

1—接触线；2—中心锚结绳；3—辅助索；4—中心锚结线夹；5—拉线；6—钢线卡子；7—绝缘子。

图 15-5　直线简单悬挂中心锚结

在曲线区段，其中心锚结设置不同于直线区段，其结构看上去像一个倒装的中心锚结。曲线上中心锚结绳也采用 50 mm^2 截面面积的钢丝绳制成，其中间搭过平直腕臂并用线夹固定在腕臂上。钢丝绳两端各用一个中心锚结线夹固定在接触线上。曲线区段中心锚结辅助索较长，其中部与中心锚结辅助绳固定在腕臂上，两侧各通过一串悬式绝缘子硬锚于相邻的支柱上。这两根支柱应打拉线。中心锚结绳在接触线上的固定点距悬挂定位点 6 m，中心锚结结构高度一般为 0.5 m，如图 15-6 所示。

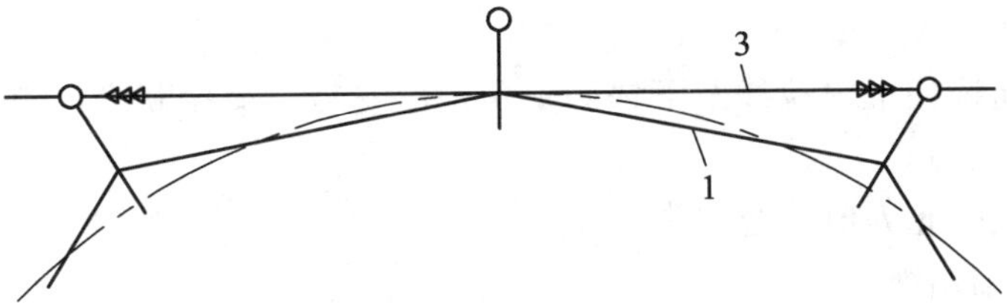

（a）平面图

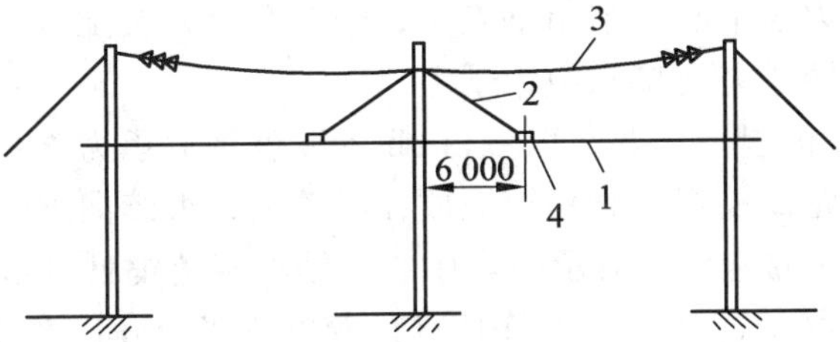

（b）立面图

1—接触线；2—中心锚结绳；3—辅助索；4—中心锚结线夹。

图 15-6　曲线简单悬挂中心锚结

采用简单悬挂的站场上一般不需另设中心锚结，而是在应设置中心锚结处把定位吊绳放置在钩头鞍子中紧固代替中心锚结结构（悬挂点一般将吊索放在悬吊滑轮中）。当发生断线事故时，接触线不致松动，起到中心锚结的作用。

第二节　两跨式中心锚结安装

一、工作方法和步骤

（一）准备工作

（1）人员：10 ~ 12 人。

（2）工具：作业车（或梯车）、手扳葫芦、钢丝套、紧线器、力矩扳手、钢卷尺、激光接触网检测仪、拉力计、安全带、电工工具、安全工具、防护工具等。

（3）材料：承力索中心锚结绳、承力索中心锚结线夹、接触线中心锚结绳、接触线中心锚结线夹、杵环杆、绝缘子、承力索楔形终端锚固线夹、钢线卡子等。

（二）操作方法、步骤

1. 安装两跨式承力索中心锚结

（1）施工准备。

① 安装中心锚结工机具及所用材料齐全、完好。

② 提前做中心锚结绳回头，剪断盘好，并在起锚侧安装承力索楔形终端锚固线夹。按回头制作工艺制作好，为安装做好准备。

（2）检查。

① 中心锚结绳锚柱下锚拉线及下锚固定角钢已安装，锚柱顺线路倾斜度符合设计要求，确认拉线处于受力状态。

② 承力索两侧坠砣 *b* 值符合要求。

（3）安装中心锚结绳。

① 将作业车停在中心锚结起锚处 5 m 左右，升起作业平台，旋转至起锚柱位置。作业人员上杆将杵环杆与承力索中心锚结角钢连接，作业车上人员配合，另一端与绝缘子连接，再将承力索楔形终端锚固线夹连接到绝缘子上。

② 作业台回转正常位置，作业车以 5 km/h 的速度展放承力索中心锚结绳至中心锚结中心柱，挂上铁丝套和滑轮，并将中心锚结绳放在滑轮内，继续向下锚柱展放。

③ 作业车以 5 km/h 的速度展放承力索中心锚结绳至落锚处 5 m 左右停车，一人上杆安装杆环杆，另一端与绝缘子连接，并在杵环杆内穿好钢丝套子。作业平台旋转接近锚柱，2 人将中心锚结绳拉起，一人在适当位置安装紧线器，连接手扳葫芦、拉力计，开始紧线，如图 15-7 所示。

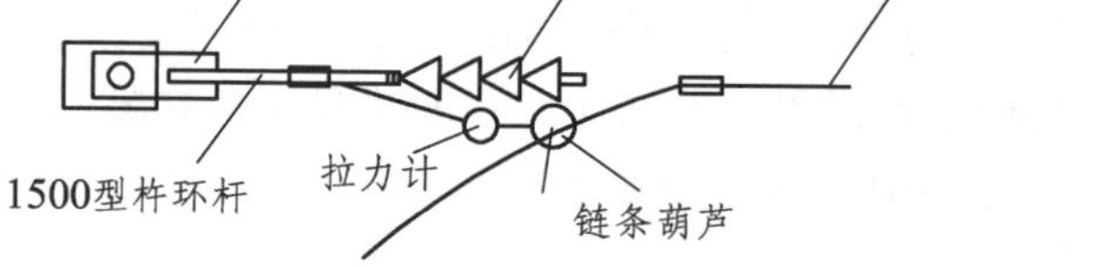

图 15-7　承力索中心锚结绳紧线示意图

④ 待承力索基本紧起时，停止紧线，作业车返回中心柱，作业人员拧下组合承力索线夹上盖上的螺母，拿出上盖，将铜包钢预绞式护线条套在安装处的承力索中心锚结绳和承力索上，放入承力索支撑线夹槽内。将承力索中心锚结绳放在靠近支柱侧的槽内，合上上盖，预拧上螺母。

⑤ 作业车返回下锚处，继续紧线，当拉力计显示达到设计值时，停止紧线，测量好断线位置，断线并按回头制作工艺安装好终端锚固线夹，与绝缘子连接上。一人上杆，作业车人员配合，将杵环杆与绝缘子连接牢靠。

⑥ 作业人员松手扳葫芦，拆卸紧线工具，下锚完成，将余线收盘。

⑦ 作业车以 5 km/h 的速度返回中心柱，作业人员使中心柱腕臂垂直于线路中心线，用力矩扳手拧紧组合承力索线夹上盖上的螺母至紧固力矩达标。

（4）安装中心锚结线夹。

① 在腕臂中心向两侧分别量出 200 m，在量出位置清洁线夹接触部位的杂物和氧化层。

② 安装中心锚结线夹，松开长、短螺栓，短螺栓旋离下夹板，长螺栓松开足够距离，但保持三夹板仍然连接在一起。

③ 向上抽动短螺栓，露出线夹一侧，将线夹本体上夹板挂在承力索上，中心锚结绳置于中夹板和下夹板之间。螺栓由线路侧穿向田野侧，长螺栓在上，短螺栓在下，如图 15-8 所示。

图 15-8　中心锚结线夹

④ 用同样的方法安装另一侧线夹，调整两个线夹至量出的位

置，用力矩扳手交替紧固 4 个螺栓，保证 4 个螺栓上的紧固力矩均达到设计值（紧固时螺栓旋停位置需涂抹螺纹锁固胶，涂抹长度约 8 mm）。

⑤ 用同样的方法紧固另一侧线夹螺栓，检查无误后，作业车驶向承力索起锚侧锚柱，将承力索起锚侧棘轮与底座固定的铁线解除，棘轮本体离开制动卡块，调整起、落锚补偿棘轮制动距离，承力索中心锚结安装完成，如图 15-9 所示。

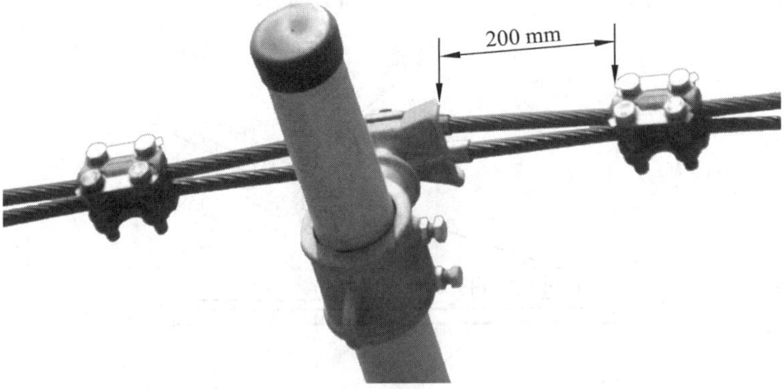

图 15-9　中心锚结线夹安装位置示意图

2. 安装两跨式接触线中心锚结

（1）施工准备。

① 承力索中心锚结安装完毕。

② 中心锚结中心柱及两侧相邻支柱定位器已安装，且中心柱相邻三跨吊弦均已安装。

③ 铁线固定住起、下锚补偿坠砣。

（2）测量预制。

① 作业车行至接触线中心锚结线夹安装处停车升作业平台，作业人员登上作业平台，测量承力索与接触线间的高度 h，如图 15-10 所示。

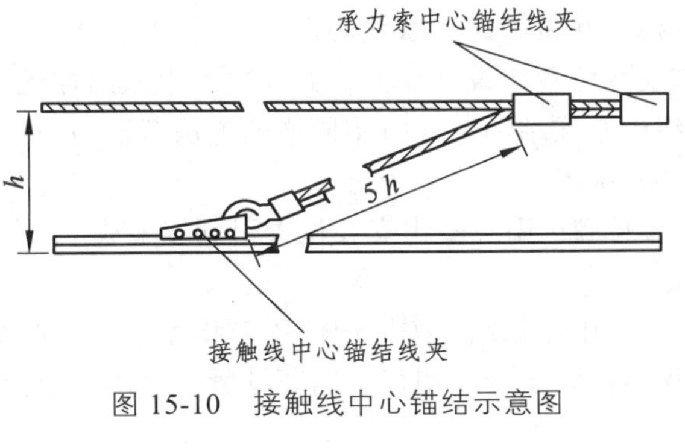

图 15-10　接触线中心锚结示意图

② 作业车行至另一跨，测出另一跨接触线中心锚结线夹安装处，承力索与接触线间的高度 h 值。

③ 根据两个 h 值的 5 倍，加上与承力索连接线夹的长度，再加外露 30 mm 的长度，预制好接触线中心锚结绳的长度。

④ 将中心锚结绳先套上压接环套回，加入心形环，按产品说明书要求压紧。

（3）安装中心锚结。

① 在安装处停车对位，升作业平台，作业人员先用棕绳将承力索与接触线在上下垂直方向捆住，减小 h 值。

② 用线坠将安装位置引到接触线上，作业车上人员配合，并在导线上做出标记，先安装好与接触线连接的接触线中心锚结线夹，将压好的回头连接到接触线中心锚结线夹上，将连接螺栓循环拧紧，力矩应符合设计要求，如图 15-11 所示。

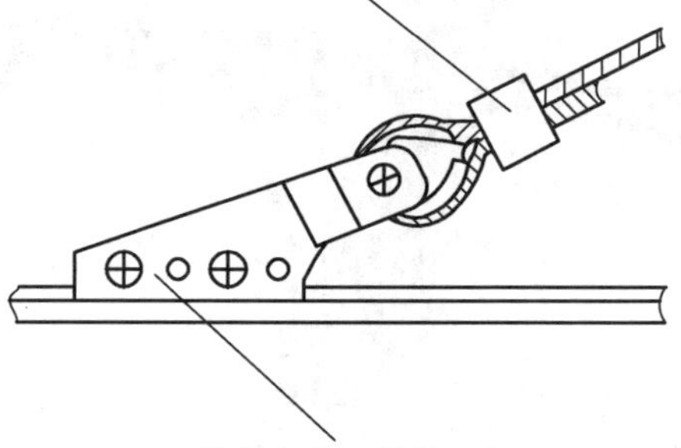

图 15-11　接触线中心锚结线夹安装示意图

③ 托住接触线中心锚结绳，作业车缓缓行至承力索中心锚结线夹安装位置停车，一人预安装承力索中心锚结线夹，把中心锚结绳从线夹穿过，在中心锚结绳头装一吊弦线夹。一人用力拉中心锚结绳，一人用多功能激光检测仪检测接触线中心锚结线夹处导高，符合要求时，先拧紧一个承力索中心锚结线夹。卸下吊弦线夹，安装好另一个承力索中心锚结线夹。

④ 采用上述方法，安装另一跨中心锚结绳。

3. 安装软横跨中心锚结（防窜不防断）

（1）施工准备。

① 软横跨已调整达标，并将坠砣用铁线固定。

② 事先将中心锚结安装位置按设计测出，并在轨腰上做出标记。

③ 依 $5h$ 截取接触线中心锚结绳，同时用同样的方法截取另一边的中心锚结绳。

（2）安装接触线中心锚结绳。

① 作业车移动到安装位置，用线坠将安装位置引到接触线上，作业平台人员配合，在接触线上用标记笔做好标记。

② 平台作业吊上接触线中心锚结，按标记位置安装接触线中心锚结线夹，松开螺母，将线夹卡在接触线上，无误后拧紧螺母，用扳手循环拧紧，再用力矩扳手检测达标，并将止动垫片摁到位。

③ 完成后，拖住中心锚结绳向中心柱方向展放。

④ 先预先安装一个承力索中心锚结线夹，将中心锚结绳从线夹穿过，在中心锚结绳头卡一吊弦线夹，拴上小绳，用力拉小绳，一人在线路上用激光接触网检测仪检测接触线中心锚结导高，达到要求后，拧紧承力索中心锚结线夹的螺栓，再安装另一个承力索中心锚结线夹。

⑤ 采用上述方法，安装另一跨中心锚结绳，中心锚结安装后，拆除起、下锚固定坠砣铁线。

二、质量标准

（一）承力索中心锚结质量标准

（1）承力索中心锚结张力应严格按照安装设计给定的张力、弛度控制，使用加挂拉力计进行控制，安装后两侧张力一致。

（2）承力索中心锚结应在架设承力索后尽快安装，将承力索起锚侧棘轮与底座固定的铁线解除，棘轮本体离开制动卡块，防止补偿装置工作不正常导致张力偏向一侧。

（3）承力索中心锚结辅助绳应安装在承力索座靠近支柱一侧的槽内。

（4）承力索中心锚结线夹紧固时，按对角依次用力矩扳手交替紧固 4 个螺栓，保证 4 个螺栓上的紧固力矩均达到设计值。

（5）中心锚结应安装在设计指定位置上，中心锚结线夹端正，中心锚结线夹应牢固可靠，螺栓紧固力矩符合设计要求。

（6）一个承力索中心锚结安装两个中锚线夹，安装位置距承力索支座中心 200 mm。

（7）承力索中心锚结绳的最低点应不低于该跨承力索的最低高度，张力应严格按中心锚结安装设计图表中的张力安装。

（8）中心锚结中心柱的腕臂应垂直于线路中心线，施工允许偏差为 ± 10 mm。

（9）承力索中心锚结线夹至腕臂中心距离为 200 mm。

（10）固定承力索与承力索中心锚结绳的承力索中心锚结线夹，螺栓由线路侧穿向田野侧，长螺栓在上，短螺栓在下；固定承力索与接触线中心锚结绳的承力索中心锚结线夹，螺栓从上向下穿向。

（11）中心锚结绳弛度应等于或略高于该处承力索弛度，承力索中心锚结绳在其垂直投影与线路钢轨交叉处，应高于接触线 300 mm 以上。

（12）承力索楔形终端锚固线夹，回头 500 mm，绑扎 100 mm。

（二）接触线中心锚结质量标准

（1）接触线中心锚结绳与所安装锚段的承力索材质截面相同。

（2）接触线中心锚结绳长度为 $5h + 500$ mm。

（3）线夹规格型号、螺栓紧固力矩应符合设计要求。

（4）接触线中心锚结绳回头外露 30 mm，压接后滑动力应符合设计要求。

（5）承力索中心锚结线夹螺栓紧固力矩达标后，将止动垫片摁到位。

（6）承力索中心锚结线夹间距为 50 mm，中心锚结绳头外露为 30 mm。

（7）接触线中心锚结线夹处导高比相邻吊弦处导高高 50 mm，施工允许误差为 0 ~ 5 mm。

（三）软横跨中心锚结质量标准

（1）中心锚结绳规格型号应符合设计要求。

（2）中心锚结绳长度为 $5h + 400$ mm。

（3）承力索、接触线中心锚结线夹螺栓紧固力矩达标后，应将止动垫片摁到位。

（4）接触线中心锚结线夹间距为 100 mm。线夹螺栓穿向：第一个从线路侧穿向另一侧，第二个相反，第三个同第一个，第四个同第二个，即相互错位。承力索中心锚结线夹螺栓从下向上穿，螺栓循环拧紧。

（5）接触线中心锚结线夹处导高：正线比相邻吊弦高 5 mm，站线与相邻吊弦导高相同。

（6）中心锚结绳露出线头长度为 30 mm。

三、注意事项

（1）上、下传递工具材料应用小绳、工具袋，严禁抛扔。

（2）作业人员均应戴安全帽，以防工具、材料坠落伤人。

（3）断线时扶住线头，防止线头弹回伤人。

（4）作业车作业移动时速度不宜超过 5 km/h，作业过程中作业人员不得升、降和旋转作业台。

（5）不合格品严禁使用。

（6）中心锚结绳范围内不得有吊弦。

（7）如有过渡，应将线穿过过渡平腕臂的悬吊滑轮，起锚后通过中心柱再下锚。

（8）施工时严禁踩踏导线，不得给导线施加任何外力。

（9）作业时，任何料具、人员不得侵入邻线建筑限界。

（10）铁线收回，禁止乱扔。

四、训练测评

操作时间规定为 40 min。在规定时间内完成，不加分也不扣分，每超时 1 min，从总分中扣 1 分，超时 10 min，停止作业。

测评记录内容如表 15-1 所示。

表 15-1　测评记录表

项目	配分	测评要求及评分标准	扣分	得分	备注
料具准备	10	要求料具齐全完好，规格型号相符，每缺一件扣 3 分，规格不符每件扣 2 分			
质量要求	60	（1）接触线中心锚结线夹、承力索中心锚结线夹螺栓松动或紧固力矩不符合要求，每处扣 10 分			
		（2）中心锚结绳散股，扣 10 分			
		（3）承力索中心锚结线夹距定位处承力索座中心的距离不符合要求，扣 10 分；两边线夹不对称，扣 10 分			
		（4）承力索中心锚结绳终端锚固线夹的螺纹外露为 15～20 mm，不符合要求扣 10 分			
		（5）紧线操作不符合要求，扣 10 分			

续表

项目	配分	测评要求及评分标准	扣分	得分	备注
质量要求	60	（6）接触线中心锚结线夹处中心锚结绳压接后外露30 mm，不符合要求扣10分			
		（7）中心锚结绳在承力索线夹处外露为50 mm，不符合要求扣10分			
		（8）接触线中心锚结线夹应垂直于接触线，并比两端的吊线线夹高0~10 mm，不符合要求每处扣10分。			
		备注：扣完配分失格			
安全作业	20	（1）作业中出现一般违章现象每次扣5分			
		（2）作业中出现严重违章现象每次扣20分			
		（3）作业中工具滑脱，每次扣5分			
文明作业	10	（1）作业时必配的个人工具、劳保用具、安全用具每缺一件扣5分			
		（2）作业中出现不文明语言或动作每次扣10分			
		（3）作业完毕，料具有一件不归位扣3分			
测评超时					
合计	100				

第三节　中心锚结检修

一、工作方法和步骤

（一）准备工作

（1）人员：10~12人。

（2）工具：作业车（或梯车）、手扳葫芦、钢丝套、紧线器、力矩扳手、钢卷尺、激光接触网检测仪、滑轮、大绳、安全带、电工工具、安全工具、防护工具等。

（3）材料：承力索中心锚结绳、承力索中心锚结线夹、接触线中心锚结绳、接触线中心锚结线夹、杵环杆、绝缘子、承力索楔形终端锚固线夹、中心锚结压接套装等。

（二）操作方法、步骤

1. 检　查

（1）检查承力索中心锚结绳状态。

① 外观检查承力索中心锚结绳有无散股、断股、电气烧伤等现象。

② 高速铁路接触网承力索中心锚结绳不得有补强或接头。

（2）检查接触线中心锚结绳状态。

① 外观检查接触线中心锚结绳有无散股、断股、电气烧伤等现象。

② 接触线中心锚结线夹安装应牢固、端正、不打弓；在直线上应保持铅垂状态，在曲线上应与接触线的倾斜度一致。接触线中心锚结线夹与接触线沟槽密贴入槽；接触线侧锚结绳压接后回头外露长度不小于 20 mm。

③ 承力索中心锚结线夹由上向下穿，长螺栓侧朝向田野侧。

④ 接触线中心锚结绳两边张力相等，不得松弛或高度低于接触线；锚结绳处于受力状态，但不改变相邻吊弦受力和导线高度；线夹处的导线高度符合要求。

（3）检查中心锚结柱状态。

① 中心锚结支柱的腕臂应垂直于线路。

② 承力索中心锚结线夹安装在距腕臂 200 mm 位置，螺栓穿向田野侧，长螺栓一侧朝向田野侧。

2. 调　整

（1）更换整根承力索中心锚结绳。

普速铁路接触网承力索中心锚结绳断股 3 股以下，应使用相关型号的全张力承力索接续条进行机械补强；承力索中心锚结绳断股 3 股及以上，必须更换整根承力索中心锚结绳。高速铁路接触网承力索中心锚结绳断股，必须更换整根承力索中心锚结绳。

① 地面测量承力索中心锚结绳的长度，使用同一型号的承力索，预制承力索中心锚结绳，在一端安装下锚终端线夹。

② 承力索中心锚结绳下锚承锚角钢处安装一根钢丝套。

③ 在承力索中心锚结绳距下锚终端线夹 1 000 mm 处安装一个紧线器。

④ 在钢丝套和紧线器间安装手扳葫芦，通过紧线，将旧承力索中心锚结绳从绝缘子处拆除，手扳葫芦暂不拆除。

⑤ 安装新的承力索中心锚结绳锚固线夹到绝缘子，放线至中心锚结定位悬挂点。

⑥ 在中心锚结定位承力座安装放线滑轮，将新的承力索中心锚结绳倒入滑轮内，继续放线至另一处下锚终端。

⑦ 在承力索中心锚结绳下锚的另一端进行步骤②、③、④，拆除旧承力索中心锚结绳，但手扳葫芦暂时不能拆除。

⑧ 在新承力索中心锚结绳上安装 1 个紧线器，使用手扳葫芦预拉新承力索中心锚结绳至绝缘子连接孔，对比新承力索中心锚结绳的长度，制作锚固终端线夹，并将承力索中心锚结绳连接到绝缘子上。

⑨ 在中心锚结定位处旧线从双槽承力索座倒出，拆除旧线上的承力索中心锚结线夹，先拆除一侧的 2 个线夹，在新线上安装 2 个线夹，依次顺序拆除另一侧的线夹，安装线夹。

⑩ 将新线倒入双槽承力索座紧固螺栓，拆除旧线上的手扳葫芦，整根旧线拆除，拆除新线上的手扳葫芦，完成更换作业。

（2）更换整根接触线中心锚结绳。

接触线中心锚结绳断股时，必须更换整根接触线中心锚结绳。

① 地面预制接触线中心锚结绳，长度为 5 倍接触线距承力索间距 + 500 mm。

② 在接触线中心锚结线夹内侧安装紧线器，承力索斜向位置安装另一个紧线器，使用手扳葫芦将接触线与承力索稍微承受点拉力，使用大绳将接触线与承力索并线，使接触线中心锚结绳完全不受力。

③ 拆除原接触线中心锚结绳及其连接零件。

④ 在原位置安装新的接触线中心锚结线夹，对比接触线中心锚结绳长度，在原位置安装承力索中心锚结线夹。

⑤ 拆除手扳葫芦及紧线器。

⑥ 复测接触线中心锚结线夹处接触线高度，直至满足技术标准。

（3）接触线中心锚结线夹处接触线高度低于相邻吊弦或高于相邻吊弦大于 10 mm。

① 在接触线中心锚结绳上安装一个紧线器，在承力索上安装另一个紧线器。

② 在两个紧线器之间安装一台手扳葫芦，通过紧线使手扳葫芦链条稍微受力，用大绳把接触线与承力索并线，使接触线中心锚结绳不受力。

③ 松动承力索中心锚结线夹，使接触线中心锚结绳能左右移动。

④ 当接触线中心锚结绳弛度过大，中锚绳下坠低于接触线时，应使承力索中心结线夹与接触线中心锚结绳同时向远离接触线中心锚结线夹移动，移动长度视中锚绳弛度大小而定。

⑤ 当接触线中心锚结绳弛度过小，接触线中心锚结线夹处导高大于 10 mm 相邻吊弦时，应使承力索中心锚结线夹与接触线中心锚结绳同时向靠近接触线中心锚结线夹方向移动，移动长度视中锚绳弛度大小而定。

⑥ 调整确定后，紧固承力索中心锚结线夹，拆除紧线器和手扳葫芦。

⑦ 复测接触线中心锚结线夹处导高，如未符合标准，则按上述步骤重复操作，直到导高符合标准。

（4）接触线中心锚结线夹处接触线高度不符合标准。

① 用铁线在接触线中心锚结线夹附近做临时吊弦，调整临时吊弦长度的同时测量接触线中心锚结线夹的导高直至达到要求。

② 调整接触线中心锚结绳的弛度，直至其符合要求。

③ 拆除原有松弛的吊弦，安装新的吊弦，拆除铁线。

（5）接触线中心锚结线夹偏斜。

① 用一个扭面器首先卡在接触线偏斜起始位置。

② 用另一个扭面器卡在偏斜接触线的偏斜面上距第一个扭面器 200 ~ 300 mm 处。

③ 将第一个扭面器固定不动，根据接触线偏斜方向和偏斜程度旋转。

④ 松开两个扭面器使接触线处于无外力状态，观察接触线线面情况，如果一次调整不到位，重复上述操作，直至接触线面符合要求为止。

二、质量标准

（1）承力索中心锚结张力应严格按照安装设计给定的张力、弛度控制，安装后两侧张力一致。

（2）中心锚结应安装在设计指定位置上，中心锚结线夹端正，中心锚结线夹应牢固可靠，螺栓紧固力矩符合设计要求。

（3）一个承力索中心锚结安装2个中锚线夹，安装位置距承力索支座中心200 mm。

（4）中心锚结绳弛度应等于或略高于该处承力索弛度，承力索中心锚结绳在其垂直投影与线路钢轨交叉处，应高于接触线300 mm以上。

（5）中心锚结中心柱的腕臂应垂直于线路中心线，施工允许偏差为±10 mm。

（6）承力索中心锚结线夹至腕臂中心距离为200 mm。

（7）固定承力索与承力索中心锚结绳的承力索中心锚结线夹，螺栓由线路侧穿向田野侧，长螺栓在上，短螺栓在下；固定承力索与接触线中心锚结绳的承力索中心锚结线夹，螺栓从上向下穿向。

（8）承力索楔形终端锚固线夹，回头500 mm，绑扎100 mm。

（9）接触线中心锚结绳回头外露30 mm，压接后滑动力应符合设计要求。

（10）承力索中心锚结线夹螺栓紧固力矩达标后，将止动垫片摞到位。

（11）承力索中心锚结线夹间距为50 mm，中心锚结绳头外露为30 mm。

（12）接触线中心锚结线夹处导高比相邻吊弦处导高高50 mm，施工允许误差为0～5 mm。

三、注意事项

（1）承力索中心锚结线夹螺丝丝扣应良好，不应出现咬丝、错丝现象。

（2）承力索中心锚结绳弛度应符合要求，太紧则容易影响整个锚段接触悬挂的状态，太松则不利于中心锚结发挥作用。

（3）接触线中心锚结线夹处中锚绳的压接状态应良好，压接后应紧密、密贴，不得出现压接线夹变形、损伤等现象。

（4）中心锚结检查完毕后用激光接触网检测仪对中心锚结处的导高进行测量，掌握接触线导高变化，并检查吊弦的导高是否符合要求。

（5）更换承力索中心锚结绳时，不得同时拆除旧线上全部的承力索中心锚结线夹，防止承力索整锚段往一侧移动。

（6）调整接触线中心锚结绳时，必须使临时固定的手扳葫芦处于稍微受力状态，防止接触线往一侧偏移。

（7）紧固接触线中心锚结线夹时，要注意检查螺帽、螺栓的材质型号，确认紧固力矩大小。

四、训练测评

操作时间规定为 40 min。在规定时间内完成，不加分也不扣分，每超时 1 min，从总分中扣1分，超时10 min，停止作业。

测评记录内容如表15-2所示。

表 15-2　测评记录表

项目	配分	测评要求及评分标准	扣分	得分	备注
料具准备	10	要求料具齐全完好，规格型号相符，每缺一件扣 3 分，规格不符每件扣 2 分			
质量要求	60	（1）接触线中心锚结线夹处的导高是否比相邻吊弦点的导高抬高 20 ~ 30 mm，不合格则必须调整。调整方法：能确保导高在误差范围内时调吊弦点导高，否则就只能收、放锚结绳。测量不准确或处理方法不当均扣 10 分			
		（2）检查中心锚结线夹是否有偏磨、打弓和不落槽现象，漏检扣 5 分，处理方法不当扣 10 分			
		（3）手动测量中心锚结绳两端的张力是否大致相等，漏检扣 5 分，处理方法不当扣 10 分			
		（4）检查中心锚结绳是否松弛，如果松弛必须调整，漏检扣 5 分，处理方法不当扣 10 分			
		（5）测量承力索中心锚结绳上锚结处的技术数据，判断是否符合要求，漏检或错检每处扣 5 分			
		（6）调整中心锚结绳后，必须复测中锚线夹处的导高，漏测扣 5 分			
		（7）螺栓没紧固，每处扣 5 分			
		备注：扣完配分失格			
安全作业	20	（1）作业中出现一般违章现象每次扣 5 分			
		（2）作业中出现严重违章现象每次扣 20 分			
		（3）作业中工具滑脱，每次扣 5 分			
文明作业	10	（1）作业时必配的个人工具、劳保用具、安全用具每缺一件扣 5 分			
		（2）作业中出现不文明语言或动作每次扣 10 分			
		（3）作业完毕，料具有一件不归位扣 3 分			
测评超时					
合计	100				

复习思考题

一、判断题

1. 中心锚结绳范围内承力索可以有接头和补强。(　　)
2. 当整个锚段在直线区段时，中心锚结设在锚段中部。(　　)
3. 当锚段全部在曲线半径相同的曲线时，中心锚结设在锚段中部。(　　)
4. 锚段一端为硬锚，另一端装补偿器的，硬锚的作用相当于中心锚结。(　　)
5. 中心锚结布置时使两边线索的张力尽量相等。(　　)
6. 无论什么结构形式的中心锚结，均采用 QJ-70 钢绞线作为锚结绳。(　　)

7. 中心锚结布置的原则是：使中心锚结两边线索的张力尽量相等。直线区段一般设在锚段中间处；曲线区段一般设在靠曲线多、半径大的一侧。(　　)

8. 三跨式中心锚结在跨距中间，相邻两悬挂点和跨中用钢线卡子将辅助绳与接触线固定在一起。(　　)

9. 二跨式中心锚结固定方式同三跨式中心锚结一样，由接触线中心锚结和承力索中心锚结两部分组成。(　　)

10. 在两端装设补偿器的接触网锚段中，必须加设中心锚结。(　　)

11. 一般布置原则是使中心锚结固定点两侧线索的张力尽量相等，并尽可能靠近锚段中部。(　　)

12. 中心锚结绳范围内接触线不得有接头和补强。(　　)

二、选择题

1. 中心锚结线夹处接触线高度与相邻吊弦接触线高度应相等，允许偏差（　　）。
   A. 0 ~ 10 mm　　B. 20 mm　　C. 30 mm　　D. 50 mm

2. 在特殊情况下，锚段长度小于（　　）时，可以不设中心锚结。
   A. 500 m　　B. 600 m　　C. 800 m　　D. 1 000 m

3. 中心锚结的长度为所在跨距中心处接触线与承力索间距的 20 倍，但不应小于(　　)m。
   A. 5　　B. 10　　C. 15　　D. 20

4. 接触线中心锚结绳的两端应分别用两个相互倒置的钢线卡子固定，卡子之间的距离为(　　) mm。
   A. 50　　B. 100　　C. 150　　D. 200

5. 当锚段全部在直线区段或整个锚段布置在曲线半径相同的曲线区段时，该锚段中心锚结应安设在（　　）位置。
   A. 锚段的中间　　B. 接触线的中间　　C. 区间中间

6. 安装有中心锚结的接触线，当一侧发生断线事故时(　　)中心锚结另一侧悬挂线路。
   A. 影响　　B. 不影响　　C. 不一定影响

7. 中心锚结绳不应松弛、不得触及弹性吊弦辅助绳，两边的长度和张力（　　）。
   A. 可以不等　　B. 力求相等　　C. 没有规定

8. 中心锚结线夹应安装牢固，在（　　）应保持铅垂状态。
   A. 没有规定　　B. 曲线上　　C. 直线上

9. 中心锚结线夹应安装牢固，在（　　）应与接触线的倾斜度一致。
   A. 曲线上　　B. 直线上　　C. 没有规定

10. 中心锚结线夹处的接触线高度比两侧吊弦点高出（　　）。
   A. 0 ~ 30 mm　　B. 0 ~ 20 mm　　C. 0 ~ 40 mm

三、问答题

1. 中心锚结的作用是什么？中心锚结应安设在什么地方？
2. 画出两种常见的全补偿链形悬挂中心锚结结构。
3. 防窜中心锚结和防断中心锚结的区别是什么？各用于什么场合？

第十六章　绝缘器

第一节　分段绝缘器的类型

接触网是一种特殊形式的供电线路，为了保证供电的可靠性和灵活性，并缩小停电事故发生的范围，要进行电气分段。被分段的接触网在电气方面是独立的，并用隔离开关连接。当某区段发生事故或停电进行检修时，可以打开相应段的隔离开关使该区段无电，而不致影响其他各段接触网的运行。

一、供电分段

接触网分段有横向分段与纵向分段之分。

（一）横向分段

接触网线路（或线群）之间所进行的分段称为横向分段，如站场内因各股道的作用不同进行分段。

在复线和多线路区段上，不论是区间还是站场，其正线间总是分开的，其分段的方式视股道的具体情况而定。如果正线间有道岔，则往往是在此处进行分段。如图 16-1 所示为复线区段有牵引变电所的车站站场分段与供电方式。

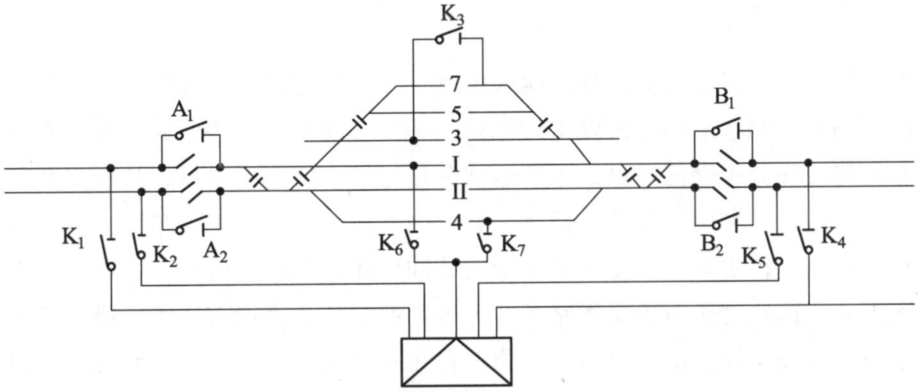

图 16-1　复线区段有牵引变电所的车站站场分段和供电方式

在有几个电气化车场的大站上，应将每一个车场单独分段。

装卸线、旅客列车整装线、检查电力机车上部设备的线路均应分段，并在该处安装带接地刀闸的隔离开关。

每条库线应当单独分开，且用带接地闸刀的隔离开关连接。为保证检修工作的安全，还应在适当位置装设隔离开关开闭位置的灯光指示器。

大型车场上的电分段应特别注意其灵活性。在各个线群之间有分段时，应能打开任一网组（或车场）而不影响其他网组的接/发列车。

在有牵引变电所的车场上，站场和区间皆应有单独的供电线路，此时连接站场与区间接触网的隔离开关应是常开的，对站场的供电线路应做到既能向站场供电，也可作为区间供电线的后备。在选择供电线的截面时，应保证有向站场和区间同时供电的可能性。在复线区段上，区间每条正线都应有单独的供电线路，如图 16-1 中的 K_1 与 K_4 和 K_2 和 K_5 供电线均应通过隔离开关与站场或区间相连接。设置隔离开关的原则是既要保证供电的可靠性，又要保证供电的灵活性；还应保证既可以向整个站场供电，也可以分别向站场各网组供电。

选择隔离开关的安设地点时，应注意操作方便和便于实现距离控制，连接跳线应简单和安全。在绝缘关节处，开关一般设在靠近车站的转换柱上。

横向分段采用分段绝缘器的方法实现。

（二）纵向分段

接触网沿线路方向所进行的分段称为纵向分段，如站场和区间衔接处所进行的分段。站场和区间的接触网应是各自独立的，因此在它们的连接处必须进行分段。区间接触网一般不进行电分段，但当遇有大型人工建筑物（长大隧道及长大下承桥）时，应将这些建筑物的接触网单独分段。

在交流电气化铁道区段同相电之间，是靠绝缘锚段关节或分段绝缘器实现电分段的，而不同相电则采用分相绝缘器，它们都是接触网上的重要电气设备。

二、分段绝缘器

分段绝缘器又称分区绝缘器，是接触网电气分段的常用设备。在正常情况下，受电弓带电滑行通过。当某一侧接触网分段发生故障或因施工、检修需要停电时，可打开分段绝缘器处的隔离开关将该部分接触网断电，而其他部分接触网仍能正常供电，从而提高了接触网运行的可靠性和灵活性。利用分段绝缘器进行分段的处所主要有：同一车站内不同车场之间及复线区段车站内上下行之间，货物线及有货物装卸作业的站线，机车整备线、电力机车车库线、专用线等处，这些处所由于受线路条件等因素的制约，难以布置绝缘锚段关节，因而设置分段绝缘器。分段绝缘器由于材质及结构上存在一定的问题，虽经不断改进，但仍为薄弱环节，应合理使用，尽量少设。

分段绝缘器按结构形式分为滑道式分段绝缘器、非滑道式分段绝缘器。滑道式分段绝缘器指绝缘元件全部或部分同时作为滑道的分段绝缘器，运行时受电弓与其直接接触，如菱形分段绝缘器、高铝陶瓷分段绝缘器。非滑道式分段绝缘器指绝缘元件不作为滑道的分段绝缘器，运行时受电弓不与其直接接触，如瑞柯达分段绝缘器、天龙分段绝缘器、进口 SIEMENS 分段绝缘器。

目前，我国常见的分段绝缘器，有高铝陶瓷分段绝缘器、菱形分段绝缘器，在结构上既保证机车受电弓平滑通过，又能满足供电分段的要求。

（一）C-1200 型高铝陶瓷分段绝缘器

C-1200 型高铝陶瓷分段绝缘器结构如图 16-2 所示。

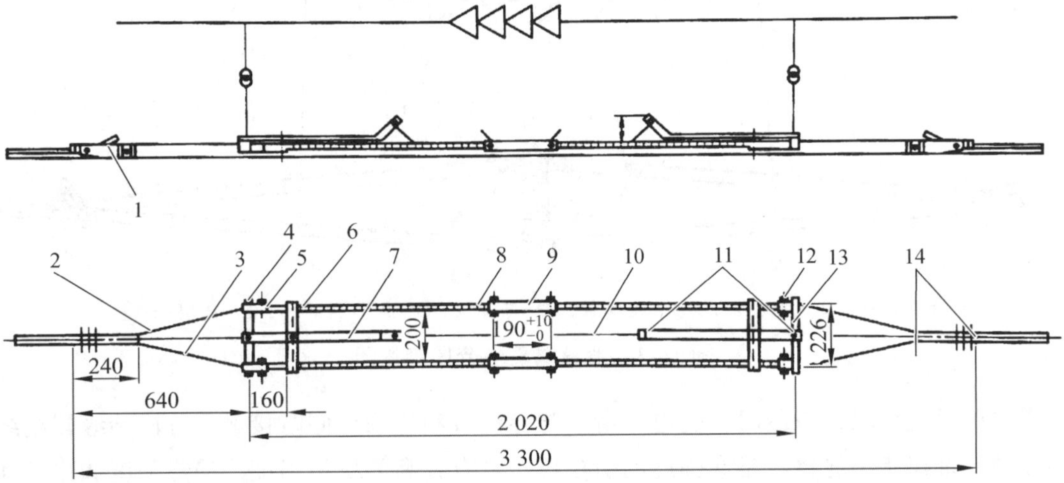

1—钢铝接触线接头线夹；2—导流框架Ⅰ；3—导流框架Ⅱ；4—销钉；5—接头；6—横撑架；7—角钢支架；8—绝缘元件；9—辅助滑道；10—导流角隙；11，14—螺栓；12—圆头销钉；13—横撑管。

图 16-2　C-1200 型高铝陶瓷分段绝缘器

其中，绝缘元件为高铝陶瓷绝缘棒，它由高强度玻璃纤维芯棒、高铝陶瓷护套、密封垫圈、罐封层和金属接头组成，长度为 600 mm，每侧用两根棒串接起来，总泄漏距离为 1 200 mm。高强度玻璃纤维芯棒，采用聚酯树脂或环氧树脂为胶黏剂的棒材，其抗拉强度超过 45 号钢，直径为 12 mm。

高铝陶瓷护套为 75 号氧化铝瓷，表面涂硅脂，有优异的耐磨和抗老化性能。密封垫圈起密封和缓冲的作用，采用石棉垫和硅胶两种垫圈。硅橡胶垫圈在耐老化、抗漏电及工艺方面都优于石棉垫圈。

C-1200 型高铝陶瓷分段绝缘器具有以下特点。

（1）采用高铝陶瓷护套克服了材料老化问题。

（2）绝缘件比滑道高 15 mm。工作时不与受电弓滑板接触，改善了绝缘件的工作条件。

（3）绝缘件泄漏距离为 120 mm，提高了绝缘性能和防污染能力，增强了工作的可靠性。

（4）受电弓通过倒流角隙时，利用拉弧工作原理，使倒流角隙起导流和灭弧作用，并在此设置辅助滑道，保证机械上平稳过渡。

（5）可满足 70 km/h 行车速度的要求。

这种型号的分段绝缘器的缺点：高铝陶瓷管在被受电弓冲击时易破碎，受电弓滑板通过导流间隙易拉弧，因此不适合在通行速度较高的线路上使用。

（二）滑道式菱形分段绝缘器

滑道式菱形分段绝缘器的结构如图 16-3 所示。

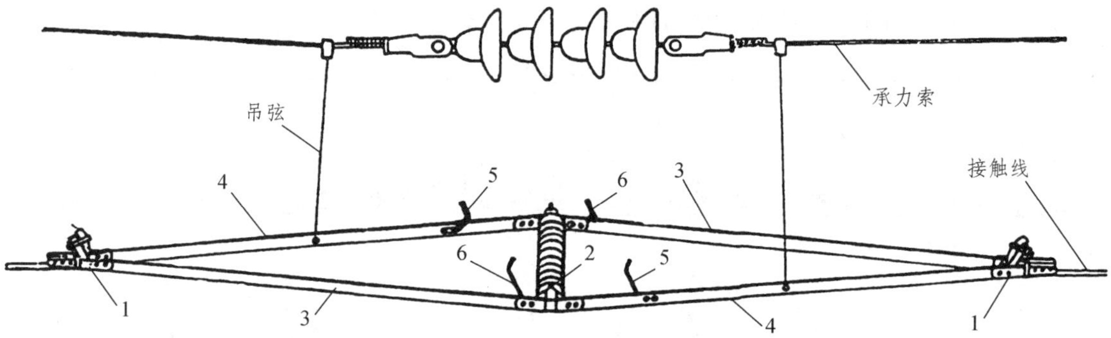

1—接头线夹；2—桥绝缘子；3—绝缘板；4—导流板；5—A 型引弧棒；6—B 型引弧棒。

图 16-3　滑道式菱形分段绝缘器

受电弓通过分段绝缘器时，受电弓滑板与导流板和绝缘件同时接触。分段绝缘器绝缘件采用玻璃纤维树脂绝缘棒，是高强度的引拨棒，具有较高的机械强度、绝缘强度和耐磨性。导流板用磷青钢制成，具有较好的导电性和耐磨住。桥绝缘子一般采用加强型玻璃纤维棒，并覆盖硅橡胶或聚四氟乙烯护套，结构上起支撑和绝缘作用。受电弓通过桥绝缘子下方时，为防止在两导流板转换时拉弧，特设防闪络角隙，以保护桥绝缘子，角隙为 220 mm，角隙件材质为不锈钢。整个分区绝缘器的泄漏距离为 1 200 mm。用于钢铝接触线上时，总长度为 3 058 mm，用于铜接触线上时，因接头线夹不同，总长度为 2 812 mm。滑道式菱形分段绝缘器具有结构简单、质量轻、便于安装维护、防污性能好的特点，可适应 160 km/h 的行车速度，应用十分广泛。

（三）其他分段绝缘器

随着中国电气化铁道运行速度的提高和复线电气化干线的发展，需要灭弧效率高、运行速度高、寿命长、方便维护的分段绝缘器。目前有：国产的瑞柯达分段绝缘器、天龙分段绝缘器，从瑞典 AF 公司引进的 AF 分段绝缘器（中国引进并国产化后称为 XTK 消弧分段绝缘器或通用型分段绝缘器），法国吉斯玛公司 JG 系列分段绝缘器，法国西门子轻型分段绝缘器，德国 Re200C 型分段绝缘器。如图 16-4 所示为其中几种。

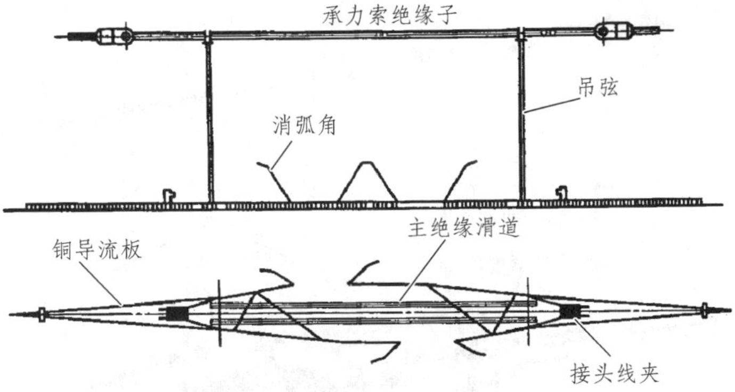

（a）消弧分段绝缘器

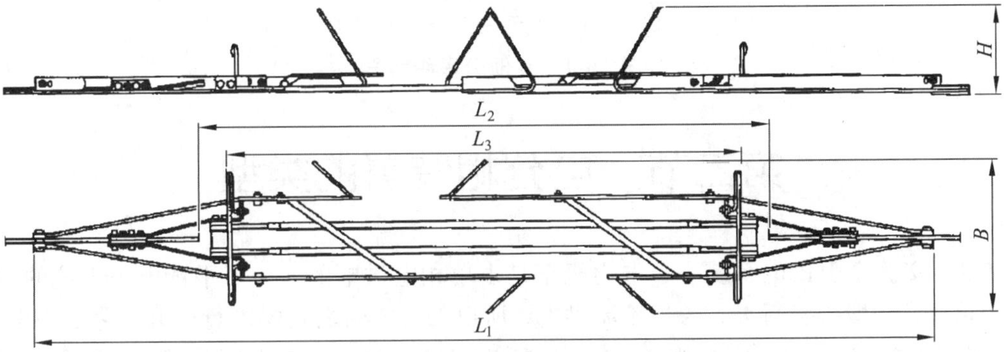

（b）法国西门子轻型分段绝缘器

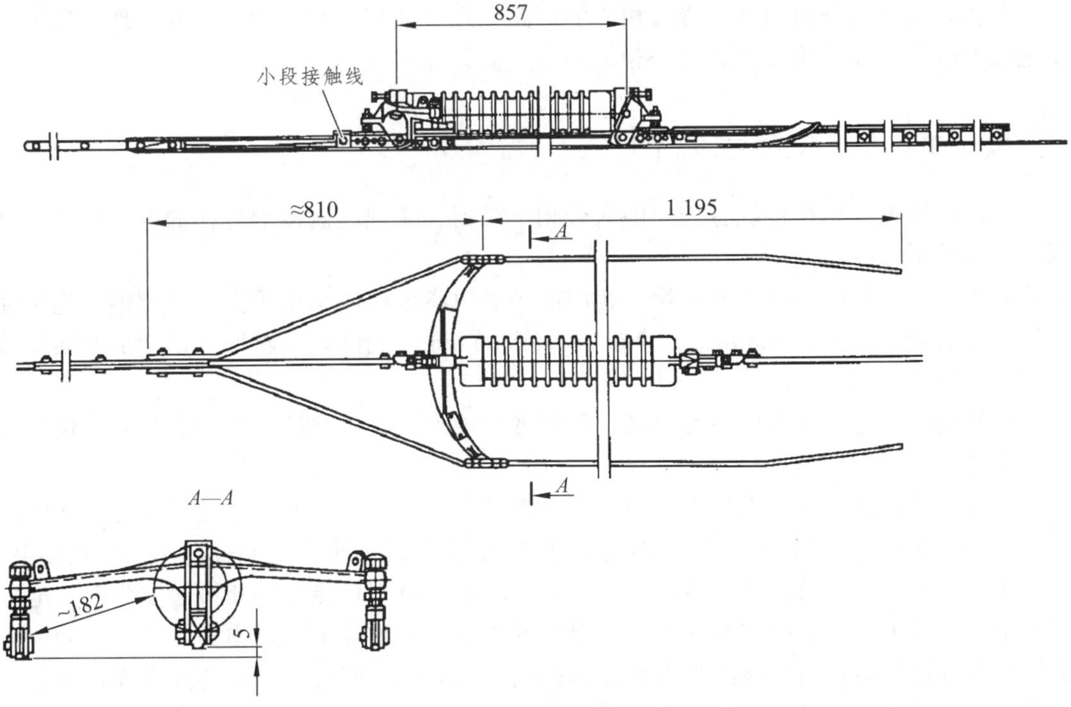

（c）Re200C 型分段绝缘器

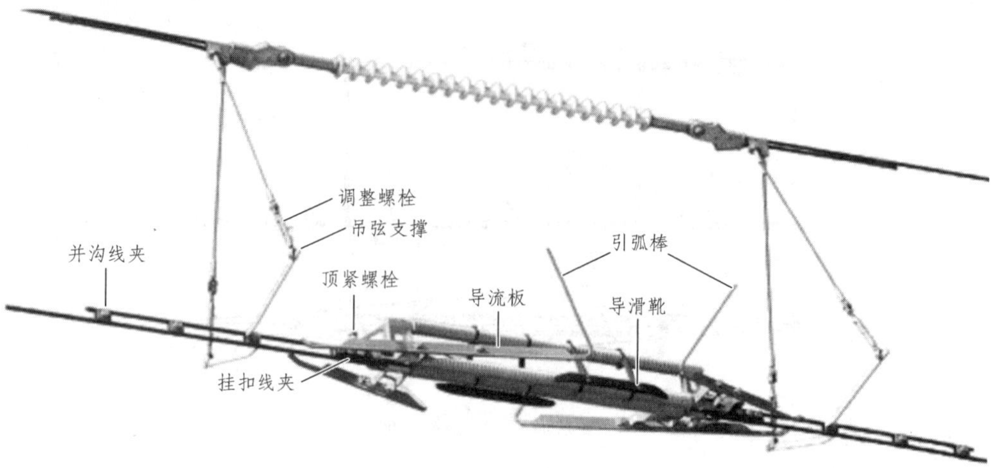

（d）瑞柯达（天龙）分段绝缘器

图 16-4　其他分段绝缘器

第二节　电分相装置的类型

在单相交流牵引供电系统中，电力机车是由单相电供电的，为了平衡电力系统的 U、V、W 各相负荷，一般要实行 U、V 相轮流供电，所以 U、V 相之间要进行分开，称之为电分相。电分相通常是由分相绝缘器实现的。在变电所出口处及两牵引变电所之间（供电臂末端）必须设电分相装置。

电分相装置包括分相绝缘装置和相应的线路标志。分相绝缘装置根据其实现方法可分为分相绝缘器电分相和锚段关节式电分相。

一、分相绝缘器电分相

分相绝缘器电分相在接触悬挂中串入分相绝缘器，实现两侧接触悬挂的电气分段。电分相两侧机械上不分段。

分相绝缘器一般由 3 块（或 4 块）相同的环氧树脂玻璃层压布（俗称玻璃钢）绝缘件组成，每块玻璃钢绝缘件长 1.8 m，宽 25 mm，高 60 mm，底面做成斜槽，以增加表面泄漏距离，其结构如图 16-5 所示。

要求接触线和绝缘件连接平滑可靠，不得形成硬点，应保持接触线原有张力，保证机车受电弓平滑通过。

两端部绝缘元件之间的不带电区段称为中性区段，电力机车通过中性区段时为断电惰行通过；电分相绝缘器两端的接触网为不同相供电，它应保证列车安全通过而不发生短接事故。因此，中性区段不宜过长，其长度以电力机车升起双弓时不短接不同相接触线为限，电分相绝缘器上方的承力索，通过与绝缘元件相对应的 3 串悬式绝缘子（每串为 4 片）断开。分相绝缘器的设置应注意：避开线路的大坡度，以利于电力机车惰行，同时还要考虑信号显示、调车作业、供电线径路及维修管理等条件。

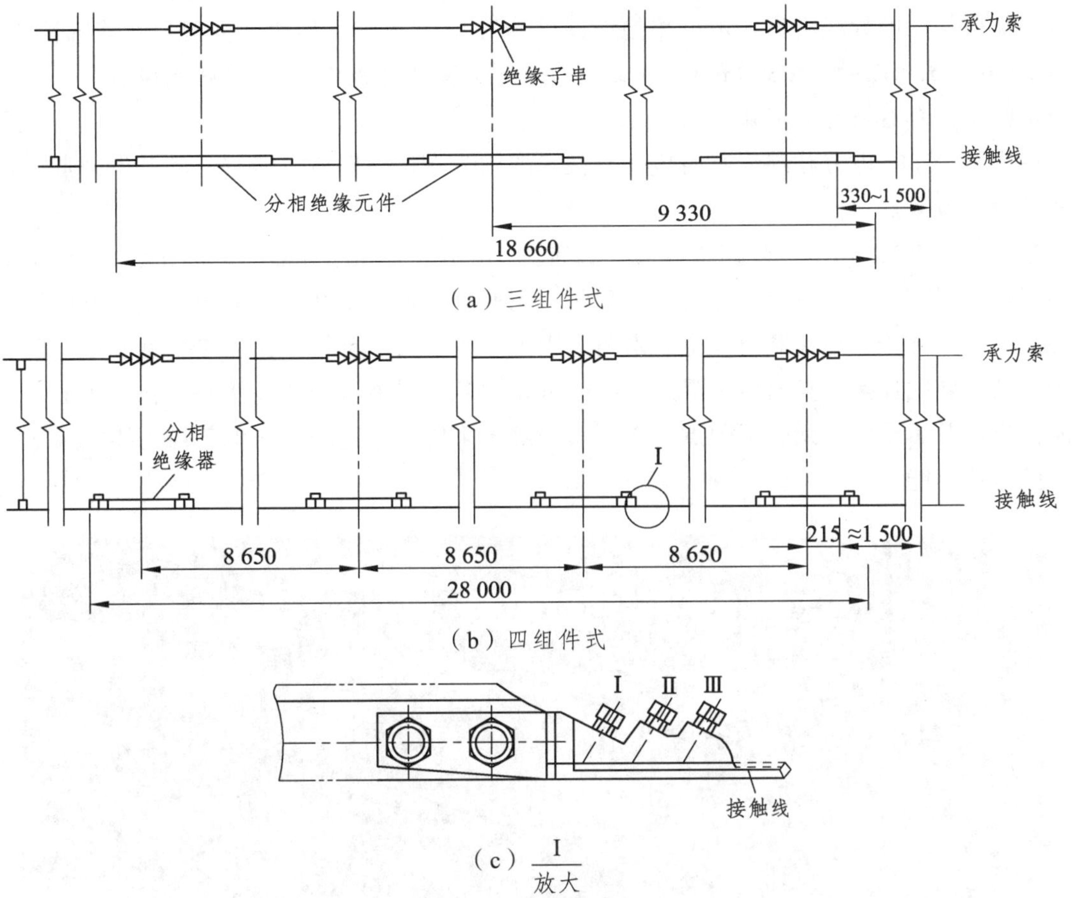

图 16-5　分相绝缘器结构图

电分相绝缘器的主要问题是由于各种各样的原因，会经常烧损或烧坏绝缘件，甚至破坏其绝缘性能。图 16-6 为 XTK 电分相绝缘器，它不仅是一块绝缘元件，而且从结构上增加了消弧角，具有一定的消弧功能，是一种新型接触网电分相设备。它采用优质绝缘材料和先进的制造工艺，电气绝缘性能好，并具有耐磨性能好、整体质量轻、安装方便、使用寿命长等优点。

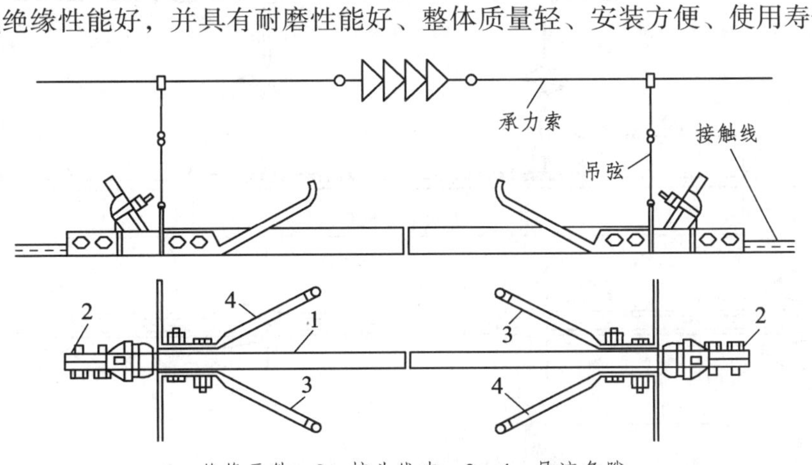

1—绝缘元件；2—接头线夹；3，4—导流角隙。

图 16-6　XTK 电分相绝缘器安装示意图

根据所使用的导线类型，电分相绝缘器可分为 T 型和 GL 型两种类型。其整机长度：T 型≥2 200 mm，GL 型≥2 300 mm。绝缘元件泄漏距离为 1 800 mm，其两端设有引弧件，以形成消弧角，具有较好的消弧能力。

在安装 XTK 电分相绝缘器时应注意技术要求，在调整好后，能避免其产生硬点，具有良好的运行效果。

还有 XFXP-1.80（G）分相绝缘器、瑞典 AF 滑道式分相绝缘器（国产化后为 BF-1 型分相绝缘器），如图 16-7 所示，其耐弧、耐污、耐漏电起痕、耐磨性及减少硬点等方面优于前两种产品。该种分相绝缘器设有金属滑道及引弧装置；虽然重量上比 XTK 型要重，但是分相绝缘器与导线连接头高出金属滑道 3 ~ 5 mm，避免了受电弓与接头接触，长三角形布置的金属滑道分散了受力，减少了硬点；承力索绝缘子采用无裙边的聚四氟乙烯光棒绝缘子，有较好的自洁功能。

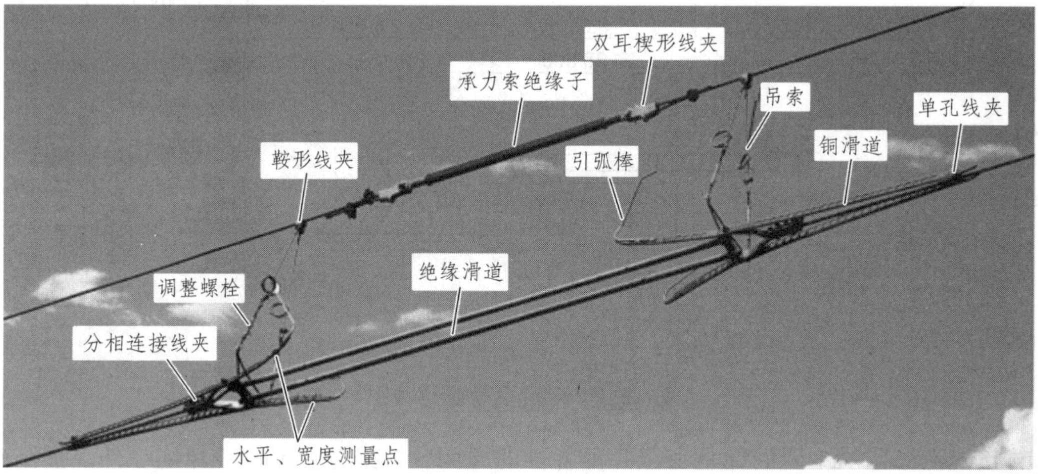

（a）XFXP-1.80（G）分相绝缘器

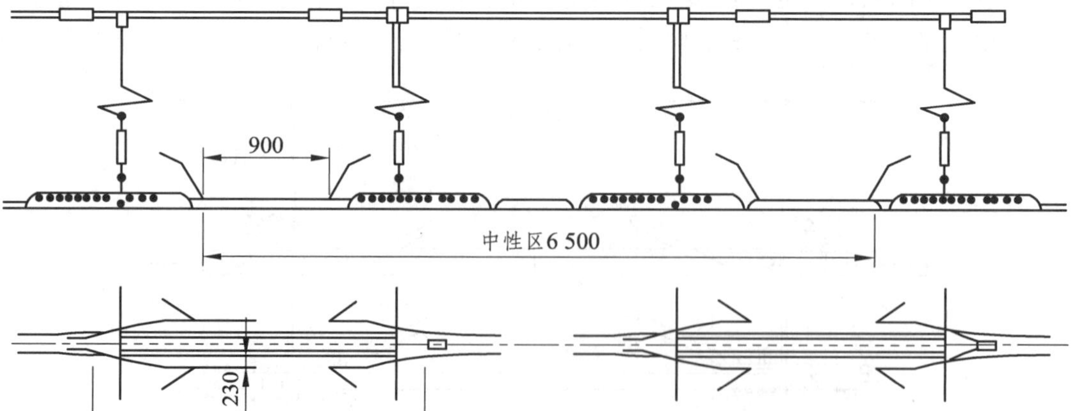

（b）AF 滑道式分相绝缘器

图 16-7　其他分相绝缘器

二、锚段关节式电分相

采用分相绝缘器的电分相装置在应用中存在多种问题：分相绝缘器存在明显的硬点；绝缘器绝缘部件表面易出现烧伤（甚至烧断）；停电检修困难等。对于速度大于 160 km/h 的准高速和高速电气化铁路，电分相多采用锚段关节式电分相。从广深高速铁路开始，中国近年来逐渐在提速干线、高速电气化铁路中使用锚段关节式电分相，以满足在高速时受电弓平稳通过。

中国电气化铁路接触网通常采用的锚段关节式电分相有七跨式、八跨式和九跨式 3 种，在不同线路均有采用。其基本结构由两个绝缘锚段关节和一个分相（中性）锚段组成。绝缘锚段关节可以采用四跨结构或五跨结构（四跨结构简单，但五跨结构接触线坡度较小），两绝缘锚段关节重叠区域有一跨和二跨两种情况（重叠区域的多少会影响电分相中性区的长短），因此形成了不同类型的锚段关节式电分相。在中性区和列车行进方向的锚段间设有隔离开关，在机车停于无电区且与来车方向锚段间满足绝缘条件时，通过闭合隔离开关，可使机车恢复供电，开出无电区。中性锚段不带电，也不接地，列车通过时起到过渡作用。

以八跨锚段关节电分相为例，说明锚段关节式电分相的结构特点，如图 16-8 所示。

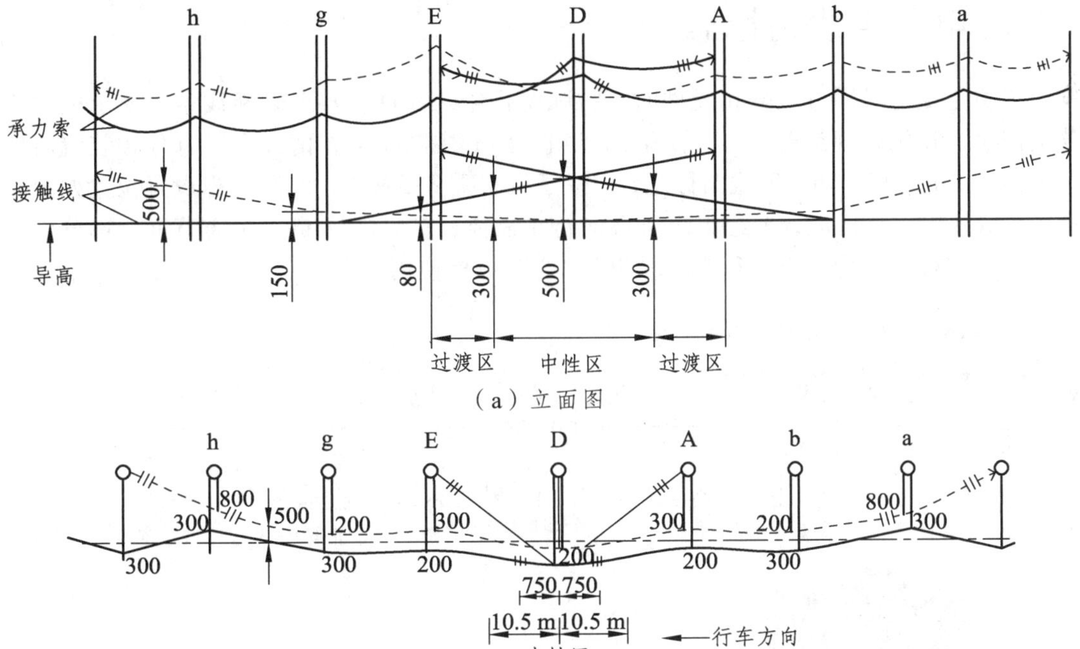

（a）立面图

（b）平面图

图 16-8　八跨锚段关节电分相

（1）绝缘距离。在电分相的锚段关节内，两支接触悬挂的水平间距均为 500 mm，两支接触悬挂间空气绝缘间隙应≥450 mm，施工误差应控制在 $^{+50}_{0}$ mm，各个定位点抬高允许误差 ± 20 mm。

（2）中性区。如图 16-8 所示的中性区长度为 35 m，机车惰行通过中性区，其长度应大于单台机车升双弓取流时的受电弓间距（一般不大于 26 m）。为了满足重联机车通过要求，35 m 中性区长度不足时，可以采用九跨式电分相（两个绝缘锚段关节间只重叠一跨），中性段（包括中性区加两个过渡区）的长度应符合设计要求，施工允许偏差为 $^{+500}_{0}$ mm。

（3）接触线坡度。采用五跨绝缘锚段关节的八跨电分相接触线抬高有个更大的过渡距离（与采用四跨绝缘锚段关节的七跨电分相比），可以满足接触线坡度<4‰的要求。

（4）减轻接触悬挂中的集中负载。非工作支中，绝缘子宜采用合成绝缘子，绝缘锚段关节电分段绝缘子串安装位置应符合设计要求，施工允许偏差为 ± 50 mm；承力索、接触线两绝缘子串中心应对齐，施工允许偏差为 ± 50 mm。

（5）接触线高度。五跨绝缘锚段关节转换跨内两接触线等高处，行车速度为 160 km/h 路段，接触线高度比正常高度应高出 30 mm，施工允许偏差为 ± 10 mm；行车速度为 200 km/h 路段，接触线高度比正常高度应高出 40 mm，施工允许偏差为 ± 10 mm。

锚段关节式电分相在使用中存在如下缺点：结构复杂，检修工作量大，一旦发生故障，抢修难度大；中性区长，对列车运行速度影响大，在坡道设置时，对牵引吨数和线路坡度会有严格的限制，分相区越长，对地形的适应性越差；两个空气间隙的存在要求重联机车牵引的受电弓间距必须限制，否则可能造成相间短路；受电弓在中性锚段和带电锚段过渡时，由于电位差的存在，可能产生电弧，会影响过渡区内的接触线寿命。

三、电分相线路标志

为了防止受电弓通过电分相元件时，拉弧烧损绝缘元件，甚至烧断线索，要求电力机车乘务员按照操作规程规定退级，关闭辅助机组，断开主断路器，惰性通过电分相装置后恢复机车运行。在电分相两端设置线路标志，以提示机车乘务员操作。线路标志设置位置如图 16-9 所示。在双线电气化区段，考虑组织反方向行车需要，在“合”“断”标志背面，可分别加装“断”“合”字标，作为反方向行车的“断”“合”电标使用。

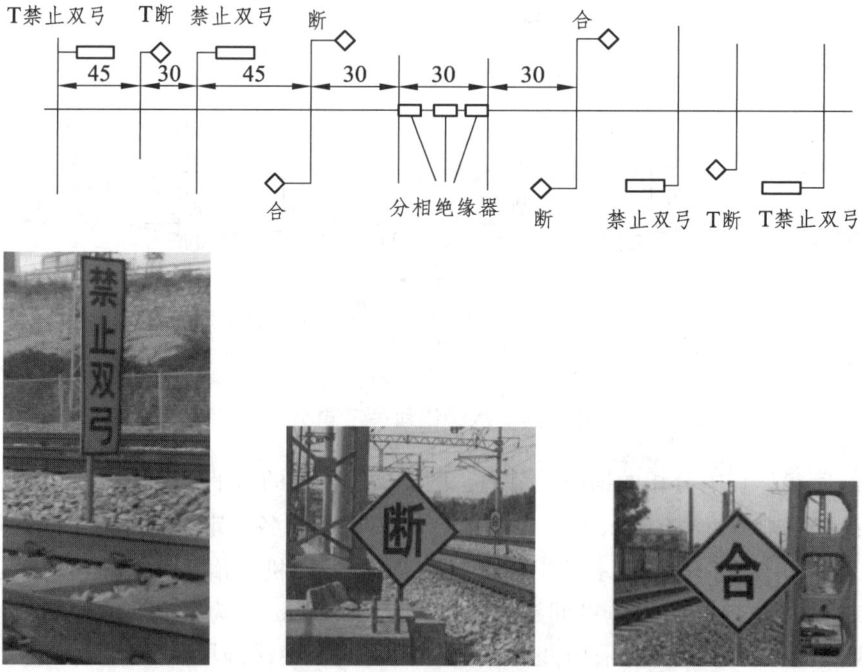

图 16-9　电分相线路标志

四、自动过分相

接触网上每隔 20 ~ 25 km 就设置一个长度约 30 m 的电分相区，随着高速铁路的发展，列车通过电分相的时间越来越短。例如直供区段，供电臂长 20 km，车速为 160 km/h 时，每 7.5 min 就要通过一个电分相；AT 供电区段，供电臂长 40 km，车速为 300 km/h 时，每 8 min 就要通过一个电分相。传统的电力机车过分相技术是车上手动切换，电力机车通过分相区时，机车乘务员必须按照线路上设置的断合标志进行操作。接近分相区时，先将机车操纵手柄回零，也称降流过程，关闭辅助机组，再断开主断路器，通过分相区后，再以相反的顺序操作。这样受电弓是在无电流情况下进出分相区的，从而保证了受电弓和接触网的寿命。但这种手动操作通过分相区的主要问题是：一方面影响了行车速度；另一方面不仅耗费司机精力，增加劳动强度，而且过多地分散了司机行车的注意力，行车安全完全依赖机车司机的注意力和技术水平，没有技术设备保障，对行车安全极为不利，稍有疏忽、操作不当，或瞭望不及就会拉电弧烧损分相绝缘器，甚至造成断线，直接危及设备及行车安全。对于高坡重载区段，手动过分相会引起列车大幅降速，延长咽喉区段的运行时间，降低线路运营能力。因此，传统的手动切换方式已无法适应电气化铁路的发展，尤其无法满足高速电气化铁路的需要，所以发展自动过分相技术势在必行。

目前，自动过分相技术的实现方法主要分为地面自动转换电分相装置、柱上断载自动转换电分相装置及车载断电自动转换电分相装置。

（一）地面自动转换电分相装置

地面自动转换电分相装置原理图如图 16-10 所示，电分相处设置 JY_1、JY_2 两处绝缘，一般由锚段关节式电分相实现，绝缘间是中性区。在 JY_1、JY_2 两端跨接两个真空负荷开关 QF_1、QF_2，当机车从 A 相驶来，到 CG1 处时，开关 QF_1 闭合，中性段接触网由 A 相供电，机车通过 JY_1 时，JY_1 两端等电位；机车到达 CG3 时，QF_1 断开，QF_2 迅速闭合，完成中性段供电的换相变换，机车在此过程中可以不用任何附加操作；待机车驶离 CG4 处时，QF_2 断开，装置恢复原始状态。反向行驶时，由控制系统控制两个开关以相反顺序轮流断开和闭合。我国在 20 世纪 70 年代末期开始研究该方案，1994 年在陇海线咸阳西建成第一套实用装置，1997 年通过鉴定验收。

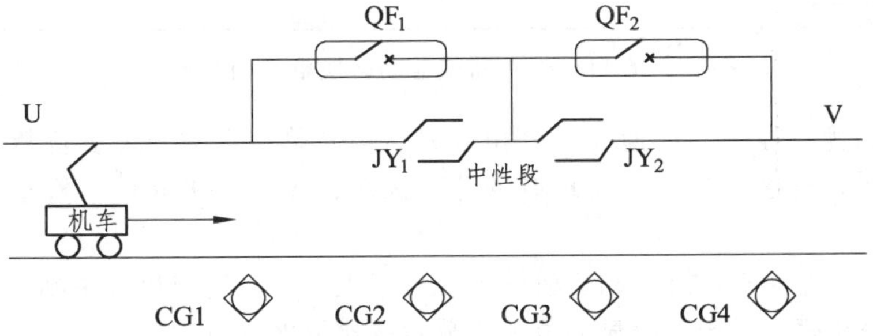

图 16-10　地面自动转换电分相装置

这种自动过分相装置的优点在于：接触网无供电死区；无须司机操作；机车上主断路器无须动作，自动切换时接触网中性段瞬间断电时间很短，而且时间与列车速度无关，可适用于 0 ~ 350 km/h 速度范围，在行车中可能出现的限速、一度停车等情况下机车均能正常工作。

该方案的缺点主要有如下几点：

（1）真空负荷开关大负荷分断并动作频繁，对开关的电气寿命、机械寿命要求较高，主接线应考虑在线备份及检修备份，使主接线较复杂。

（2）中性区长度确定困难，对于只有单机单弓运行或双机重联（两台机车紧靠连接）运行时，中性段长度可以按照双机长度来确定。对于双机重联分在首尾或多弓分散型机车，中性区要按照列车长度来确定。中性段的长度必须考虑本区段运行模式的多样性。

（3）过分相区后合闸时的电流冲击较大，如果机车上不采取限制合闸冲击电流，有可能造成电极环火，同时列车产生冲动，影响旅客舒适性。

（4）投资较大，要建立分区所，运营维护成本高。

（二）柱上断载自动转换电分相装置

柱上断载自动转换电分相装置基本原理图如图 16-11 所示，图中 L_1、L_2 为磁控线包，K_1、K_2 为真空灭弧室，MOA 为过电压吸收器，x ~ y 段为中性绝缘滑道，2、3 为两个分段绝缘器。假使机车由左向右行驶，由 U 相驶入，依次经过 ab、cd、xy、ef、gh 各区段，进入 V 相。当机车行驶到 1 ~ 2 的位置，即进入线包受流区时，机车通过时磁控线包 L_1 受流，真空灭弧室 K_1 合闸，2 ~ x 区段带电。当机车驶过 2 以后，离开了控制线包受流区，进入 K_1 供电的分断区，真空灭弧室分闸，机车断载。此时机车不带电过 2 ~ 3 间电分相的 x ~ y 主绝缘区。过了 3 以后，机车通过 V 相的受流线包 L_2 得到 V 相的电流，经过 4 以后，由 V 相供电。机车反方向行驶时，同理，依次由 V 相过渡到 U 相。

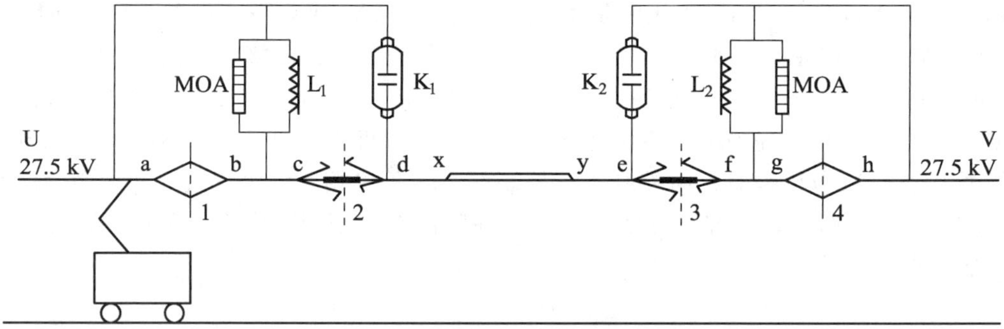

图 16-11　柱上断载自动转换电分相装置

这种方案的优点在于：比地面过分相方案结构简单，真空开关设备装在支柱上，无须设置分区所，供电死区（2 ~ 3）比现有的分相区短，无须司机操作，机车上的主断路器无须分断。

这种方案的缺点在于：过分相后机车电流有很大冲击，造成机车主断路器跳闸，导致机车冲动；靠近分相两端易产生明显的电弧；分相区接触网分段比较多，接触网结构复杂，易形成硬点；机车向一个方向行驶时，U、V 两相开关中只有一组开关动作是必须的，另一组开关动作是多余的，造成机械电气磨损；存在一定长度的供电死区，断电时间比较长，而且与机车速度有关；实际应用中还要解决过渡过程中的过电压和涌流问题。

（三）车载断电自动转换电分相装置

车载断电自动转换电分相装置包括 4 种设备。

（1）地面感应装置，也称地感器。它安装在电分相区域中的相应位置，能为电力机车进行分相断电过电分相提供准确的位置信息。

（2）车载感应接收装置，也称信息接收器。它是安装在电力机车上，专门用于接收地感信息的装置。

（3）主电路设备。它是实现过电分相时断开、分合主电路电源的主体设备。

（4）控制设备。它是实现自动化及智能化的主体设备。

其地面感应装置布置如图 16-12 所示。4 个地面感应器为钕铁硼永磁体，磁铁一般预制在水泥块内部或封装在工程塑料内，然后骑跨式固定在铁轨端部，上表面低于钢轨面 15 mm，中心离钢轨内侧面水平距离为 250 mm。车载感应接收器装在机车两端排障器下方的两侧位置，用于接收地面感应器信号，该装置基本不用维护。

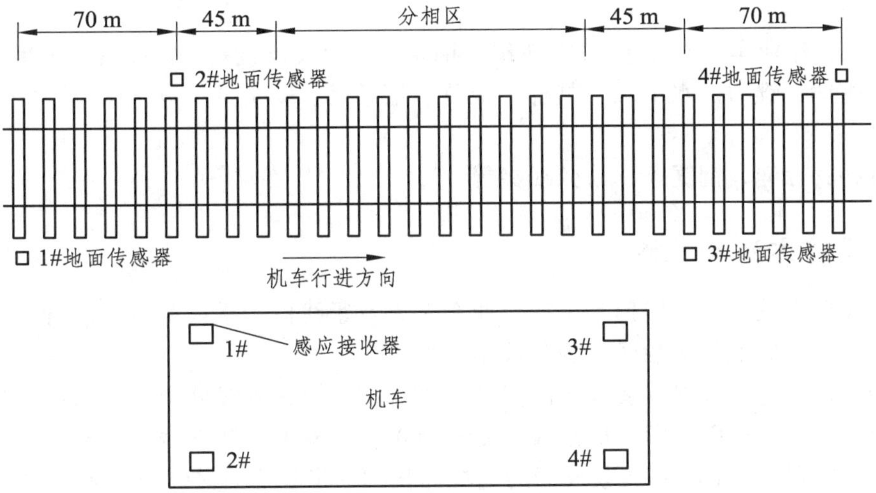

图 16-12　地面感应装置布置图

机车按照图 16-12 所示方向行进时，2#、4#车载感应装置应可靠接收到 1#地面感应器的信号，这个信号为预备信号，控制装置做好断电准备；在机车继续前进时，1#、3#车载感应装置应收到 2#地面感应器信号，这时，控制装置立即执行断电过分相动作；2#、4#车载感应装置经过 3#地面感应器后，恢复机车正常运行。

这种方案的优点在于：地面投资小，地面感应器采用免维护材料，安全可靠；机车主断只需要分断辅助机组小电流，不用切断牵引电流，对主断的电气寿命影响小；过分相后通过控制设备逐渐增大牵引电流，列车冲动小，改善了乘车的舒适性；过分相的自动控制与列车速度无关，可适应低速、常速、准高速和高速的要求；预告信号检测采用两套冗余，应用表面可靠性较高；适合多弓运行列车，头车在接到分相预告信号后，各动力车同时断开主断，各车自己判断是否通过分相区，合主断命令相继发出，减少整个列车牵引力的损失，这种运行方式在中国广深准高速铁路、昆明到石林的动车组均有采用。

该方案有待改进之处在于：断电区较长，断电时间的长短与通过速度有关；该设备需要对通过的列车进行改造，不同制式列车控制部分有所不同，在采用微机控制的机车（如 SS_8、SS_9、SS_{4B} 等）上，控制系统容易实现，但是在采用模拟控制的相控机车（如 $SS_{4改}$、SS_{3B}、SS_6、SS_{6B}）需要对机车设备进行一定改造，对采用调压开关进行控制的机车（如 SS_1、SS_3）则难以实现。

第三节 菱形分段绝缘器安装

一、工作方法和步骤

（一）准备工作

（1）人员：12～16 人。

（2）工具：作业车（或梯车）、滑轮组、钢丝套、导线校直器、紧线器、手扳葫芦、断线钳、钢锯、手锤、锉刀、水平尺、测杆、线坠、钢卷尺、安全带、电工工具、安全工具、防护工具等。

（3）材料：棕绳、钢锯条、吊弦线夹等。

（二）操作方法、步骤

分段绝缘器安装一般采用梯车（或作业车）以及紧线器、手扳葫芦等进行，先安装承力索上的绝缘子串，后安装接触线上的分段绝缘器。

（1）按照设计安装位置及装配图的安装形式，在承力索断线处两侧适当位置各打紧一个楔形紧线器，并在其前面（即楔形紧线器受拉侧）承力索上安装钢线卡子或吊弦线夹，以防紧线时楔形紧线器滑动，将双钩紧线器的丝杠伸长到一定长度（宜事先在地面伸长），用双钩紧线器将两个楔形紧线器尾部的套子钩住。

（2）在承力索断线点位置两侧用绑线扎紧两圈，操动双钩紧线器手柄紧线，当紧到断线处承力索略有松弛时，并确认楔形紧线器及套子和双钩紧线器安全可靠后，用断线钳（或钢锯）将承力索断开。

（3）断线后分别用双耳楔形线夹和杵座楔形线夹做好两个回头（一般停电作业侧用双耳楔形线夹，带电侧使用杵座楔形线夹），为了不改变承力索的张力和补偿坠砣高度，每个回头长度为绝缘子串长度与连接零件长度之和的一半，然后安装好悬式绝缘子串（四片绝缘子）。

（4）在承力索绝缘子串中心的下方导线处即为分段绝缘器中心。分别在距分段绝缘器两头外侧 1 m 处打楔形紧线器，在楔形紧线器的受力方向前端，安装牢靠防滑线夹。

（5）挂好手扳葫芦，紧手扳葫芦使之用上力，紧手扳葫芦时，以安装分段绝缘器处的接触线稍松不受力为准，不可把接触线紧得过多。

（6）待安装分段绝缘器处的接触线不受力时，断开接触线并把与分段绝缘器接触线线夹相连接的接触线整直，擦去油垢且使接触线不得有损伤、扭曲等。

（7）安装铜接触线分段绝缘器时，把线夹夹线部位齿尖嵌入接触线燕尾槽内，上牢紧固螺栓，接触线尾端留出 80 ~ 100 mm。

（8）在紧固螺栓时，应循环紧固，保证受力均匀。

（9）逐步松手扳葫芦，使分段绝缘器慢慢受力，等分段绝缘器无异样时，退去手扳葫芦及楔形紧线器，用吊弦调平分段绝缘器，使分段绝缘器所在位置的拉出值达到标准。

（10）撤除所有工具，并用塑料布将绝缘子串及分段绝缘器包扎好，以防污染。

二、质量标准

（1）分段绝缘器安装后应保持原锚段承力索弛度、吊弦与定位器的偏移及补偿坠砣的高度。

（2）绝缘部件应清洁、无烧伤，不得有裂纹、破损和老化现象，其表面放电痕迹应不超过有效绝缘长度的 20%，瓷绝缘子的瓷釉剥落面积不大于 300 mm^2，连接件不松动。

（3）绝缘器的导流板与绝缘元件的衔接处及导线接头处均应平滑，绝缘器各部螺栓连接紧固密贴。

（4）分段绝缘器应稍高于绝缘器两侧的接触线，即应有负弛度。承力索绝缘与导线绝缘在同一垂直面内。

三、注意事项

（1）手扳葫芦使用前应检查其状态，确认完好方可使用。

（2）手扳葫芦受力后应检查两端卡线器是否滑动，必要时应采取防滑措施。确认受力无误后方可卸载。

（3）在线路上使用梯车作业时，每辆梯车出车时不得少于 4 人。梯车上的作业人员不得超过 2 人。

（4）梯车未放稳前不得登梯作业。梯车行进时不得上、下梯车。梯车作业台上不得放置零散工具、材料。

（5）推扶梯车人员应听从梯车上作业人员的指挥，推行速度不得大于 5 km/h，也不得发生冲击等现象。

（6）在梯车上不得进行有倾倒危险的作业。梯车走到小半径曲线区段时，应在曲线外侧设置拉绳人员，以防梯车倾倒。在曲线区段作业时，梯车上作业人员站在导线的曲线外侧作业。

（7）高空作业应系好安全带，戴好安全帽。

（8）防护人员要穿好防护服、佩戴相应标志，在规定位置（站内 50 m，区间 800 m）进行行车防护。

（9）高空作业防止高空掉物伤人。

（10）挂好短接线，防止感应电伤人。

四、训练测评

操作时间规定为 40 min。在规定时间内完成，不加分也不扣分，每超时 1 min，从总分中扣 1 分，超时 10 min，停止作业。

测评记录内容如表 16-1 所示。

表 16-1　测评记录表

项目	配分	测评要求及评分标准	扣分	得分	备注
料具准备	10	要求料具齐全完好，规格型号相符，每缺一件扣 3 分，规格不符每件扣 2 分			
质量要求	60	（1）绝缘器应位于受电弓中心，一般情况下误差不超过 100 mm，不符合要求扣 20 分			
		（2）绝缘器两条绝缘滑道应平行于轨面，最大误差不超过 10 mm，不符合要求扣 10 分			
		（3）绝缘器相对于两侧的吊弦点具有 5～15 mm 的负弛度，不符合要求扣 10 分			
		（4）绝缘器导线接头处过渡平滑，有硬点扣 20 分			
		（5）承力索绝缘子与接触线分段绝缘器对齐，不符合要求扣 10 分			
		（6）主绝缘表面脏污，扣 10 分			
		（7）各部螺栓按规定力矩紧固，不符合要求每处扣 5 分			
		备注：扣完配分失格			
安全作业	20	（1）作业中出现一般违章现象每次扣 5 分			
		（2）作业中出现严重违章现象每次扣 20 分			
		（3）作业中工具滑脱，每次扣 5 分			
文明作业	10	（1）作业时必配的个人工具、劳保用具、安全用具每缺一件扣 5 分			
		（2）作业中出现不文明语言或动作每次扣 10 分			
		（3）作业完毕，料具有一件不归位扣 3 分			
测评超时					
合计	100				

复习思考题

一、判断题

1. 分段绝缘器的导流滑道端头处应过渡平滑。(　　)
2. 分段绝缘器不应长时间处于对地耐压状态。(　　)
3. 接触网线路之间所进行的分段称为纵向分段。(　　)
4. 接触网沿线路方向所进行的分段称为纵向分段。(　　)
5. 纵向分段采用分段绝缘器的方法进行分段。(　　)
6. 机车通过电分相时，不一定断电通过。(　　)

7. 电分相两侧由不同电源供电，电压一定不同相。(　　)

8. 在电分相装置处，为防止相间短路，各相间用空气间隙或绝缘元件分割成为电分相。(　　)

9. 分相绝缘器处和上网处的隔离开关一般采用不带接地的刀闸。(　　)

10. XTK 分相绝缘器上线安装前要事先在地面进行整机安装。(　　)

11. XTK 分相绝缘器安装接头线夹时，须使线夹夹线部位齿尖嵌入接触线燕尾槽内。(　　)

12. XTK 分相绝缘器安装接头线夹时，安装部位接触线应平直。(　　)

13. XTK 分相绝缘器与钢铝接触线安装采用 GL 型接头线夹。(　　)

二、选择题

1. 分段绝缘器的主绝缘应完好，其表面放电痕迹应不超过有效绝缘长度的(　　)%。

A. 15　　B. 20　　C. 25　　D. 35

2. 分段绝缘器应位于受电弓中心，一般情况下偏差不超过(　　)。

A. 30 mm　　B. 50 mm　　C. 80 mm　　D. 100 mm

3. 分段绝缘器滑道底面应平行于轨面，最大偏差不超过(　　)。

A. 5 mm　　B. 10 mm　　C. 15 mm　　D. 25 mm

4. 分段绝缘器相对于两侧的吊弦点具有(　　)的负弛度。

A. 0 ~ 10 mm　　B. 5 ~ 15 mm　　C. 10 ~ 20 mm　　D. 20 ~ 30 mm

5. 分段绝缘器的主绝缘破损(　　) mm^2 以上时应更换。

A. 100　　B. 200　　C. 300　　D. 400

6. 测量分段绝缘器中心对线路中心的偏移值，在分段绝缘器接头线夹处测量，取二者(　　)值。

A. 最高　　B. 最低　　C. 平均　　D. 总和

7. 被分段的接触网在电气方面是独立的，并用(　　)连接。

A. 隔离开关　　B. 断路器　　C. 连接零件

8. 分相绝缘器的适应运行速度不得超过(　　)。

A. 120 km/h　　B. 200 km/h　　C. 250 km/h　　D. 300 km/h

9. 在距分相绝缘器(　　) m 处，应设立“禁止双弓”标志牌，通知司机不允许电力机车升双弓，以防造成短路。

A. 25　　B. 30　　C. 70　　D. 75

10. 电力机车通过分段绝缘器时(　　)通过。

A. 断电　　B. 带电　　C. 降弓　　D. 制动

三、问答题

1. 接触网电气分段有哪些类型？为什么要进行电气分段？

2. 在什么地方安装分段绝缘器？

3. 常用的分段绝缘器有哪些类型？

4. 为什么机车通过分相时要切断主断路器？分相区段长度要考虑什么因素？

5. 常见的自动过电分相有哪几种类型？比较其优劣。

第十七章　线　岔

在站场上，站线、侧线、渡线、到发线总是并入正线的。如果线路设一个道岔，接触网就必须设一个线岔（也称架空转辙器），道岔的形式多种多样，因而线岔的形式也多种多样。

第一节　线岔的类型

线岔的作用是保证电力机车受电弓安全平滑地由一条接触线过渡至另一条接触线，达到转换线路的目的。线岔有交叉线岔和无交叉线岔两种。

一、交叉线岔

交叉线岔在两接触线交叉处用限制管固定，并限制两相交接触线位置的设备，称为接触网线岔。当机车受电弓从一股道通过线岔时，由于受电弓有一固定宽度，因此在未运行到两导线交叉点时，即已接触到另一股道接触线，该处被称为线岔始触点。在接触瞬间，本股道接触线因受电弓抬升力的作用已有一升高值，而相邻股道接触线仍保持原有高度，此时会出现两导线不等高现象，为保持两导线在始触点基本等高，使受电弓在始触点处不发生刮弓和钻弓事故，两导线交叉点处应安装一个限制管。

（一）线岔的结构

接触网线岔由两相交接触线、一根限制管和固定限制管的定位线夹、螺栓组成。

限制管两端，用定位线夹固定在下面的接触线上，通过限制管将两相交接触线互相贴近，当上面接触线升高时，可利用限制管带动下面的接触线同时升高，以消除始触点两导线高差。

限制管用 3/8″镀锌钢管加工制成，两端扁平有圆孔用以固定定位线夹。其长度根据所安装接触线处至中心锚结的距离确定，当距离小于 500 m 时，采用 500 型；当距离大于 500 m 时，选用 700 型，结构如图 17-1 和表 17-1 所示。

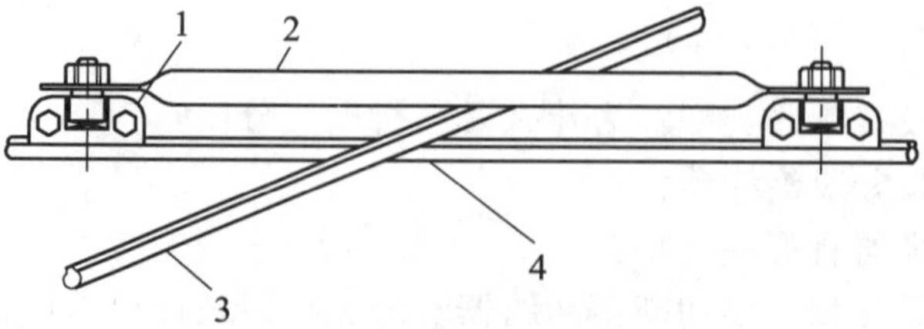

1—定位线夹；2—限制管；3—侧线接触线；4—正线接触线。

图 17-1　普通交叉线岔

表 17-1 限制管参考尺寸

线岔至中心锚结的距离/m	500 以下	500 以上
限制管长度/mm	1 300	1 500

在平均温度安装时，限制管中心重合于接触线交叉点；安装温度高于平均温度时，应略偏于下锚方向；低于平均温度时，应略偏于中心锚结方向。有必要进行精确定位的时候，可以通过线索线膨胀公式计算出限制管的准确安装位置。

由正线与侧线组成的交叉线岔，正线接触线位于侧线接触线的下方；由侧线和侧线组成的线岔，距中心锚结较近的接触线位于下方。

（二）线岔的定位

线岔定位是指两导线交叉点的投影点，在道岔导曲线两内轨轨距的位置，其位置与道岔类型有关，如表 17-2 所示。

表 17-2 道岔定位

道岔类型	道岔号	示意图	D/mm	拉出值/mm
单开道岔	$\frac{1}{9}$	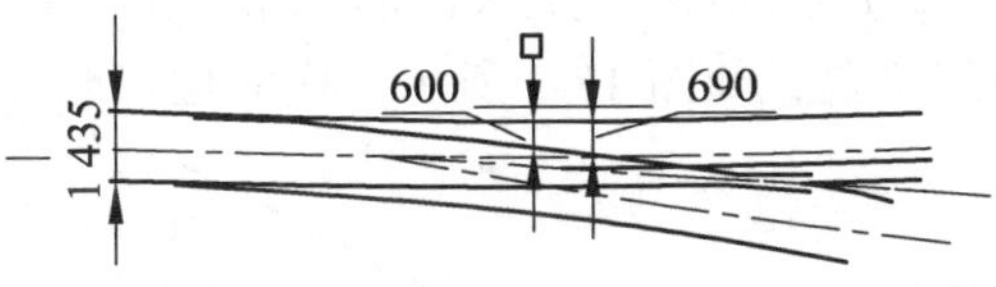 （a）	1 164	375
	$\frac{1}{12}$		1 552	
对称（双开）道岔	$\frac{1}{9}$	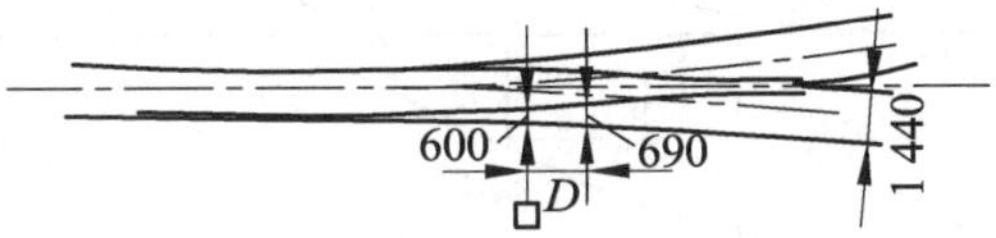 （b）	1 047	375
复式交分道岔	$\frac{1}{9}$	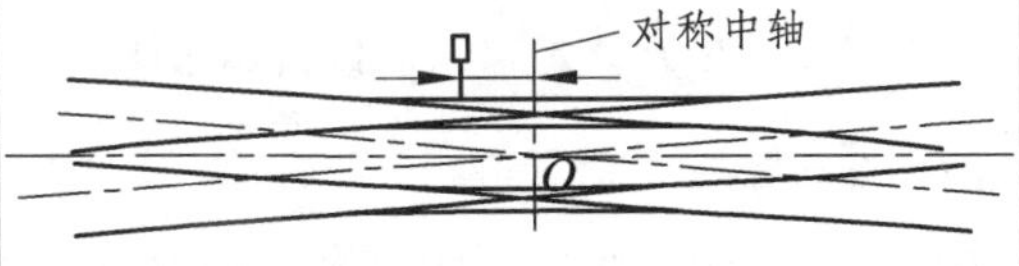 （c）	1 500	对直线
	$\frac{1}{12}$		1 500	

1. 单开道岔

这种线岔处接触线的定位有两种形式，即标准定位和非标准定位。标准定位是其交点处于最合理位置。对于单开和对称（双开）道岔的交叉线岔，其技术状态应符合以下要求：

1）道岔定位柱位置

160 km/h 及以下区段，道岔定位支柱应位于道岔起点轨缝至线间距 700 mm 的范围内，如图 17-2 所示；160 km/h 以上区段，道岔定位支柱应按设计的定位支柱布置，定位支柱间跨距误差为 ± 1 m。

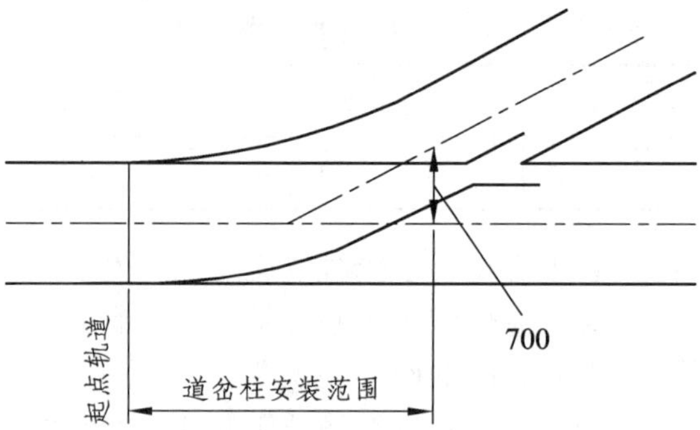

图 17-2　单开道岔定位柱位置示意图

2）道岔定位柱拉出值

在标准定位时，道岔定位柱的拉出值为 350 ~ 400 mm，通常取 375 mm。160 km/h 及以下区段拉出值最大不得超过 450 mm，160 km/h 以上区段拉出值最大不得超过 400 mm。

3）交叉点位置

标准定位时，两接触线相交于道岔导曲线两内轨轨距 745 mm 处。

非标准定位时，160 km/h 及以下区段，两接触线交叉点位于道岔导曲线两内轨轨距 630 ~ 1 085 mm 内的横向中间位置；160 km/h 以上区段的线岔交叉点位于道岔导曲线两内轨轨距 735 ~ 1 085 mm 内的横向中间位置，如图 17-3 所示。横向位置允许偏差 50 mm。

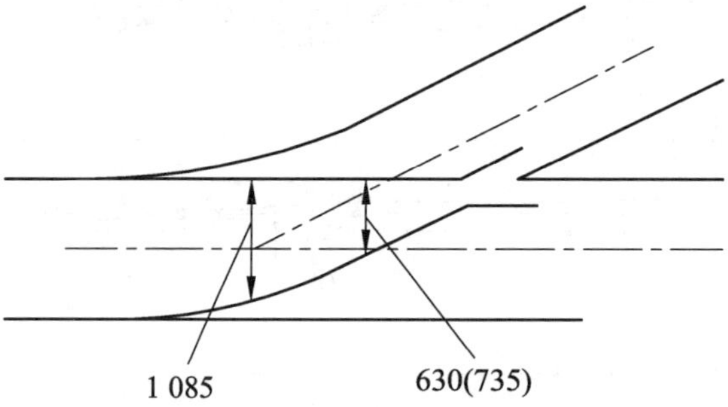

图 17-3　单开线岔交叉点位置示意图

4）两接触线相距 500 m 处的高差

标准值：当两支均为工作支时，正线线岔的侧线接触线比正线接触线高 20 mm，侧线线岔两接触线等高。当一支为非工作支时，160 km/h 及以下区段的非工作支接触线比工作支接触线抬高 80 mm，160 km/h 以上区段非工作支接触线按设计要求延长一跨并适当抬高后下锚。

安全值：当两支均为工作支时，正线线岔侧线接触线比正线接触线高 10 ~ 30 mm；侧线线岔两接触线高差不大于 30 mm。当一支为非工作支时，160 km/h 及以下区段的非工作支接触线比工作支接触线抬高 50 ~ 100 mm。160 km/h 以上区段延长一跨并抬高 350 ~ 500 mm 后下锚。

5）限制管

限制管长度符合设计要求，应安装牢固，并使两接触线有一定的活动间隙，保证接触线自由伸缩。

6）始触区

160 km/h 及以下区段，线岔两工作支中任一工作支的垂直投影距另一股道线路中心 550 ~ 800 mm 内，不得安装任何线夹。

160 km/h 以上区段，对于宽 1 950 mm 的受电弓，在距受电弓中心 600 ~ 1 050 mm 的平面和受电弓仿真最大动态抬升高度（最大 200 mm）构成的立体空间区域为始触区范围，该区域内不得安装除吊弦线夹（必需时）外的其他线夹或零件。

7）其他技术要求

（1）道岔定位器支座不得侵入受电弓动态包络线，否则应使定位器加长，并采用特殊弯形定位器，同时保证定位器的端部不侵入其他线的受电弓限界。

受电弓动态包络线是指受电弓以最高设计速度运行可能达到的最大允许抬升量和最大允许摆动量的轮廓线。动态包络线范围内不得有任何障碍影响受电弓运行的零部件。

120 km/h 及以下区段，受电弓动态抬升量为 100 mm，左右摆动量为 200 mm。

120 ~ 160 km/h 区段，受电弓动态抬升量为 120 mm，左右摆动量为 250 mm。

200 km/h 区段（导线高度为 6 m 时），受电弓动态抬升量为 160 mm，左右摆动量直线区段为 250 mm、曲线区段为 300 mm。

200 ~ 250 km/h 区段，受电弓动态最大抬升量为 200 mm，左右摆动量直线区段为 250 mm、曲线区段为 350 mm。

（2）160 km/h 及以下区段，线岔定位拉出值不大于 450 mm。160 km/h 以上区段，线岔定位拉出值不大于 400 mm。

（3）160 km/h 以上区段，正线线岔在两工作支接触导线间距 550 ~ 600 mm 处宜设一组交叉吊弦，使两支接触导线等高。

（4）160 km/h 以上区段，在始触区范围内，两支接触线位于受电弓中心同一侧。

（5）道岔开口方向上道岔定位后的第一个悬挂点设在线间距大于等于 1 220 mm 处，并应保证两线接触悬挂的任一接触线分别与相邻线路中心的距离不小于 1 220 mm。

（6）两支承力索间隙不应小于 60 mm。

（7）凡是安装线岔的地方，均应安设电连接线，电连接线安装在距线岔 1.5 ~ 2 m 处，以保证始触点处等电位。

2. 对称和复式交分式道岔

单开道岔是铁路中最多也是最基本的形式，同样线岔也是如此。对于对称（双开）及复式交分式道岔，其线岔的布置形式类似单开道岔，其标准定位形式见表 17-2 中图（b）、图（c），复式交分式道岔标准定位接触线应相交于道岔对称中心轴的上方。

3. 交叉渡线

相邻的两条正线或主要站线用专设渡线连接起来称为交叉渡线。它由两条线和四组单开道岔组成。对于接触悬挂，则设五组线岔，如图 17-4 中的 a、b、c、d、e 所示。常速道岔的要求是：第一，要使限制管嵌住的接触线能自由伸缩、纵向移动；第二，要考虑到温度变化，在调整时，以平均温度计算，侧线接触线应在限制管中间；第三，要考虑限制管、线夹以及双悬挂的集中重量，两接触线应相交于两渡线中心线的正上方，且侧线接触线高出正线（或较重要线）接触线 10 ~ 20 mm；非工作支要按照设计要求抬高。

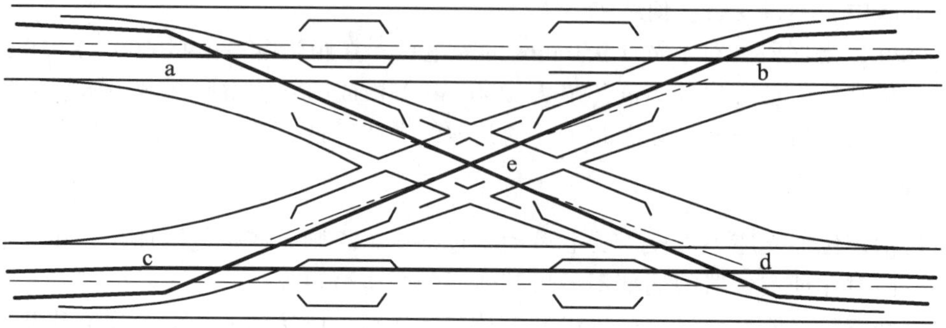

图 17-4　交叉渡线的线岔定位

（三）单开线岔技术要求

根据“接触网运行检修规程”规定，线岔检修周期为 3 个月，在没有开展带电作业的区段，应按检修周期进行带电测量，发现超标时应及时检修调整，检修后的线岔应达到以下标准。

（1）道岔定位柱的拉出值应为 375 mm，最大不得超过 450 mm，提速线路最大不得超过 400 mm。岔区腕臂顺线路偏移量应符合设计要求，施工允许偏差为 ± 20 mm。两支承力索垂直间隙不应小于 60 mm。

（2）标准定位时，线岔处两接触线交叉点的垂直投影，应位于道岔导曲线两内轨轨距 630 ~ 760 mm 内的横向中点处，相对中点处的误差不超过 50 mm。

非标准定位时，两相交接触线的投影位置，应在导曲线两内轨轨距 735 ~ 935 mm 横向中点处，且应尽量靠近标准定位。

（3）线岔一侧两导线均为工作支时（一般在辙岔上空附近），在两接触线相距 500 mm 处为受电弓始触点，要求此点正线线岔的侧线接触线比正线接触线高 20 mm，侧线线岔两接触线对轨面等高。线岔的另一侧，当两接触线有一条是非工作支时（一般在尖轨方向），在线间距 500 mm 处，非工作支接触线比工作支接触线抬高 80 mm，160 km/h 以上区段非工作支接触线按设计要求延长一跨并适当抬高下锚。

（4）凡是安装线岔的地方，均应安设电连接线，电连接线安装在距线岔 1.5 ~ 2 m 处，以保证始触点处等电位。

（5）线岔处两组接触悬挂应自然相交，接触线在线岔里能随温度变化自由纵向移动。正线位于侧线下方，如同为侧线时，距中心锚结近的那组悬挂应在下面。

二、高速交叉线岔

前面介绍了常速交叉线岔的类型和定位，这种交叉布置方式是我国传统的接触悬挂在道岔处的布置方式。哈大线引入德国的 R200C 接触网也采用了这种交叉式布置方式，同样实现了 200 km/h 速度的安全行车和接触网－受电弓系统的良好受流，对我国高速接触网交叉线岔的设计有着非常重要的示范作用。

在高速接触网设计中，由于道岔侧向通过速度的提高，接触网在道岔处无论采用交叉式还是无交叉式，均有了更高的要求，因而不能再简单地利用“标准定位”和“非标准定位”方式对道岔处的支柱和悬挂进行布置，而应通过确定一些明确的概念来进行精确布置。在设计中应该明确接触线、悬挂支持装置与受电弓的几何位置，从而保证受电弓在岔区安全、平滑、无障碍地通过。

如前所述，接触网线岔是随线路条件决定的，在正线最高速度为 200 km/h、侧线最高通过速度为 140 km/h 的条件下，线路的最小曲线半径由过去 300 m 变为 3 000 m，道岔的型号也由 $\frac{1}{9}$、$\frac{1}{12}$改为$\frac{1}{38}$、$\frac{1}{42}$，对接触悬挂定位提出了新的要求。

（一）无线夹区

受电弓在道岔区域短时间内同时与两条接触线接触，侧线接触线和正线接触线在受电弓的一个侧面上运行。由于动态抬升作用可能引起接触线滑板与任何倾斜安装的线夹发生剧烈冲撞，可能诱发事故，因此在考虑受电弓的动态抬升及车辆的横向运动等因素的基础上建立无线夹区，如图 17-5 所示。在距线路中心线两侧 600 ~ 1 050 mm 的阴影区域为无线夹区。

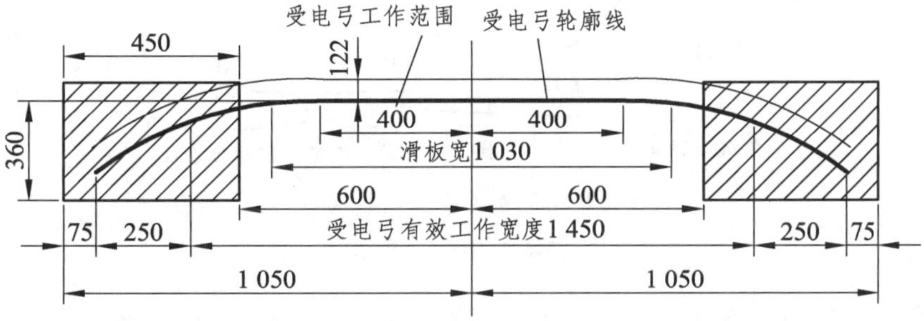

图 17-5 无线夹区

在垂直于轨面的线路中心线左边和右边的无线夹区域内不得安装：

（1）馈线线夹、接触线线夹、弹性吊弦线夹和绝缘子，并考虑风力引起的偏移量；

（2）接触线接头线夹。

我国大量使用的 TSG 系列受电弓工作面宽度为 1 250 mm；滑板两端至圆弧面宽度为 1 346 mm；滑板托架总长度为 2 160 mm；弓头高度为 435 mm。我国现行采用的机车受电弓基本可归于弓宽为 1 950 mm 的受电弓系列，故 Re200C 采用相同范围的无线夹区是可行的，实际运营情况也证明了这一点。

当受电弓一侧的无线夹区内存在接触线工作支时，受电弓中心的另一侧不应同时存在接触线工作支。接触线在无线夹区内的长度不超过本跨距内最大吊弦间距。

（二）交叉吊弦

在线岔交点两端，正线接触线和侧线线路中心线距、侧股接触线和正线线路中心线距均为 550 ~ 600 mm，分别设置 2 组交叉吊弦，即将侧线接触悬挂的承力索悬吊正线接触悬挂的接触线，而正线接触悬挂的承力索悬吊侧线接触悬挂的接触线。机车受电弓将正（侧）线接触线抬升时，通过交叉吊弦的作用可将侧（正）线的接触线同步抬升。交叉吊弦在承力索端采用滑动吊弦线夹，以保证温度变化时，交叉吊弦顺线路方向不会发生偏斜，安装时应保证在极限温度下，两交叉吊弦不相互碰撞。

以$\frac{1}{38}$型道岔为例，说明交叉线岔的技术要求，如图 17-6 所示。

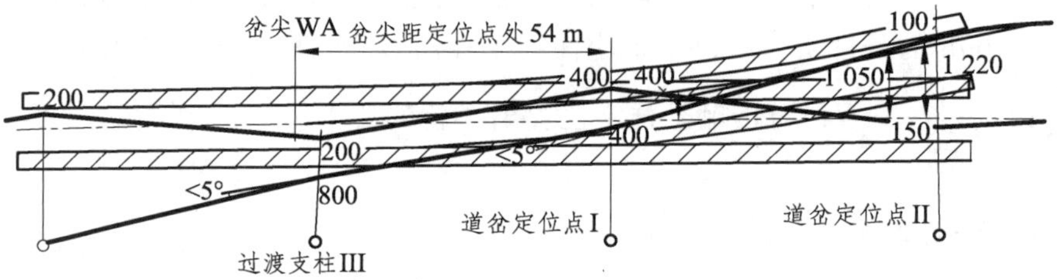

（a）高速线岔平面布置图

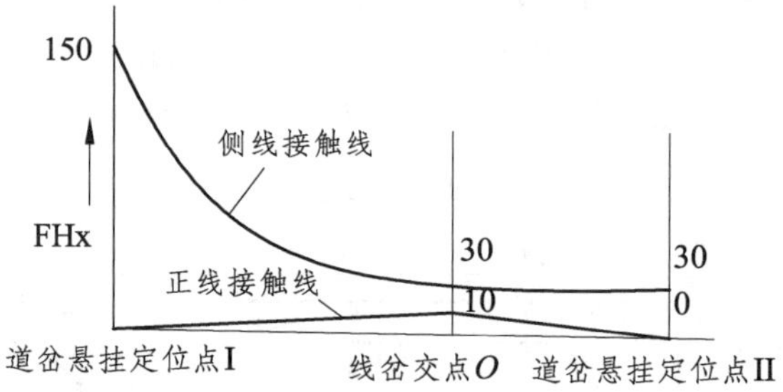

（b）道岔区接触线抬高

图 17-6　高速交叉线岔

（1）道岔尖轨前的轨缝标记为道岔起点 WA，在距 WA 54 m 处，设立道岔定位点Ⅰ，道岔定位点Ⅰ应设在线间距 400 mm 以内。

（2）道岔接触悬挂的线岔交点应尽量靠近定位点Ⅰ，并位于两线路的中间位置。

（3）满足无线夹区要求。

（4）在定位点Ⅰ、Ⅱ（Ⅱ点设在距Ⅰ点 50 m 处）之间为受电弓驶入驶出区域，应保证在线间距 800 ~ 1 050 mm 内，两接触线应在道岔开口内，即保证两接触线在受电弓的同一侧。

（5）在交叉点两侧，导线间距为 550 ~ 600 mm 处各设一组交叉吊弦。

（6）侧线经过定位点Ⅰ后不能直接下锚，应延伸一跨后抬高 350 ~ 500 mm 下锚。

（7）立面要求：在道岔定位点Ⅱ处，正线股道接触网高度为标准导高，侧股接触线高度适当抬高 30 mm（对于 Re250，侧股接触线抬高 150 mm）；线岔交叉点 O 处，侧线接触线在正线接触线之上，侧股接触线抬高 30 mm，正线接触线高度为标准导高（对于 Re250，正线接触线抬高 10 mm）；在悬挂定位点Ⅰ处，侧线接触线抬高 30 mm，直股接触线高度为正常值。

三、无交叉线岔

无交叉线岔就是在道岔处，正线和侧线两组接触悬挂无相交点。我国自广深线开始，逐渐在（准）高速线路的正线道岔中使用无交叉线岔。无交叉线岔的优点是正线和侧线两组接触线既不相交、不接触，也没有线岔设施，故既不会产生刮弓事故，也没有因线岔形成的硬点，提高了接触悬挂的弹性均匀性，从而保证在高速行车时，消除打弓、钻弓及刮弓的可能性。

无交叉线岔应达到以下两点要求。

（1）机车受电弓沿正线高速行驶通过线岔时，不与渡线接触线接触，因而不受渡线接触悬挂的影响。

（2）机车从正线驶入渡线时（或从渡线驶入正线），要使受电弓平稳过渡，不出现钻弓和打弓现象，且接触良好。

（一）无交叉线岔的结构

无交叉线岔的道岔布置如图 17-7 所示。无交叉线岔的道岔柱位于正线和侧线的两线间距的 660 mm 处，正线拉出值约为 330 mm，侧线相对于正线的线路中心 999 mm，距侧线线路中心 333 mm，侧线接触线在过线岔后抬高下锚，*O* 点为道岔岔心，*O′* 点为理论岔心，*D* 点为道岔柱的位置。

图 17-7（b）为立面图，用来表示垂直方向上接触线的布置。不相交的正线和侧线两支接触线在线岔过渡区不在同一水平面上。图中虚线为接触线正常高度水平线，正线接触线在理论岔心方向，比定位点处略低，在辙岔方向以 4/1 000 的坡度升高。而侧线相反，在理论岔心方向抬高后去下锚，在其辙岔方向以 – 3/1 000 的坡度降低。在定位处，两承力索高度也存在高度差，远离支柱的一支（不论该支是正线还是侧线）抬高量为 300 mm（相对于水平支承力索）。

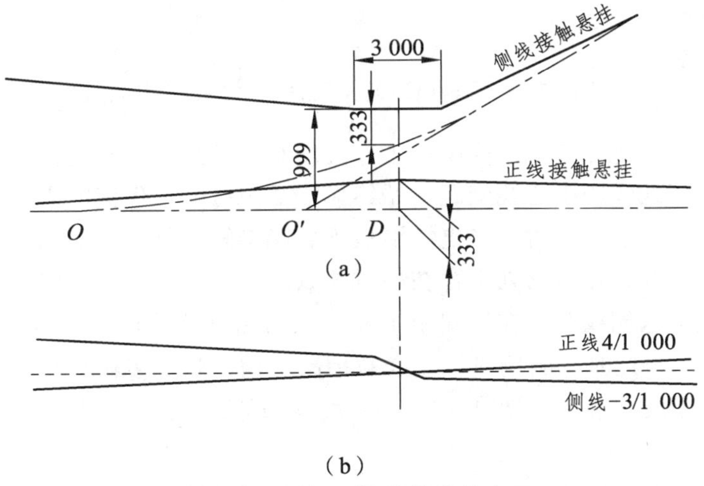

图 17-7　无交叉线岔的道岔布置

（二）无交叉线岔的工作原理

如图 17-8 所示为机车通过无交叉线岔时的过渡状态示意图。无交叉线岔的最大优点是保证机车能从正线高速通过，在平面布置时，应使侧线接触线位于正线线路中心以外 999 mm 处，机车受电弓一半宽度为 673 mm，考虑受电弓左右摆动最大值不大于 300 mm，即运行机车受电弓在侧线侧可能触及的尺寸限界为 673 + 200 + 100 = 973（mm），其值小于 999 mm；

如果受电弓向侧线反向摆动 300 mm，则 673 - 300 = 373（mm），其值大于定位点拉出值 333 mm，因此机车从正线通过岔区时，与区间接触网一样正常受流，而与侧线接触悬挂无关。

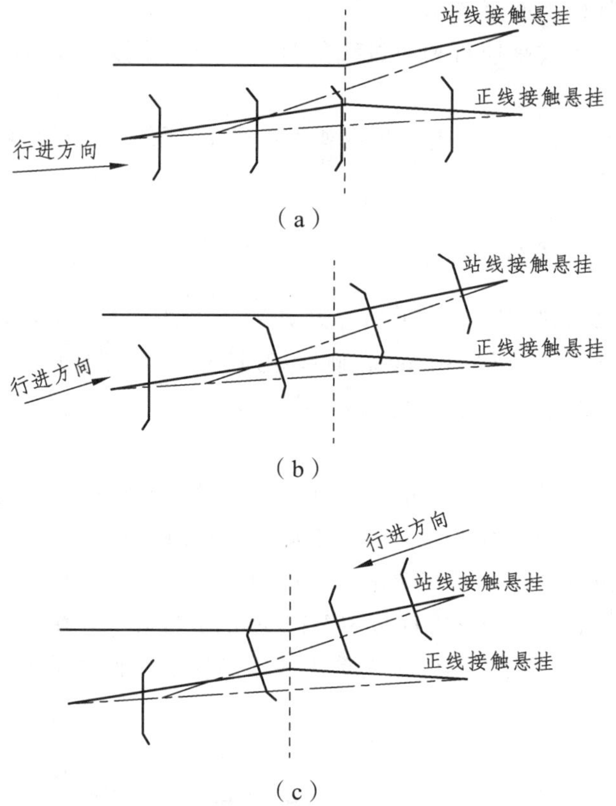

图 17-7　机车通过无交叉线岔时的过渡状态

在悬挂布置时，已充分考虑了受电弓工作长度和摆动量，因此在机车正线通过时，可以保证侧线接触线与正线线路中心线间距离始终大于受电弓的工作宽度之半加上受电弓的横向摆动量，因而，正线高速行车时，受电弓滑板不可能接触到侧线接触线，从而保证了正线高速行车的绝对安全，并且在道岔处不存在相对硬点。

当机车从正线进入侧线时，在线间距 126 ~ 526 mm 间为受电弓与侧线接触线的始触区，如图 17-8（b）所示，此时，因侧线接触线被抬高下锚，侧线接触线高于正线接触线，过岔时，侧线接触线比正线接触线高度以 - 3/1 000 坡度降低，因而，受电弓可以顺利过渡到侧线接触悬挂。

在机车由正线向侧线过渡时，由于侧线接触线比正线接触线有较大的抬高，因此，受电弓不会接触侧线接触线而从正线接触线上受流。随着机车的前进，由于在定位点处受电弓中心与正线接触线之间的距离较小，受电弓经过等高区后逐渐滑离正线接触线，而此时侧线接触线逐渐降低至正常高度。因而，受电弓可以顺利过渡到侧线接触悬挂。

当机车从侧线进入正线时，在线间距 806 ~ 1 306 mm 间为受电弓与正线接触线的始触区，如图 17-8（c）所示。此时，因正线接触线比侧线接触线高 4/1 000 的坡度，过岔后，渡线被抬高下锚，正线接触线高度又低于侧线，因而，受电弓可以顺利过渡到正线接触悬挂。

在机车从侧线向正线开始过渡时，由于侧线低于正线，所以仍由侧线供电，受电弓进入正线接触悬挂的始触区，受电弓滑板的侧面与正线接触线开始接触。经过等高区以后，由于侧线接触线比正线接触线抬高，随着机车的继续前进，受电弓将逐步脱离侧线接触悬挂而平滑地过渡到正线接触悬挂。

第二节 交叉线岔检修

一、工作方法和步骤

（一）准备工作

（1）人员：12～15 人。

（2）工具：作业车（或梯车）、激光接触网检测仪、水平仪、钢卷尺、安全带、温度计、单滑轮、大绳、小绳、梅花扳手、扭矩扳手、作业凳、安全帽、工具袋、验电器、接地线、短接线等。

（3）材料：限制管、整体吊弦、电连接、定位线夹、螺母、垫片、铁线、砂纸、钢丝刷、电力复合脂等。

（二）操作方法、步骤

1. 测量检查

（1）测量线岔交叉点的位置。

① 拉伸测量架，将测量架放在线岔处任一对钢轨上，且位于线岔中心下方。

② 轻轻移动滑块，使观察窗中的十字丝中心和线岔中心投影重合。

③ 线岔中心读数：通过读测量架侧面的红色刻度尺和另一内轨内侧交点就可以读出两内轨轨距；红色刻度尺和滑块交点的读数（读数较小的那一侧）加上 40 mm 就是线岔中心投影与某一内轨的距离。

（2）测量两接触线相距 500 mm 处的高差。

① 拉伸测量架，将测量架放在线岔处任一对钢轨上，旋紧紧固旋钮（紧固旋钮位于操作人员右侧）。

② 轻轻移动滑块，分别测出两接触线投影与拉出值读数尺相交的数值，两数值之和为两接触线的水平距离，前后移动测量架，使水平距离约 500 mm。

③ 先测某一接触线的导高，再测另一接触线的导高，两者的差值即为 500 mm 处的高差。

（3）测量道岔柱接触线高度、拉出值。

使用接触网激光测量仪测量道岔柱接触线高度、拉出值。

（4）确定线岔始触区。

正线接触线始触区：先用红线标画出侧线线路中心，目测出始触区大概位置，再用测杆或线坠和铜卷尺进行复核。复核时，用测杆或线坠找出正线接触线的垂直投影，再用钢卷尺进行测量，分别找到接触线垂直投影距侧线线路中心 600 mm、1 050 mm 的两个部位，相对应到接触线上的直线段就是始触区。

侧线接触线始触区：先用红线标画出正线线路中心，目测出始触区大概位置，再用测杆或线坠和钢卷尺进行复核，复核时，用测杆或线坠找出侧线接触线的垂直投影，再用钢卷尺进行测量，分别找到接触线垂直投影距正线线路中心 600 mm、1 050 mm 的两个部位，相对应到接触线上的直线段就是始触区。

（5）检查交叉吊弦。

① 检查交叉吊弦位置是否符合规定。

② 检查交叉吊弦本体状态。

（6）检查交叉处两支承力索间距。

检查两支承力索有无相磨现象。

（7）检查限制管状态。

① 检查限制管本体安装固定状态是否良好。

② 检查限制管的安装位置是否符合要求，线夹是否根据实测偏移及计算（或查安装曲线）出的调整温度下应偏移数值和方向进行调整。

③ 限制管处接触线活动间隙。交叉点处两支接触线间活动间隙不符合要求时，则调整限制管，直至活动间隙符合要求。必要时，更换限制管。

④ 检查限制管的定位线夹是否有偏斜及变形、螺母松动或脱落、垫片缺损现象。

⑤ 检查接触线在限制管内有无卡滞现象。

（8）检查电连接状态。

电连接检修内容见本章“电连接检修”介绍。

（9）螺栓紧固力矩。

用力矩扳手对线夹螺检进行复核检查。

2. 调　整

（1）线岔交叉点的位置。

① 纵向位置符合要求，横向（中间 ± 50 mm）位置不符合要求时。

a. 确定调整方向及数值：根据实际测量交叉点投影偏移方向及数值，确定拉出值调整方向及数值。

b. 调整拉出值：松开两个定位器的定位环或支持器的顶丝，将两根接触线分别放或拉，直至交叉点投影位置符合要求。调整时，尽量使交叉点对称于两线路中心，在调整过程中，先调整侧线拉出值；若达不到要求时，可适当调整正线拉出值。

定位点拉出值调整不能使交叉点位置达到要求时，调整相邻定位点的拉出值。

c. 调整接触线高度。

② 横向位置符合要求、纵向位置不符合要求时。

a. 根据道岔导曲线两内轨距测量数据，确定交叉点位置大于上限值（1 085 mm）或小于下限值（735 mm）。

b. 调整道岔定位柱拉出值：大于上限值就减小两接触线交叉角，小于下限值就增大两接触线交叉角。调整时尽量保证正线拉出值。

定位点拉出值调整不能使交叉点位置达到要求时，调整相邻定位点的拉出值。

c. 调整接触线高度。

③ 横向位置和纵向位置都不符合要求时。

a. 确认限制管的位置，不影响悬挂调整（根据线岔测量的实际情况，拆卸限制管或将限制管两端固定线夹松动调至需要位置）。

b. 调整正线工作支拉出值至标准定位。将线坠挂在正线接触线（即交叉点下边的接触线）位于 630 ~ 1 085 mm 内（即预设正线接触线拉出值）；松定位器的定位环或支持器的顶丝；调整正线接触线拉出值，直至预设交点（即线坠尖指向位置）在 630 ~ 1 085 mm 的辙叉角平分线上。

c. 调整侧线（上边的接触线）接触线拉出值，直至该线交于线坠处，则该点就是两接触线的交叉点。

d. 反复调整，直至符合要求。调整限制管、紧固螺母检查间隙。

e. 如果交叉点达不到标准，可调整相邻支柱处的拉出值。调整时，在保证正线、侧线拉出值都不超过限界值的情况下进行调整。

f. 调整接触线高度。

（2）两接触线距 500 mm 处的高差。

① 当两支工作支高差不符合标准时。

正线线岔：在保证正线接触线高度的前提下，调整或更换侧线吊弦，以达到高差标准。

侧线线岔：在保证重要侧线导高的前提下，调整或更换另一侧线吊弦，保证两接触线等高。

② 当一支为非工作支时，两接触线高差不符合标准时。

在保证工作支导高的前提下，调整或更换非工作支吊弦，以达到高差标准。

（3）道岔柱接触线高度、拉出值、定位器坡度。

① 接触线高度不符合标准：通过调整定位点两端吊弦使其符合标准，调整时要考虑与相邻吊弦的高差、接触线的坡度。

② 拉出值不符合标准：调整或更换定位器。160 km/h 及以下区段的线岔定位拉出值不大于 450 mm；160 km/h 以上区段的线岔定位拉出值不大于 400 mm。

③ 定位器坡度不符合标准：调整定位管高度，在软横跨处调整斜吊线。

（4）限制管状态。

限制管卡滞：松开限制管两端线夹螺栓，根据安装曲线确定偏移量，调整限制管位置。

活动间隙不符合要求：调整或更换侧线吊弦。

限制管本体缺陷：更换限制管。

（5）承力索交叉处间距。

承力索间距小于 60 mm：调整侧线承力索高度。

（6）线岔始触区。

始触区有线夹：除必须安装的吊弦线夹外，其他线夹必须移出。

（7）交叉吊弦位置。

交叉吊弦间距：交叉吊弦位置应能保证在极限条件情况下，两吊弦间距不小于 60 mm。

（8）螺栓紧固力矩。

调整道岔吊弦与承力索连接的吊弦线夹，与固定筋条连接端的螺栓及固定筋条与接触线连接线夹的螺栓等紧固力矩达到标准力矩。

二、质量标准

（1）由正线与侧线组成的交叉线岔，正线接触线位于侧线接触线的下方；由侧线和侧线组成的线岔，距中心锚结较近的接触线位于下方。

（2）对于单开和对称（双开）道岔的交叉线岔，其技术状态应符合以下要求。

① 道岔定位支柱应按设计的定位支柱布置，定位支柱跨距误差 ± 1 m。

② 线岔交叉点两侧定位点拉出值满足设计要求。

③ 两接触线相距 500 mm 处的高差：当两支均为工作支时，正线线岔侧线接触线比正线接触线高 10 ~ 30 mm，侧线线岔两接触线高差不大于 30 mm。当一支为非工作支时，非工作支接触线比工作支接触线延长一跨并抬高 350 ~ 500 mm 后下锚。

④ 限制管长度符合设计要求，应安装牢固，并使两接触线有一定的活动间隙，保证接触线自由伸缩。

⑤ 始触区：对于宽 1 950 mm 的受电弓，在距受电弓中心 600 ~ 1 050 mm 的平面和受电弓仿真最大动态抬升高度（最大 200 m）构成的立体空间区域为始触区范围，该区域内不得安装除吊弦线夹（必需时）外的其他线夹或零件。

⑥ 其他。

a. 道岔定位器支座不得侵入受电弓动态包络线。否则应使定位器加长并采用特殊弯形定位器，并保证定位器的端部不侵入其他线的受电弓限界。

b. 线岔定位拉出值不大于 400 mm。

c. 两支承力索间隙不应小于 60 mm。

三、注意事项

（1）岔区内或站场严禁电力机车升双弓运行，以免引起弓网故障。

（2）在交叉两接触线相距 500 mm 处，其中一支为非工作支时，比工作支抬高 300 ~ 500 mm，偏小则受电弓运行会钻弓。

（3）检调时应注意温度变化时限制管的调整（根据安装曲线调整）。当温度变化很大时，会造成线夹交叉点位置偏移严重，从而造成脱弓或钻弓。

（4）在限制管范围内，上边接触线与限制管应保持 1-3 mm 的间隙，以防止卡滞现象。

四、训练测评

操作时间规定为 40 min。在规定时间内完成，不加分也不扣分，每超时 1 min，从总分中扣 1 分，超时 10 min，停止作业。

测评记录内容如表 17-3 所示。

表 17-3　测评记录表

项目	配分	测评要求及评分标准	扣分	得分	备注
料具准备	10	要求料具齐全完好，规格型号相符，每缺一件扣 3 分，规格不符每件扣 2 分			
质量要求	60	（1）交叉点应位于道岔导曲线两内轨相距 630～1 085 mm 内的横向中间位置，允许偏差 50 mm，交叉点垂直投影不符合要求扣 10 分			
		（2）线岔定位点拉出值不在 350～400 mm 扣 5 分，拉出值大于 450 mm 扣 15 分			
		（3）限制管与上部接触线间应有一定的活动间隙，否则扣 5 分			
		（4）始触区内安装有线夹记为失格			
		（5）两接触线相距 500 mm 处高度不符合要求扣 10 分；该处工作支相对非工作支的抬高不对扣 10 分			
质量要求	60	（6）电连接安装不符合要求扣 10 分			
		（7）各螺栓、垫片齐全，漏装或松动每处扣 3 分；各螺栓紧固力矩，不符合每处扣 5 分			
		（8）拉出值、定位坡度及导高不符合要求，每处扣 5 分			
		备注：扣完配分失格			
安全作业	20	（1）作业中出现一般违章现象每次扣 5 分			
		（2）作业时用手及其他金属物件短接绝缘测杆有效部分扣 20 分			
		（3）测量前，工具未经有关试验使用扣 20 分			
		（4）测量时短接轨道电路每次扣 5 分			
文明作业	10	（1）作业时必配的个人工具、劳保用具、安全用具每缺一件扣 5 分			
		（2）作业中出现不文明语言或动作每次扣 10 分			
		（3）作业完毕，料具有一件不归位扣 3 分			
测评超时					
合计	100				

复习思考题

一、填空题

1. 标准定位单开线岔的定位柱设置在两股道线路中心线相距________处，两接触线交叉点的垂直投影在道岔导曲线两内轨间距________的横向中间位置。

2. 复式交分道岔标准定位时，两接触线应相交于________。

3. 线岔交点向下投影，应在尖轨方向两内轨轨距________之间，最好在________交点上。

4. 道岔柱应在导曲线轨和基本轨间________处，向岔尖方向________的范围。

5. 道岔柱的最佳位置应在________的延长线上。

6. 线岔交点距受电弓抓托点________为好，并在此处，两工作支触线应________，另一端________抬高 200 mm。

7. 线岔处两接触线相交时，________在下面，若两侧线接触线相交________在下面。

8. 限制管和交叉接触线间保持________的间隙，并在平均温度时，限制管中心和两线交点________。高于平均温度时，限制管中心偏向_______；低于平均温度时，偏向_______，以防卡滞。

9. 线岔两定位点拉出值为__________，一般__________，最大__________。

二、选择题

1. 线岔的安装，应能保证在（　　）温度时，上部接触线位于线岔中央。

A. 最高　　B. 最低　　C. 平均　　D. 接触线无弛度

2. 高速交叉线岔处，交叉吊弦布置位置应符合设计要求，应安装在正线接触线距侧线线路中心线，侧线接触线距正线线路中心线水平投影（　　）的范围内。

A. 550 ~ 600 mm　　B. 650 ~ 700 mm　　C. 750 ~ 800 mm　　D. 850 ~ 900 mm

3. 线岔处两交叉吊弦间距一般为（　　）。

A. 1 m　　B. 2 m　　C. 3 m　　D. 4 m

4. 线岔处交叉吊弦与其他吊弦的间距（始触区反侧）不大于（　　）。

A. 5 m　　B. 6 ~ 8 m　　C. 8 m　　D. 10 m

5. 限制管长度根据所安装接触线处至中心锚结的距离确定，当距离小于（　　）m 时，采用（　　）型。

A. 500　　B. 700　　C. 600

6. 限制管长度根据所安装接触线处至中心锚结的距离确定，当距离大于（　　）m 时，采用（　　）型。

A. 500　　B. 700　　C. 600

7. 由正线与侧线组成的交叉线岔，正线接触线位于侧线接触线的（　　）。

A. 上方　　B 下方　　C. 两侧

8. 由侧线和侧线组成的交叉线岔，距中心锚结较近的接触线位于（　　）。

A. 上方　　B. 下方　　C. 两侧

9. 对于单开和对称（双开）道岔的交叉线岔，道岔定位支柱的位置，160 km/h 及以下区段，道岔定位支柱应位于道岔起点轨缝至线间距（　　）mm 内。

A. 700　　B. 600　　C. 500

10. 对于单开和对称（双开）道岔的交叉线岔，道岔定位支柱的位置，160 km/h 以上区段，道岔定位支柱应按设计的定位支柱布置，定位支柱间跨距误差（　　）m。

A. －1　　B. ＋1　　C. ±1

11. 对于单开和对称（双开）道岔的交叉线岔，交叉点位置的安全值：160 km/h 及以下区段，交叉点位于道岔导曲线两内轨距（　　）mm 内的横向中间位置。

A. 730 ~ 860　　B. 835 ~ 1 085　　C. 630 ~ 1 085

12. 对于单开和对称（双开）道岔的交叉线岔，交叉点位置的安全值：160 km/h 以上区段的线岔交叉点位于道岔导曲线两内轨距（　　）mm 内的横向中间位置。

A. 730 ~ 860　　B. 550 ~ 600　　C. 630 ~ 1 085

13. 对于单开和对称（双开）道岔的交叉线岔，交叉点位置的安全值横向位置允许偏差（　　）m。

A. 50　　B. 60　　C. 70

14. 对于单开和对称（双开）道岔的交叉线岔，两接触线相距 500 mm 处的高差标准值：当两支均为工作支时，正线线岔的侧线接触线比正线接触线高（　　）mm。

A. 40　　B. 30　　C. 20

15. 对于单开和对称（双开）道岔的交叉线岔，两接触线相距 500 mm 处的高差标准值：当一支为非工作支时，160 km/h 及以下区段的非工作支接触线比工作支接触线高（　　）mm。

A. 80　　B. 70　　C. 60

16. 160 km/h 及以下区段的线岔定位拉出值（　　）mm。

A. ≤450　　B. ≥350　　C. <500

17. 160 km/h 以上区段的线岔定位拉出值（　　）mm。

A. ≤400　　B. ≥500　　C. <450

18. 160 km/h 以上区段的正线在两工作支接触线间距（　　）mm 处宜设一组交叉吊弦，使两支接触导线等高。

A. 730 ~ 860　　B. 550 ~ 600　　C. 630 ~ 1 085

19. 160 km/h 以上区段的始触区范围内，两支接触线位于受电弓中心（　　）。

A. 同一侧　　B. 异侧　　C. 线上

三、判断题

1. 由正线与侧线组成的交叉线岔，正线接触线位于侧线接触线的上方。（　　）

2. 无交叉线岔将正线或侧线线路中心线两侧 600 ~ 1 085 mm 的区域内设置为无线夹区。（　　）

3. 交叉线岔布置过程中应考虑道岔两接触悬挂的线岔交点距任一线路中心线的距离一般不得大于 400 mm。（　　）

4. 线岔是保证电力机车受电弓安全平滑地由一条股道接触线过渡至另一条股道接触线，达到转换线路的目的。（　　）

四、问答题

1. 简述线岔的作用。

2. 线岔和道岔柱如何定位？

3. 简述无交叉线岔的结构原理。

第十八章　软横跨

在站场中，接触网不能采用单线路腕臂的架设方式，否则会使站场中支柱过多而影响行车及车站工作人员信号瞭望；股道间距较小，难以满足设立支柱要求，所以多采用软横跨或硬横跨形式。多股道接触悬挂通过横向线索悬挂在线路两侧支柱上的装配方式称为软横跨。

第一节　软横跨的组成及节点

一、软横跨的组成

软横跨由站场线路两侧支柱（称为软横跨支柱）和悬挂在支柱上的横向承力索、上下部固定绳、软横跨直吊弦及支持和连接它们的零件组成，如图 18-1 所示。横向承力索是软横跨的主要构件，承受各股道纵向接触悬挂的全部垂直负载。由于横向承力索承重较大，因而选用 GJ-70 镀锌钢绞线，在股道数较多（大于 5 股道）或负载较大时，采用两根 GJ-70 钢绞线，称为双横承力索。为了减小横承力索中的张力，降低对支柱容量要求，横承力索一般有较大弛度。在横向承力索下方布置有上、下部固定绳。上部固定绳的作用是固定各股道的纵向承力索，并将纵向承力索的水平负载（如风力、曲线力等）传递给支柱。下部固定绳作用是固定定位器，以便对接触线按技术要求定位，并将接触线水平负载传递给支柱。由于上、下部固定绳只承受水平力，负载不大，故多用 GJ-50 镀锌钢绞线，随着线路提速接触悬挂张力增大，接触悬挂的水平力也增大，固定绳选用与横承力索相同的 LXGJ-80。

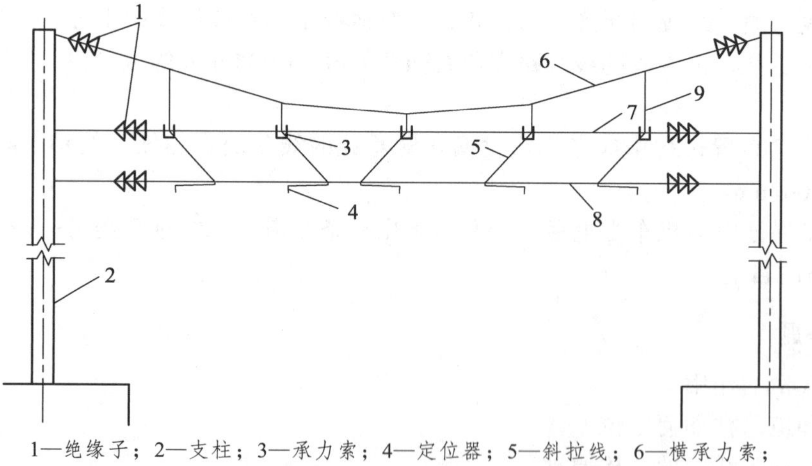

1—绝缘子；2—支柱；3—承力索；4—定位器；5—斜拉线；6—横承力索；7—上部固定绳；8—下部固定绳；9—直吊弦。

图 18-1　软横跨结构示意图

软横跨按照其横承力索和支柱间是否绝缘分为绝缘软横跨和非绝缘软横跨两种，绝缘软横跨的横向承力索与上、下部固定绳均对地绝缘，是我国目前采用的主要形式。绝缘软横跨有很多优点，它的各条线索对地都是绝缘的，这样便于开展带电检修作业。对地绝缘的绝缘子串都装在线路两侧，故在电力和内燃、蒸汽混合牵引区段上运营，可减轻绝缘子的污损程度，从而减少了清洗绝缘子的工作量。在线路较多的站场上用绝缘软横跨，可节约大量绝缘子，使软横跨结构质量减轻，并且有利于机务人员的信号瞭望，同时增加了车站的美观。上、下行分开供电的车站，跨越上、下行股道的软横跨应用绝缘分开，软横跨上、下行股道间的横向电分段绝缘子串应位于相邻上、下行股道的中间。靠支柱的接地绝缘子串应在同一垂直平面内，允许误差为 ± 10 mm。

由于软横跨上、下行股道间横向电分段绝缘子串起上、下行电分段作用，在实行“V”形天窗作业区段，横向电分段绝缘子串，经常起接地侧绝缘子的作用。另外，当某一方向接触网设备故障时，它还将另一方向正常接触网设备在站场隔离开来，起缩小事故范围的作用。因此，为了保证在实行“V”形天窗时作业人员的人身、设备安全和缩小事故范围，软横跨上、下行股道间横向电分段绝缘子串采用 4 片，使绝缘子泄漏距离达到 1 200 ~ 1 600 mm。

软横跨绝缘子，不管是接地侧绝缘子还是上、下行股道间的横向电分段绝缘子，它们一方面起绝缘作用，另一方面起连接作用。因此，对软横跨绝缘子在机械性能和绝缘性能上要求都比较高，在安装、检修时，要严格检查软横跨两侧及中间绝缘子串，特别是绝缘子串中各绝缘子的连接情况，防止弹簧销脱落和丢失，确保安全供电。

在有中间站台的车站，为保证车站工作人员和旅客的人身和财产安全，软横跨下部固定绳在跨越中间站台时，要形成一个中性区，即下部固定绳在跨越中间站台的两端用绝缘子隔开，形成一个不带电的区域。

横向承力索的弛度和张力及上、下部固定绳的张力和弛度，可以用锚固拉杆调节，锚固拉杆不能弯曲，它经球形垫块或角形垫块固定到钢支柱角钢上，这种垫块还能保证拉杆在不弯曲情况下有一定的水平位移。

横向承力索和上部固定绳间，通过两股 ϕ4.0 mm 镀锌铁线拧成的直吊弦连接起来，上、下部固定绳间，通过两股 ϕ4.0 mm 镀锌铁线拧成的斜吊弦将鞍子或悬吊滑轮与定位环线夹连接起来，直吊弦应该垂直，仅将接触悬挂、节点和定位索的垂直负载传递给横承力索。镀锌铁线易锈蚀，可用不锈钢软绞线代替。

非绝缘软横跨在中国的哈大线各站场使用，其示意图见图 18-2。与绝缘软横跨相比，其结构复杂，绝缘子用量大、易污染，在我国没有大量推广使用。

二、软横跨节点

软横跨节点是指软横跨所跨越线路的装配形式。软横跨所采用的结构视其所设地点的线路情况而定，其结构形式也多种多样，特别是在股道较多而线路比较复杂的站场上，同一组软横跨上会出现很多不同形式的节点，故架设软横跨是一项比较复杂而细致的工作。为了设计及施工的方便，把软横跨各种装配形式经过归纳综合，制定了 15 种节点类型。

接触网链形悬挂软横跨节点示意图如图 18-3 所示。

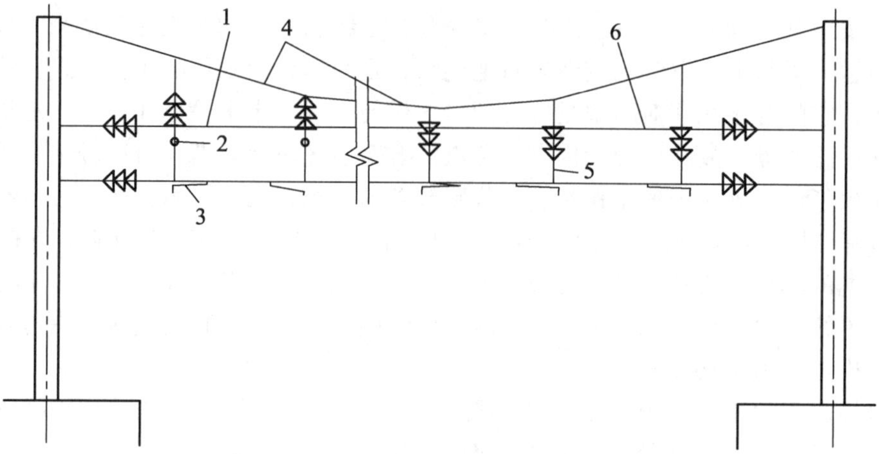

1—带电上部固定绳；2—承力索支持装置；3—限抬定位器；
4—横承力索；5—软横跨吊弦；6—接地上部固定绳。

图 18-2 非绝缘软横跨示意图

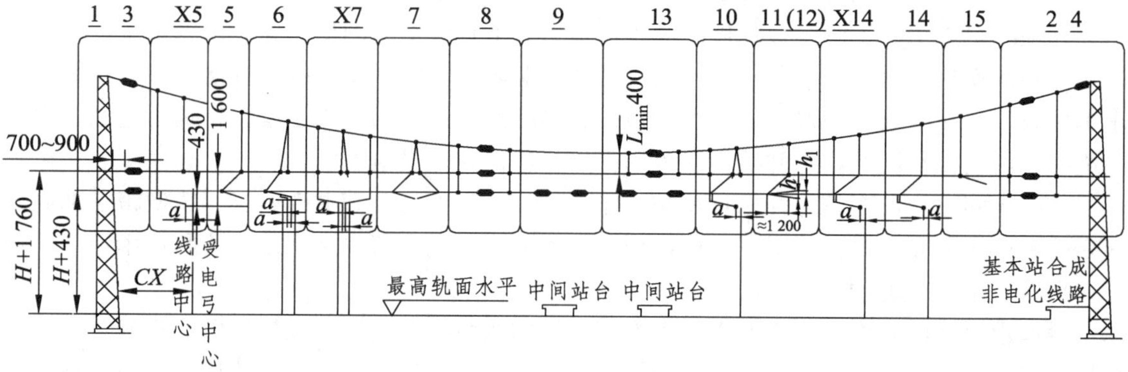

图 18-3 接触网链形悬挂软横跨节点示意图

1. 节点 1、2、3、4

这些节点表示软横跨线索和支柱之间连接的装配形式。节点 1、2 适用与 13 m 或 15 m 高的钢柱，节点 3、4 适用于地面以上 12 m 的钢筋混凝土柱。其中节点 2、4 用于站台上的钢柱和钢筋混凝土柱的连接。在站台上，为了保证站台上人员的安全，将绝缘子向线路方向移动，保证站台上方线索为无电区。

当 *CX*>6 m 时，节点 2（或者 4）的横向承力索绝缘子串应下移，且与上、下部固定绳绝缘子串在同一垂直平面内，另将悬吊上部固定绳的吊弦外移至双点画线处。

节点 1、2 是软横跨在钢柱上的安装形式，横向承力索由绝缘子、杵头杆、固定角钢、角形垫块固定在钢柱靠线路侧的一面。上、下部固定绳用绝缘子、杵头杆、双耳连接器、定位绳弹簧补偿器、固定角钢、球形垫块固定在钢柱的田野侧。定位绳弹簧补偿器应安装在定位绳的松边，图 18-4 中所示为上、下部定位索松边张力发生在 1 节点，当松边张力发生在 2 节点时应更换相关零件。早期电气化铁路中，线索张力相对较小，定位绳的松边张力一般为 1 ~ 2 kN，未使用定位绳弹簧补偿器，通过串接一个开式螺旋扣方便调整定位绳张力。提速线路中，接触悬挂张力增加，定位绳张力也相应增加到 3 kN、6 kN，软横跨跨距不大于 30 m 时，补偿器采用额定张力 3 kN 型；大于 30 m 时，采用额定张力 6 kN 型，补偿器和开式螺旋扣串接使用。节点 3、4 是软横跨在钢筋混凝土支柱上的装配形式，连接零件有一定区别。

当使用双横承力索时，节点 1、2 的装配如图 18-5 所示，主要区别是在绝缘和双横承力索间增加联板。图 18-4 和图 18-5 中序号及零件名称见表 18-1。

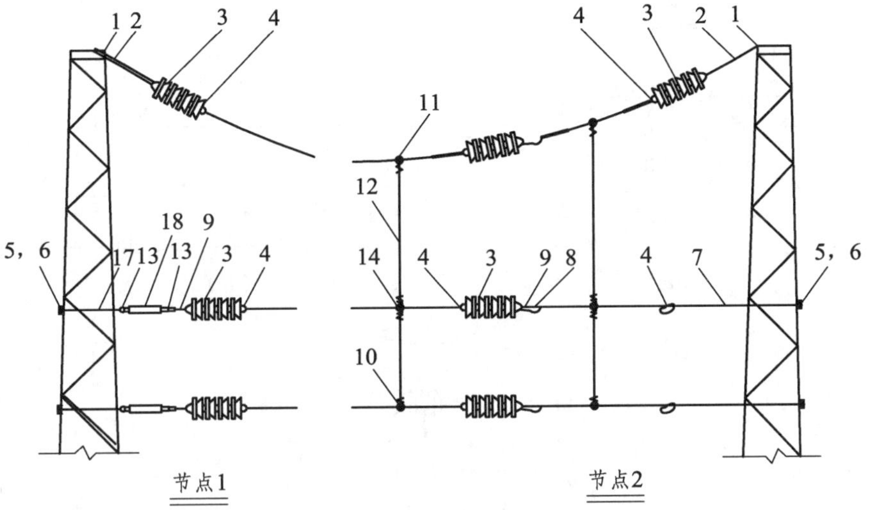

图 18-4　接触网链型悬挂软横跨节点 1、2 安装图

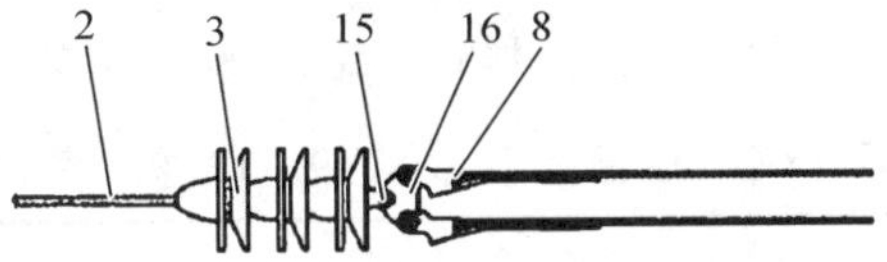

图 18-5　节点 1、2 在双横承力索上的安装

表 18-1　节点 1、2 零件名称

序号	名称	序号	名称
1	角形垫块	10	横承力索线夹
2	600 型杵头杆	11	双横承力索线夹
3	杵头悬式绝缘子	12	上、下部吊线
4	80 型杵座楔形线夹	13	Y 形双耳连接器
5	软横跨固定角钢	14	带耳定位环线夹
6	球形垫块	15	WS-7 型碗头挂板（双横承力索时使用）
7	1600 型杵头杆	16	LV-0712 型联板（双横承力索时使用）
8	80 型双耳楔形线夹	17	1000 型耳环杆
9	QP-7 型球头挂环	18	定位绳弹簧补偿器

2. 节点 8、9、13

节点 8 用于软横跨上、下行正线股道间，不同供电分区间的电分段绝缘。由于站场软横跨把各股道接触悬挂在电路上都连接起来，对某些上、下行需要分开供电，以及一些股道需

要进行停电作业而另一些股道又不能停电作业的情况造成不便。为解决这些矛盾，就采用节点 8 的结构对软横跨进行电分段。节点 8 仅用悬式绝缘子串和相应的组件，将横向承力索及上、下部固定绳隔开，以达到绝缘分段的目的。节点 8 的安装结构如图 18-6（a）所示，所采用的材料见表 18-2。

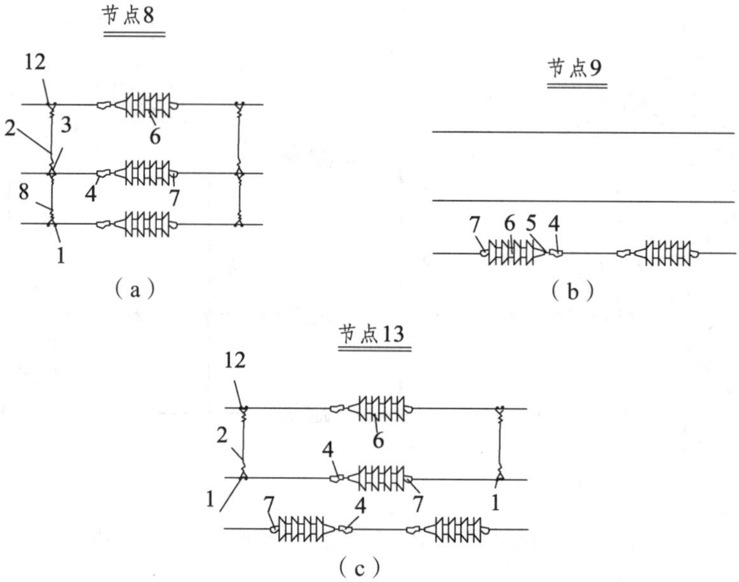

图 18-6　接触网链形悬挂软横跨 8、9、13 安装示意图

表 18-2　软横跨节点 8、9、13 零件名称

序号	名称	序号	名称
1	横承力索线夹	7	80 型杵座楔形线夹
2	上部吊线	8	下部吊线
3	带耳定位环线夹	9	LV-0712 型联板（双横承力索时使用）
4	80 型双耳楔形线夹	10	Z-7 型挂板（双横承力索时使用）
5	QP-7 型球头挂环	11	WS-7 型碗头挂板（双横承力索时使用）
6	杵头悬式绝缘子	12	双横承力索线夹

节点 8 在用于供电分区间的电分段绝缘和用于上、下行正线股道间绝缘时，对绝缘子的要求是不同的。当节点 8 起上、下行电分段作用，在实行“V”形天窗作业区段，绝缘子串要保证实行“V”形天窗时作业人员的人身、设备安全。故在这种情况下规定悬式绝缘子泄漏距离要达到 1 600 mm。绝缘子作为供电分区间的电分段绝缘时，根据当地污染程度，绝缘子爬距为 1 200 ~ 1 600 mm。

节点 9 的安装结构多用于软横跨跨越中间站台时，为了保证车站工作人员以及旅客生命财产安全，下部固定绳在跨越中间站台时将两端用绝缘子串隔开，正对中间站台上方的下部固定绳形成一个无电区，即中性区。安装结构如图 18-6（b）所示，所采用的材料零件见表 18-2。当定位绳跨过中间站台上的雨棚时，应该在上部固定绳中串接绝缘子，形成无电区，保证安全。

当软横跨线索穿过中间站台，站台两侧接触悬挂处于不同供电分区需要绝缘时，采用节点 13。节点 13 在节点 9 结构的基础上横向承力索以及上部固定绳上也用绝缘子串隔开，如图 18-6（c）所示，其所用材料零件见表 18-2。当定位绳跨过中间站台上的雨棚时，应该在上部固定绳中串接绝缘子，形成无电区，以保证安全。

3. 节点 5

节点 5 的作用相当于一个腕臂中间柱装置，在整个站场软横跨定位中，采用最普遍的是节点 5。为满足全补偿的要求，承力索经悬吊滑轮固定在上部固定绳上，为了保护承力索，悬挂点处承力索需要加装铜合金预绞丝保护条裹覆防护，预绞丝外径≥2.18 mm，裹覆长度每处不小于 2.0 m，腕臂无偏斜温度时，悬吊滑轮应处于裹覆区域的中心位置。对于半补偿承力索，改用钩头鞍子来固定。其节点装配形式如图 18-7（a）所示，所用材料零件见表 18-3。

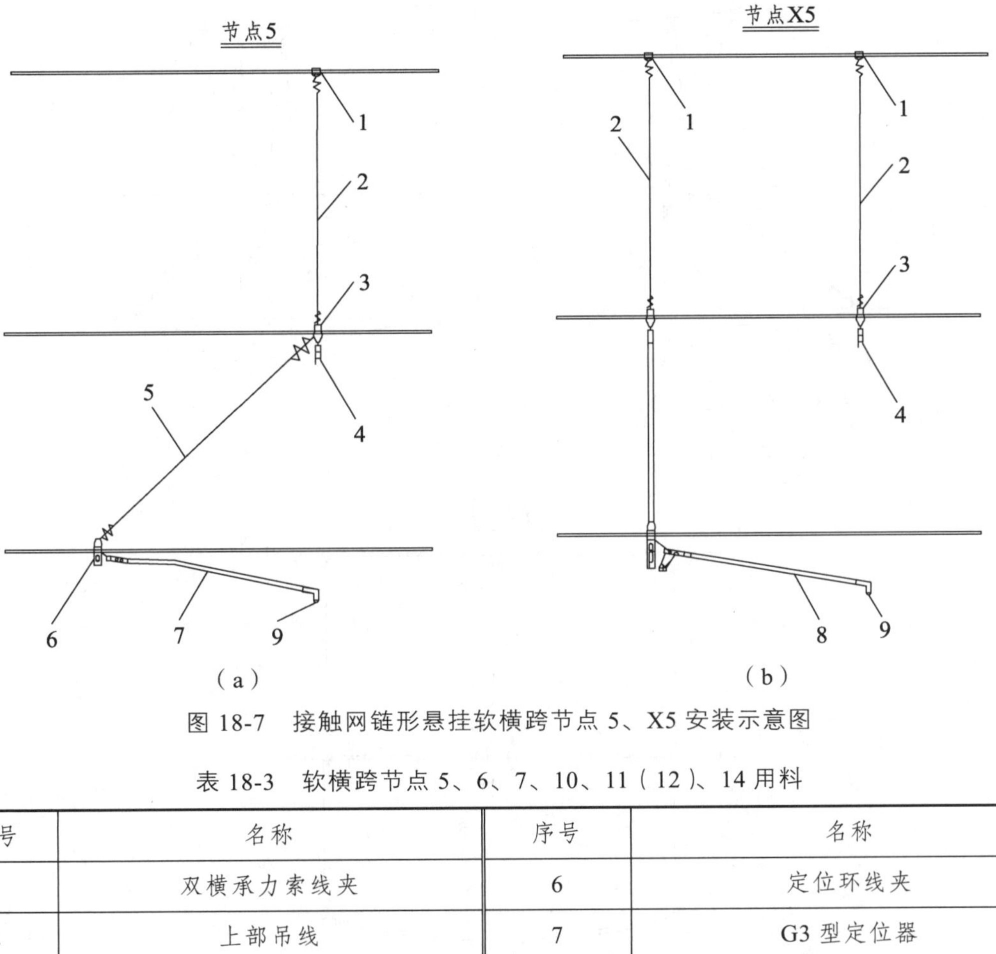

图 18-7　接触网链形悬挂软横跨节点 5、X5 安装示意图

表 18-3　软横跨节点 5、6、7、10、11（12）、14 用料

序号	名称	序号	名称
1	双横承力索线夹	6	定位环线夹
2	上部吊线	7	G3 型定位器
3	带耳定位环线夹	8	软横跨限位定位装置
4	悬吊滑轮	9	定位线夹
5	下部吊线		

提速区段正线股道采用限抬定位器时，其节点号称为 X5，装配形式有所不同，如图 18-7（b）所示，所用材料见表 18-3。相当于中间柱装配的节点 5，只有正定位形式，没有反定位装配，将接触线拉向线路中心线左侧，右侧可以通过定位器布置在线路左、右实现。

4. 节点 6、7

节点 6、7 相当于道岔定位柱的定位装配，它所定位的两组悬挂均为工作支，两根接触线的高度基本一致。节点 6 相当于 L 型道岔定位柱安装，两定位器受拉力方向一致，节点 7 相当于 LY 型道岔定位柱安装，两定位器受拉力方向相反。在提速线路的正线道岔，有限抬需要时，使用 X7 节点，其结构如图 18-8 所示，所用材料见表 18-4。

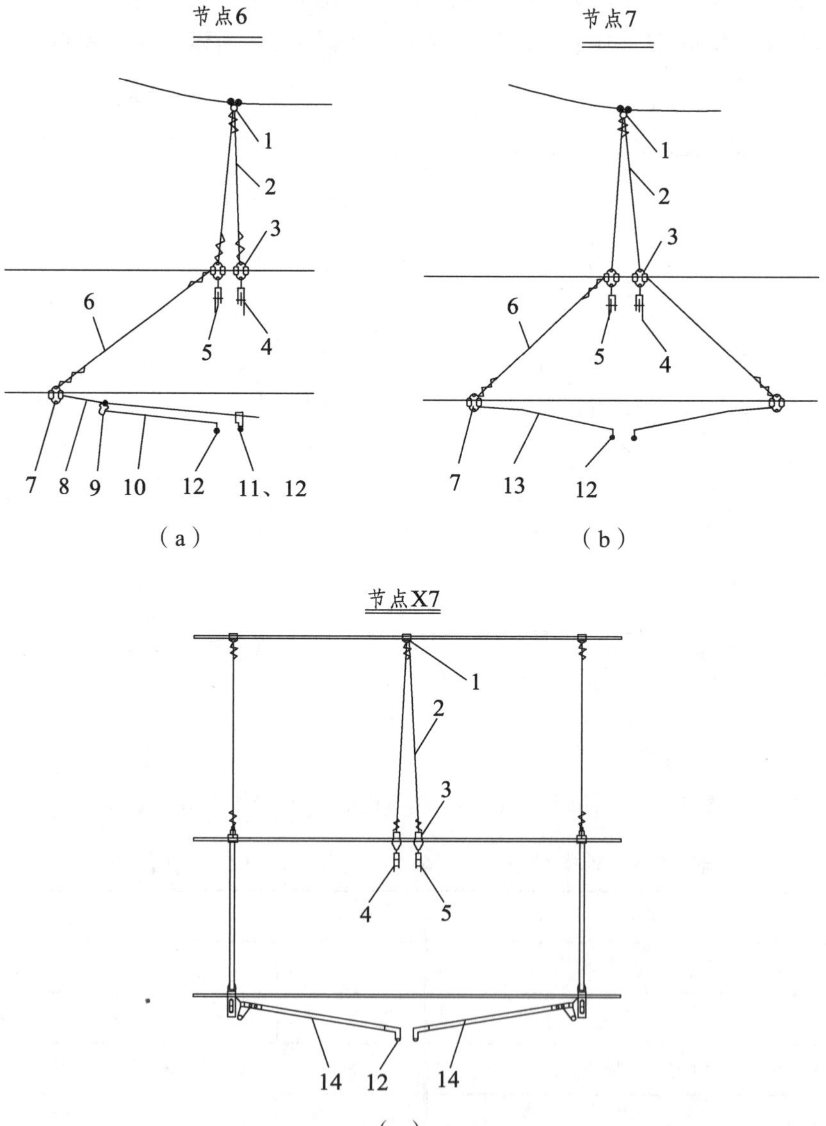

图 18-8　接触网链形悬挂软横跨节点 6、7、X7 安装示意图

表 18-4　节点 6、7、X7 零件名称表

序号	名称	序号	名称
1	双横承力索线夹	8	1-1500 型定位管
2	上部吊线	9	1 型定位环
3	带耳定位环线夹	10	DC 型定位器
4	悬吊滑轮	11	1 型长支持器
5	加长型悬吊滑轮	12	定位线夹
6	下部吊线	13	G3 型定位器
7	定位环线夹	14	软横跨限位定位装置

5. 节点 10

节点 10 装配形式相当于锚段关节中转换柱的装配。它悬挂的两组接触悬挂，一组悬挂为工作支，另一组悬挂为非工作支，在悬挂点处按非绝缘锚段关节转换柱的要求，非工作支比工作支抬高 200 ~ 500 mm。非工作支接触线不用定位器而采用夹环，通过 ϕ4.0 mm 镀锌铁线或者不锈钢软绞线固定在定位环线夹上。其结构如图 18-9 所示，所用材料见表 18-5 和表 18-6。

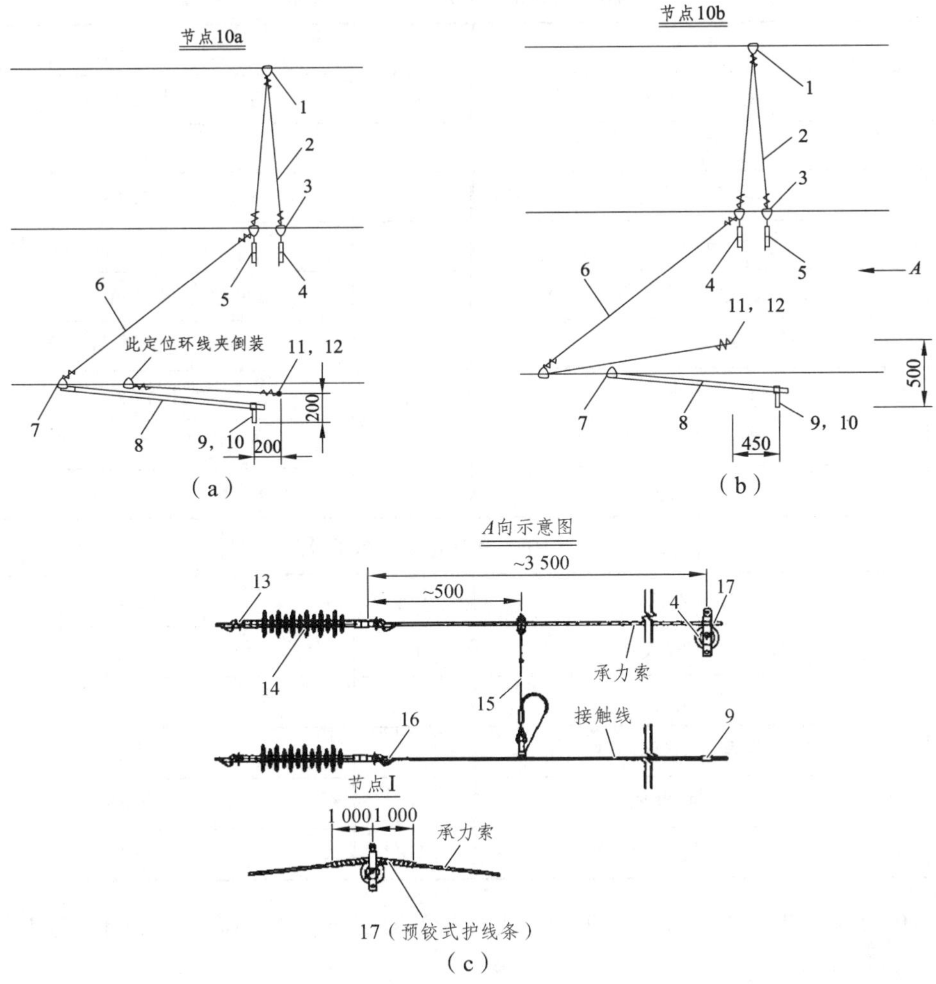

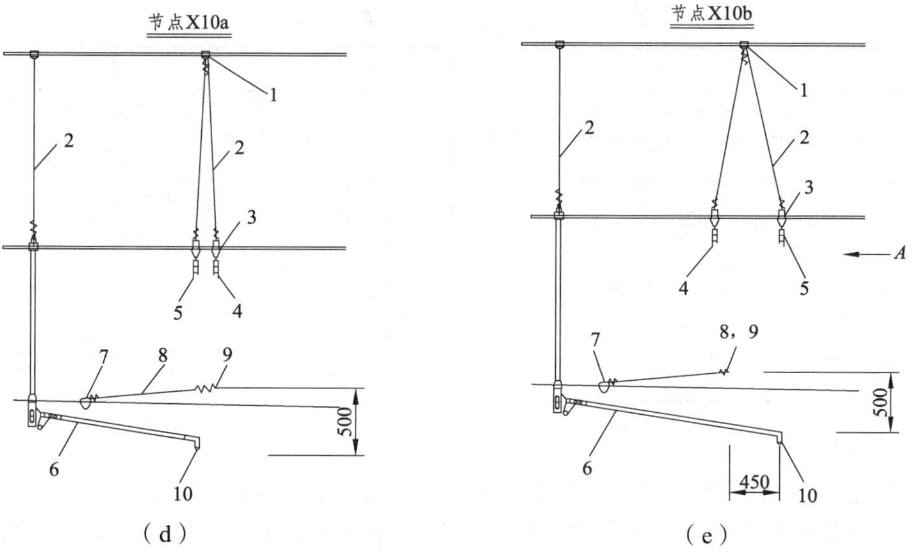

图 18-9　接触网链形悬挂软横跨节点 10 安装示意图

表 18-5　10a、10b 节点零件名称

序号	名　称	序号	名　称
1	双横承力索线夹	10	定位线夹
2	上部吊线	11	拉线
3	带耳定位环线夹	12	夹环
4	悬吊滑轮	13	承力索终端锚固线夹
5	加长型悬吊滑轮	14	单重绝缘硅橡胶绝缘子
6	下部吊线	15	可调式载流整体吊弦
7	定位环线夹	16	接触线终端锚固线夹
8	1-1500 型定位管	17	预绞式护线条
9	1 型长支持器		

表 18-6　X10a、X10b 节点零件名称

序号	名　称	序号	名　称
1	双横承力索线夹	6	软横跨限位定位装置
2	上部吊线	7	定位环线夹
3	带耳定位环线夹	8	拉线
4	悬吊滑轮	9	夹环
5	加长型悬吊滑轮	10	定位线夹

节点 10 为绝缘转换节点时，将非工作支接触线在悬挂点处抬高 500 mm，与工作支接触线水平距离 450 mm。

6. 节点 11、12、15

节点 11 接触线在此处升高后与下部固定绳之间垂直距离 $h = H' - (H + 200)$，节点 12 接触线在此处升高后，与下部固定绳之间垂直距离 $h = H' - (H + 430)$，其中 H'为下部固定绳距轨平面（或轨平面连线中心）的高度；h 为正值时，接触线在下部固定绳的下方，为负值时，接触线在下部固定绳的上方，均悬挂非工作支，两组非工作支接触线均不用定位器，而与节点 10 非工作支接触线一样，夹环通过ϕ4.0 mm 镀锌铁线固定在定位环线夹上，这样不妨碍接触线的伸缩。节点 11（12）安装形式如图 18-10 所示，所用材料见表 18-7。节点 11（12）的区别在于施工放线时，节点 12 接触线要穿线。节点 15 用于站场软横跨对中心锚结绳的定位安装。

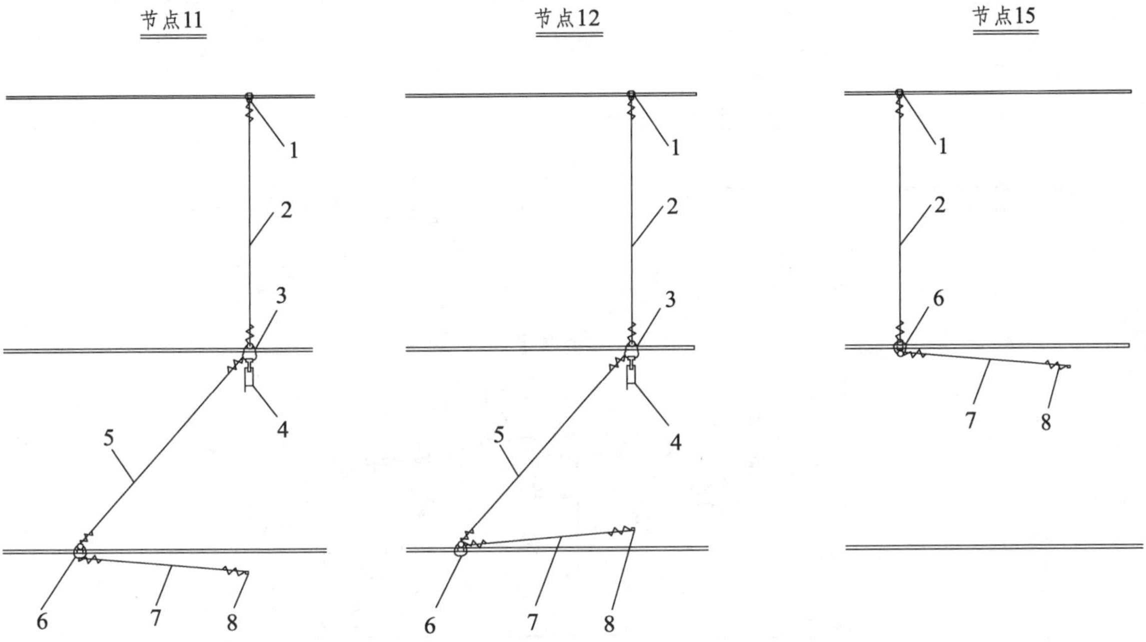

图 18-10　接触网链形悬挂软横跨节点 11（12）安装示意图

表 18-7　节点 11、12、15 材料零件表

序号	名称	序号	名称
1	双横承力索线夹	5	下部吊线
2	上部吊线	6	定位环线夹
3	带耳定位环线夹	7	拉线
4	悬吊滑轮	8	夹环

7. 节点 14（X14）

节点 14 为站内软横跨处设防串动中心锚结的安装定位方式，其装配形式与节点 5 一样，接触线中心锚结安装在相邻两跨（L_1、L_2）的中间位置，其结构如图 18-11 所示，所用材料见表 18-8。

承力索在直线段应位于线路中心正上方，在曲线区段应位于接触线正上方；接触线拉出值 a，在直线及曲线均属相对于受电弓中心的距离。

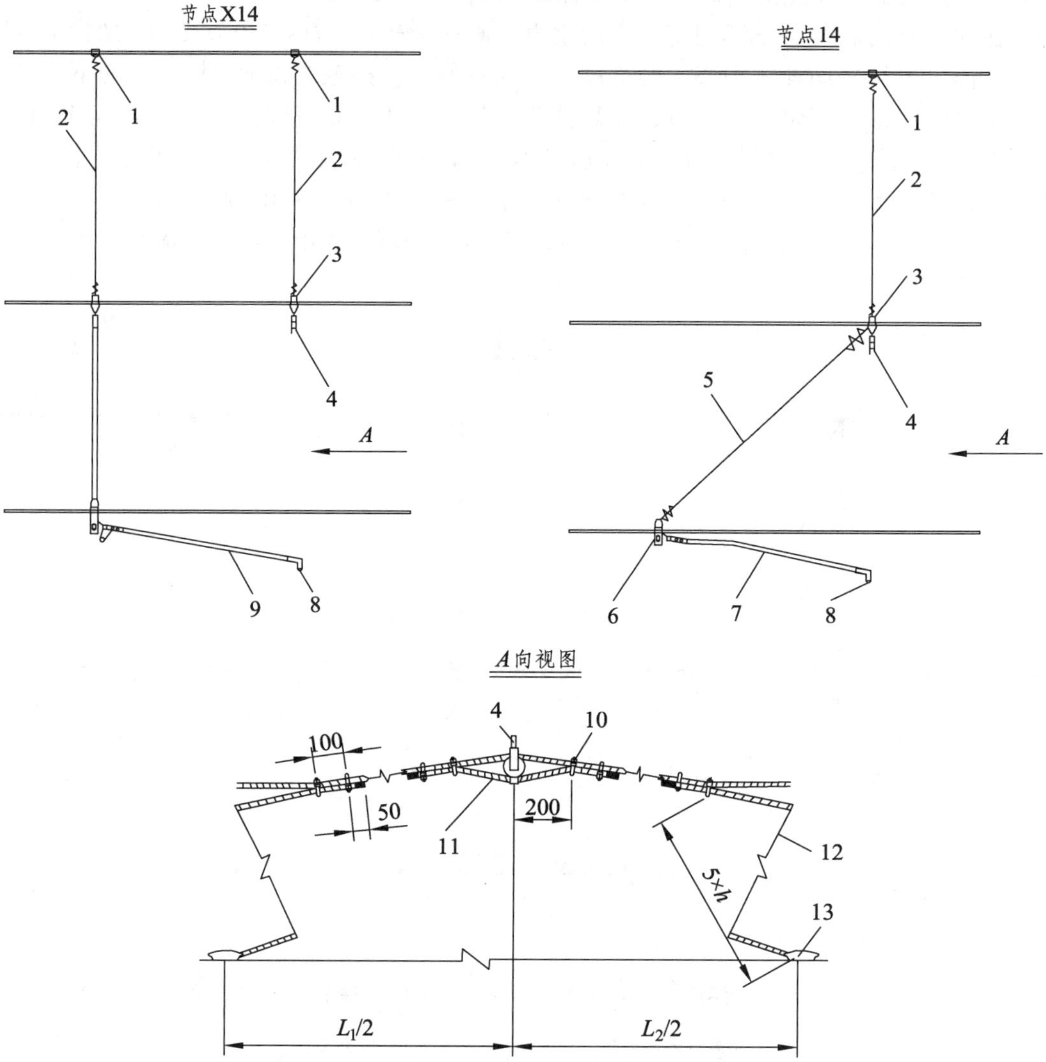

图 18-11　接触网链形悬挂软横跨节点 14（X14）安装示意图

表 18-8　节点 14（X14）材料零件表

序号	名称	序号	名称
1	双横承力索线夹	8	定位线夹
2	上部吊线	9	软横跨限位定位装置
3	带耳定位环线夹	10	承力索中心锚结线夹
4	悬吊滑轮	11	承力索中心锚结辅助绳
5	下部吊线	12	接触线中心锚结辅助绳
6	定位环线夹	13	两跨式接触线中心锚结线夹
7	G3 型定位器		

8. 不等高轨面时的安装

下部固定绳的高度以电化股道的最高轨面连线的中心为准，接触线高度不得超过6 500 mm，轨面较低时，可采用按不大于接触线允许坡度升高接触线的方式安装，接触线高度超过6 500 mm时，可采用加设调节立柱的措施安装，如图18-12所示。

图 18-12（a）、（b）为直线和曲线不等高轨面时，当轨面过低时使用调节立柱的装配形式，所用材料见表18-9。图18-12（c）相当于定位柱的装配形式，所用材料见表18-10。

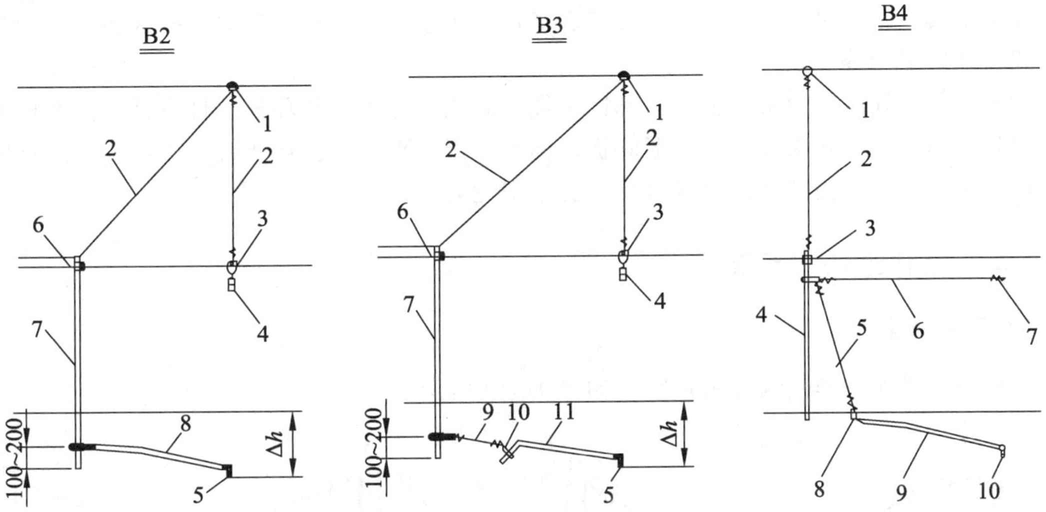

图 18-12 不等高轨面时的安装示意图

表 18-9 图 18-12（a)、（b）中的零件表

序号	名称
1	双横承力索线夹
2	上部吊线
3	定位环线夹
4	悬吊滑轮
5	定位线夹
6	钢线卡子
7	调节立柱
8	定位器
9	尾线
10	定位环
11	软定位器

表 18-10 图 18-12（c）中的零件表

序号	名称
1	双横承力索线夹
2	上部吊线
3	钢线卡子
4	调节立柱
5	下部吊线
6	拉线
7	夹环
8	定位环线夹
9	定位器
10	定位线夹

第二节　软横跨安装

一、工作方法和步骤

（一）准备工作

（1）人员：12 ~ 15 人。

（2）工具：钢卷尺、经纬仪、水准仪、塔尺、丁字尺、手锤、棕绳、断线钳、安全带、线盘架、开口滑轮等。

（3）材料：横向承力索，上、下部固定绳，悬式绝缘子，耳环杆，杵头杆，杵座楔形线夹，双耳楔形线夹，腕头挂板，V 形联板，横承力索线夹，定位环线夹，U 形线夹，杵座鞍子，双耳连接器，球头挂环，焊接杵环，悬吊滑轮等。

（二）操作方法、步骤

1. 现场测量

根据设计平面图绘制测量示意图，如图 18-13 所示。

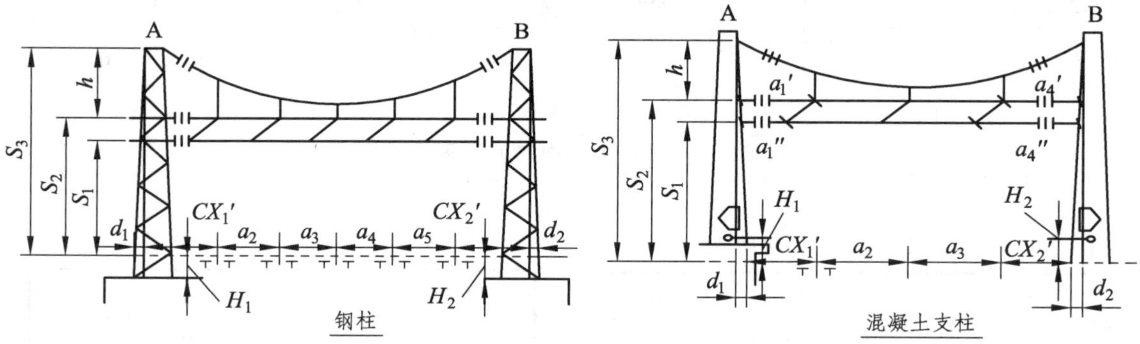

图 18-13　软横跨平面示意图

（1）电气化股道曲线超高的测定。

将水平仪设置在适于观测一组或数组软横跨跨越股道的位置上。调平仪器，把塔尺分别置于软横跨跨越股道的每根钢轨轨面上，并记录水平仪观测读数。确定同组软横跨最高轨面的股道和各股道外轨超高。然后将塔尺置于基础面（混凝土支柱为地线孔）上，用水平仪测出基础面（或地线孔）的相对标高，现场计算出 H 值（钢柱为基础面至最高轨面的距离；混凝土支柱为最高轨面至地线孔的距离），并用红油漆将其标注在支柱上。

（2）测量软横跨横向跨距。

用 50 m 钢卷尺在支柱最高轨面标高线平面上，依次测量 CX_1、CX_2 和各线间距 a_2、a_3、a_4、a_5 的数值（钢筋混凝土支柱以支柱内缘测起，终止于支柱内缘；钢柱以支柱外缘测起，终止于支柱外缘）。

（3）测定 d 值。

置经纬仪于 A 柱顺线路方向适当距离、横线路方向与被测支柱基本相同的位置上。调平仪器，将望远镜十字丝瞄准支柱顶端（钢柱为外缘，钢筋混凝土柱为内缘）。然后，望远镜竖直向下到支柱下部测量基点水平位置（钢柱为基础面，钢筋混凝土柱为预留地线孔）。用钢卷尺配合量取 d_1 值。以相同的方法测量 B 柱的 d_2 值。

2. 计　算

（1）支柱斜率。

① 钢筋混凝土柱。

$$\delta_1=\frac{d_1}{10.8+H_1}\qquad \delta_2=\frac{d_2}{10.8+H_2}$$

式中，10.8 m 为钢筋混凝土软横跨支柱耳环孔至地线孔的距离。

② 钢柱。

$$\delta_1=\frac{d_1}{15(13)+H_1}\qquad \delta_2=\frac{d_2}{15(13)+H_2}$$

（2）上部固定绳的总长。

$$L_{上}=a_1'+a_2'+\cdots+a_n'+a_{n+1}'$$

其中钢筋混凝土柱为

$$a_1'=CX_1+d_1'=CX_1+S_2\cdot\delta_1$$

$$a_{n+1}'=CX_2+d_2'=CX_2+S_2\cdot\delta_2$$

钢柱为

$$a_1'=CX_1'\pm d_1'=CX_1'\pm S_2\cdot\delta_1$$

$$a_{n+1}'=CX_2'\pm d_2'=CX_2'\pm S_2\cdot\delta_2$$

钢柱小于外缘直立时取“－”，大于外缘直立时取“＋”。

（3）下部固定绳的总长。

$$L_{下}=a_1''+a_2''+\cdots+a_n''+a_{n+1}''$$

其中钢筋混凝土柱为

$$a_1''=CX_1+S_1\cdot\delta_1$$

$$a_{n+1}''=CX_2+S_1\cdot\delta_2$$

钢柱为

$$a_1''=CX_1'\pm S_1\cdot\delta_1$$

$$a_{n+1}''=CX_2'\pm S_1\cdot\delta_2$$

钢柱小于外缘直立时取“－”，大于外缘直立时取“＋”。

（4）股道间距 a，依前述实测及计算数据。

（5）横向承力索悬挂点至上部固定绳间距离。

$$h = S_3 - S_2$$

其中钢筋混凝土柱为

$$h = 10.8 \pm H - S_2$$

钢柱为

$$h = 15(13) \pm H - S_2$$

（6）横向承力索悬挂点至最低吊弦点的距离。

$$f = h - \text{最低点吊弦长度}$$

（7）估计最低点，计算 l_1、l_2。

（8）计算各节点重量 F。

单横承力索为

$$F_n = 0.719(a_n + a_{n+1}) + \text{悬挂重量} + \text{节点重量} + \text{所承担绝缘子和分段绝缘器等的重量}$$

双横承力索为

$$F_n = 1.026(a_n + a_{n+1}) + \text{悬挂重量} + \text{节点重量} + \text{所承担绝缘子和分段绝缘器等的重量}$$

注：节点重量查点重量表。

（9）计算悬挂重量对横向承力索悬挂点的力矩和 M_0。

$$M_1 = a_1(F_1 + F_2 + \cdots + F_{i-1}) + a_2(F_2 + F_3 + \cdots + F_{i-1}) + a_{i-1} \cdot F_{i-1}$$
$$M_2 = a_m(F_{m-1} + F_{m-2} + \cdots + F_i) + a_{m-1}(F_{m-2} + F_{m-3} + \cdots + F_i) + a_{i+1} \cdot F_i$$

（10）求软横跨最低点左侧与最低点相邻的横向承力索分段长度的竖垂直分力。

$$Y = \frac{f_1 M_2 - f_2 M_1}{f_1 l_2 + f_2 l_1}$$

利用公式进行软横跨计算，选择横向承力索最低点时：当求出的 Y 值符合判别式 $0 \leqslant Y \leqslant F_i$ 说明最低点选对了，否则说明选错了；当 $Y<0$ 时，则最低点应向左移；当 $Y>F_i$ 时，则最低点应右移；如 $Y=0$ 或 $Y=F_1$，则说明横向承力索有两个最低点。当 $Y=0$ 时，另一个最低点在所选的最低点左侧，当 $Y=F_1$ 时，另一个最低点在所选的最低点的右侧。

（11）求横向承力索的水平分力。

$$T = \frac{l_1 M_2 + l_2 M_1}{f_1 l_2 + f_2 l_1}$$

（12）求相邻两重垂吊弦的高度差 K。

最低点左边：

$$K_n = a_n \frac{F_n + \cdots + F_{i-1} + Y}{T}$$

最低点右边：

$$K_n = a_n \frac{F_n + \cdots + F_i - Y}{T}$$

（13）求横向承力索各分段长。

$$b_n = \sqrt{K_n^2 + a_n^2}$$

由于支柱挠度影响，算出横向承力索各分段长度后，按以下规则减去经验数据：

b_1 和 b_n 各减 $n \times 10$ mm（n 为股道数）；5 股道以上：b_1 和 b_n 各减 50 mm。

（14）将计算所得结果进行检验，确认无误，填入软横跨示意图。

3. 预　制

（1）预制前应先清理现场。用盘线支架支好钢绞线盘。若两端没有可利用的固定物，需打两处临时地锚。展放钢绞线前，一端先做好回头，然后展放钢绞线，用ϕ4.0 mm 铁线将回头固定在一端地锚上，另一端打上楔形紧线器，通过接触线与另一端地锚连接。

（2）用接触线紧线，使钢绞线绷紧。

（3）从做好回头的一端起测，两人拉钢卷尺，一人按预制图中各分段尺寸读数，一人用红油漆做标记。

（4）按红油漆标记及下料图安装横承力索线夹或定位环线夹。预制横向承力索或上部固定绳。

（5）在横承力索线夹的 U 形环内安装上部吊线，预制上部固定绳，则在定位环线夹的环内安装斜拉线，斜拉线安装要求同上部吊线。

（6）在钢绞线断线标记点两端各用ϕ1.6 mm 铁线绑扎两圈，然后用断线钳断线。

（7）按计算长度制作回头。

（8）在横向承力索（或固定绳）两端楔形线夹上分别写明安装的支柱号，然后将预制好的横向承力索（或固定绳）盘成圈。用铁线绑扎紧便于运输。

4. 安　装

（1）将预制好的横向承力索上部固定绳及绝缘子等运送至现场，按标记分散至各支柱。

（2）将盘成圈的横向承力索、上部固定绳展开。根据软横跨预制图直吊线长度，将横向承力索与上部固定绳逐根连接。

（3）将绝缘子和其他连接零件按图装配好，与钢筋混凝土软横跨柱连接的开式索具螺旋扣横向承力索的丝扣置于中间位置，上部固定绳的丝扣放到最长的位置。

（4）软横跨柱顶端爬上一人。扎好安全带后用小绳将钢丝套、大滑轮吊上连接好，然后将大绳吊上，传入滑轮。

（5）在下面的人，待上面将大绳穿入大滑轮后，用大绳的一端扎好绝缘子串，此时上面的人做好准备。

（6）下面的人拉大绳另一端，徐徐吊起横向承力索，当吊到支柱顶端时，柱顶人员用一手抓住杵头杆（或杵头环），然后把杵头杆穿入固定孔（或把环杵杆与双耳连接器相连接），另一只手将垫片、螺母装好。

（7）当安装横向承力索时，一人爬到支柱上部固定绳角钢处，并扎好安全带，抓住上部固定绳端部。当横向承力索安装好后，把上部固定绳杵头杆与固定角钢孔（钢筋混凝土柱为开式螺旋扣与固定底座夹板）相连接，带上球形垫片，然后拧上 2 个螺母，软横跨的一边即安装完成。

（8）在软横跨另一边支柱顶端按前述方法安装钢丝套、大滑轮、大绳。在上部固定绳处安装钢丝套、滑轮。

（9）与车站值班员联系，当车站股道空闲时，迅速将软横跨运过各股道。

（10）用大绳将横向承力索绝缘子串扎牢，然后拉大绳另一端，把软横跨吊起来。

（11）将横向承力索吊到支柱顶端时，上面的人员将杵头（或杵环杆）抓住，然后把杵头杆穿入固定孔（或把杵环杆与双耳连接器相连接），另一只手将垫片、螺母安装好。解开绑扎横向承力索的大绳，卸下滑轮、钢丝套。

（12）横向承力索安装完后，在支柱上部固定绳位置的人员，用接触线的钩勾住弹簧补偿器。

（13）支柱下面的人员，开始逐渐紧上部固定绳，上面的人与下面的人配合，把弹簧补偿器与固定底座相连接，穿进固定角钢孔，带上球形垫块、垫片、螺母，拧紧螺母，并带上防松螺母。

（14）松开接触线，然后卸下滑轮钢丝套。

二、质量标准

（1）如最高轨面股道为曲线，测量时应以轨面连线中点为标准。

（2）支柱位于站台上，还应测量站台边缘至支柱内缘（钢筋混凝土柱）或外缘（钢柱）的距离。

（3）测量数据精确到毫米级。

（4）预制时钢绞线的张力以 0.5 ~ 1 kN 为宜。

（5）安装横承力索线夹、固定绳线夹时，安装方向应一致，安装下部固定绳定位环线夹时，安装方向上下应对直，线夹上带凹槽的一面与定位器的拉出值方向一致。

（6）上部吊线按设计要求，上端揻成 20 ~ 25 mm 的圆环并用本线缠绕三圈，缠绕要求紧密整齐。

（7）弹簧补偿器安装在松边一侧。

（8）钢柱软横跨的球形垫块安装方向为球形面贴角钢，平面贴螺母。

（9）杵头杆外露不得超过 60 mm，调整螺栓调整螺丝不得大于 2/3。

（10）软横跨固定角钢安装高度、安装位置应符合设计规定，施工偏差为 ± 20 mm。

（11）横向承力索至上部固定绳最短吊弦处距离为 400 ~ 600 mm。

（12）横向承力索和上、下部固定绳的电分段绝缘子应在同一垂直面内，位于站台上方的上、下部固定绳绝缘子带电侧裙边与站台边缘相齐，股道间横向电分段绝缘子位于股道中间。

三、注意事项

（1）测量时应防止钢卷尺短接轨道电路。

（2）计算前应根据设计采用的材料、支柱、节点等对软横跨常用计算数据进行维护，以确保计算准确无误。

（3）测量时要加强防护，注意来往车辆。

（4）预制时线盘应支放平稳，不得倾斜。

（5）直吊弦应按长度预先加工好，在软横跨预制时，直接装入横向承力索线夹。

（6）安装横向承力索线夹或定位环线夹的标记为一道红漆，断线点的标记为三道红漆。

（7）如为钢柱软横跨，则将随身带上来的角形垫块预置在安装位置。

（8）搬运过程中，每串绝缘子均应有专人负责，同时各个节点的杵座鞍子不要卡在轨道上，并注意勿使软横跨钢绞线短路轨道电路。

（9）注意大、小滑轮应用小绳吊下来。

（10）软横跨安装时不得与轨面接触（不应搭在钢轨上），以免影响信号正常使用。

四、训练测评

操作时间规定为 60 min。在规定时间内完成，不加分也不扣分，每超时 1 min，从总分中扣 1 分，超时 10 min，停止作业。

测评记录内容如表 18-11 所示。

表 18-11　测评记录表

项目	配分	测评要求及评分标准	扣分	得分	备注
料具准备	10	要求料具齐全完好，规格型号相符，每缺一件扣 3 分，规格不符每件扣 2 分			
质量要求	60	（1）横向承力索和上、下部定位绳出现接头、断股和补强，每处扣 10 分			
		（2）上、下部定位绳应水平，5 股道以下允许有 100 mm 的负弛度，5 股道以上允许有 200 mm 的负弛度，下部定位绳距导线垂直距离，在最低温度时，不得小于 250 mm，不符合要求每处扣 10 分			
		（3）横向承力索与上部定位绳在最短直吊弦处距离为 400～600 mm，不符合要求扣 10 分			
		（4）直吊弦、斜拉线的损耗截面超过 20%或锈蚀超过其长度的 1/3，每处扣 10 分			
		（5）横向承力索和上、下部定位绳应有防腐油层，吊弦应受力无松弛，不符合要求每处扣 5 分			
		（6）绝缘子破损面积在 300 mm^2 以下扣 15 分，超过 300 m^2 则扣 50 分			
		（7）开式螺旋扣状态不符合要求，扣 5 分			
		（8）下部固定绳与接触线间距不符合要求，扣 10 分			

续表

项目	配分	测评要求及评分标准	扣分	得分	备注
质量要求	60	（9）支柱侧第一片绝缘子裙边至支柱内缘的最小距离不符合要求，每处扣5分			
		备注：扣完配分失格			
安全作业	20	（1）作业中出现一般违章现象每次扣5分			
		（2）作业中出现严重违章现象每次扣20分			
		（3）作业中工具滑脱，每次扣5分			
文明作业	10	（1）作业时必配的个人工具、劳保用具、安全用具每缺一件扣5分			
		（2）作业中出现不文明语言或动作每次扣10分			
		（3）作业完毕，料具有一件不归位扣3分			
测评超时					
合计	100				

复习思考题

一、判断题

1. 用于软横跨非工作支，且非工作支位于下部固定绳上方的节点是节点11。（　　）

2. 软横跨当悬挂4条及以下接触悬挂时采用单横承力索，否则采用双横承力索。（　　）

3. 软横跨绝缘子均有连接和绝缘双重作用。（　　）

4. 软横跨由横向承力索，上、下部固定绳，直吊弦，斜拉线组成。（　　）

5. 软横跨应垂直于正线。（　　）

6. 我国目前采用的软横跨为绝缘式软横跨。（　　）

7. 安装好的软横跨未加负荷时，要求上部固定绳的绝缘子必须与横向承力索的电分段绝缘子在同一垂直面上。（　　）

8. 软横跨横向承力索和上、下部固定绳的电分段绝缘子串应在同一垂直平面内。（　　）

9. 软横跨节点5相当于中心柱的装配。（　　）

10. 软横跨是用于固定全补偿中心锚结辅助绳的横向支持设备。（　　）

11. 软横跨节点6或节点7相当于L型或LY型道岔柱的作用，两支定位，一支为工作支，另一支为非工作支。（　　）

12. 软横跨下部固定绳至接触线距离为160 mm。（　　）

13. 软横跨节点9用于中间站台软横跨上、下部定位索的绝缘。（　　）

14. 软横跨是多股道站场上的横向支持设备。（　　）

15. 软横跨上部固定绳承受承力索的水平负载。( )

16. 软横跨上部固定绳至纵向承力索距离为 330 mm。( )

17. 软横跨节点 8 用于软横跨绝缘分段。( )

二、选择题

1. 软横跨横向承力索（双横承力索为其中心线）的弛度应符合规定，和上、下部固定绳应布置在同一个（ ）内。

A. 水平面　B. 铅垂面　C. 平面　D. 垂直面

2. 软横跨上、下部固定绳应水平并处于拉紧状态，允许有平缓的负弛度，5 股道及以下不超过（ ）。

A. 100 mm　B. 80 mm　C. 200 mm　D. 50 mm

3. 软横跨上、下部固定绳应水平并处于拉紧状态，允许有平缓的负弛度，5 股道以上不超过（ ）。

A. 100 mm　B. 80 mm　C. 200 mm　D. 50 mm

4. 软横跨上、下部固定绳弹簧补偿器处于固定绳受力（ ）的一侧，张力符合设计规定。

A. 大　B. 小　C. 强　D. 高

5. 软横跨横向承力索和上、下部固定绳（ ）有接头、断股和补强。

A. 不得　B. 可以　C. 允许　D. 不宜

6. 软横跨直吊线、斜拉线应采用（ ）等防腐性能好的材质。

A. 铁线　B. 铝合金　C. 不锈钢　D. 铜合金

7. 软横跨横向承力索与上部固定绳在最短吊线处距离为（ ）mm。

A. 400　B. 500　C. 600　D. 400 ~ 600

8. 软横跨直吊线应保持（ ）状态。

A. 水平　B. 铅垂　C. 竖直　D. 垂直

9. 软横跨直吊线应呈（ ）状态。

A. 滑动　B. 松弛　C. 倾斜　D. 拉紧

10. 软横跨直吊线上端（ ），无松弛。

A. 临时固定　B. 永久固定　C. 软固定　D. 滑动固定

11.《普速铁路接触网维修规则》规定：软横跨各斜吊线完好无松弛，并留有不小于（ ）mm 的余量。

A. 50　B. 150　C. 200　D. 250

12.《普速铁路接触网维修规则》规定：软横跨下部固定绳距工作支接触线的垂直距离不得小于（ ）mm。

A. 250　B. 300　C. 400　D. 500

13.《高速铁路接触网维修规则》规定：下部固定绳距接触线距离正线为（ ）mm，允许偏差 ± 50 mm。

A. 250　B. 350　C. 400　D. 500

14.《高速铁路接触网维修规则》规定：下部固定绳距接触线距离侧线为（　　）mm，允许偏差 ± 50 mm。

A. 250　　B. 300　　C. 350　　D. 450

15. 软横跨各杵头杆螺纹外露长度应为（　　）mm。

A. 20　　B. 30　　C. 20 ~ 80　　D. 50

16. 软横跨调整螺栓的螺杆外露长度应为 50 mm 至螺纹全长的（　　）。

A. 1/3　　B. 1/2　　C. 2/3　　D. 3/4

17.《高速铁路接触网维修规则》规定：软横跨横向承力索两端绝缘子串外侧钢帽距支柱内缘不小于（　　）mm。

A. 330　　B. 400　　C. 350　　D. 450

18.《高速铁路接触网维修规则》规定：软横跨上、下部固定绳两端绝缘子串的裙边至支柱内缘的最小距离不小于（　　）mm。

A. 330　　B. 350　　C. 450　　D. 700

19.《普速铁路接触网维修规则》规定：软横跨悬吊滑轮与承力索材质相匹配，满足线索随（　　）变化的伸缩要求。

A. 张力　　B. 季节　　C. 温度　　D. 线索

20. 软横跨接地侧绝缘子泄漏距离不小于（　　）。

A. 960 mm　　B. 1 050 mm　　C. 1 450 mm　　D. 1 600 mm

21. 双横承力索两条线的张力应相等，V 形连接板应（　　）于横向承力索。

A. 垂直　　B. 高　　C. 低

22. 横向承力索是软横跨的主要构件，承受各股道纵向接触悬挂的全部（　　）负载。

A. 垂直　　B. 水平　　C. 不能判定

23. 上部固定绳的作用是固定各股道的纵向承力索，并将纵向承力索的（　　）负载传递给支柱。

A. 垂直　　B. 水平　　C. 不能判定

24. 下部固定绳作用是固定定位器，以便对接触线按技术要求定位，并将接触线（　　）负载传递给支柱。

A. 垂直　　B. 水平　　C. 不能判定

25. 接触网链形悬挂软横跨节点 1、2 适用于（　　）。

A. 13 或 15 m 高的钢柱　　B. 13 或 15 m 高的钢筋混凝土柱

C. 12 m 高的 H 柱

26. 跨越（　　）股道及以下的软横跨柱可用钢筋混凝土支柱。

A. 5　　B. 6　　C. 7　　D. 8

27. 软横跨跨越股道数不宜大于（ ）股。

A. 9　　B. 8　　C. 7　　D. 6

三、问答题

1. 说明软横跨的结构组成，软横跨各组成部分的作用。
2. 常见的硬横跨有哪些类型？
3. 说明软横跨各节点的用途。

第十九章　硬横跨

随着铁路提速和高速铁路的建设，硬横跨越来越多地在干线铁路中使用。硬横跨结构如图 19-1 所示，硬横跨主要由横梁、支柱和基础组成。

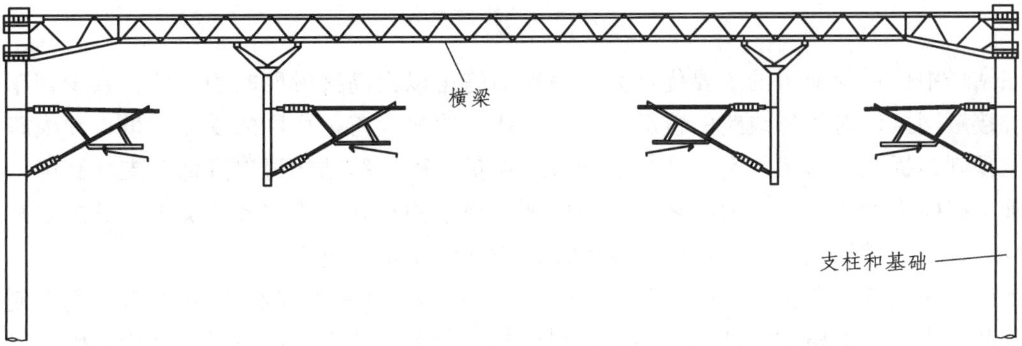

图 19-1　硬横跨示意图

第一节　硬横跨的类型

硬横跨类型多种多样。硬横跨从结构上分为吊柱硬横跨和定位索硬横跨。吊柱硬横跨主要由硬横梁和吊柱组成，接触悬挂通过腕臂装置固定在吊柱上，如图 19-2（a）所示。定位索硬横跨主要由硬横梁和上、下部定位绳组成，如图 19-2（b）所示。硬横跨按照支柱类型可分为等径圆混凝土支柱硬横跨、钢管支柱硬横跨、矩形格构钢柱硬横跨等；按照支柱和横梁连接方式分为钢接硬横跨和铰接（简支）硬横跨。

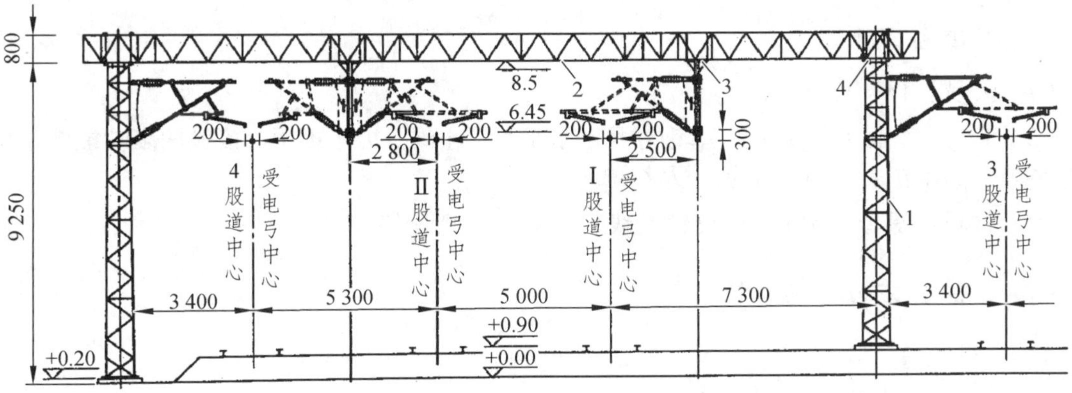

1—钢柱；2—硬横梁；3—吊柱；4—柱梁连接螺栓。

（a）吊柱式硬横跨

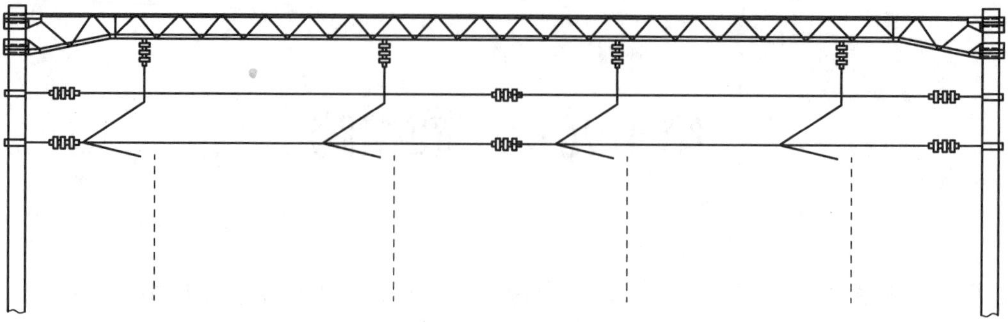

（b）定位索硬横跨结构

图 19-2　硬横跨结构

在站场中使用硬横梁的主要优点为采用硬横跨可以提高接触网的稳定性，减少列车高速通过时接触网振动对相邻线路的接触悬挂的干扰，明显改善了弓网的受流质量；硬横跨便于工厂化预制，提高了施工效率、减少了调整工作量；硬横跨结构可以降低对支柱高度、弯矩和基础承载能力的要求；在大型客运站采用硬横跨结构比软横跨整齐、美观。其主要缺点为投资较大、结构较笨重、钢结构防锈成本高，横向跨距不宜过大。

硬横梁一般使用格构式结构（跨距较小时，也可以使用实腹结构），主要有由角钢制成的矩形（截面为矩形）格构式硬横梁和钢管制成的三角形（截面为三角形）格构式硬横梁。跨度大时可以采用三个（或五个）梁段拼接组成，梁段分为边段和中段，一般有一定坡度预起拱。吊柱一般为“Y”形方吊柱和“T”形圆吊柱两种，吊柱可以在硬横梁长度范围内任意位置安装。吊柱的两柱脚间距一般为 1 300 mm，吊柱通过固定杆连接在硬横跨的下弦杆上，采用大柱脚间距可以减少吊柱对硬横梁产生的次应力。任何线材都不能在硬横梁上下锚。

第二节　硬磺跨检修

一、工作方法和步骤

（一）准备工作

（1）人员：14 ~ 16 人。

（2）工具：作业车（或梯车）、钢卷尺、水平尺、小绳、力矩扳手、接触网多功能测量仪、梅花扳手、防护用具、电工工具、安全帽、安全带等。

（3）材料：螺母、ϕ4.0 mm 镀锌铁线、防锈漆、螺栓等。

（二）操作方法、步骤

1. 外观检查

（1）硬横梁支柱（含钢管柱、格构式钢柱）、横梁本体检查。

检查钢柱本体无锈蚀，无弯曲、变形；各焊接部分无裂纹、开焊；表面无镀锌层剥落或氧化现象；硬横梁锈蚀面积不得超过 20%；格构式钢柱主角钢不得有弯曲，副角钢弯曲不得超过 2 根；站内和行人较多的硬横梁钢柱必须安装“高压危险”标志牌。

（2）硬横梁衔接部检查。

检查横梁与钢柱、横梁与横梁、横梁与吊柱衔接处两法兰盘安装必须密贴，不得有垫块，连接螺栓、螺母齐全，螺栓穿向正确，无氧化、锈蚀情况，螺栓安装牢固。

（3）吊柱检查。

① 检查吊柱本体无虚焊、漏焊、弯曲、裂纹、严重腐蚀生锈、镀锌层剥落或氧化等现象。

② 检查吊柱本体处于铅垂状态，可以用斜率尺或坡度仪对吊柱的倾斜度进行检测，倾斜度不超过 1°。

③ 检查平、斜腕臂主、副角钢与吊柱本体密贴，平、斜腕臂底座螺栓与吊柱本体密贴，螺母紧固力矩到位，螺栓无锈蚀、裂纹现象。

④ 检查吊柱杆号牌固定良好，无锈蚀、松脱现象。

⑤ 吊柱底座与硬横梁安装牢固，底座垫片不应超过 3 片，垫片应平整，厚度均匀；逐个检查硬横梁吊柱底座螺栓，螺栓必须是双螺帽，螺杆穿向要由下向上，拧紧螺帽后螺栓外露长度不得大于 30 mm，力矩要紧固到位。

⑥ 测量吊柱的侧面限界，距相邻线路的限界满足《铁路技术管理规程》要求。吊柱正线侧面限界≥2.5 m，侧线直线上的侧面限界≥2.2 m，曲线应相应加宽。

（4）门形框架检查。

检查门形框架本体无锈蚀，焊接点无开焊，安装牢固，与硬横梁衔接处螺栓力矩紧固到位。

（5）支柱基础检查。

检查基础螺栓无锈蚀现象，螺母齐全、无缺失；基础垫层填充砂浆无破损、开裂。

2. 硬横梁几何参数检查测量

同组硬横跨（梁）支柱顺、横线路方向均应直立，两支柱中心连线应垂直于正线中心线，偏差角不大于 2°；横梁呈水平状态，允许有轻微负弛度，但不得有正弛度，铰接硬横梁的挠度小于梁长的 1/200，刚接硬横梁的挠度小于梁长的 1/360；安装高度应符合设计要求，允许偏差 0 ~ +100 mm。

测量横梁底部距带电体的距离，一般情况下，横梁下弦底面距接触网带电体的绝缘距离不小于 500 mm，在有特殊区段（如波线吊柱），带电体距离接地体距离不小于 500 mm，困难情况下不得小于 300 mm。

测量门形框架正馈线最低点距横梁上顶面距离，一般不小于 500 mm。

3. 检调与更换

（1）梁体维护。

① 当角钢或吊柱本体、门形框架本体出现锈蚀时，首先用砂纸（或专用除锈喷砂机）进行除锈，直至露出金属本色，然后喷涂防锈漆，最后喷涂银粉漆。

② 硬横梁各部连接处螺栓如有缺失和松动，应及时补装和紧固。

（2）基础螺栓。

硬横梁支柱基础螺栓紧固不到位的，用大活动扳手套装加力杆紧固到位，螺栓锈蚀的涂抹高效油脂或有基础螺母锈蚀的应更换螺母并紧固到位。

（3）吊柱螺栓。

硬横梁吊柱底座螺栓、吊柱腕臂底座螺栓紧固不到位时，要用力矩扳手紧固到位；吊柱腕臂底座主、副角钢，腕臂底座螺栓与吊柱本体不密贴时，要松开螺母重新调整使其密贴；螺栓有锈蚀、裂纹现象，重新更换螺栓。

（4）吊柱倾斜调整。

当吊柱倾斜度超过 1°时，对吊柱底座进行调整，松动吊柱倾斜方向同侧的螺栓，插入适量薄垫片，调整吊柱用的垫片不得超过 3 片（不超过 15 mm），然后按要求紧固螺栓，使其竖直。

（5）吊柱本体有裂纹的，重新进行更换。

（6）门形框架焊接点开焊的重新更换框架本体。

（7）硬横梁更换。

硬横梁弯曲变形严重时，更换该横梁，更换步骤如下。

① 测量该硬横梁的各部尺寸，由厂家定做一组新的硬横梁。

② 在距原硬横跨 2 m 处重新立设新硬横跨（梁），将原硬横跨（梁）上的接触悬挂倒换至新硬横跨（梁）并调整到位。

③ 拆除原有硬横跨（梁）。

（8）硬横梁弛度调整。

当横梁出现弛度时，用吊车自横梁中部起吊至受力，松动横梁中部拼接法兰盘的上半部分螺栓，加入适量垫片，使横梁略有负弛度，松开吊车，按标准紧固拼接法兰盘螺栓，此时横梁应呈水平或略有负弛度。

二、质量标准

（1）硬横梁的安装高度应符合设计要求，允许误差不超过 + 50 mm。

（2）吊柱应保持铅垂状态，倾斜角度不得大于 1°，侧面限界满足设计要求。

（3）固定吊柱用的螺栓必须是双螺帽，不得缺失，紧固力矩符合设计要求。

（4）线索与接地体的距离不小于 500 mm。

（5）站内和行人较多的硬横梁钢柱必须安装“高压危险”标志牌。

（6）硬横梁的锈蚀面积不得超过 20%。

（7）单根吊柱不允许悬挂带中心锚结的双接触悬挂。

（8）横梁与柱顶搭接外露不小于 200 mm。

（9）横梁应垂直于正线，各部螺栓、垫片、弹簧垫圈应齐全，采用一级热浸镀锌防腐。

（10）钢柱及硬横跨（梁）本体、吊柱、门形框架等外观无变形和弯曲、锈蚀，硬横跨（梁）呈水平状态，各段之间及其与支柱之间衔接部连接螺栓、螺母齐全，螺栓安装牢固。

三、注意事项

（1）各部螺栓紧固时应注意受力均匀，紧固过程中不能咬扣。

（2）使用轨道作业车进行 V 停作业，开始作业前除两端地线外，必须加挂随车地线，并用等电位线可靠短接腕臂棒式绝缘子后开始作业。

（3）使用绝缘梯车进行 V 停作业时，开始作业前除两端地线外，必须用等电位线将绝缘梯车与接触网等电位，并用等电位线可靠短接腕臂棒式绝缘子后方可开始作业。

（4）当吊柱两侧悬挂不同供电臂的接触悬挂时，吊柱检修需垂直天窗。

（5）采用上下部固定绳的硬横跨，其上下部固定绳检修安全措施与软横跨检修相同。

四、训练测评

操作时间规定为 30 min。在规定时间内完成，不加分也不扣分，每超时 1 min，从总分中扣 1 分，超时 10 min，停止作业。

测评记录内容如表 19-1 所示。

表 19-1　测评记录表

项目	配分	测评要求及评分标准	扣分	得分	备注
料具准备	10	要求料具齐全完好，规格型号相符，每缺一件扣 3 分，规格不符每件扣 2 分			
质量要求	60	（1）支柱中心线与横梁纵向中心线应重合，且支柱中心连线与线路正线垂直，不符合要求扣 10 分			
		（2）钢柱顺、横线路方向均应直立，不符合要求扣 10 分			
		（3）横梁下缘距最高轨面距离应符合设计要求，不符合要求扣 10 分			
		（4）横梁漆面剥落和锈蚀面积超限扣 10 分			
		（5）各连接螺栓按紧固力矩紧固，螺栓松动或紧固力矩不符合要求每处扣 5 分			
		（6）吊柱处于竖直状态且限界满足要求，不符合要求每处扣 10 分			
		备注：扣完配分失格			
安全作业	20	（1）作业中出现一般违章现象每次扣 5 分			
		（2）作业中出现严重违章现象每次扣 20 分			
		（3）作业中工具滑脱，每次扣 5 分			
文明作业	10	（1）作业时必配的个人工具、劳保用具、安全用具每缺一件扣 5 分			
		（2）作业中出现不文明语言或动作每次扣 10 分			
		（3）作业完毕，料具有一件不归位扣 3 分			
测评超时					
合计	100				

复习思考题

一、选择题

1. 硬横梁的安装高度应符合设计要求，允许误差不超过（　　）mm。

A. ＋100　　B. ＋50　　C. ＋250

2. 硬横梁锈蚀面积超过（　　）%时应除锈涂漆。

A. 10　　B. 5　　C. 20

3. 硬横梁的安装高度应符合设计要求，允许偏差（　　）mm。

A. 30　　B. 50　　C. 80　　D. 0～＋100

4. 铰接硬横梁的挠度小于梁长的（　　）。

A. 1/160　　B. 1/200　　C. 1/260　　D. 1/360

5. 刚接硬横梁的挠度小于梁长的（　　）。

A. 1/100　　B. 1/200　　C. 1/300　　D. 1/360

6. 硬横梁（角钢）不得变形和开焊。锈蚀面积不得超过（　　），焊接处不得锈蚀。

A. 5%　　B. 15%　　C. 20%　　D. 25%

7. 硬横跨各段之间及其与支柱应连接牢固，硬横梁应呈水平状态，硬横梁两端允许高差（　　）mm。

A. 10　　B. 20　　C. 30

8. 硬横跨两支柱距离要符合设计要求，两支柱中心连线应垂直于车站正线；支柱应（　　）。

A. 向田野侧倾斜　　B. 垂直竖立

C. 向内侧倾斜

9. 硬横梁两支柱距离要符合设计要求，两支柱中心线连线应垂直于（　　），支柱应垂直竖立。

A. 车站正线　　B. 站台　　C. 车站侧线

10. 同一组硬横跨两支柱基础中心连线应垂直于重要线路中心，允许偏差不大于(　　)。

A. 1°　　B. 2°　　C. 3°　　D. 4°

11. 硬横跨的技术状态应符合的要求有（　　）。

A. 硬横梁的安装高度应符合设计要求，允许误差不超过＋50 mm

B. 硬横梁呈水平状态，各段之间及其与支柱应连接牢固，螺栓紧固力矩应符合设计要求

C. 硬横梁锈蚀面积超过 20%时应除锈涂漆

D. 吊柱在安装后应处于竖直状态，限界满足要求

二、判断题

1. 硬横跨由两根立柱和一组硬横梁组成。(　　)

2. 硬横跨跨越能力强，能有效降低支柱高度。(　　)

3. 硬横跨具有较好的刚度，稳定性高，能改善弓网受流，因而又具有磨耗小、降低离线率的特点。(　　)

4. 硬横跨支柱多为钢柱和的等径圆混凝土支柱。(　　)

5. 硬横跨支柱应保证垂直于地面。(　　)

第二十章　避雷器

接触网的额定电压为 25 kV，但在某些情况下接触网上的电压会大大超过此值，此时的电压称为过电压。它是由供电系统内部某种操作或大气雷击形成的，前者叫操作过电压，后者叫大气过电压。当接触网上出现过电压时，会使绝缘子闪络、击穿而发生短路事故，造成接触网设备损坏。特别是大气过电压时，其峰值高、能量大、破坏严重。为防止过电压对接触网设备的破坏作用，在接触网上安设防雷装置——避雷器。

接触网线路避雷器的安设由线路经过地区的雷区等级决定，《铁路电力牵引供电设计规范》规定：根据雷电日及运营经验，对接触网进行大气过电压保护。需要加装避雷器的场所如下。

（1）吸流变压器的原边，宜设避雷装置。

（2）供电线上网点、电缆头处，分区亭、开闭所、AT 所引入线处。

（3）高架站房、封顶式雨棚站区的两端，隧道、隧道群进出口处，长大桥梁处。

（4）电分相处，实际设计中有电分相两侧都加避雷器、来车方向加避雷器两种设计。

（5）站场端部绝缘锚段关节来电侧。

第一节　避雷器的类型

接触网用避雷器主要有管型避雷器、角隙避雷器和氧化锌避雷器几种。

一、管型避雷器

管型避雷器的结构如图 20-1 所示。

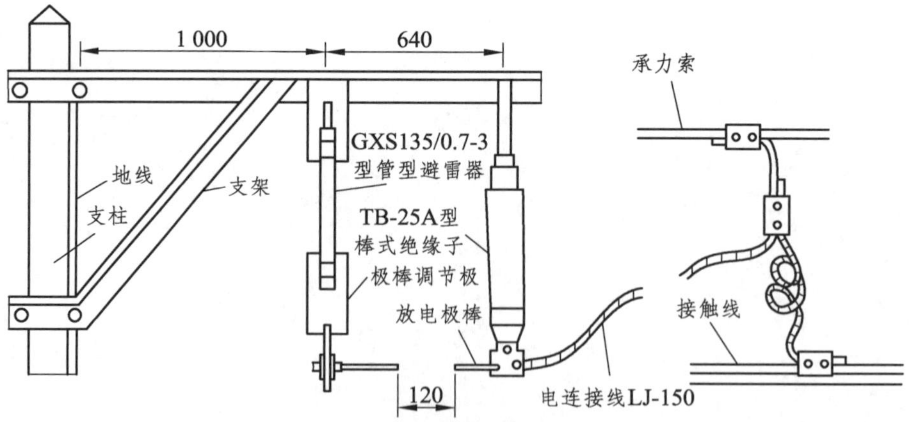

图 20-1　管型避雷器的结构

管型避雷器是由内部间隙、外部间隙和产气管组成。外部间隙由两个针尖相对的极棒构成，其作用是使避雷器在正常运行时，避免产气管承受电压，防止管子表面长时间通过泄漏电流而引起破坏。内部间隙在管子里，由一个棒形电极和一个环形电极组成，管子是用棉花纤维制成的元棉纸加氯化锌胶液粘制成的，一端封闭，另一端开有管口。当接触网遭受雷击时，避雷器在大气过电压作用下，其外部间隙和内部间隙相继被击穿，在放电瞬间，强大的放电电流在内部间隙中产生高温电弧，管子内壁在高温电弧作用下气化，产生高压气体并从管口一端喷出，靠高压气体的流动将管内电弧吹灭，放电终止，使接触网恢复对地绝缘。因此，管子和内部间隙的主要作用是灭弧，防止接触网 25 kV 的工作电压也通过避雷器而泄漏大地。整个灭弧过程可在 0.01 ~ 0.02 s 内完成。

管型避雷器在安装时，要注意管子应垂直安设，管口朝下，防止雨水进入管内，并不得有杂物堵塞管口；外部间隙两极棒应水平放置，针尖相对，间隙调节至 120 mm。放电间隙过大，则不易被过电压击穿，起不到保护作用；放电间隙过小，又会使避雷器在接触网的正常工作电压作用下而放电击穿，造成短路事故。因此，一定要准确调整外部间隙尺寸，允许偏差为 ± 10 mm。

二、角隙避雷器

角隙避雷器的结构如图 20-2 所示。

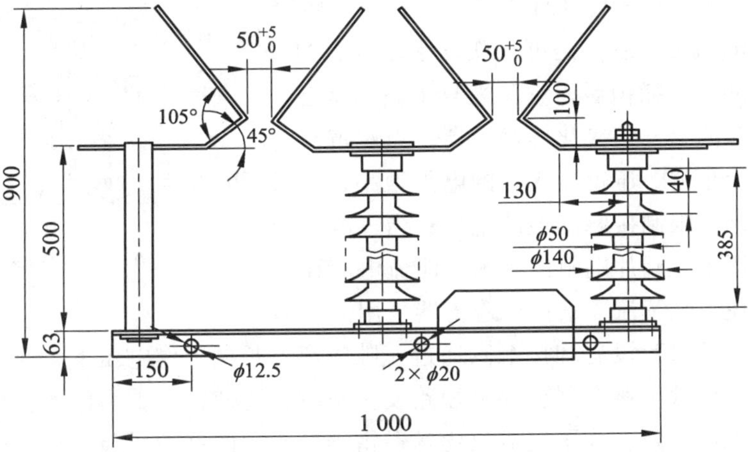

图 20-2 角隙避雷器的结构

角隙避雷器由角型间隙、支持绝缘子、支持钢管及底座组成。

放电角型间隙是角隙避雷器的关键部分，它由两个串在一起的火花间隙组成，其中一个靠边的角固定在防污型支柱绝缘子上，用截面不小于 25 mm^2 的铜绞线或 70 mm^2 的钢芯铝线将它连接到接触网，而另一个靠边的角则通过支持钢管和地线接到钢轨上（或架空地线上）。当接触网产生过电压时，角隙击穿放电，电流被引入大地，此时角隙之间的电弧在电动力和上升的热气流作用下，自动沿着开放的角型导体向外拉长，弧柱迅速变细并在大气中冷却熄灭，使接触网又恢复到正常工作状态。

角隙避雷器一般安装在接触网支柱顶部，与线路中心呈 45°～90°形成一环线状，以便在放电时电动力效应得到充分发挥。也可以将避雷器安装在肩架上，这时应将其接地的角隙置于支柱侧，并应使避雷器与支柱间有不小于 1 m 的距离。接地侧的角通过接地孔。

角隙避雷器每年应定期进行 1～2 次检查，检查角型金属棒是否间隙对正，放电间隙是否符合要求，支柱绝缘子瓷瓶是否完好，并清扫支柱绝缘子上的污垢。电气连接部分应涂工业凡士林油。

三、氧化锌避雷器

氧化锌避雷器是性能优良的避雷器，由氧化锌非线性电阻阀片层叠而成，结构如图 20-3 所示。

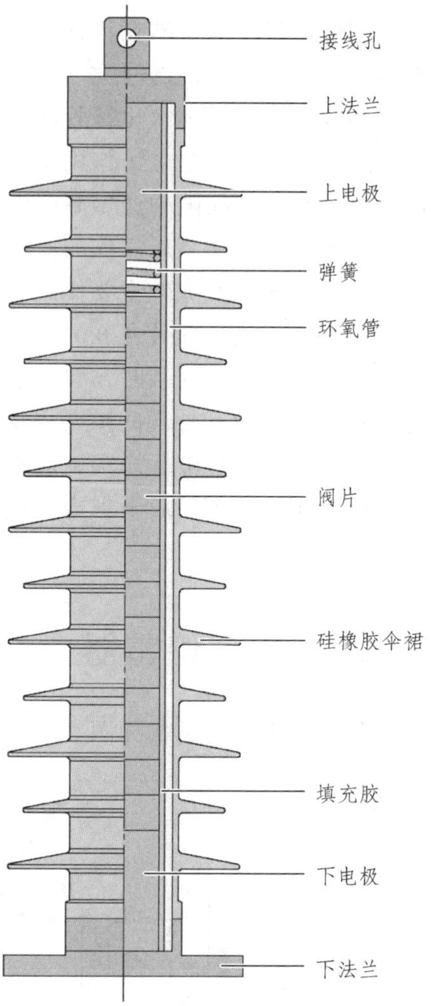

图 20-3　氧化锌避雷器的结构

氧化锌非线性电阻阀片也叫氧化锌压敏电阻，每一块压敏电阻从制成时就有它的一定开关电压（叫作压敏电压），在正常的工作电压下（即小于压敏电压）压敏电阻值很大，相当于绝缘状态，但在冲击电压作用下（大于压敏电压），压敏电阻呈低值而被击穿，相当于短路状态。然而压敏电阻被击后，是可以恢复绝缘状态的；当高于压敏电压的电压撤销后，它又恢复了高阻状态。

因此，在接触网上安装氧化锌避雷器，当避雷器上的过电压超过一定值时，避雷器阀片的电阻很小，可以将雷电流导入大地，限制接触网上的电压；当过电压消失后，在工作电压下，阀片电阻值极大，泄流电流在几十微安级，不存在工频续流。氧化锌避雷器采用无间隙结构，工作时避雷器阀片没有和接触网通过气隙隔离，长期工作电压下，避雷器的阀片会出现性能劣化而最终失效，避雷器会导致短路发生事故，这使得在重雷区大量使用避雷器时可能导致系统的可靠性下降。为了规避氧化锌避雷器使用中的这种风险，近年来避雷器脱离器开始在电气化铁路中应用。避雷器脱离器与避雷器串联使用，其目的是当避雷器出现异常发生故障时，利用工频短路电流让脱离器动作，使脱离器接地端自动脱开，避雷器退出运行，防止事故进一步扩大，并给出故障避雷器以可见性脱离标识，便于维护人员及时发现故障点进行维护和更换。电气化铁路中使用的脱离器多为热爆式脱离器，利用失效避雷器中的短路电流在脱离器中产生燃弧，引爆热爆元件来达到脱离的目的。避雷器和脱离器的布置可以采用水平布置方式，也可以采用垂直布置方式。氧化锌避雷器与传统阀式避雷器相比，具有响应迅速、残压低、通流容量大、无续流、结构简单、可靠性高、耐污秽能力强、维护简便等优点。氧化锌避雷器已逐渐代替其他形式的避雷器，成为电气化铁路防雷的主要设备。

第二节　氧化锌避雷器安装

一、工作方法和步骤

（一）准备工作

（1）人员：4～8 人。

（2）工具：钢丝套、滑轮、吊绳、卷尺、断线钳、梅花扳手、手锤、水平尺、力矩扳手等。

（3）材料：避雷器组件及角钢、电连接线夹、电连接线、连接线、悬式绝缘子、杵座鞍子、设备线夹等。

（二）操作方法、步骤

（1）避雷器安装组件及结构如图 20-4 所示。检查避雷器配件齐全，外观状态符合要求，如图 20-5 所示，对电连接线预制并进行绑扎，打磨连接线夹，涂抹电力复合脂。

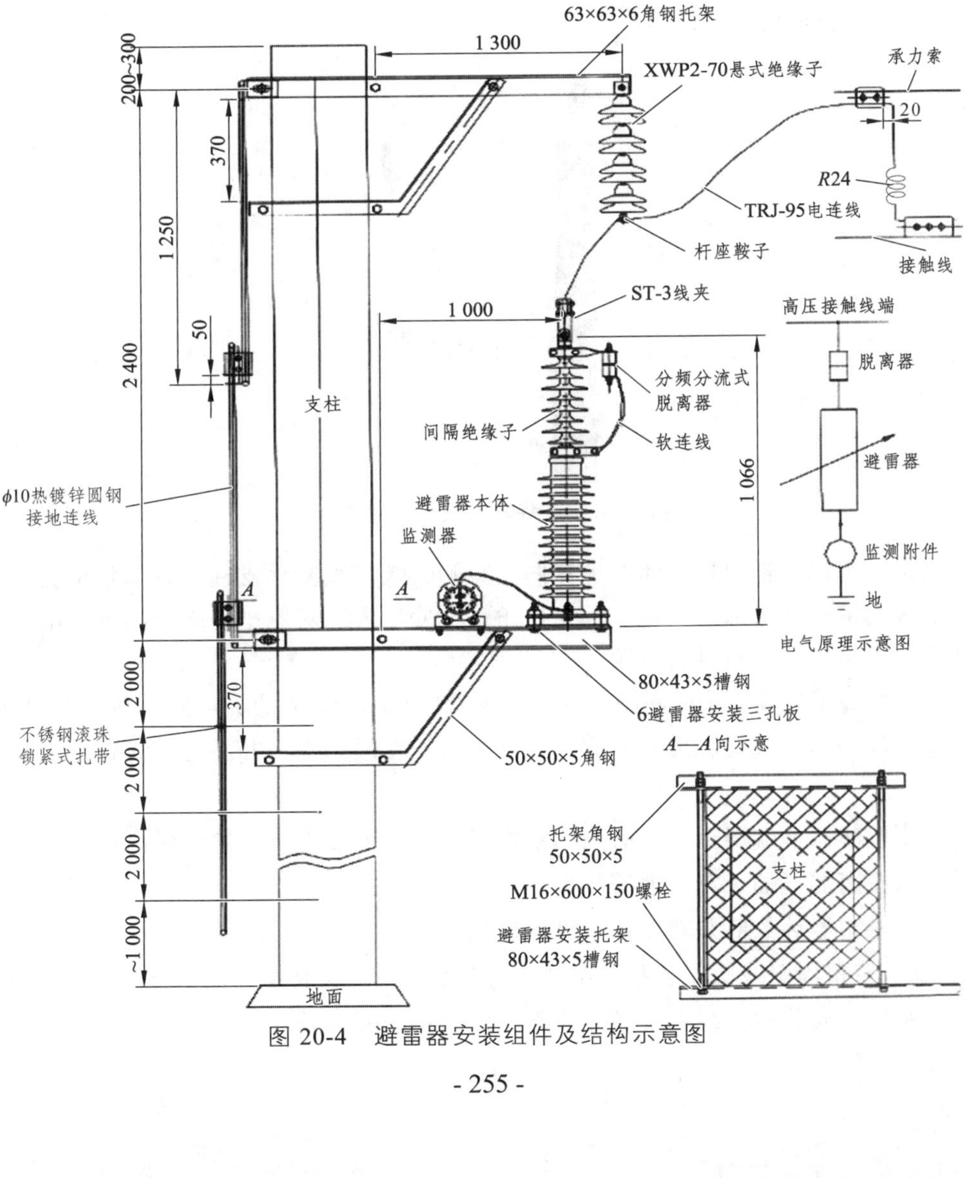

图 20-4　避雷器安装组件及结构示意图

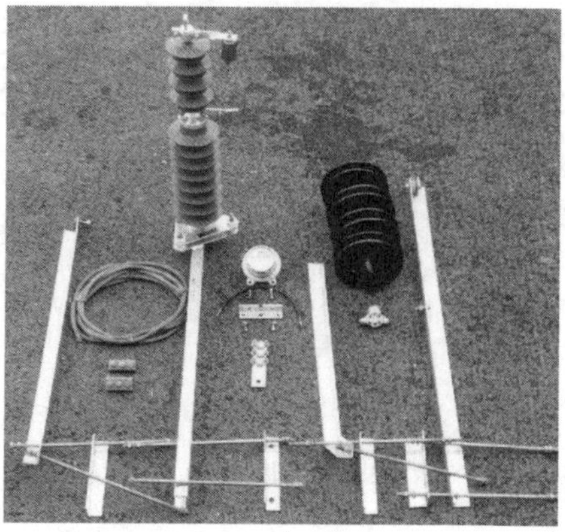

图 20-5　避雷器组件

（2）根据支持角钢安装位置，在支柱田野侧安装避雷器及绝缘子串悬吊支持角钢，并进行调整。

（3）悬挂悬式绝缘子角钢距柱顶 200 ~ 300 mm，悬挂悬式绝缘子角钢距避雷器安装托架槽钢 2 400 mm，如图 20-6 所示。

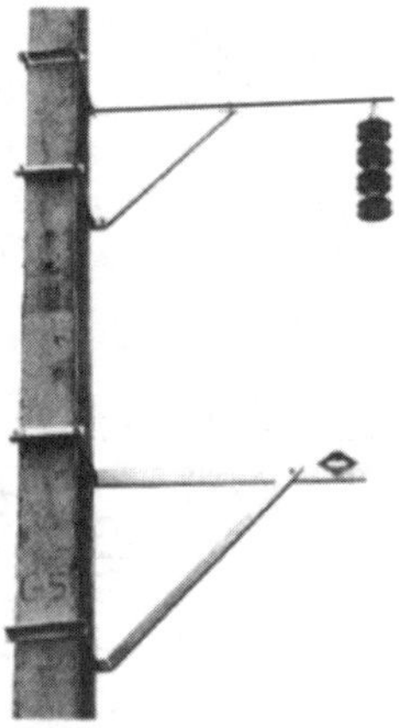

图 20-6　安装角钢及悬式绝缘子

（4）安装时固定角钢螺杆由线路侧穿向田野侧，螺杆须紧贴支柱，各部角钢安装水平。

（5）安装避雷器绝缘部件，在上部支持角钢上使用大绳对悬吊绝缘子串进行吊装，再在下部支持角钢上吊装避雷器进行安装。

（6）避雷器高压接线端子横向距离支柱内缘≥1 000 mm，垂直方向距离轨面≥6 000 mm。

（7）避雷器分频分流式脱离器与间隔绝缘子布置在同一平面并平行于线路，同时紧固脱离器螺母。

（8）紧固脱离器上端螺母时，必须用手握紧脱离器上端进行；紧固脱离器下端螺母时，必须用手握紧脱离器下端（有接地符号端）进行。

（9）安装避雷器计数器并对连接线进行连接。

（10）安装避雷器引线。安装避雷器设备线夹端引线→安装悬式绝缘子杵座鞍子端引线→安装接触网引线，安装后引线弛度满足线索温度变化的要求。

（11）安装避雷器接地极，接地电阻值不应大于 10 Ω。

（12）避雷器安装后对各部螺栓进行检查。

二、质量标准

（1）避雷器宜避免安装在锚段关节内、设备支柱及桥支柱处。

（2）避雷器引线安装在距悬挂点 2 000 ~ 3 000 mm 位置。带隔离绝缘子、悬吊安装的避雷器引线安装位置，以隔离绝缘子不偏向避雷器侧为原则。

（3）隔离绝缘子和避雷器绝缘外套爬距不小于 1 450 mm。

（4）脱离器、软连线与避雷器连接牢靠，软连线（隔离绝缘子与避雷器本体的连接线）采用不大于 16 mm^2 的多股软铜绞线。

（5）当避雷器与支撑绝缘子间加装横向支撑时，不得影响脱离器脱落时的自由下落。

（6）当不带脱离器时，避雷器本体与引线间应加装 6 ~ 16 mm^2 的软连线，长度为 250 ~ 300 mm。软连线两端压接铜开口端子后分别与避雷器引线端子和避雷器本体连接。

（7）避雷器引线必须通过支撑固定后与避雷器连接。避雷器引线一般采用 95 mm^2 多股软铜绞线，无断股、散股和烧伤，连接牢固，接触良好，引线的长度应满足接触悬挂温度变化的要求，但须保证任何情况下距接地体距离不小于 330 mm。

（8）避雷器应设接地极，接地电阻值不应大于 10 Ω，接地线连接良好。

（9）避雷器安装在距地面 5 m 以上的高度和适当的方向，支撑面水平，保证避雷器本体垂直。

（10）新装避雷器应有泄漏监测装置，一般不宜采用隔离绝缘子代替支撑绝缘子安装方式和无脱离器的结构形式。

三、注意事项

（1）停电检修作业人员、机具与附近带电部分安全距离不足时，必须将带电设备一并停电后方可开展作业，确认作业结束，人员机具撤至安全地带方可消令。

（2）高空作业人员上下过程正确使用防高空坠落用具，并设置有专人监护。

（3）严格按要求设置防护人员，防护人员必须掌握当日作业区段、作业概况、本人工作内容及防护要求，严禁离岗或不到岗，保证通信畅通。

（4）安装避雷器过程中，作业平台升高时防止顶导线而产生损伤和硬弯。

（5）安装避雷器引线时，要保证温度变化时与接地体的空气绝缘间隙符合要求。

（6）避雷器引线在鞍子内安装时要有衬垫，以免夹伤引线。

（7）避雷器引线的上部悬式绝缘子要处于自然受力下垂状态，不应发生偏斜。

（8）安装避雷器计数器时不得发生碰撞，以免损坏计数器玻璃界面及计数器。

（9）避雷器安装位置应在支柱的田野侧。

四、训练测评

操作时间规定为 30 min。在规定时间内完成，不加分也不扣分，每超时 1 min，从总分中扣 1 分，超时 10 min，停止作业。

测评记录内容如表 20-1 所示。

表 20-1　测评记录表

项目	配分	测评要求及评分标准	扣分	得分	备注
料具准备	10	要求料具齐全完好，规格型号相符，每缺一件扣 3 分，规格不符每件扣 2 分			
质量要求	60	（1）避雷器是否垂直，倾斜度小于 2%，不符合要求扣 10 分			
		（2）引线线夹接触面是否良好，是否涂电力复合脂，螺栓是否紧固，不符合要求每项扣 5 分			
		（3）引线拉力是否符合要求，不符合要求扣 10 分			
		（4）构架是否牢固，是否锈蚀，不符合要求扣 5 分			
		（5）动作计数器是否密封，是否完好，动作是否正常，不符合要求每项扣 5 分			
		（6）接地线是否连接良好，地线是否锈蚀，接地电阻是否符合要求，不符合要求每项扣 10 分			
		备注：扣完配分失格			
安全作业	20	（1）作业中出现一般违章现象每次扣 5 分			
		（2）作业中出现严重违章现象每次扣 20 分			
		（3）作业中工具滑脱，每次扣 5 分			
文明作业	10	（1）作业时必配的个人工具、劳保用具、安全用具每缺一件扣 5 分			
		（2）作业中出现不文明语言或动作每次扣 10 分			
		（3）作业完毕，料具有一件不归位扣 3 分			
测评超时					
合计	100				

复习思考题

一、判断题

1. 由非线性金属氧化物电阻片串联和（或）并联组成且无并联或串联放电间隙的避雷器叫作无间隙金属氧化物避雷器。（　　）

2. 避雷器脱离器主要用于切断流经避雷器的故障电流。(　　)

3. 避雷器托架安装水平，无锈蚀，各部螺栓连接紧固。(　　)

4. 避雷器作为接触网大气过电压保护之用。(　　)

5. 管型避雷器在安装时，要注意管子应垂直安设，管口朝上。(　　)

6. 角隙避雷器一般安装在接触网支柱顶部，与线路中心呈 30° ~ 90°形成一环线状。(　　)

二、选择题

1. 避雷器通常接于导线和地之间，与被保护设备(　　)。

A. 并联　　B. 电流　　C. 串联　　D. 混联

2. 避雷器及支持绝缘子应呈竖直状态，倾斜角度不超过(　　)。

A. 1°　　B. 2°　　C. 3°　　D. 5°

3. 管型避雷器外部间隙两极棒应水平放置，针尖相对，间隙调节至(　　) mm。

A. 100　　B. 120　　C. 150　　D. 200

4. 要准确调整管型避雷器外部间隙尺寸，允许偏差为(　　) mm。

A. +10　　B. −20　　C. ±10　　D. ±20

5. 角隙避雷器其接地的角隙置于支柱侧，并应使避雷器与支柱间有不小于(　　) m 的距离。

A. 1　　B. 2　　C. 5　　D. 10

三、填空题

1. 管型避雷器由________、________和________组成。

2. 氧化锌压敏电阻在正常的工作电压下，压敏电阻值很________，相当于________状态；在冲击电压作用下，压敏电阻值很________，相当于________状态。

四、问答题

1. 简述氧化锌避雷器的工作原理。

2. 安装氧化锌避雷器的质量标准有哪些？

第二十一章　接触网附加导线

接触网附加导线包括供电线、捷接线、并联线、加强线、回流线、保护线、正馈线及架空地线等。

第一节　附加导线的种类

附加导线锚段长度一般小于 2 000 m，在曲线区段、高度或跨距相差悬殊地段，可适当减小锚段长度。附加导线下锚一般采用支柱两侧对向下锚。即两个锚段在同一根支柱的左右两侧硬锚后用跳线相连，支柱左右都应打下锚拉线，称为对向下锚。对于 AT 区段，PW 线（保护线）和 AF 线（正馈线）可以在同一支柱对向下锚，但是要特别注意支柱上导线间的绝缘距离；也可以在相邻两支柱上分别对向下锚，但这时要多 2 条拉线的施工量。导线在下锚时，张力应符合设计要求，导线弛度应符合安装曲线规定，施工误差为 2.5% ~ 5%，不合理的工作张力将导致极限温度（最低温度）时线索张力过大；对于供电线、正馈线，在曲线段可能导致绝缘子偏斜过大引起放电事故；在隧道、硬横跨上方框架架设时，净空条件受限，可以采用两绝缘子呈 V 形来悬吊线索或使用支持绝缘子，有较好的稳定性。

一、供电线

供电线又称馈电线，用 F 表示，它是接触网与牵引变电所、自耦变压器所、开闭所、分区所之间的连接导线。其作用是将牵引变电所的电能输送到接触网上。供电线与接触网同杆架设在支柱田野侧，当有正馈线和回流线同杆架设时，供电线悬挂在最高处，如图 21-1 所示。

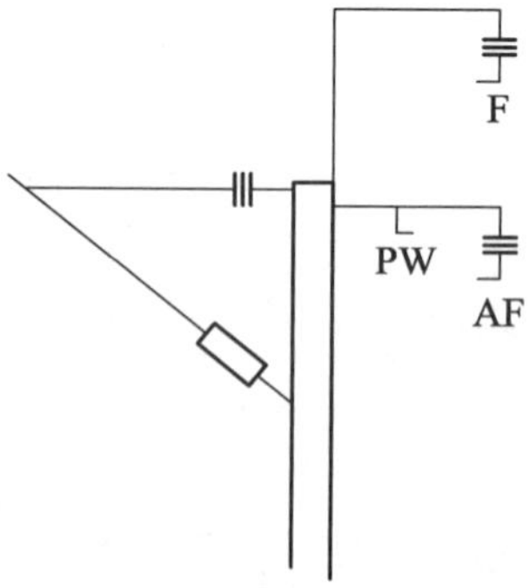

图 21-1　供电线、正馈线、保护线架设

供电线的截面面积要根据通过电流的大小来决定，常采用的供电线主要有 LJ-150、LJ-185 铝绞线和 TJ-70、TJ-95 铜绞线。随着铁路提速负载增大，LJ-240 等大线径导线也有采用，为了有足够的机械强度，宜采用相同载流能力的钢芯铝绞线。在高速铁路中，供电线采用铝包钢芯铝线 2 × JL/LB1A-250、315，双支供电线

间每隔 15 ~ 20 m 安装一处预绞式等距线夹。铝包钢线是一种将铝连续均匀包覆在钢芯上的双金属线，它兼有导电性能好、耐腐蚀、高频传输性能好以及钢的强度高等优点。铝包钢芯铝绞线是将铝包钢线作为加强芯和铝线绞合在一起的绞线，与普通钢芯铝绞线相比，导体质量轻，载流量提高，电力损耗减少，使用寿命延长，而且不增加任何架设费用。

在高速铁路中，采用 G1S 组合电器作为 27.5 kV 高压设备时，供电线采用电缆出线，当距上网点距离较近，或者高架桥路段不便设置架空线上网时，多采用电缆在上网点通过上网隔离开关直接给接触网供电的形式。馈线电缆多采用 3 根截面面积为 300 mm^2 或 400 mm^2 的 27.5 kV 的铜芯交联聚乙烯塑料电缆。

供电线不得散股，安装牢固，断股损伤面积小于标准截面的 7%时，可将断股处磨平并用铝线扎紧；断股损伤面积在 7% ~ 25%时，要局部补强，用并沟线夹将同材质线索在损伤处两侧夹持；断股损伤面积大于 25%时，必须更换或截断做接头。

锚段内供电线、回流线接头、断股和补强线段总数分别不得超过下列规定：锚段长度在 800 m 及以下为 4 个，锚段长度在 800 m 以上为 8 个。

供电线、回流线与接触网同杆架设时，带电部分距支柱边缘的距离，回流线不得小于 0.8 m，供电线不得小于 1 m。

二、保护线（PW 线）

保护线是 AT 供电方式中与钢轨并联，具有地线和牵引电流屏蔽线作用的导线。保护线和钢轨（扼流变压器中点）连接的导线，称为保护线用连接线（CPW 线）。保护线经保护跳线与接触网各绝缘子接地端相连，在各个 AT 自耦变压器的中点处与钢轨连在一起。采用综合接地时，和贯通地线每 500 ~ 600 m 通过吸上线并联一次。因此，当绝缘子发生闪络或击穿时，保护线会给短路电流提供一个良好的金属通路，使变电所继电保护装置迅速动作，达到及时反应和排除故障的目的。PW 线的作用非常重要，当正馈线绝缘击穿或闪络时，如果没有 PW 线的存在，支持装置绝缘子两端将承受 55 kV 的电压，可能使其绝缘闪络，最终造成牵引变压器 55 kV 侧短路。

保护线的电压一般为 200 ~ 300 V，短路故障时可达 3 000 V 左右。由于保护线不流过牵引电流，只有在发生短路故障时，保护线才流过短路电流，所以保护线一般采用 LGJ-70 钢芯铝绞线。在高速铁路中，采用 JL/LB1A-125 新型线材，保护线用连接线采用 150 mm^2 铝芯电缆 1 ~ 2 根。

AT 供电区段保护线与正馈线、接触网设备同杆架设，而且保护线经保护跳线与接触网接地端连接，所以在安装保护跳线时要充分考虑与正馈线之间的距离，防止因跳线与正馈线之间空气绝缘间隙不够，造成放电，烧断正馈线。根据《检修规程》规定：接触网带电部分至固定接地物的距离不小于 300 mm，再考虑风力偏移，一般考虑保护跳线与正馈线间的间距为 350 mm。

三、正馈线（AF 线）

正馈线用于 AT 供电区段，架设在接触网支柱的田野侧，AF 线的对地电位为 27.5 kV，与接触网电压反相。AF 线常采用 LGJ-150、LGJ-185 钢芯铝绞线和 TJ-70、TJ-95 铜绞线。高速铁路中采用和供电线相同的线材或比供电线稍小的线材（如在京沪高铁，架空线上网时供电线采用 $2\times315\ mm^2$ 架空线，正馈线采用 $2\times200\ mm^2$ 架空线），AF 线与 PW 线同时悬挂在支柱田野侧（AF 线、PW 线）。肩架上，PW 线靠支柱侧，AF 线靠田野侧。在停电作业时，AF 线和接触线的地线同时接钢轨，而 PW 线经接地极接大地。

四、架空地线

在 AT 供电方式中，在基本站台或中间站台上，为了人身安全，除设置保护线外，还在支柱顶部架设了一段架空地线（GW 线），架空地线直接固定在支架上，并与钢柱相连。架空地线在站台的两端下锚，在每端各打一个接地极，所以 GW 线的设置可以保证站台上人身安全，使站台钢柱有双重保护。架空地线一般用 GJ-50。为了与 PW 线线材统一，减少备料等原因，有时 GW 线采用 LGJ-70 钢芯铝绞线。

五、捷接线

在线路弯曲、坡度较大、运输繁忙的区段上，由于接触网流过的电流较大，往往造成电压损失过大，影响电力机车的牵引力和运行速度，同时也增加了电能损耗，造成不必要的经济损失。为了提高供电臂的末端电压，减少不必要能耗，在接触网迂回弯曲的最近处，设置捷接线，以提高接触网的电压，保证电力机车正常运行。

捷接线的架设与供电线基本相同，捷接线的跨距较大，导线机械强度要求较高，常采用 LGJ-150、LGJ-185 钢芯铝绞线和 TJ-70、TJ-95 铜绞线。

六、并联线

在供电臂较长、坡度大的线路上，为减少线路阻抗，提高供电臂末端电压，可采用并联线的形式。并联线路系一相一地的架空电力线路，采用钢芯铝绞线架设，其截面根据线路具体情况计算选择。长距离并联线路架设施工较困难，目前较少采用。

七、加强线

在平直的铁路线上，采用架空电力线式的并联线路是不经济的，可改为沿接触悬挂架设，通过加长腕臂，使并联导线悬挂在承力索的上方，更好地起并联供电的作用，这种架线方式称为加强线。加强线在坡度大的双机牵引区段能起分流作用，以弥补一根接触线载流量的不足。加强线常采用 LGJ-150、LGJ-185 钢芯铝绞线和 TJ-70、TJ-95 铜绞线。

八、接地跳线

在 AT 供电方式中，每根支柱上安装跳线，用它将双重绝缘子靠支柱侧串接起来，再接到保护线上。当绝缘子闪络或击穿时，短路电流经跳线流进保护线。接地跳线常用的线材为 LGJ-70 钢芯铝绞线等。

第二节 附加导线架设

一、工作方法和步骤

（一）准备工作

（1）人员：12～14 人。

（2）工具：接触网作业车、梅花扳手、力矩扳手、钳子、单滑轮、滑轮组、放线滑轮、手扳葫芦、放线架、弛度板、皮尺、卷尺、水平尺、测杆、线坠、木榔头、钢锯、压接钳、温度计、小油桶、油刷、钢丝刷、安全带、大梯子、棕绳、羊角紧线器、双钩紧线器、钢丝套、吊绳、锉刀、钢锯条、安全防护工具等。

（3）材料：肩架及连接螺栓、绝缘子、杵座鞍子、接地跳线固定板、并沟线夹、ϕ4.0 mm 铁线、ϕ1.8 mm 绑扎铁线、铝绞线、电连接线夹、毛笔、白漆、线盘轴（2″钢管）、方木跳板、垫木、钳压管、中性凡士林、汽油、棉纱、防锈漆等。

（二）操作方法、步骤

1. 肩架安装

（1）肩架预配。

根据接触网平面布置图（或供电线、回流线、正馈线、保护线、架空地线等平面布置图）上供电线、回流线、正馈线、保护线、架空地线等安装图，按杆号将肩架及零部件预配成套，每一根杆为一个单位，将杆号写在肩架上。

（2）测量安装高度。

① 孔内安装的，直接安装在预留孔内。

② 孔外安装的，根据施工图安装高度尺寸，一人系安全带上到安装位置，系好安全带，放下钢卷尺，地面人员配合测出安装位置，支柱上人员用记号笔做出标记。

③ 确认测量安装高度（复核）。

（3）肩架安装。

① 根据预制编号，安装人员将肩架运到所安装支柱下面，并将肩架组装好。

② 另一人上支柱至安装位置，套好钢丝套，挂上滑轮，穿吊绳，地面人员绑好肩架和晃绳，支柱上人员配合，地面人员拉绳，将肩架吊至安装处。

③ 支柱上人员扶起肩架，两人顺线路方向面对面配合，按测量高度共同安装好肩架，并用力矩扳手检测连接螺栓紧固力矩并达标。

2. 附加导线架设

（1）安置线盘和导线展放机。

① 在下锚柱至另一锚段第一支柱跨中 $L/2$ 处平整线盘放置场地，支好放线支架。

② 将线轴穿入线盘，吊放在线盘支架上，支起线盘。

③ 把4根钢钎打入地下，用铁线固定好放线支架。

④ 在起锚柱至另一锚段第一支柱跨中 $L/2$ 处平整导线展放机场地，放置导线展放机，并用两根钢钎将其固定牢靠。

（2）展放辅助绳。

① 两人从导线展放机处拉出辅助线头向线盘方向展放，起锚柱上一人挂1.5 t 铝滑轮，将辅助绳拉过 $L/2$ 跨时，用棕绳提吊起辅助绳，将辅助绳放入铝滑轮内。

② 一人上支柱，将铁线套在肩架上，挂上滑轮，当辅助绳拉过 $L/2$ 跨时，用带钩棕绳将辅助绳提起放入滑轮内。采用同样的方法，把辅助绳拉至线盘（下锚柱与起锚柱相同）。

（3）辅助绳与附加导线连接。

① 从线盘中拉出附加导线头，将附加导线头套入网套连接线内，在网套口处用 ϕ1.6 mm 铁线绑扎牢固。

② 把网套连接线通过旋转连接器与辅助绳连接好。

（4）导线展放机收线。

① 指挥人用对讲机通知导线展放机负责人开始收线。

② 指挥人随旋转连接器同行，观察通过滑轮时的运行情况。

③ 防护人员沿线分散观察防护。

④ 当接头收到起锚柱处附近适当位置后停止收线。

（5）起锚。

① 1人上支柱，在接头附加导线适当处绕铝包带安装耐张线夹。

② 展放机慢慢收线，支柱上人员将耐张线夹与下锚件连接件连接上。

③ 缓缓打开展放机卷筒制动，使导线回窜。

④ 辅助绳无张力时打开网套连接线，展放机收回辅助线。收回滑轮、钢丝套及棕绳。

（6）下锚。

① 在线盘处用人力拉导线，同时将导线回收。

② 安装紧线器、拉力计，用倒链葫芦进行紧线。

③ 拉力计显示张力达到要求时，停止紧线。

④ 将连接件扶起，确定预绞式耐张线夹安装位置，安装好耐张线夹后，连接下锚件。

⑤ 根据跳线要求，预留足够导线长度后断线，将余线收起。收回滑轮和钢丝套及棕绳。

（7）固定附加导线。

根据设计要求对附加线进行固定。

柱顶绝缘子固定：先松下压块两紧固螺栓，缠好铝包带，将附加线放入线槽内，再将压块压上，拧紧两固定螺栓。

悬式绝缘子固定：先松下钩螺栓，缠好铝包带或加装铝衬垫，把线放入杵座鞍子内，再安好钩螺栓。收回钢丝套和放线滑轮。

附加导线在针式绝缘子上的固定是用单股铝线绑扎在针式绝缘子上的。在直线区段，绑扎在针式绝缘子顶上；在曲线区段，绑扎在针式绝缘子颈部的曲线外侧。

① 顶扎法。

A. 在绑扎处包缠铝带 200 mm，铝带绕向和导线绕向相同，应一道紧贴一道缠绕，不得重叠。

B. 将缠好铝包带的导线放入绝缘子的顶槽内。

C. 将 1.5 m 长的铝绑线盘成一个圆盘，绑线留头为 150 mm。

D. 缠绕绑扎过程如图 21-2 所示。

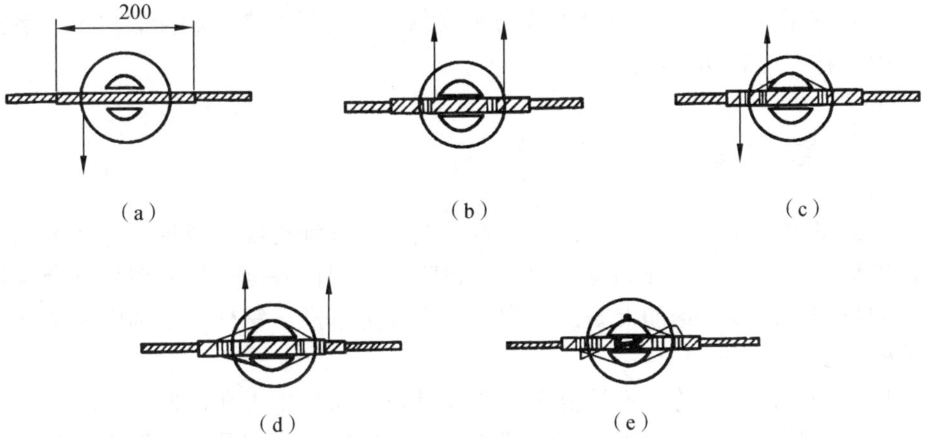

图 21-2　顶扎法

a. 本线缠绕铝带共 200 mm 长，各圈要密贴。绑线留头 150 mm，靠近瓷瓶颈由下往上绕 3 圈。

b. 绑线绕过瓷瓶颈后在另一侧同样绕 3 圈。

c. 再绕过瓷瓶颈回来又绕 3 圈。

d. 又绕过瓷瓶颈再绕 3 圈。

e. 然后绑线绕过瓷瓶颈与导线斜交到另一端由本线下面绕回，再通过瓷瓶顶两绑线在本线上部斜交成“+”字花后，再由另一端本线下部绕回，两余端在瓶颈中间拧三个花切断压倒。

② 颈扎法。

A. 将导线放入与张力方向相反的绝缘子颈槽内。

B. 缠绕绑扎过程如图 21-3 所示。

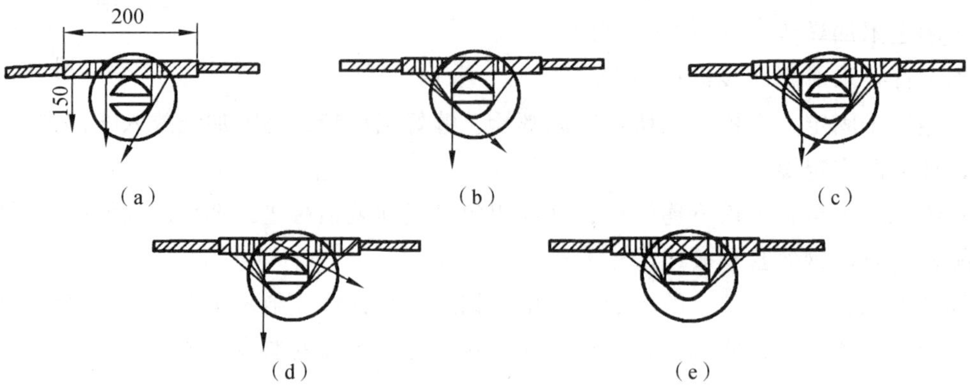

图 21-3　颈扎法

a. 本线缠绕长度为 200 mm 的铝包带，铝绑线一头留 150 mm，靠近瓶颈由下往上缠 3 圈后，在另一侧由上往下再缠 3 圈。

b. 在原侧由下往上缠 3 圈。

c. 在另一侧由上往下再缠 3 圈。

d. 绑线绕过瓶颈由下往上绕过本线与本线斜交。

e. 绕过瓶颈后再由上往下绕过本线与本线斜交，这样两绑线相交成“十”字花后将两余端在瓶颈中间拧三个花切断压倒。

二、质量标准

（1）绝缘子表面应光洁、平整，无砂眼、气泡和缺釉裂纹等现象，并经电气试验合格。金具表面光滑、平整，无锈蚀和锌层剥落等缺陷，零配件齐全，规格型号符合设计要求。

（2）测量安装高度，钢筋混凝土支柱以路肩面为基准，钢柱以基础面为基准。跳线肩架均低于腕臂上底座 0.5 m。

（3）肩架安装高度应符合设计要求，肩架呈水平状，施工允许偏差 ± 50 mm。

（4）螺栓应从主角钢穿向副角钢。螺栓紧固力矩应符合产品安装使用说明要求（设计要求力矩值）。

（5）耐张线夹固定处的线应用铝包带缠绕后再固定，螺栓应循环拧紧，紧固力矩应符合设计要求。

（6）导线在同一截面处操作，符合下列情况时可不做处理。

① 铝线只有一股损伤，其损伤深度小于直径的 1/2。

② 钢芯铝线损伤面积为导线部分截面的 5%及以下，且强度损伤小于 4%；有轻微松散，受力后能复原的变形。

（7）导线弛度应符合设计张力曲线的要求。附加导线张力也可根据环境温度计算弛度，采用弛度板检测跨中的方法，但应在起、下锚及锚段中部检测不少于 3 个跨的弛度，最终判定附加导线张力是否符合设计要求。

（8）采用拉力计紧线时，张力达到额定张力的 110%时，方可正式下锚。

（9）断线时，应预留足够的回头长度，留作跳线连接用。

（10）附加导线在绝缘子上，按设计要求的固定方式进行固定，固定螺栓紧固力矩应符合设计要求。

（11）附加导线连接的并沟线夹处，线夹两端按要求绑扎，并沟线夹安装前应先清除线夹和导线接触面处的氧化膜，再涂一层电力复合脂。安装时，螺栓应循环拧紧，螺栓紧固力矩符合产品说明书和设计要求。

（12）螺栓型耐张线夹安装前，应在线夹安装处导线上缠绕 1 mm × 10 mm 的铝包带。线夹不得反装，螺栓应循环拧紧，紧固力矩应符合产品说明书和设计的要求。

三、注意事项

（1）肩架预配在料库进行。

（2）长吊环的受力方向应注意不得装反。

（3）在既有电化区段测量前，应申请停电，并办理停电作业手续，到现场后应先验电，确认后安装好接地线，方准登杆测量。

（4）杆上作业人员应扎好安全带，杆下人员戴好安全帽。

（5）小材料、工具应利用晃绳传递，严禁抛扔。

（6）针式绝缘子在地面与肩架连接好后，与肩架一同起吊安装。悬式绝缘子，在肩架安装好后，再起吊安装。

（7）未经检验及不合格的材料禁止使用。

（8）看护线盘人员应根据情况用木板制动线盘，使导线展放均匀，不散股、乱盘。

（9）每 200 m 和平交道口均设一名防护员，保证放线过程中人员及邻线行车安全。

（10）如不加挂拉力计，测量导线弛度应符合设计图的规定。

（11）防护人员应坚守岗位，现场防护人员应与驻站防护人员密切联系，列车通过前，应及时通知施工人员，施工人员应停止施工，地面人员应撤到安全限界以外，待列车通过后再施工。

（12）防护人员应均匀分布，观察展放情况，传递信号，特别要注意邻线车辆，并将导线拉到安全限界以外。

（13）断线时，应注意抓住两线头，以防线头弹起伤人。

（14）既有电化区段，在全部安装完毕后，确认杆上无人（点名），拆除接地线，并报告请求送电。

四、训练测评

操作时间规定为 40 min。在规定时间内完成，不加分也不扣分，每超时 1 min，从总分中扣 1 分，超时 10 min，停止作业。

测评记录内容如表 21-1 所示。

表 21-1 测评记录表

项目	配分	测评要求及评分标准	扣分	得分	备注
料具准备	10	要求料具齐全完好，规格型号相符，每缺一件扣 3 分，规格不符每件扣 2 分			
质量要求	60	（1）肩架安装高度不符合要求扣 20 分			
		（2）肩架安装操作不符合要求，每处扣 5 分			
		（3）线盘和导线展放机安置位置和操作不符合要求，每处扣 10 分			
		（4）展放辅助绳，与附加导线连接操作不符合要求，每处扣 5 分			
		（5）起锚、下锚操作不符合要求，每处扣 5 分			
		（6）固定附加导线操作不符合要求，每处扣 5 分			
		（7）螺栓松动，紧固力矩不符合力矩要求，每处扣 5 分			
		备注：扣完配分失格			
安全作业	20	（1）作业中出现一般违章现象每次扣 5 分			
		（2）作业中出现严重违章现象每次扣 20 分			
		（3）作业中工具滑脱，每次扣 5 分			
文明作业	10	（1）作业时必配的个人工具、劳保用具、安全用具每缺一件扣 5 分			
		（2）作业中出现不文明语言或动作每次扣 10 分			
		（3）作业完毕，料具有一件不归位扣 3 分			
测评超时					
合计	100				

复习思考题

一、选择题

1. 接触网附加导线包括（　　）。

A. 承力索　　B. 正馈线　　C. 捷接线　　D. 回流线

2.（　　）的作用是将牵引变电所的电能输送到接触网上。

A. 供电线　　B. 并联线　　C. 接触线　　D. 保护线

3. 具有地线和牵引电流屏蔽线作用的导线是（　　）。

A. 加强线　　B. 架空地线　　C. 保护线　　D. 接触线

4. 在线路弯曲、坡度较大、运输繁忙的区段上，设置（　　）以提高接触网的电压。

A. 承力索　　B. 正馈线　　C. 捷接线　　D. 回流线

二、判断题

1. 附加导线锚段长度一般小于 1 500 m。(　　)

2. 供电线又称馈电线，用 F 表示，它是接触网与牵引变电所、自耦变压器所、开闭所、分区所之间的连接导线。(　　)

3. 架空地线是 AT 供电方式中与钢轨并联，具有地线和牵引电流屏蔽线作用的导线。(　　)

三、填空题

1. 正馈线用于_______供电区段。

2. 在接触网迂回弯曲的区段，设置_______线以提高接触网的电压，保证电力机车正常运行。

第二十二章　桥、隧接触网设备

我国铁路沿线桥梁和隧道数量众多，而桥梁和隧道中的接触网设备与非桥隧区段的设备有所不同，下面分别介绍桥梁和隧道的接触网结构。

第一节　桥梁接触网设备

铁路桥梁根据承载方式可分为上承桥和下承桥两种。

一、上承桥接触网支持装置

上承桥接触网支持装置和悬挂类型与区间基本相同，一般采用腕臂结构。支柱立在桥墩上，并采用桥上专用钢支柱。根据不同结构的桥墩，在其上安装支柱的方式也就不同。

在既有线铁路电气化改造中，原设计的桥墩台或墩帽顶面一般较小，不能在桥墩上直接安装支柱。在这种情况下，支柱通过支架和接腿固定在桥墩一侧，如图 22-1 所示。

支架通过埋入螺栓固定在桥墩侧面，然后将接腿、支柱用螺栓固定在支架上。为了适应桥梁的不同结构，保证支柱高度和侧面限界，接腿和支架可分为单节、双节和三节等几种结构，可根据桥梁结构进行选择。

桥墩台及墩帽顶面虽然狭窄，其端面尺寸满足斜腿钢柱，但不能保证侧面限界时，可采用斜腿桥钢柱安设在顶帽上，如图 22-2 所示。这种安装方法只需在墩台顶帽上钻孔、灌注锚栓，可减少施工难度，方便维护。

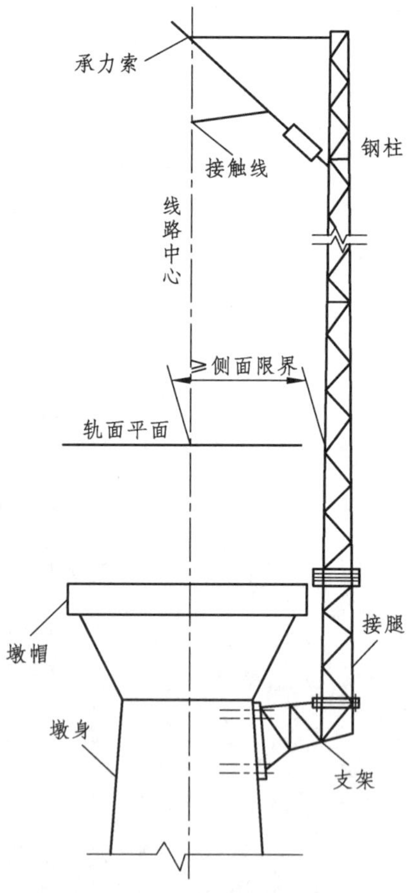

图 22-1　用支架和接腿的桥钢柱

目前的斜腿钢柱有六种，即 $X\frac{5}{10}$、$X\frac{5}{10.5}$、$X\frac{5}{11}$、$X\frac{10}{10}$、$X\frac{10}{10.5}$、$X\frac{10}{11}$，符号 X 表示桥上专用的斜腿桥钢柱，分子表示垂直方向的支柱容量，分母表示支柱高度。

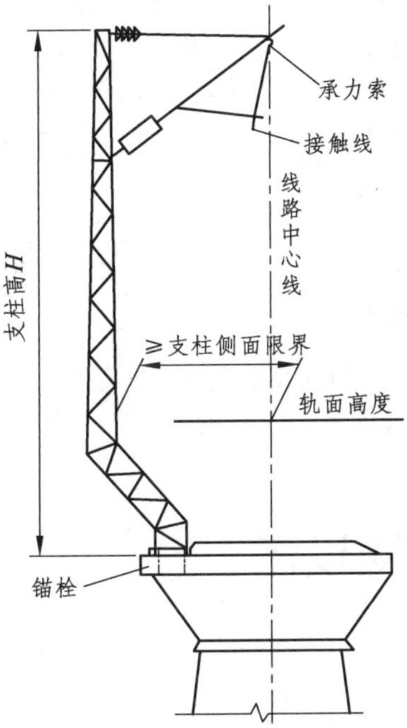

图 22-2 桥上斜腿柱的安装

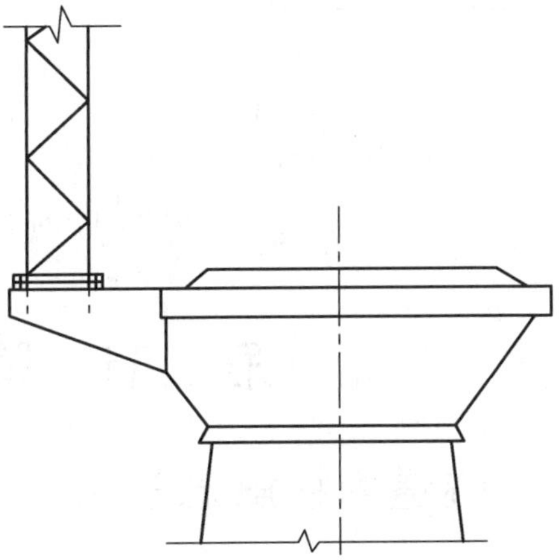

图 22-3 预留支柱基础的墩台

在新建电气化线路或预留电气化空间线路的铁路桥梁上，一般预先在墩台的一侧预留出安设桥钢柱的位置，在桥墩上埋入螺栓，桥钢柱可直接立在桥墩上，如图 22-3 所示，钢柱规格如表 22-1 所示。

表 22-1 桥上钢柱型号

型 号	$G\frac{5}{10.5}$	$G\frac{5}{11}$	$G\frac{5}{11.5}$	$G\frac{10}{10.5}$	$G\frac{10}{11}$	$G\frac{10}{11.5}$
相当于区间支柱容量	3.8			7.8		

在桥梁上，由于支柱之间的跨距受到桥墩间距的限制，当跨距较大时，风对接触网的影响将增加，有出现脱弓的危险。为了避免发生事故，要求支持装置采用一定的防风措施，主要有双定位的防风定位装置、X 型腕臂结构等，如图 22-4 所示。

二、下承桥支持装置

接触网在下承桥上是利用桥梁的钢架结构来支持接触悬挂的，其结构形式与隧道中的装配类似。接触悬挂带电部分对钢架结构（接地部分）应保持足够的绝缘距离。

高速铁路桥上装配形式与区间类似，采用腕臂支柱形式，支柱设立位置根据梁跨情况确定，跨距为 48 ~ 50 m。

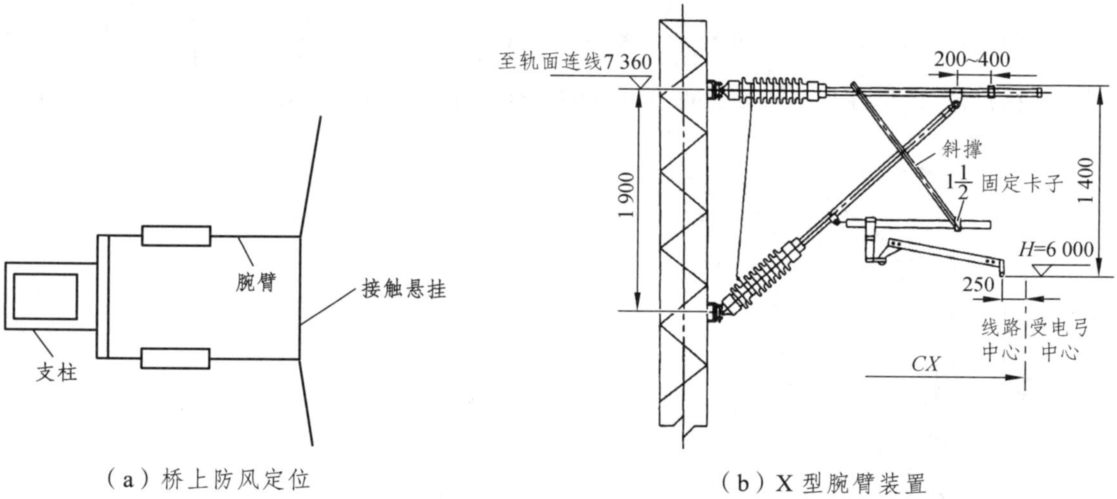

（a）桥上防风定位　（b）X 型腕臂装置

图 22-4　桥上腕臂装配的特殊形式

第二节　隧道接触网设备

一、隧道内接触悬挂特点

隧道内接触悬挂是接触网结构中的重要组成部分。由于隧道接触悬挂的结构高度受到隧道净空的限制，所以悬挂类型和支持装置结构都要根据不同断面的隧道来进行选择和设计。一个好的悬挂结构形式，既要充分利用隧道净空，保证安全可靠地供电，又要改善隧道内悬挂的受流条件，这对减少投资、加快电气化铁路建设具有非常重要的意义。

隧道内的悬挂支持装置可以直接利用隧道壁固定或设立吊柱，而不需设立支柱，可按技术要求在隧道壁上任意选取固定位置。

隧道内的跨距受隧道净空的制约，一般常采用小跨距，对于链形悬挂，其跨距值可取 25 ~ 40 m，简单悬挂可取 15 ~ 25 m。跨距值的确定必须结合隧道断面情况，并经过技术、经济综合比较后决定。

隧道内接触悬挂类型的选择不取决于隧道外结构，而是在充分利用隧道净空的基础上，尽量减少开挖，满足超限货物带电通过的要求。隧道内接触悬挂类型应优先采用全补偿链形悬挂，并宜与区间悬挂方式相一致；当隧道净空高度不能满足要求时，可采用简单悬挂。采用简单悬挂时，列车运行速度不宜超过 80 km/h。隧道内接触悬挂宜采用承力索位于接触线正上方的直链形悬挂。

当隧道净空符合《标准轨距铁路建筑限界》（GB/T 146.2）中“隧限-2A”及“隧限-2B”，并带电通过 5 300 mm 最大级超限货物时，接触线距轨面的最低高度正常情况不应小于 5 700 m，困难情况不应小于 5 650 mm。当隧道净空不符合《标准轨距铁路建筑限界》（GB/T 146.2）中“隧限-2A”及“隧限-2B”时，接触线距轨面的最低高度不应小于 25 kV 带电体与所通过的机车车辆和货物列车间 350 m 的安全距离，但最低高度不应小于 5 330 mm，如图 22-5 所示。

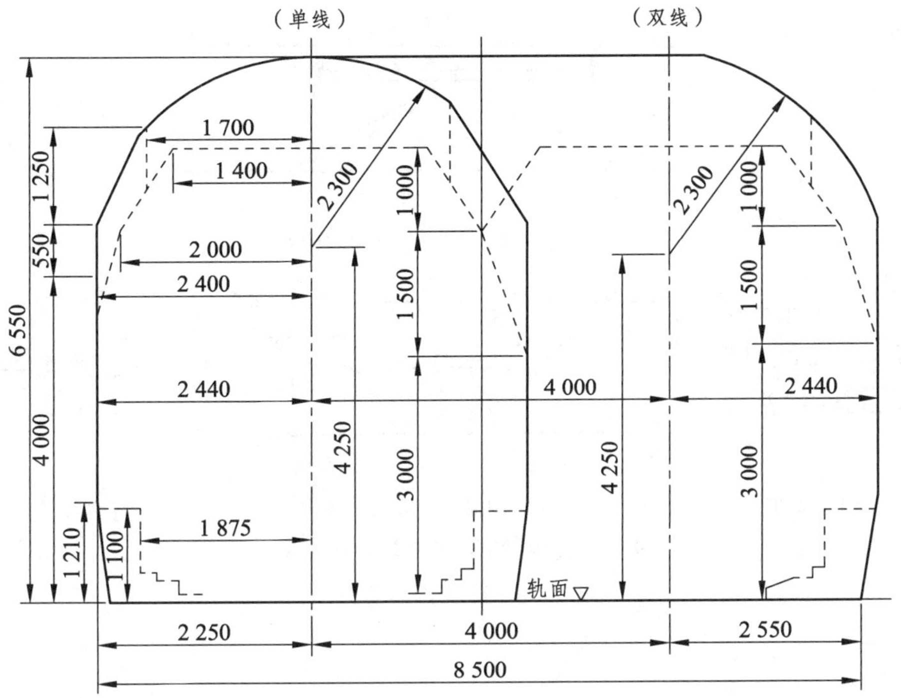

图 22-5　电气化铁路隧道限界标准（GB/T 146.2）

由于隧道内接触线高度低于区间设计高度，因而要求从区间至隧道内的接触线坡度变化一般为 2‰，困难情况不超过 4‰，力求平缓过渡，以免使接触线出现硬点而影响受电弓取流。在直线区段，接触线应按"之"字形布置，定位点处的拉出值宜为 ± 200 mm。在曲线区段，应根据曲线半径、超高值、接触悬挂跨距选取"之"字值，在允许的行车速度范围内，定位点拉出值不宜大于 400 mm；电力机车受电弓工作宽度为 1 250 mm 时，跨中点接触导线距受电弓中心的偏出值不宜大于 450 mm。

对于高速铁路隧道而言，为了解决列车进出隧道时活塞效应带来的列车气压变化，隧道断面尺寸比既有线大得多，单线隧道断面达 70 m^2，复线达 100 m^2，隧道内装配完全可以满足接触悬挂导高、结构高度的要求，接触悬挂基本技术状态与隧道外相同。

二、隧道内接触悬挂结构

（一）隧道内简单悬挂

当隧道净空较低时，可采用简单悬挂，即承力索不进隧道而在洞口下锚，接触线进隧道，形成隧道内的简单悬挂形式。

根据接触线在隧道里的高度，为保证必要的绝缘间隙，其装配结构对隧道的要求目前分为不开挖和局部开挖洞顶两种方式。由于现在不断使用绝缘性能好、体积小、质量轻的新型绝缘元件，因而一般不采用局部开挖隧道的方式。为了扩大通过货物的能力，简单悬挂从结构上可分为"人"字形悬挂和"T"形悬挂，如图 22-6 所示。

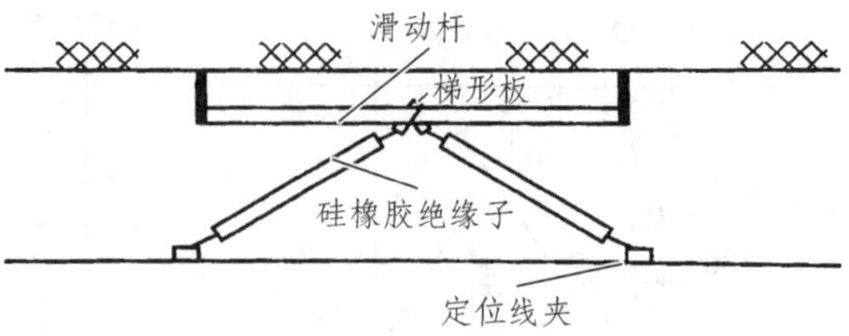

（a）隧道“人”字形简单悬挂安装

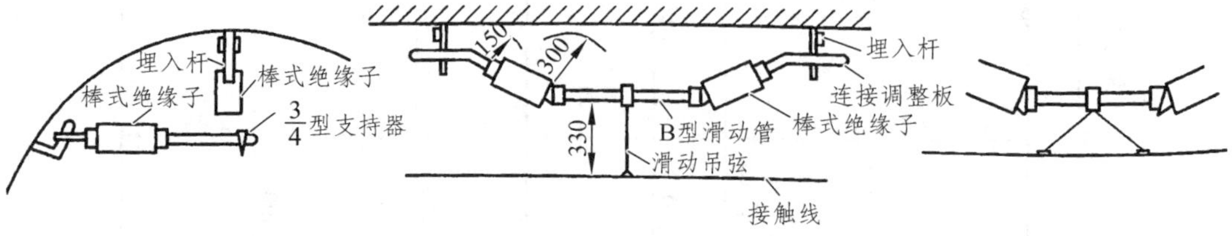

（1）横断面　　（2）纵断面　　（3）简单悬挂“人”字形吊弦

（b）隧道内“T”形简单悬挂安装图

图 22-6　隧道内简单悬挂

1.“人”字形悬挂

“人”字形悬挂采用两个硅橡胶绝缘子，通过梯形板呈人字形悬挂在滑动杆上，其另一端通过定位线夹与接触线相连，梯形板可在滑动杆上滑动，因而整体装配结构不影响接触线顺线路的移动。滑动杆两端通过调整板和“人”字形悬挂埋入杆固定在隧道壁上，装配方向为顺线路方向。

定位装置由硅橡胶绝缘子与定位管、支持器组成，定位点与悬挂点在顺线路方向错开 1.5 m，这种装配结构由于使用了体积小、绝缘性能好的绝缘元件，使隧道净空得以充分利用，因此对于低净空隧道，均可采用这种安装结构。

2.“T”形悬挂

隧道净空较大时，可采用“T”形悬挂，它主要由棒式绝缘子、B 型滑动管、滑动吊弦、埋入杆及其他连接零件组成。滑动吊弦可随接触线的伸缩在滑动管上滑动，为了改善吊弦点的弹性，还可采用“人”字形吊弦。

现在中国隧道悬挂结构还在不断改进中，随着新技术、新设备的使用，隧道悬挂装配将会更趋完善。

（二）隧道内链形悬挂

隧道内链形悬挂分为半补偿链形悬挂和全补偿链形悬挂两种类型。

按安装情况分，装配结构有水平悬挂、V 形悬挂和垂直悬挂，其中水平悬挂结构使用较多。

1. 半补偿水平链形悬挂

隧道内半补偿水平链形悬挂如图 22-7 所示，加强埋入杆用水泥浇灌固定在隧道顶壁，外露部分连接立柱接头，立柱接头带有齿槽，便于悬挂绝缘子串，并可通过齿槽调节悬挂高度。

承力索用固定板夹固定在水平承力索架上，在架上可以调节承力索的横向位置，通过成套调整器可以使整个悬挂装置基本呈水平状态。

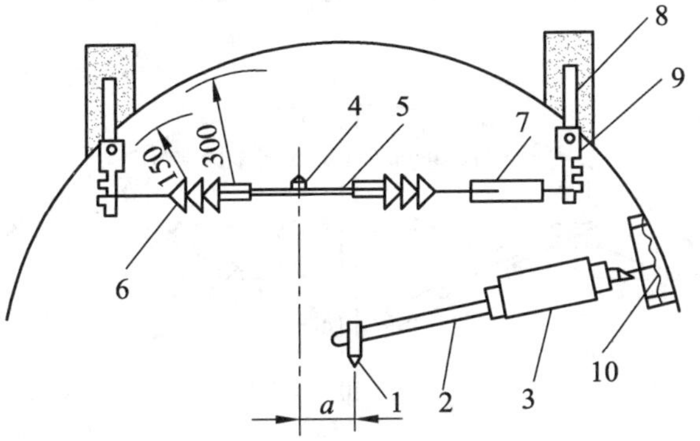

1—支持器；2—定位管；3—棒式绝缘子；4—承力索和固定板夹；5—承力横杆；6—悬式绝缘子；7—成套调整器；8—立柱；9—立柱接头；10—定位齿座。

图 22-7　隧道内半补偿水平链形悬挂

隧道中的定位装置由棒式绝缘子、定位管和支持器组成。调节支持器在定位管上的位置，可以调整接触线的拉出值。棒式绝缘子通过定位齿座与隧道壁相连，利用不同的齿位可以调节定位管的坡度。

2. 全补偿水平链形悬挂

隧道内全补偿水平链形悬挂如图 22-8 所示。在洞顶的埋入杆下安装角鸭嘴，可以调整悬挂高度，通过调整螺栓使装置处于水平状态。承力索敷设在悬吊滑轮内，这样安装可以不影响承力索顺线路的移动，两串绝缘子之间用滑轮支架相连，悬吊滑轮固定在支架上，其他装置与半补偿相同。

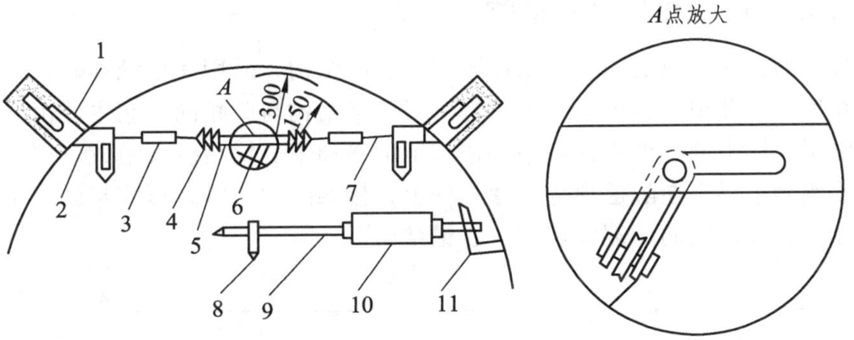

1—水平悬挂埋入杆；2—角鸭嘴；3—调整螺栓；4—悬式绝缘子；5—滑轮支架；6—悬吊滑轮；7—杵环杆；8—支持器；9—定位管；10—棒式绝缘子；11—定位齿座。

图 22-8　隧道内全补偿水平链形悬挂

隧道定位点和悬挂点的位置在顺线路方向错开 1 m，以防止接触线定位点被受电弓抬高时发生悬挂装置碰撞受电弓的事故，同时便于安装调整。在隧道净空范围内尽量加大结构高度。

隧道中接触网带电体距接地体的空气绝缘距离应保证在 300 mm 以上，在净空允许的情况下，为了考虑带电作业，设计时采用 400 mm；接地侧绝缘子瓷裙边至接地体的距离应在 150 mm 以上。

（三）双线隧道内的悬挂装配

在复线区段隧道内的悬挂装配与单线隧道有所不同，如图 22-9 所示为 AT 供电区段的双线隧道结构图。

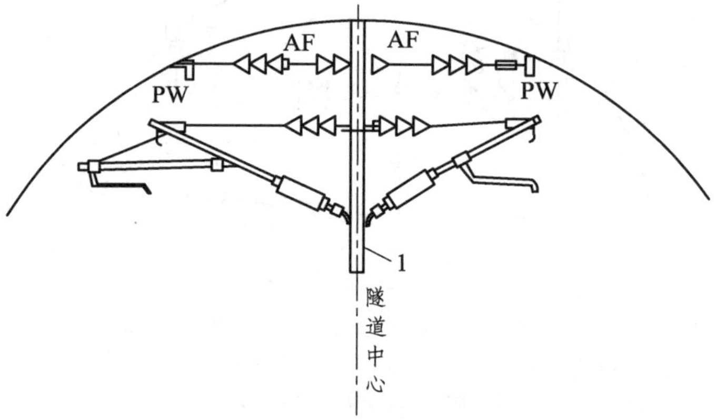

1—中间立柱。

图 22-9　双线隧道悬挂装配结构图

由于要分别固定两组接触悬挂，因而在两条线路中间隧道顶部安设一个中间立柱，支持装置与区间相似，采用腕臂装配结构，但考虑到隧道净空，其悬挂点处的结构高度较低（600 mm），要求中间立柱安装要牢固，呈垂直状态，下部不得侵入限界。

三、隧道内中心锚结

（一）隧道内简单悬挂中心锚结

根据悬挂类型，隧道内的中心锚结有不同的装配结构，采用简单悬挂时，其中心锚结结构如图 22-10 所示。图中只画出了一半结构，另一半结构与此相同，它主要由环氧树脂绝缘子、中心锚结梁、调整架、埋入杆、中心锚结辅助绳和中心锚结线夹组成。中心锚结梁两端通过环氧树脂绝缘子固定在隧道顶部的埋入杆上，接触线中心锚结形式与区间半补偿链形悬挂中心锚结相似，辅助绳的两端固定在中心锚结梁上。

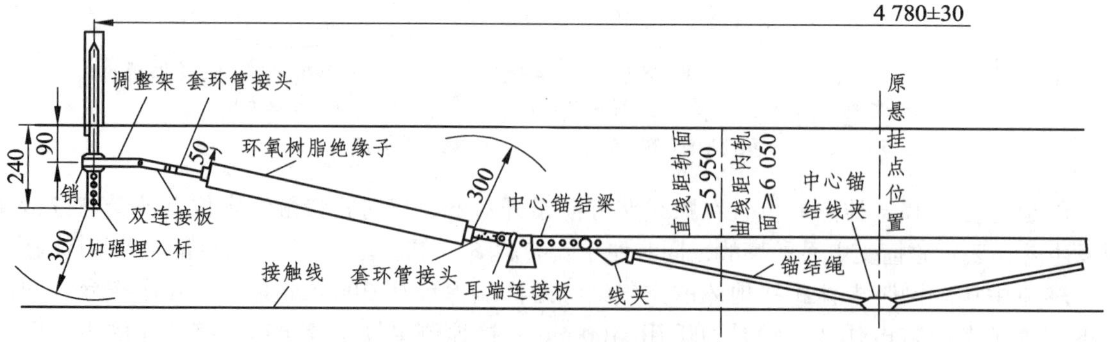

图 22-10　隧道内简单悬挂中心锚结

（二）隧道内链形悬挂中心锚结

采用半补偿链形悬挂，接触线中心锚结结构与区间半补偿链形悬挂中心锚结基本相同；采用全补偿链形悬挂，中心锚结结构如图 22-11 所示。

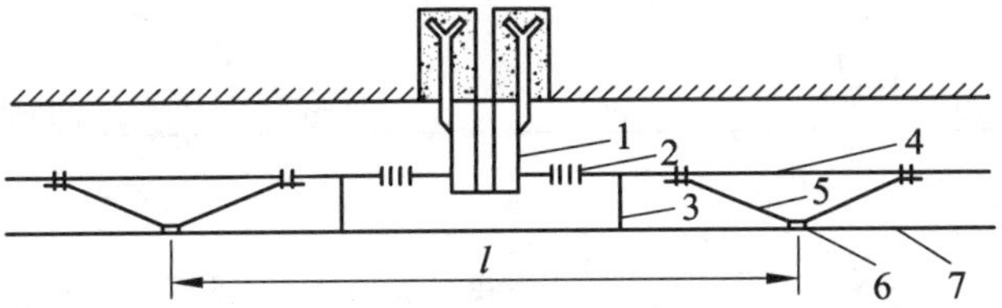

1—丁字悬臂；2—悬式绝缘子串；3—吊弦；4—承力索；5—辅助绳；6—中心锚结线夹；7—接触线。

图 22-11　隧道内全补偿链形悬挂中心锚结

在中心锚结处将承力索截断，分别通过绝缘子串固定在隧道顶壁内的丁字悬臂上，两中心锚结线夹之间的距离应为隧道内的跨距长度，以两组半补偿结构形式的中心锚结组成接触线的中心锚结。

（三）隧道内锚段关节

在长大隧道内设置锚段关节时，其基本要求与区间相同，由于隧道内不设立支柱，因此所有接触悬挂均采用单串绝缘子垂直悬挂在洞顶，两锚段分别在线路两侧的隧道壁上下锚。为了保证必要的绝缘间隙，便于安装补偿器和隔离开关，在锚段关节处应对隧道进行横向局部开挖，图 22-12 和图 22-13 分别为隧道三跨与四跨锚段关节示意图。

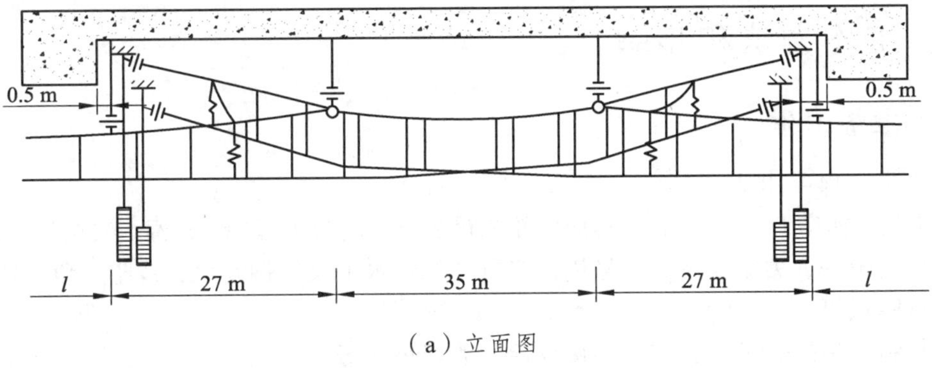

（a）立面图

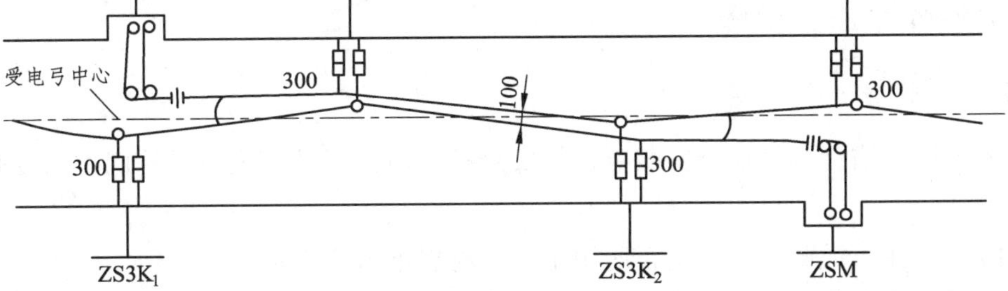

（b）平面图

图 22-12　隧道内三跨锚段关节

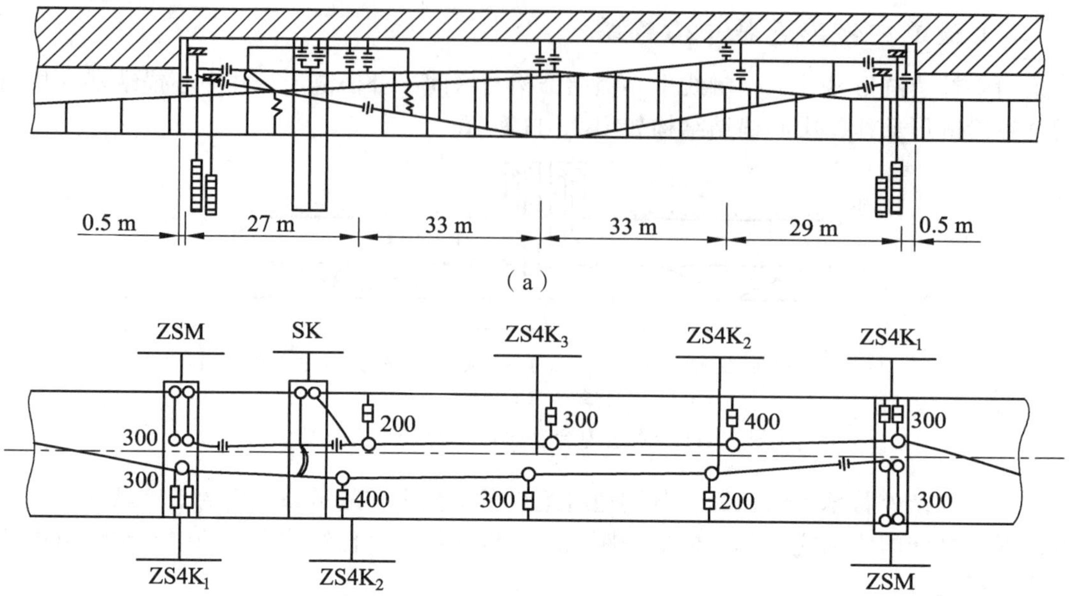

图 22-13　隧道内四跨锚段关节

第三节　隧道内吊柱安装

一、工作方法和步骤

（一）准备工作

（1）人员：14～18 人。

（2）工具：梯车（或作业台）、转向滑轮悬吊支点、闭口大滑轮、棕绳、安全带、钢丝套、安全帽、梅花扳手、力矩扳手、记号笔、充电矿灯、水平尺、钢卷尺、线坠、角度仪、激光测量仪、钢圈尺等。

（3）材料：吊柱、吊柱斜撑、连接螺栓、镀锌垫片等。

（二）操作方法、步骤

1. 准备工作

（1）将吊柱、锚臂对号运抵安装点，核实悬挂点所需吊柱高度、吊柱底板角度是否与安装点需求对应。

（2）隧道吊柱、锚臂安装、整正所用工具、材料准备齐全。

（3）使用梯车安装吊柱、锚臂时，梯车已加工完成并经过检查牢固可靠，梯车支撑装置完好。

（4）清理槽道表面的混凝土覆盖层及槽道内部的水泥。

（5）做好槽道的标记工作，标出槽道的型号、实际施工里程，便于测量及记录。

（6）标出槽道的测量参照物：隧道中心线、股道中心线。

2. 吊柱、锚臂安装

（1）使用梯车安装。

① 组立安装吊柱梯车，将顶部活动门关闭、锁死（为方便吊柱安装及吊柱安装后梯车能在安装后的吊柱位置自由穿行，方便吊柱安装后的整正，将安装梯车顶部顺线路方向做成可开合的门形结构，将顶部踏板做成可拆卸形式，顶部中心位置不设踏板），在梯车四边用支撑加以固定，确保梯车稳固。

② 选择吊柱或锚臂的对角安装螺栓，在其上安装立柱吊装固定夹板，固定夹板上带内螺纹的孔要与锚栓直径一致，夹板厚度应保证安装后锚栓外露大于 40 mm（保证能带上 1 个螺母）。

③ 将固定夹板下方的环内挂上 1.5 t 闭口大滑轮，放入棕绳，棕绳固定立柱端从安装梯车中心垂地。

④ 将吊柱或锚臂放置在梯车底部的中间位置，地面人员在距吊柱顶端 1/3 左右位置用两根棕绳系牢吊柱或锚臂；吊柱或锚臂地面摆放时要与其安装方向一致，避免在空中旋转。

⑤ 辅助人员分成两组，各牵引棕绳的另一端，同时牵引棕绳，缓缓将立柱或锚臂提起。

⑥ 吊柱、锚臂升高到锚栓位置后，作业台人员将吊柱或锚臂孔对正锚栓后，通知下方拉绳人员拉动棕绳，锚栓进入吊柱、锚臂安装孔后，作业台人员在锚栓端部装上螺母。

⑦ 拆除棕绳、滑轮及安装夹板，作业台人员使用梅花扳手等将螺母紧至吊柱或锚臂与隧道壁密贴。

（2）使用作业台或升降台安装。

① 组装作业台或采用升降台：先在要安装吊柱的槽道位置处将作业台组装，作业台顶踏面高 8.7 m。

② 测量安装位置：由两作业人员上作业台，放下线坠并垂吊，地面人员与之配合，测量吊柱限界，台上人员移动线坠，当与限界一致时，用记号笔做记号，再根据吊柱顶端法兰宽度，画出法兰盘前后两边沿的位置，并剔出槽道内的填充物。

③ 两台上作业人员用钢卷尺和水平尺相互配合测量两边沿线的高差（标准吊柱顶法兰盘倾斜 3.5°，高差应为 31 mm），以确定垫片的厚度及位置（每垫 1 mm 约引起吊柱下端水平方向偏移 9 mm）。

④ 在距吊柱法兰边外 100 m 处，对角位置各安装一套转向滑轮悬吊支点（吊柱支撑固定板），并拧紧 T 形螺栓，穿入钢丝套，并挂上 1.5 t 闭口大滑轮，放入棕绳，棕绳两端垂地。

⑤ 地面人员在距吊柱顶端 1 200 mm 处，将吊柱支撑 U 形螺栓临时固定，紧贴其下，用两根钢丝套分别捆绑，将两根棕绳各一端系牢在钢丝套上，T 形螺栓临时松弛装在法兰盘上。

⑥ 辅助人员分成两组，各牵引棕绳的另一端，同时牵接棕绳，缓缓将吊柱提起。

⑦ 吊柱升高到位后，作业台人员与地面人员相互配合，将吊柱对到安装位置，作业台上员将 T 形螺栓逐个插入槽道内，并旋转 90°，拧紧 T 形螺栓。

3. 隧道内吊柱装配

隧道内典型吊柱装配如图 22-14、图 22-15 所示。

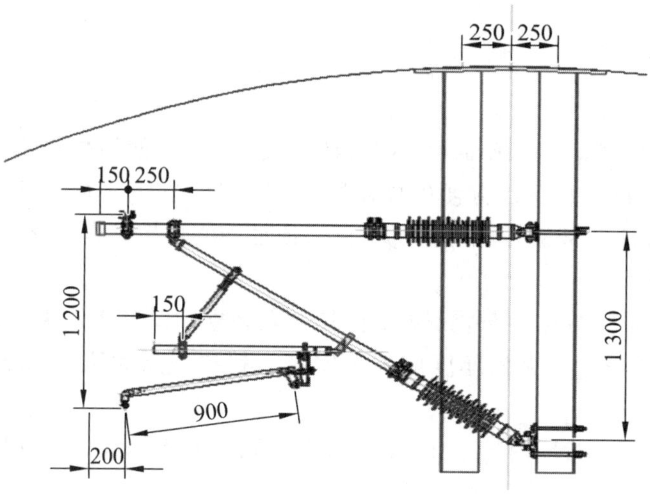

图 22-14 隧道内正定位安装

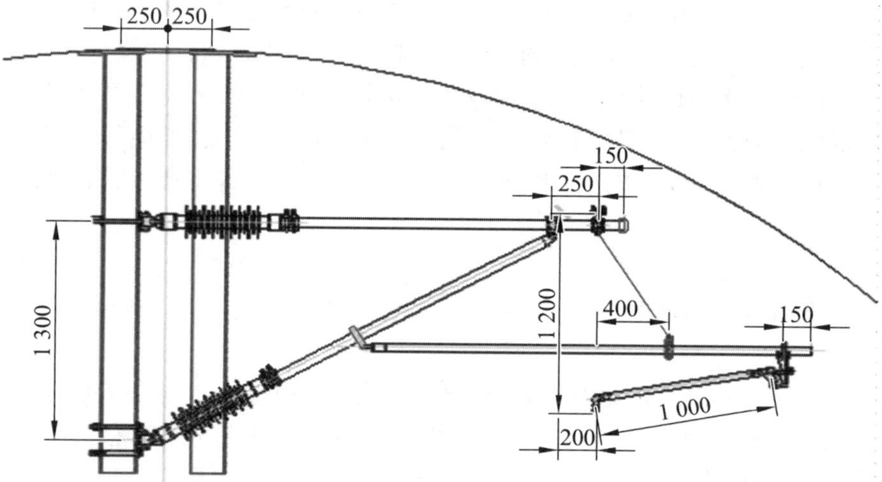

图 22-15 隧道内反定位安装

4. 吊柱、锚臂整正

（1）使用经纬仪、磁力线坠或水平尺进行吊柱、锚臂整正；水平尺整正时，必须保证水平气泡在设备的正中心。

（2）吊柱、锚臂整正为中心直立，允许向受力反方向倾斜吊柱长度的 0.5%。

（3）当吊柱、锚臂斜率达不到设计要求时，在两螺栓间可使用垫片进行调整，调整垫片宜采用镀锌闭环垫片，垫片的数量不得超过 2 块，超过 2 块时应重新测量吊柱或锚臂的斜角度数，重新加工吊柱或锚臂。

（4）整正到位后拧紧螺母，达到螺母紧固力矩值。

（5）吊柱整正完成后，测量并记录其侧面限界，作为后期腕臂计算的依据，双线隧道需同时测量其后侧对临线的侧面限界，核算受电弓动态包络线及放电间隙。

（6）锚臂整正完成后，测量其侧面限界及底部相对轨面的高度，用于检测锚臂安装位置及高度是否合适，选择下底座安装孔的位置，满足设计要求后，安装锚臂拉线。

（7）吊柱、锚臂整正合格，记录侧面限界、斜率值、下底座安装高度（距轨面距离）。

二、质量标准

（1）吊柱和锚臂规格、型号符合设计要求，无锈蚀、变形、弯曲现象。

（2）吊柱、锚臂底板的角度与技术给定的角度相符。

（3）调整 G 形垫片每片厚度宜为 3 mm、5 mm、10 mm，调整吊柱的 G 形垫片不得超过 2 片，最大合计厚度（底盘空隙）不应超过 20 mm；否则，应改变底盘与吊柱的加工制造角度。

（4）吊柱、锚臂受力后，要求为垂直。施工中，横线路方向只能向吊柱悬挂方向倾斜，保证偏角不大于 1°，严禁向悬挂反方向倾斜。使用经纬仪调整时，倾斜值为 $0 \sim 0.5\%L$，建议 0 ~ 15 mm。

（5）吊柱的侧面限界满足设计要求，吊柱对邻线的最小限界应满足建筑限界要求，满足受电弓动态包络线及瞬间放电间隙不小于 200 mm 的要求。

（6）锚臂整正后应保证锚臂线路侧的边缘与承力索的安全距离大于 500 mm。

（7）锚臂安装后应保证其长度满足承力索下锚后绝缘子裙边对隧道壁的距离大于 350 mm。

（8）吊柱法兰盘与隧道壁应结合密贴，连接螺栓紧固力矩应符合设计要求。每根螺栓应带两个螺母，拧紧螺母后螺栓外露长度不小于 30 mm。

三、注意事项

（1）参加施工人员必须经过安全技术学习，考核合格方可上岗。

（2）参加施工的起重工、汽吊司机等必须持有相应的专业资格证。

（3）使用搭接的作业架施工时，首先应检查作业架的强度是否满足施工要求，在作业架四角加支撑并支撑牢固，否则不得使用。

（4）高空作业人员应系好安全带，作业人员均应戴好安全帽，以防工具、材料下落伤人。

四、训练测评

操作时间规定为 60 min。在规定时间内完成，不加分也不扣分，每超时 1 min，从总分中扣 1 分，超时 10 min，停止作业。

测评记录内容如表 22-2 所示。

表 22-2 测评记录表

项目	配分	测评要求及评分标准	扣分	得分	备注
料具准备	10	要求料具齐全完好，规格型号相符，每缺一件扣3分，规格不符每件扣2分			
质量要求	60	（1）吊柱安装位置是否符合要求，不符合要求扣60分			
		（2）吊柱是否直立，斜率不符合要求每项扣20分			
		（3）螺栓垫片数量是否齐全，不符合要求每处扣5分			
		（4）螺栓松动每处扣10分			
		（5）螺栓紧固力矩不符合要求，每处扣5分			
		（6）侧面限界不符合要求扣20分			
		备注：扣完配分失格			
安全作业	20	（1）作业中出现一般违章现象每次扣5分			
		（2）作业中出现严重违章现象每次扣20分			
		（3）作业中工具滑脱，每次扣5分			
文明作业	10	（1）作业时必配的个人工具、劳保用具、安全用具每缺一件扣5分			
		（2）作业中出现不文明语言或动作每次扣10分			
		（3）作业完毕，料具有一件不归位扣3分			
测评超时					
合计	100				

复习思考题

一、填空题

1. 铁路桥梁根据承载方式可分为__________和__________两种。

2. 桥梁上支持装置可采取的防风措施有____________________和____________________。

3. 隧道内一个好的悬挂结构形式，既要____________________________________，保证安全可靠地供电，又要____________________________。

4. 隧道内简单悬挂从结构上可分为________________悬挂和______________悬挂。

5. 隧道内链形悬挂按安装情况分，装配结构有_______悬挂、________悬挂和_______悬挂，其中________悬挂结构使用较多。

6. 隧道内链形悬挂中心锚结，在中心锚结处将承力索截断，分别通过绝缘子串固定在隧道顶壁内的______________上。

二、选择题

1. 由于隧道内接触线高度低于区间设计高度，要求从区间至隧道内的接触线坡度变化一般为（　　）‰，困难情况不超过（　　）‰。

A. 2，4　　B. 1，2　　C. 2，2　　D. 4，4

2. 隧道内简单悬挂定位点与悬挂点在顺线路方向错开（　　）m。

A. 1　　B. 1.2　　C. 1.5　　D. 2

3. 隧道内链形悬挂定位点和悬挂点的位置在顺线路方向错开（　　）m。

A. 1　　B. 1.2　　C. 1.5　　D. 2

4. 隧道中接触网带电体距接地体的空气绝缘距离应保证在（　　）mm 以上。

A. 200　　B. 300　　C. 350　　D. 500

参考文献

[1] 于万聚. 高速电气化铁路接触网[M]. 成都：西南交通大学出版社，2003.

[2] 李伟. 接触网基础知识[M]. 北京：中国铁道出版社，2012.

[3] 张建斌，冯锦俊. 接触网结构与计算[M]. 北京：中国铁道出版社，1996.

[4] 吉鹏霄. 电气化铁路接触网[M]. 北京：化学工业出版社，2006.

[5] 朱申. 基于工作过程的接触网运营与检修教程[M]. 成都：西南交通大学出版社，2013.

[6] 严兴喜，邓缬，张灵芝. 接触网实训教程[M]. 成都：西南交通大学出版社，2016.

[7] 本书编委会. 电气化铁道供电专业实训指导书[M]. 北京：中国铁道出版社，2008.

[8] 朱申. 接触网[M]. 北京：中国铁道出版社，2018.

[9]《牵引供电接触网运行与检修》编委会. 牵引供电接触网运行与检修[M]. 北京：中国铁道出版社，2015.

[10] 张祖新. 接触网工实习指导书[M]. 北京：中国铁道出版社，1998.

[11] 鲁宝安，于红. 月接触网技能[M]. 成都：西南交通大学出版社，2013.